Historia desconocida del Nuevo Testamento

J. M. RIBAS ALBA

Historia desconocida del Nuevo Testamento

ALMUZARA

© José María Rivas Alba, *2022*
© Editorial Almuzara, s.l., 2022

Primera edición: junio de 2022

Editorial Almuzara • Colección Historia
Director editorial: Antonio Cuesta
Edición de Rosa García Perea
Maquetación de Miguel Andréu

www.editorialalmuzaracom
pedidos@almuzaralibros.com — info@almuzaralibros.com

Imprime: Romanyà Valls
ISBN: 978-84-11311-61-8
Depósito: CO-1209-2022
Hecho e impreso en España — Made and printed in Spain

Editorial Almuzara
Parque Logístico de Córdoba. Ctra. Palma del Río, km 4
C/8, Nave L2, nº 3. 14005 - Córdoba

Índice

El Reino de Dios está en medio de vosotros
Evangelio de Lucas 17, 21

Y es que sencillamente era un milagro,
y dentro del milagro no hay nada asombroso.

Porque no hay nada a lo que más
fácilmente se acostumbre una persona
que a los milagros, cuando los ha conocido
una, dos o tres veces.

Joseph Roth
La leyenda del santo bebedor

Gustave Doré. *La Última Cena.*

Prefacio

Solo alcanzamos una plena comprensión del Nuevo Testamento cuando su lectura se lleva a cabo dentro de la atmósfera de la Historia de la Salvación, la cual tiene su momento central en la Encarnación del Hijo de Dios. Los hechos, palabras y reflexiones que contienen los veintisiete libros que lo componen —en primer lugar, los cuatro Evangelios— presuponen y dan cuenta de esta realidad sobrenatural. Su aceptación o rechazo afecta de forma inevitable a quienes se acercan a sus páginas. Despojado de lo sobrenatural, el Nuevo Testamento es solo una obra literaria más, ni siquiera de un valor extraordinario, escrita en los ambientes del judaísmo más o menos helenizado del siglo I d. C. Incluso entonces conserva un indudable interés histórico, sobre todo por la información que ofrece sobre los primeros pasos de la Iglesia y de su fundador, Jesús de Nazaret. Pero sin una apertura al misterio sus páginas pierden el sentido primordial con el que fueron escritas y arrastran al lector hacia un terreno poco comprensible.

Lo anterior no quiere decir que el Nuevo Testamento y en especial los Evangelios, no se interesen por la Historia en el sentido habitual y común del término. Por el contrario: su contenido esencial consiste en preservar testimonios de verdaderos testigos. Ése es precisamente el aspecto fundamental de la Encarnación: que estamos ante un acontecimiento histórico, único y totalmente singular. Una fe que se desentendiera de lo histórico se convertiría en «gnosis» (en pura teoría) y se alejaría de la persona de Jesús de Nazaret: «El mensaje neotestamentario no es solo una idea; pertenece a su esencia precisamente el que se haya producido en la historia real de este mundo: la fe bíblica no relata historias como símbolos de verdades meta-históricas, sino que se funda en la historia que ha sucedido sobre la faz de la tierra»[1].

En palabras de Tomas de Aquino[2], *De Potentia*, q. 6, a. 2 ad 9: *La Encarnación del Verbo es el milagro de los milagros, como dicen los santos, porque es mayor que cualquier milagro y a ella se ordenan todos los demás milagros. Por eso (la Encarnación) no solo induce a creer otras cosas, sino que los demás milagros tienden a que ella sea creída.*

En un sentido semejante y complementario se pronuncia H. De Lubac[3]: «En este concierto universal, únicamente el cristianismo afirma a la vez e indisolublemente, para el hombre un destino trascendente y para la humanidad un destino común. La preparación de este destino es toda la historia del mundo. Desde la creación primera hasta la consumación final, a través de las resistencias de la materia, y las más poderosas de la libertad creada, se cumple un mismo designio divino, que pasa por una serie de etapas, la principal de ellas señalada por la Encarnación. En estrecha conexión pues con su carácter social, aparece otro carácter de nuestro dogma, igualmente esencial: su carácter histórico. En efecto, si la salvación que Dios nos ofrece es la salvación del género humano, viviendo este género humano y desarrollándose en el tiempo, la exposición de esta salvación tomará necesariamente la forma de una historia: ésta será la historia de la penetración de la humanidad por Cristo».

***

---

1   J. Ratzinger, *Jesús de Nazaret*, Biblioteca de Autores Cristianos, Madrid, 2019, página 465.

2   En: F. Ocáriz – A. Blanco, *Teología Fundamental*, 2ª ed., Editorial Palabra, Madrid, 2008, páginas 283 y 369.

3   H. de Lubac, *Catolicismo. Aspectos sociales del dogma*, Editorial Estela, Barcelona, 1963, página 100.

Dentro de la tradición bíblica —y del resto de la muy extensa literatura religiosa judía— Dios es designado con una multiplicidad de nombres. Es cosa conocida que entre todos ellos ocupa un lugar primario el de Yahvé (YHWH), el nombre propio del Dios de Israel, revelado por Dios mismo a Moisés[4]. Al que se suman otros como *El*, Elohim o *El-Shadday*, los cuales no completan ni muchísimo menos la lista de los nombres divinos. Existe, sin embargo, un nombre, entre los que suelen clasificarse como secundarios, sobre el que quisiera realizar una brevísima reflexión preliminar.

Este nombre aparece en el texto del *Targum* de Palestina. *Targum* es el término hebreo y arameo que designa la traducción del texto hebreo de la Escritura al arameo (el caso más frecuente). Traducciones que incluyen también reflexiones interpretativas. Es decir, que no es una mera versión traducida, sino que incorpora un conjunto de comentarios y aclaraciones. Pues bien, en aquel *Targum* (que es más bien un conjunto de obras y no un libro unificado) se emplea, en una época que pudo ser coetánea a la de la redacción del Nuevo Testamento, un nombre divino de particular interés[5]: *Dibbera*: se traduce como *Dios que se revela*; también sencillamente como *La Palabra*. En la alianza de Yahvé con el pueblo de Israel, que se narra en el Antiguo Testamento acudiendo al esquema literario de los pactos de soberanía del antiguo Oriente próximo, se contienen las cláusulas o palabras en las que se fijan las obligaciones del pueblo. Estas «palabras», estas «diez palabras» son los diez mandamientos[6], *Dibberot*. El primero y principal es el de no tener otro dios que a Yahvé. Aquí se ve claramente que desde el principio la Palabra es la forma específica en que Dios se revela al ser humano que, a diferencia de otros seres creados, se halla dotado de razón.

Existe otro término arameo semejante: *Memra*, el cual se pone en especial conexión con el *Logos* cristiano (como veremos más

4   L.F. Ladaria, *El Dios vivo y verdadero. El misterio de la Trinidad*, Secretariado Trinitario, Salamanca, 2010, páginas 168-172.

5   M. McNamara, *Palestinian Judaism and the New Testament*, Veritas Publications, Dublin, 1983, páginas 214 y 230.

6   A. Diez Macho, *Historia de la Salvación. Una iniciación a la lectura de la Biblia*, Editorial Apostolado de la Prensa, Madrid, 1968, páginas 63-64.

adelante). En algunos libros del Antiguo Testamento, sobre todo en los Proverbios y en el Eclesiástico, la Sabiduría divina aparece ya con algunos rasgos personales, que anticipan —en la posterior interpretación cristiana— la Persona de Cristo. También en este caso, el *Targum* de Palestina ofrece un cierto paralelismo con el desarrollo cristiano: cientos de veces utiliza el término *Memra*, significando la Palabra de Yahvé. Es de interés señalar también la mención en esta obra del «espíritu santo», *Ruja de-qudsa*, de un modo que anticipa algunos rasgos del Espíritu Santo de la Revelación contenida en el Nuevo Testamento[7].

Este es el asunto de fondo común a toda la Biblia, la Revelación de Dios: el que da razón de cualquier reflexión sobre el Antiguo y el Nuevo Testamento que quiera respetar la seriedad y la dignidad de lo que allí está contenido. Estamos ante un *Dios que habla*[8], que se ha comunicado y se sigue comunicando con la humanidad, no solo, pero de forma particularmente intensa, por medio de las Escrituras reveladas y de un modo *personal* por medio de Jesucristo. Pues se da en el cristianismo una novedad radical, que modifica la posición «jerárquica» de estas Escrituras, dado que no ocupan el lugar central que cabría esperar, si atendemos a la comparación con otras religiones, ellas sí *religiones del libro*. Y es que, como enseña la fe cristiana, Dios se ha manifestado *personalmente*: como hombre, a la vez que como *Logos, Palabra*. Esta es la realidad específica del Nuevo Testamento, realidad de la que da noticia en sus páginas, pero que es evidentemente previa a cualquier formulación escrita. Por ello, la Revelación custodiada por la Iglesia no consiste en su esencia en un «hecho literario» —un fenómeno que podemos calificar de sobrevenido— sino en la venida al mundo de los hombres, al mundo de la historia, del mismo Dios encarnado.

Resulta esencial subrayar que la Palabra, el Logos, es para el cristianismo Revelación, pero como realidad encarnada.

7   A. Diez Macho, *Historia de la Salvación* cit., página 107.
8   J. Pieper, ¿Qué quiere decir «Dios habla»? Consideraciones previas a una discusión teológica, en *La fe ante el reto de la cultura contemporánea*, segunda edición, 2000, Rialp, Madrid, páginas 115-143.

Cabe hablar por ello de un *realismo cristiano*, que fue objeto de reflexión desde los primeros tiempos de la Iglesia, como demuestra el prólogo del evangelio de Juan, *y el Verbo se hizo carne y habitó entre nosotros* Jn 1, 14; un prólogo tantas veces mal interpretado en clave esotérica (véase también 1 Jn 4, 2-3; y 2 Jn 7). El cuarto evangelio, el de Juan, cumple una función decisiva. Escrito a finales del siglo I d. C., cuando entre muchas iglesias se había extendido la doctrina «espiritual» de que Jesús no se encarnó realmente, que su cuerpo era de un modo u otro aparente, Juan no renuncia en ningún momento a proclamar que la «revelación haya tenido lugar en la tierra y en la carne»[9]. La inclusión de la genealogía de Jesús en los Evangelios de Lucas 3, 23-37 y de Mateo 1, 1-17, independientemente de los problemas exegéticos que suscitan, cumplen esta misma función, la de mostrar al lector que Jesús de Nazaret era Dios hecho hombre. Como escribe R. Guardini: «El Hijo de Dios se ha hecho hombre. No solo ha descendido a un hombre para habitar en él, sino que se ha hecho hombre. Y para que no quede ninguna duda, para que no se pueda decir que sintió horror ante la humillación de la carne y se unió solo a la intimidad de un alma pura o a un espíritu sublime, Juan dice con el mayor énfasis "se hizo carne"». «La historia y el destino no se realizan en un puro espíritu, sino en un cuerpo. (…) Mediante la Encarnación vino a morar entre nosotros y a inaugurar una nueva historia». La Encarnación, además, se prolonga en la Iglesia[10].

Algunos años antes de que apareciera su Evangelio, Juan en el Apocalipsis —escrito en torno al año 95 d. C.— ya había anticipado esta identificación de Jesús de Nazaret con la Palabra, el Logos de Dios. Podríamos decir que en el Apocalipsis emerge esta realidad, envuelta en el universo de imágenes y símbolos propio de esta obra desconcertante. Ap. 19, 11-16:

9   E. Käsemann, *El problema del Jesús histórico*, en *Ensayos exegéticos*, trad. de R. Fernández, Ediciones Sígueme, Salamanca, 1978, página 175.

10   R. Guardini, *El Señor. Meditaciones sobre la persona y la vida de Jesucristo*, trad. de D. Mínguez, Ediciones Cristiandad, Madrid, 2005, página 36; 134; 164.

Y vi el cielo abierto, y apareció un caballo blanco; su jinete se llama Fiel o Veraz, porque juzga con justicia y combate. Sus ojos son como llama de fuego, muchas diademas ciñen su cabeza y lleva grabado un nombre que nadie conoce sino él. Va envuelto en un manto empapado en sangre y es su nombre «el Verbo de Dios». Lo siguen las tropas del cielo sobre caballos blancos, vestidos de lino blanco y puro. Y de su boca sale una espada aguda, para herir con ella a las naciones, pues él las regirá con vara de hierro (referencia al Salmo 2) y pisará el lagar de vino del furor de la ira de Dios todopoderoso. En el manto y en el muslo lleva escrito un título: Rey de reyes y Señor de señores.

La prioridad de la Encarnación comunica su carácter propio al Nuevo Testamento, en el que la Iglesia ve también la unión de lo divino y de lo humano. Una «encarnación» de la Palabra, análoga a la Encarnación del Hijo de Dios. Lo que permite decir a Ignacio de Antioquía que se ha *refugiado en el Evangelio como en la carne de Cristo.*

Capítulo I

Algunas consideraciones generales

Este libro se ha escrito esencialmente como una invitación a la lectura del Nuevo Testamento, frecuentemente citado pero muy pocas veces leído. Tal es nuestro propósito principal. La aproximación al texto que propone el autor es —como todas— obviamente subjetiva. No pretendemos adoptar un estilo de falsa objetividad o neutralidad que, en este tipo de materias, se halla fuera del alcance de los hombres. Si estas páginas —se acepten en mayor o en menor medidas las opiniones y convicciones aquí vertidas— sirven para avivar la legítima curiosidad del lector y lanzarle a la lectura *directa* del Nuevo Testamento, nuestro esfuerzo se habrá visto generosamente recompensado.

Añadamos que basta echar un vistazo preliminar para comprender enseguida que no se trata de un libro para especialistas; ni siquiera sería apropiado etiquetarlo con el socorrido rótulo de «alta divulgación». Estamos sencillamente ante un conjunto de reflexiones e interrogantes que a quien esto escribe le suscitan el tesoro inmenso en que consiste el Nuevo Testamento. Con contenidos que en algunos casos sorprenderán al lector, por ser poco conocidos o porque la interpretación propuesta se aleja de los planteamientos habituales. No es, por tanto, una obra que pueda calificarse sin más como de introducción al Nuevo Testamento, en el sentido común que tiene esta denominación. En la medida de mis posibilidades he querido ser fiel al título de la obra y presentar al lector una visión del Nuevo Testamento distinta de lo que suele ser habitual en este género de investigaciones.

Poner la otra mejilla o *dad al César lo que es del César y a Dios lo que es de Dios*, son, entre muchas otras, frases evangélicas que escuchamos a menudo en conversaciones cotidianas. De varios de los personajes que aparecen en sus páginas, empezando por Jesús de Nazaret y siguiendo por otros tales como Judas, los fariseos, Herodes, Barrabás o Poncio Pilato, todo el mundo tiene una cierta opinión. Funcionan casi como estereotipos abstractos que sirven para reforzar una determinada argumentación, etiquetar a alguna persona o para plantear nuestra propia visión de un problema. El libro con el que se cierra el Nuevo Testamento, el *Apocalipsis*, puede servir como ejemplo extremo de una realidad permanentemente nombrada —a modo de inquietante metáfora—, pero muy mal conocida en cuanto a su propio contenido y finalidad. Lógicamente, la Biblia y, en particular el Nuevo Testamento, es mucho más que un depósito de citas o de episodios literarios relativamente bien conocidos por todos.

Películas, series, novelas «históricas» (a veces hábilmente camufladas y aceptadas por seguidores entusiastas como historia «de verdad»[11]) y documentales, en los que suele brillar una fértil imaginación, explotan continuamente el enorme interés que despiertan los asuntos bíblicos y, en especial, los que conciernen a la figura de Jesús de Nazaret. Encuentran un público amplio, siempre atento a los últimos descubrimientos; mucho mejor si hay por medio algún «escándalo» de reciente aparición (y que al final resulta que no era tan nuevo o no era tan escandaloso)[12]. Un

---

11   Respecto a un caso muy conocido el lector podrá formarse su propia opinión leyendo: A. Ribera y J. Beorlegui, *El secreto de Urantia (ni caballos ni troyanos)*, Ediciones Obelisco, Barcelona, 1988.

12   Puede consultarse a este respecto: P. Cabello Morales, *Arqueología Bíblica. Los textos bíblicos a la luz de los hallazgos arqueológicos*, segunda edición, Editorial Almuzara, Córdoba, 2019, especialmente en el apartado *En busca de noticias: arqueología bíblica y fake news*, páginas 112-115.

público interesado que, paradójicamente, cada vez posee una cultura religiosa más débil y maleable.

El conjunto de libros que forman el Antiguo y Nuevo Testamento han influido del tal manera en la historia social y cultural de Occidente, y del resto del mundo por influencia occidental, que sin su conocimiento, por elemental que sea, se hace muy difícil —por no decir imposible— comprender no solo la filosofía, la literatura, la pintura, la escultura, la arquitectura, la música, sino también un conjunto de costumbres, de principios políticos y de modos de vida que han llegado hasta la actualidad y siguen vivos. La visión cristiana del mundo resplandece incluso en sus versiones secularizadas: la solidaridad, la fraternidad, la igualdad, la libertad que preconizan muchos movimientos políticos hunden sus raíces en el Evangelio; ello explica, además, que tales principios se aclimaten mal en otros ámbitos culturales distintos de los occidentales. El fenómeno tiene una sencilla explicación: solo donde ha calado la visión cristiana de la vida, por mucho que en estos tiempos parezca hallarse en retroceso, florecen con fuerza unos principios que, a pesar de su vocación de universalidad, nacieron históricamente en suelo cristiano.

Incluso cuando se someten a discusión o a un rechazo radical, como parece estar pasando de una manera particularmente intensa ahora por parte de algunos sectores, este *trasfondo bíblico* —judeocristiano— marca en mayor o menor medida el escenario del debate espiritual y cultural. Por lo demás, en algunos momentos y lugares el rechazo contra Occidente se ha concretado y se concreta frecuentemente en una hostilidad incluso física contra sacerdotes o ministros de las diversas confesiones cristianas, contra los fieles asistentes, los templos e iglesias. La quema de libros sagrados es en estos casos extremos un fenómeno de importancia menor, pero muy significativo.

Existen otras formas negativas de dar protagonismo a la Biblia como polo interpretativo. Desde algunos ámbitos, por ejemplo, en el feminismo más radical, se propone la redacción de una *Biblia de las Mujeres*, para corregir lo que haya que corregir en los textos sagrados. En otros casos, según quedó indicado, las manifestaciones incluyen no solo la quema de banderas o de retratos de personajes destacados sino también de alguna Biblia, como forma de mostrar el rechazo hacia el *sistema* en su totalidad. El conjunto de todos estos fenómenos demuestra que ya sea de forma positiva o negativa los textos bíblicos siguen constituyendo un material que, pese a que provengan de un pasado remoto, producen evidentes efectos en la vida social actual. Para citar otro caso poco conocido —y a primera vista desconcertante— que ayude a explicar la influencia de los textos bíblicos a lo largo de la historia: en 1940 se publicó en Alemania *Das Volkstestament* (*El testamento del pueblo*). Salió solamente la primera parte, de la que se vendieron centenares de miles de ejemplares. El texto *reescribía* sin pudor alguno los Evangelios sinópticos de manera que se describía un Jesús no judío, a la medida de la ideología del nacionalsocialismo.

Es claro que en el mundo editorial la palabra «biblia» se utiliza a menudo sin ningún tipo de intencionalidad «religiosa»: simplemente es un término que sirve para describir obras que tienen por objetivo estudiar alguna materia de forma teóricamente exhaustiva. Pero otras veces —como en el ejemplo antes mencionado— la intencionalidad político-religiosa es evidente. Aportemos algún ejemplo más: en tiempos recientes se ha traducido al español por la editorial Caja Negra —edición de J. Louv y traducción de J. Salzano—, *La Biblia psíquica*, que recoge textos del recientemente desaparecido Genesis Breyer P-Orridge (junto con otros autores vinculados con este personaje), relacionado con una sociedad oculta denominada «El Templo de la Juventud Psíquika». La obra se presenta como exponente máximo de la *contracultura*. En la reseña que de este libro singular realiza J. Calvo en el suplemento *Babelia* (16 de enero de 2021) podemos leer algunas consideraciones enigmáticas: «Su eje es una secuencia de propuestas de intervención cultural diseñadas para modos de percepción y reprogramas patrones de conducta heredados. (…) En sus páginas hay textos de historia cultural, desarrollos del método burroughsiano[13] del *cut-up*, técnicas de meditación basadas en los "sigilos

---

13   W. S. Burroughs (1914-1997), novelista y crítico social estadounidense, de agitada vida privada y pública.

mágicos" del artista y ocultista de principios del siglo XX Austin Osman Spare[14]».

Dentro de estos ámbitos otras veces la presentación es más «clásica». Pueden citarse a estos efectos, entre otras, la *Biblia Satánica* (*The Satanic Bible*) publicada por Avon Books en 1969, a cargo de Anton Szandor La Vey, fundador de la iglesia de Satanás; o la no menos impactante *Biblia de Lucifer*, texto que se presenta como dictado directamente por el Diablo a «Nasha», Gran Maestro de Lucifer-G, una secta satánica asentada en Colonia (Alemania): el texto es fruto de una revelación que habría tenido lugar los días 13, 14 y 15 de febrero de 1975[15].

Parece ser, por tanto, que la Biblia sigue manteniendo su poder de atracción. Y eso no es poco en estos tipos secularizados en los que todo lo que provenga del ámbito de la religión es juzgado como sospechoso. La Biblia como referencia obligada, como una obra en cierta medida intemporal, traducida a todas las lenguas relevantes.

Terminemos este apartado explicando una cuestión terminológica: el término griego *biblos*, en diminutivo, *biblion* (plural, *ta biblia*) significaba en su origen cualquier tipo de documento escrito. En el cristianismo se empleó desde el principio este plural, *ta biblia*, y su derivado latino, *biblia*, para dar nombre a las Sagradas Escrituras del pueblo hebreo ampliadas con los libros que componen el Nuevo Testamento. Es curioso que un término que inicialmente era un neutro plural, a partir de la Edad Media se convierte en un femenino singular: la Biblia. Así se utiliza hasta hoy en la generalidad de las lenguas.

Desde el punto de vista de su edición, el término «Biblia», tal como lo entendemos, solo alcanza su sentido a partir de la iniciativa del emperador Constantino, en el siglo IV d. C., tras encargar

---

14   Austin Orman Spare (1886-1956) fue un artista educado desde su juventud en la magia y en la brujería. En su obra se concede importancia especialmente a la magia sexual y al culto a un «dios diabólico» denominado Zos Kia: vid. M. Guerra Gómez, *Diccionario Enciclopédico de las Sectas*, cuarta edición, Biblioteca de Autores Cristianos, Madrid, 2005, página 899.

15   M. Guerra Gómez, *op. cit.*, página 115, donde pueden completarse los datos que utilizamos en el texto.

al *scriptorium* de Cesarea copias que contuvieran en una sola obra todos los libros canónicos del Antiguo y del Nuevo Testamento. Solo desde entonces se reunieron unitariamente todos los libros que componen la Biblia.

Respecto al Antiguo Testamento conviene recordar que el canon católico es más amplio que el judío en su versión hebrea reducida, la que terminó imponiéndose para la «Biblia» judía. El Antiguo Testamento acogido por la Iglesia se inspira en la versión del «Antiguo Testamento» en griego, llamada de los Setenta. Esta contenía más obras que las que se recogen en el canon judío en hebreo. No debe extrañar, por tanto, la falta de coincidencia entre la «Biblia» hebrea y el Antiguo Testamento de la Iglesia. Los libros que no están en la versión canónica judía, pero sí estaban en los Setenta (obra también judía, pero redactada en griego) y que desde allí fueron admitidos por la Iglesia son: Tobías, Judit, 1-2 Macabeos, Sabiduría, Eclesiástico o Ben Sira, Baruc y Carta de Jeremías, junto a varios añadidos a los libros de Ester y Daniel. Este conjunto de libros recibe el nombre de deuterocanónicos. En la terminología de las iglesias protestantes, las cuales volvieron al canon hebreo reducido, se llaman apócrifos.

Capítulo II

Los testigos. La apostolicidad de la Iglesia

Hemos hablado sobre la relevancia de la literatura bíblica en el mundo y en el ámbito cultural. Sin embargo, la oportunidad de preservar el Nuevo Testamento (y la Biblia en toda su extensión) no debe defenderse prioritariamente como una fuente de conocimiento más para entender nuestro pasado-presente, nuestra cultura, al modo en que son necesarias algunas nociones de mitología griega y romana para acercarse a la historia del arte o de la literatura. No, al menos desde una posición como la nuestra que es inequívocamente cristiana. Ese tipo de argumentación blanda (desde la perspectiva de una fe puesta a la defensiva), solo sirve para posponer por un tiempo la completa desaparición en la práctica del mensaje cristiano. El Nuevo Testamento, dentro de la Tradición de la Iglesia, es el punto de encuentro privilegiado que permite empezar a conocer a Jesucristo, ese es su significado esencial. Todo lo demás se convierte en secundario.

Se presenta ante nosotros con rasgos específicos, como un texto revelado, sagrado, separado de la literatura común, aunque sometido a las limitaciones de toda obra humana escrita. La comunidad cristiana primitiva tuvo gran cuidado en depurar del conjunto de escritos y libros que de diversas formas y perspectivas daban noticias acerca de Jesús, aquellos que gozaban de la garantía de la aprobación de los primeros testigos de un aconte-cimiento único y extraordinario: que Dios se había encarnado y tras la Pasión había resucitado de entre los muertos. Lo esencial era en todo caso la credibilidad de los testimonios. En palabras de Gilbert K. Chesterton[16]: *Desde luego, sería completamente contrario a la historia considerar el Nuevo Testamento como un libro cuidadosamente encuadernado que hubiera caído del cielo. Se trata sencillamente de una colección de escritos de la primitiva literatura cristiana realizada por la autoridad de la Iglesia.*

El Nuevo Testamento nace de una preocupación muy fácil de entender. Conservar por escrito, para las generaciones futuras de la Iglesia, la memoria de lo que en los primeros años reposaba exclusivamente en la tradición oral. La vida y las palabras de Jesús de Nazaret, las reflexiones de quienes fueron testigos directos o indirectos de los acontecimientos, necesitaban de la protección que aportan los textos escritos, fundados en todo caso en su veracidad como testimonios de lo sucedido. Además, la primitiva Iglesia entendió que esta actividad formaba parte esencial del encargo de anunciar el Evangelio a todos los pueblos (Mt 28, 19-20), dado a los apóstoles como misión esencial. Y que los autores contaban en este poner por escrito con la asistencia real y decisiva del Espíritu Santo. Por todo ello, san Pablo habla del contenido de la Revelación, Tradición y Escritura, como de un depósito (1 Tim 6, 20; 2 Tim 1, 14)[17], que ha de custodiarse, cuidarse, y del que no se puede disponer al antojo de cada cual (Gál 1, 6-10; 2 Cor 11, 4).

En la primera Carta de San Juan (sea su autor el mismo Evangelista o alguien de su círculo más próximo) leemos el factor determinante que explica la credibilidad de la Sagrada Escritura cristiana: *Lo que existía desde el principio, lo que hemos oído, lo que hemos visto con nuestros propios ojos, lo que contemplamos y palparon nuestras manos acerca del Verbo de la vida; pues la Vida se hizo visible, y nosotros hemos visto, damos testimonio y os anun-*

---

16   G.K. Chesterton, *El hombre eterno*, trad. de M. Ruiz Fernández, Ediciones Cristiandad, Madrid, 2005, página 238.
17   F. Ocáriz y A. Blanco, *Teología Fundamental* cit., páginas 66-67.

ciamos la vida eterna que estaba junto al Padre y se nos manifestó. Eso que hemos visto y oído os lo anunciamos, 1 Juan 1, 1-3[18]. Es el testimonio del testigo, de la persona que estaba allí donde se producen los acontecimientos decisivos, el que funda todo lo que viene después. Escribe el evangelista Juan, describiendo la muerte en la Cruz de Jesús, 19, 35: *El que lo vio da testimonio, y su testimonio es verdadero, y él sabe que dice la verdad, para que también vosotros creáis.* El mismo argumento aparecerá otras veces en el Nuevo Testamento. De especial interés es también, dentro de este apartado, el siguiente fragmento de los Hechos de los Apóstoles 5, 30-32: *El Dios de nuestros padres resucitó a Jesús, a quien vosotros matasteis, colgándolo de un madero. La diestra de Dios lo exaltó, haciéndolo jefe y salvador, para otorgarle a Israel la conversión con el perdón de los pecados. Testigos de esto somos nosotros y el Espíritu Santo, que Dios da a quienes le obedecen.*

Y un poco antes, en la misma obra, leemos, 3, 13-15; 17-19:

> Pedro dijo al pueblo: El Dios de Abrahán, de Isaac y de Jacob, el Dios de nuestros padres, ha glorificado a su siervo Jesús, al que vosotros entregasteis y del que renegasteis ante Pilato, cuando había decidido soltarlo. Vosotros renegasteis del Santo y del Justo, y pedisteis el indulto de un asesino; matasteis al autor de la vida, pero Dios lo resucitó de entre los muertos, y nosotros somos testigos de ello. Ahora bien, hermanos, sé que lo hicisteis por ignorancia, al igual que vuestras autoridades; pero Dios cumplió de esta manera lo que había predicho por los profetas, que su Mesías tenía que padecer. Por tanto, arrepentíos y convertíos, para que se borren vuestros pecados.

Tratándose de una idea central, que afecta al modo particular en que se transmite la fe, las citas de pasajes con este mensaje abundan. Valga como último ejemplo un texto de la segunda epístola de Pedro: *Pues no nos fundábamos en fábulas fantasiosas*

---

18   Utilizamos en esta y en todas las citas bíblicas que aparecen en la obra: *Sagrada Biblia*, versión oficial de la Conferencia Episcopal Española, Biblioteca de Autores Cristianos, Madrid, 2012. Las abreviaturas del título de los libros de las Sagradas Escrituras son las de esta edición.

cuando os dimos a conocer el poder y la venida de nuestro Señor Jesucristo, sino en que habíamos sido testigos oculares de su grandeza, 1, 16-17.

La fe de la Iglesia es primordialmente fe en Jesucristo. Una fe fundamentada en la credibilidad que ofrecen los primeros testigos, salvaguardada en la vida de la primera comunidad cristiana, la cual no renunció a ella a pesar del conjunto de dificultades de todo tipo que experimentó por su causa, incluyendo en muchos casos la persecución y la muerte. Afirmaba Pascal: «Solo creo en los testigos que se hacen matar»[19]. Un argumento que ha sido muchas veces traído a colación por los apologetas cristianos. Recordemos estas palabras de Orígenes en su *Contra Celso* II, 55[20], explicando el testimonio sobre la resurrección: *Pero, en mi sentir, el argumento claro y evidente es el de la vida de sus discípulos, que se entregaron a una doctrina que ponía, humanamente, en peligro su vida; una doctrina que, de haber ellos inventado la resurrección de Jesús de entre los muertos, no hubieran enseñado con tanta energía. A lo que hay que añadir que, conforme a ella, no solo prepararon a otros a despreciar la muerte, sino que lo hicieron ellos los primeros.*

La naturaleza primordial de los Evangelios como testimonios históricos impide realizar una contraposición entre el Jesús de la historia y el Cristo de la fe, como si la fe de los evangelistas hubiera suplantado al interés histórico, pues se trataría de obras en las que su contenido se funda en la *experiencia de fe* de la primitiva comunidad. «Esto se opone a la evidente intención de numerosos textos del Nuevo Testamento, los cuales no solo intentan transmitir un *testimonio de fe*, sino también auténticos detalles sobre la vida de Jesús, especialmente sobre su muerte y resurrección. De hecho, encontramos, sobre todo en los Evangelios, pormenores sobre su nacimiento, la infancia, la actividad de Jesús, su Pasión y

---

19   En V. Messori, *Dicen que ha resucitado. Una investigación sobre el sepulcro vacío*, trad. de A.R. Rubio, Ediciones Rialp, Madrid, 2000, página 109.

20   Orígenes, *Contra Celso*, Introducción, versión y notas por D. Ruiz Bueno, tercera edición (reimpresión), BAC, Madrid, 2001. Las citas de este libro que aparecen en nuestra obra utilizan en todos los casos esta edición.

su muerte; pormenores incluso de las mismas actuaciones de los discípulos. Los evangelistas, que no intentan hacer una *biografía* de Jesús en el estilo literario de nuestros días, sí quieren narrar lo que "aconteció a Jesús de Nazaret" con rigurosa fidelidad a estos hechos, tanto más cuanto están persuadidos de la *normatividad* de sus palabras y de su vida, dada la autoridad divina de la que está revestido. Así lo ponen de manifiesto repetidamente (cfr., p.e., Lc 1, 1-4; Jn 20, 30-31). Hay que tener presente que los evangelios, si bien no están concebidos en el género literario de la biografía, sí están escritos como *testimonios* de verdaderos testigos sobre la vida de Jesús de Nazaret (cfr., p.e., Jn 21, 24)»[21].

Es una fe que se apoya además en el testimonio de los profetas, factor que explica —junto con otros— la admisión por parte de la Iglesia del Antiguo Testamento y el hecho de que el Nuevo Testamento se halle escrito en permanente diálogo interpretativo con el Antiguo. Ellos anunciaron la llegada del Mesías, no como un detalle más o menos complementario de su mensaje, sino porque profetas y Mesías forman parte, cada uno a su modo, de la misma Historia de la Salvación. Es el propio Jesús el que se encarga de presentarse no como una novedad absoluta (aunque lo sea en otro sentido), sino en el contexto del Antiguo Testamento, como cumplimiento de la promesa (2 Sam 7, 16), buscando también con ello confirmar la vacilante fe de sus discípulos. Entre los títulos mesiánicos el de Hijo de David[22] resulta ser, a estos efectos, especialmente significativo (Mt 1, 6; Lc 2, 4). También la universalidad de la Iglesia se halla prefigurada en el Antiguo Testamento.

Estos factores son decisivos. Pues en el comienzo del camino de la Iglesia no se halla ni el descubrimiento misterioso de un libro ni la reflexión teórica de un sabio, sino personas concretas que vivían en una comunidad y que conocieron empíricamente a Jesús de Nazaret y los acontecimientos situados en la historia

---

21   F. Ocáriz – L. F. Mateo-Seco – J. A. Riestra, *El Misterio de Jesucristo*, 4ª ed., Eunsa, Pamplona, 2010, páginas 82-83.

22   A. Grillmeier, *Cristo en la Tradición Cristiana. Desde el tiempo apostólico hasta el concilio de Calcedonia (451)*, trad. de M. Olasagasti, Ediciones Sígueme, Salamanca, 1997, páginas 38-41.

que crean la Iglesia y prolongan culminándola la Revelación del Antiguo Testamento: en primer lugar, el hecho histórico de la Resurrección de Cristo. La primera generación de quienes integraban la Iglesia no disponía del Nuevo Testamento escrito, pero sí del depósito de la fe comunicado oralmente. Iluminadoras son estas palabras de H. de Lubac[23]:

«La realidad cuyos "tipos" están contenidos en el Antiguo Testamento —e incluso en el Nuevo— no es solamente espiritual, sino encarnada; no es solamente eterna, sino también histórica. Pues el Verbo se hace carne y planta su tienda entre nosotros. El sentido espiritual está por consiguiente extendido por todas partes, no solamente ni sobre todo en un libro, sino primaria y esencialmente en la misma realidad: In ipso facto, non solum in dicto, mysterium requirere debemus (Agustín, In Psalmum 68). En efecto, lo que hoy día llamamos Antiguo y Nuevo Testamento, no es en sí una obra. Es un doble acontecimiento, una doble "Alianza", una doble "disposición" cuyas peripecias se desarrollan y se responden a lo largo de las edades, y cuyo relato podría concebirse como jamás fijado por escrito. Cuando los Padres decían que Dios es el Autor —el único Autor de uno y otro Testamento— no lo comparaban únicamente ni en primer lugar con un escritor, sino que veían sobre todo en él al fundador, al institutor de los "instrumentos" de la salvación, de las dos "economías" o "disposiciones" que relatan las Escrituras y que se reparten toda la duración del mundo. De una y otra, decían, "uno solo y mismo Dios", "un solo y mismo Padre". ¿No hablaba ya san Pablo de las dos Alianzas o de los dos Testamentos, antes de que fuese escrito nuestro "Nuevo Testamento"? Y cuando, persuadidos de que todo estaba allí lleno de misteriosas profundidades, estos antiguos se inclinaban sobre las páginas inspiradas en donde encontraban en sus fases sucesivas la Alianza de Dios con el género humano, tenían mucho menos la impresión de comentar un texto o de descifrar unos enigmas verbales que de interpretar una histo-

---

23   H. de Lubac, *Catolicismo. Aspectos sociales del dogma* cit., páginas 121-122.

ria. La historia, como la naturaleza y más que la naturaleza, era para ellos un lenguaje. Era ya Palabra de Dios».

***

El Fundador de la Iglesia contaba con la fidelidad de sus testigos. Es una de las claves que explica el prólogo del Evangelio de Juan. Incluso en el Apocalipsis, Juan invoca su calidad de testigo de la vida de Cristo a la hora de presentar el contenido de las revelaciones: *a su siervo Juan, el cual fue testigo de la palabra de Dios*, 1, 2. Lo afirma igualmente el Evangelio de Lucas, en la parte final de su obra. Lc 24, 36-48:

> Estaban hablando estas cosas, cuando él se presentó en medio de ellos y les dice: Paz a vosotros. Pero ellos, aterrorizados y llenos de miedo, creían ver un espíritu. Y él les dijo. ¿Por qué os alarmáis?, ¿por qué surgen dudas en vuestro corazón? Mirad mis manos y mis pies: soy yo en persona. Palpadme y daos cuenta de que un espíritu no tiene carne y huesos, como veis que yo tengo. Dicho esto, les mostró las manos y los pies. Pero como no acababan de creer por la alegría, y seguían atónitos, les dijo: ¿Tenéis ahí algo de comer? Ellos le ofrecieron un trozo de pez asado. Él lo tomó y comió delante de ellos. Y les dijo: Esto es lo que os dije mientras estaba con vosotros: que era necesario que se cumpliera todo lo escrito en la Ley de Moisés y en los Profetas y Salmos acerca de mí. Entonces les abrió el entendimiento para comprender las Escrituras. Y les dijo: Así está escrito, el Mesías padecerá, resucitará entre los muertos al tercer día y en su nombre se proclamará la conversión para el perdón de los pecados a todos los pueblos, comenzando por Jerusalén. Vosotros sois testigos de eso.

La Iglesia se instituyó sobre la base de la apostolicidad: el Fundador aseguró así su permanencia en el tiempo, en la Eucaristía y en la transmisión de su mensaje de salvación (Hch 2, 42). De ahí la importancia del concepto de depósito de la fe (1 Tim

6, 20; 2 Tim 1, 13-14). De forma que puede escribir Tertuliano en sus *Prescripciones contra todas las herejías* VI, 4: *Nosotros tenemos como maestros (auctores) a los apóstoles del Señor, que ni ellos mismos eligieron algo por su propio arbitrio para introducirlo, sino que fielmente entregaron a los paganos la doctrina (disciplina) recibida de Cristo.* Quiere decirse que su primera configuración institucional no reposaba en otro principio que el de una continuidad que parte de los primeros apóstoles, los cuales, designados por Jesús, fueron testigos inmediatos de su vida, muerte, resurrección y ascensión. Y fueron después iluminados por el don del Espíritu Santo. El caso de Pablo es particular, pero la revelación especial que experimentó lo hizo acreedor al título de apóstol. Y así fue reconocido por la primera Iglesia.

Esta apostolicidad se asegura en el tiempo por medio de los obispos, sucesores de los apóstoles. Estos, apóstoles y sucesores, son los custodios de la Tradición de la Iglesia. Un dato esencial, pues de esta Tradición única derivan los cuatro Evangelios canónicos escritos por testigos directos (Mateo, Juan) o indirectos (Marcos, Lucas). Cada uno de los cuales manifiesta sus propias preferencias de estilo, selecciona y presenta los hechos y las palabras de Jesús de una forma particular, pero siempre con la seguridad de que todas las narraciones canónicas cuentan con la garantía del testimonio de los primeros. La doctrina de la Iglesia entendió que era precisamente la apostolicidad de los Evangelios y de otros escritos el criterio fundamental para dotarlos del rasgo de escritos canónicos, integrantes del canon neotestamentario. Otros escritos, en algunos casos perfectamente ortodoxos desde el punto de vista doctrinal, quedaron fuera simplemente por faltarles o ser dudoso este origen apostólico. La apostolicidad, el hecho de que la Tradición se remonte a la época de convivencia de Jesús con sus apóstoles y primeros discípulos excluye la idea común, explotada por los gnósticos, de la ignorancia de aquéllos: pudieron ser gente sencilla, pero no ignorantes de las verdades esenciales de la fe. No tuvieron un mal maestro. En ellos reside la plenitud de la predicación de Jesús, como repite Tertuliano en su *Prescripciones contra todas las herejías.*

Tras la deserción de Judas Iscariote se planteó la necesidad de designar a otro apóstol que ocupara su lugar. Se propusieron dos nombres: José Barsabá y Matías, siendo designado este último. El punto esencial se describe así en Hch 1, 21-22: *Es necesario, por tanto, que uno de los que nos acompañaron todo el tiempo en que convivió con nosotros el Señor Jesús, comenzando en el bautismo de Juan hasta el día en que nos fue quitado y llevado al cielo, se asocie a nosotros como testigo de su resurrección.*

Sebastiano Santi. *Cristo entre los apóstoles.*

Capítulo III

Resucitó al tercer día según las Escrituras

Se hace precisa una aclaración, suscitada por el texto que acabamos de reproducir. Los lectores del pasaje citado de Lucas, al que podemos añadir un importante pasaje de Pablo contenido en la primera epístola a los Corintios (15, 3-4), se preguntarán: ¿Y dónde dicen las Escrituras que el Mesías debía resucitar *al tercer día*?

El asunto es de interés por varios motivos. Entre ellos destacan dos: porque es uno de esos textos en los que el lector desconfiado parece encontrar a primera vista un error, y un error trascendente, dado que esta afirmación de que Jesús resucitó precisamente al tercer día forma parte del núcleo de la fe cristiana, como lo demuestra su recepción en los credos de la Iglesia. Recuérdese la formulación del *Credo Niceno-Constantinopolitano*: *y resucitó al tercer día, según las Escrituras*. Entonces, ¿dónde dice la Escritura que el Mesías había de resucitar al tercer día? En segundo lugar, porque la solución del problema nos llevará a dar la debida importancia a la interpretación del Antiguo Testamento dentro de la tradición judía, que demuestra así su valor para la comprensión cristiana de la Biblia y, en especial, de los Evangelios.

Jesús había citado en algún momento de sus discusiones con los escribas y fariseos el libro de Jonás. Una obra, esta última, que corresponde al género literario de las parábolas y así debe ser correctamente entendida. En ella se lee, como sabemos, que el profeta Jonás estuvo en el vientre del gran pez *durante tres días con sus noches* (Jon 2, 1). A este pasaje se refiere Jesús, ante la reiterada petición de un signo definitivo, un signo que aclarara de una vez por todas la veracidad de su doctrina. Mt 12, 39: *Esta generación perversa y adúltera exige una señal; pues no se le dará más signo que el del profeta Jonás.* Otra alusión aún más explícita al período de los tres días entre su muerte y resurrección nos sale al paso en su identificación con el Templo, dentro del episodio de la expulsión de los vendedores y cambistas. Ante esta iniciativa tan extraordinaria, una vez más se le pregunta por los signos que presenta para justificar tal actuación. Y responde: *Destruid este Templo y en tres días lo levantaré.* Le replicaron que la reconstrucción del Templo había necesitado de cuarenta y seis años. Añade el evangelista: *Pero él hablaba del templo de su cuerpo. Y cuando resucitó de entre los muertos los discípulos se acordaron de que lo había dicho y creyeron a la Escritura y a la palabra que había dicho Jesús,* Jn 2, 21-22.

Dejando aparte estas referencias, el texto al que se refiere la expresión *según las Escrituras* en relación con la resurrección de Jesús es con toda probabilidad el contenido en el capítulo seis de Oseas[24]. Este fue uno de los primeros profetas de los que tenemos testimonio escrito de su obra. Vivió en el Reino del Norte (Israel), en el siglo VIII a. C., antes de la desaparición de esta comunidad política en el 721 a. C., tras la toma de Samaría por los asirios. Dice el profeta, 6, 1-3: *Vamos, volvamos al Señor. Porque él nos ha desgarrado y él nos curará; él nos ha golpeado, y él nos vendará. En dos días nos volverá a la vida y al tercero nos hará resurgir; viviremos en su presencia; y comprenderemos. Procuremos conocer al Señor. Su manifestación es segura como la aurora. Vendrá como la lluvia de primavera que empapa la tierra.*

Una primera lectura de este pasaje parece descartarlo como el texto de referencia implícito en el *según las Escrituras* que veni-

---

24   En contra de esta interpretación se pronuncia: J. Ratzinger, *Jesús de Nazaret* cit., páginas 581-583.

mos considerando. Pero la valoración cambia si se mira la cuestión a la luz de su interpretación por parte del judaísmo. En la tradición judía —según nos explica M. McNamara— este fragmento de Oseas servía de fundamento a la convicción de que los muertos resucitarán en la edad futura. Así lo demuestra la lectura del *Targum* de Oseas: Él *nos dará la vida en los días de la consolación que viene; y en el día de la resurrección de los muertos nos revivirá y tendremos vida en su presencia.* La idea de resurrección unida a este texto se deriva también de su conexión con el contenido de Isaías 26, 19: *Revivirán tus muertos, resurgirán nuestros cadáveres, despertarán jubilosos los que habitan en el polvo. Pues rocío de luz es tu rocío, que harás caer sobre la tierra de las sombras.* La lluvia y el rocío como metáforas de la resurrección es un tema que se repite en la literatura judía posterior. Así, por ejemplo, en el *Talmud de Palestina, Berakoth* 5, 2; y antes en la segunda de las *Dieciocho Bendiciones: Tú eres poderoso eternamente, Señor; tú haces revivir a los muertos, desbordando salud. En verano tú haces caer el rocío. En invierno tú haces soplar el viento y caer la lluvia. Alimentando a los vivos por amor y resucitando a los muertos con gran misericordia, sosteniendo a los que caen, curando a los enfermos, liberando a los cautivos y manteniendo tu fidelidad con los que duermen en el polvo (...)*[25]. Por lo demás, la exégesis rabínica asocia el texto de Oseas con otros en los que se realiza una mención de los *tres días,* según ocurre, por ejemplo, en Génesis 22, 4 o en el muy significativo pasaje contenido en Éxodo 19, 10: *El Señor dijo a Moisés: Vuelve a tu pueblo y purifícalos hoy y mañana; que se laven la ropa, y estén preparados para el tercer día, pues el tercer día descenderá el Señor sobre la montaña del Sinaí a la vista del pueblo.*

Pablo, fuente decisiva del Evangelio de Lucas y autor de la Primera Carta a los Corintios, como judío formado en el fariseísmo, conocía muy bien esta *Biblia interpretada.* Es importante destacar este aspecto de la doctrina de Pablo, es decir, el hecho de que su mensaje en este y en otros muchos puntos solo se entiende

---

25   A. C. Avril – D. de La Maisonneuve, *Oraciones judías,* Verbo Divino, Estella, 2001, página 33.

en su plenitud situándolo en el marco general de la tradición judía. Sabemos que frecuentemente se ha intentado presentar a Pablo como el defensor de un cristianismo helenizado, ajeno a las tradiciones judías. Nada más lejos de la verdad.

Por lo demás, lo que a primera vista parece encerrar una dificultad, la de identificar ese *tercer día según las Escrituras*, se revela al fin como un argumento a favor de la historicidad de la Resurrección. Pues llegados a este punto de importancia capital para la nueva fe se hace evidente que los relatos neotestamentarios no se construyeron como un artificio literario, para hacer corresponder su información con las profecías del Antiguo Testamento. De hecho, el judaísmo no conocía la esperanza en un Mesías que tenía que morir y resucitar. Conocía la resurrección de los muertos al llegar el fin del mundo y, aun así, algunos grupos —como los saduceos— descartaban incluso tal resurrección.

Por todo ello, la resurrección del Mesías era un acontecimiento inesperado, no solo por ser extraordinario, sino también por no coincidir con el tenor literal de las Escrituras. Buscar huellas de esta resurrección en los profetas requería una labor interpretativa, un tipo de particular y nueva *explicación*, como la que Jesús ofreció a los discípulos de Emaús: *les explicó lo que se refería a Él en todas las Escrituras*, Lc 24, 27; 32. De ahí también el sentido velado de algunas de las alusiones de Jesús, como la del profeta Jonás o la de su identificación con el Templo. Juan, apóstol y evangelista, da cuenta igualmente de la necesidad de una nueva iluminación sobre el sentido del Antiguo Testamento, situada más allá de las difundidas en el judaísmo. En palabras de Pablo, recogidas en Hch 13, 27: *los habitantes de Jerusalén y sus autoridades no reconocieron a Jesús ni entendieron las palabras de los profetas que se leen los sábados, pero las cumplieron al condenarlo*. No podían utilizarse para la compresión plena de este acontecimiento los materiales acumulados en la tradición sobre el sentido de los libros bíblicos, por muy numerosos que fueran. No cabía en este caso algo parecido a una aplicación directa de la Escritura. Se hacía precisa, además, la fe en Jesús. Es un asunto que aparece repetidas veces en la predicación. Con su característico estilo literario, Pablo se sirve de la mención del «velo» de Moisés para explicar esta idea de la que podríamos llamar discontinuidad-continuidad entre el Antiguo y el Nuevo Testamento. Es un texto digno de mención porque en él aparece por primera vez la expresión «Antiguo Testamento». En la segunda Carta a los Corintios, escrita probablemente al comienzo del año 54 d.C., 3, 12-15:

> Así pues, teniendo esta esperanza, procedemos con toda franqueza, y no como hizo Moisés, que se echaba un velo sobre la cara para evitar que los hijos de Israel contemplaran el fin de lo que era caduco. Pero tienen la mente embotada, pues hasta el día de hoy permanece aquel velo en la lectura del Antiguo Testamento, sin quitarse, porque se elimina en Cristo. Y hasta hoy, cada vez que se lee a Moisés, cae un velo sobre sus corazones.

Juan en su evangelio, en el momento en que narra la entrada de él y de Pedro en el sepulcro escribe, Jn 20, 8-9:

> Entonces entró también el otro discípulo, el que había llegado primero al sepulcro; vio y creyó. Pues hasta entonces no habían entendido la Escritura: que él había de resucitar de entre los muertos.

La resurrección inauguraba la nueva era, la del Mesías. Se presenta, además, como el signo y garantía anticipada de la futura resurrección al fin de los tiempos. Tal es el sentido que le da san Pablo: *Pero Cristo ha resucitado de entre los muertos y es primicia de los que han muerto. Si por un hombre vino la muerte, por un hombre vino la resurrección. Pues lo mismo que en Adán mueren todos, así en Cristo todos serán vivificados.* 1 Cor 15, 20-21. Pablo utiliza aquí la imagen de las «primicias» del primer fruto; en griego *aparche*. Lo repite en el versículo 23, donde sigue hablando de la resurrección: *Pero cada uno en su puesto: primero Cristo como primicia; después todos los que son de Cristo, en su venida.* Es interesante destacar que aquí, como en tantas otras ocasiones, la primera Iglesia interpretaba la *novedad* cristiana a la luz del Antiguo Testamento. En efecto, en el capítulo 23 del Levítico se señala que el primer día después del sábado —dentro de los siete días de la fiesta de la Pascua y los Ázimos— existía un rito que adquiere ahora un significado distinto al original pero conectado con él. Se llevaba ante el sacerdote el primer trigo cosechado, la «primicia de la vida». En el año en el que Cristo celebró su Pascua este rito coincidió con el domingo de su Resurrección.

Sigue en el mismo pasaje de Pablo utilizando otra metáfora extraída de las prácticas agrícolas: la resurrección como consecuencia de una semilla «que ha muerto» enterrada en la tierra (1 Cor 15, 37-38, 42-44). De esta manera alude a la resurrección de Cristo como el principio anticipado de la resurrección de los muertos que se producirá al fin de los tiempos[26]. Esta última afirmación sí que era un terreno bien conocido por la teología judía.

Jesús, en su predicación pública, debió de referirse con frecuencia a este acontecimiento decisivo: al hecho de que resucitaría al tercer día. Era una forma de fortalecer la fe de sus discípulos y de sus seguidores, antes de la experiencia desalentadora de su muerte en la cruz. Encontramos esta profecía en los anuncios de su pasión y muerte, que culminan precisamente con la proclamación de su futura resurrección *al tercer día*. Es cosa sabida que en los evangelios sinópticos se recogen tres anuncios de este tipo. En ocho de los nueve[27] pasajes con este contenido se menciona específicamente no solo la resurrección, sino que ésta sucederá *al tercer día*.

La narrativa evangélica da cuenta de que esta predicción de Jesús alcanzó notoriedad. Se explica así la iniciativa de las autoridades judías recogida en Mt 27, 62-66:

> A la mañana siguiente, pasado el día de la preparación, acudieron en grupo los sumos sacerdotes y los fariseos a Pilato y le dijeron: Señor, nos hemos acordado de que aquel impostor[28] estando en vida anunció: A los tres días resucitaré. Por eso ordena que

---

26 En este sentido debe interpretarse también el pasaje contenido en Mt 27, 52-53: la resurrección de Jesús coincidió con la de muchos santos, *que se aparecieron a muchos*.

27 Mt 16, 21; 17, 22-23; 20, 18-19; Mc 8, 21; 9, 31; 10, 33-34; Lc 9, 22; 9, 43-44 (es aquí donde únicamente falta la referencia a la resurrección); 18, 31-33.

28 Según hemos defendido en alguna otra ocasión, sería más preciso traducir no «impostor», sino «seductor», como hace la Neovulgata, con mayor precisión respecto al Derecho penal judío, basado aquí en el capítulo 13 del Deuteronomio.

vigilen el sepulcro hasta el tercer día, no sea que vayan sus discípulos, se lleven al cuerpo y digan al pueblo: Ha resucitado de entre los muertos. La última impostura sería mayor que la primera. Pilato contestó: Ahí tenéis la guardia: id vosotros y asegurad la vigilancia como sabéis. Ellos aseguraron el sepulcro, sellando la piedra y colocando la guardia.

Aunque el tenor literal del pasaje hace posible diversas traducciones, la opción mejor fundada ha de inclinarse por afirmar que la guardia a la que se refiere Pilato no procede de ninguna unidad romana, sino que la referencia es a la guardia del Templo. El permiso que se pide al gobernador es oportuno puesto que se trata de custodiar el sepulcro de un crucificado (hecho excepcional), pero no implica necesariamente que tales soldados o guardias procedieran de la guarnición romana. El original griego dice *echete koustodian*, que en la versión de la Neovulgata se traduce: *habetis custodiam*, dejando el asunto por completo abierto. Téngase en cuenta que la detención[29] de Jesús en el Huerto de los Olivos fue realizada exclusivamente por integrantes de la guardia del Templo o policía levítica[30].

Esta interpretación se confirma por lo que afirma el evangelista. Tras la Resurrección los guardias fueron a dar cuenta de los hechos extraordinarios que habían presenciado. Lo hicieron ante las autoridades judías, no ante el gobernador. Si se hubiera tratado de una guarnición romana, esta actuación sería por completo inexplicable. El problema suscitado habría llegado a oídos del gobernador de forma inmediata; pero no es el caso, tal como lo narra Mateo 28, 11-15:

> Mientras las mujeres iban de camino, algunos de los guardias fueron a la ciudad y comunicaron a los sumos sacerdotes todo lo ocurrido. Ellos, reunidos con los ancianos, llegaron a un acuerdo y dieron a los soldados una fuerte suma, encargándoles: Decid

---

29   Otras intervenciones de la guardia del Templo (sin presencia de tropas romanas): Hch 4, 1-3; 5, 26.

30   J. M. Ribas Alba, *Proceso a Jesús. Derecho, religión y política en la muerte de Jesús de Nazaret*, Editorial Almuzara, Córdoba, 2013, páginas 149-153.

que sus discípulos fueron de noche y robaron el cuerpo mientras vosotros dormíais. Y si esto llega a oídos del gobernador, nosotros nos lo ganaremos y os sacaremos de apuros. Ellos tomaron el dinero y obraron conforme a las instrucciones. Y esta historia se ha ido difundiendo entre los judíos hasta hoy.

Capítulo IV

El Edicto (o Rescripto) de Nazaret

No terminan aquí las referencias de las fuentes a la preocupación «oficial» por el posible fraude realizado por los discípulos de Jesús tras su muerte. Una preocupación que se hallaba todavía activa unos treinta años después de los acontecimientos pascuales. La prueba de ello la tenemos en una inscripción de la que el gran público apenas tiene noticias, pese a su importancia. Entre otras cosas ayuda a confirmar, dadas las coincidencias evidentes con las circunstancias de Jesús, que este es una figura de la historia, y no un personaje mítico, como algunos pretenden. No obstante, el hallazgo suscitó desde su publicación graves discusiones, avivadas por el persistente interés de un sector de especialistas encaminado a la devaluación de todo lo que pueda ayudar a fortalecer la realidad histórica de Jesús de Nazaret y de la primera Iglesia.

Se trata de una pieza de mármol que contiene una inscripción en griego de veintidós líneas, en las que se abrevia el tenor original de la orden imperial, la cual necesariamente tuvo que ser más extensa. El objeto en cuestión perteneció a la colección del arqueólogo W. Froehner, quien la obtuvo en Nazaret en 1878. Tras su muerte, se conserva en la Biblioteca Nacional de París. Fue editada en 1930 por F. Cumont[31].

Estamos ante una norma emanada del emperador (constitución imperial), un *diatagma Kaisaros*, que los especialistas atribuyen a uno de estos dos tipos: bien sea un edicto, bien sea un rescripto, en este último caso se admite que se trata de una respuesta de la cancillería imperial a una petición de las autoridades provinciales. Lo interesante del caso radica en el hecho de que la inscripción recoge una decisión extraordinaria para el Derecho penal romano: castigar con la pena capital a quien haya violado una tumba, apartando la piedra que la cerrara y sustrayendo el cuerpo allí contenido. He aquí una traducción del texto:

> Soy de la opinión de que las sepulturas y las tumbas que fueron hechas por respeto religioso de los antepasados, hijos o miembros de su familia deben permanecer sin modificaciones a perpetuidad. En consecuencia, se entiende que si alguien realiza una denuncia planteando que se han destruido tumbas o se han exhumado de cualquier modo los difuntos o que han sido trasladados fraudulentamente a otro lugar con violación del derecho, o se ha removido la piedra[32] que cierra la tumba o cualquier otro elemento de ella, ordeno que se abra un proceso tanto por respeto a los seres humanos difuntos como por respeto a los dioses. Será por completo obligatorio rendir honor a los difuntos. Nadie puede llevar a cabo modificaciones (en las tumbas). Si se transgrede esta norma, ordeno que el que la haya vulnerado sea condenado a muerte, bajo la acusación de violación del sepulcro.

El emperador que dicta la norma es muy probablemente Nerón. Esta afirmación deriva del hecho de que hasta el año 62 d. C. Roma mantuvo un comportamiento favorable hacia la Iglesia en Judea. En ese mismo año sabemos por Flavio Josefo, *Antigüedades Judías* XX, 200-203, que un sumo sacerdote, Anás II, hijo de Anás, fue fulminantemente destituido por aprovechar la ausencia temporal

---

31   Tomo los datos de: L. Boffo, *Iscrizioni greche e latine per lo studio della Bibbia*, Paideia Editrice, Brescia, 1994, páginas 319-333.
32   Mt 28, 1-2; Mc 16, 2-4; Jn 20, 11.

del procurador romano de Judea para instruir un proceso penal y aplicar la pena capital a Santiago el Menor y a otros cristianos. Este y otros episodios confirman la idea de que las autoridades romanas veían con cierta simpatía el desarrollo de un movimiento que, a diferencia de otros, no utilizaba la violencia como medio de acción política. Recuérdese que la ejecución irregular de Esteban, en el 34 d. C., tuvo como consecuencia —unida a otras circunstancias— la destitución de Pilato y del sumo sacerdote Caifás.

El pasaje en cuestión es también de interés porque menciona expresamente a Jesús de Nazaret. Pensamos, por ello, que vale la pena reproducirlo (en la versión de J. Vara Donado):

> Pues bien, Anás, dado su carácter, como creyó disponer de una ocasión pintiparada por haber muerto Festo y encontrarse Albino todavía en camino, instituyó un consejo de jueces y tras presentar ante él al hermano del llamado Jesucristo, de nombre Santiago, y a algunos otros, presentó contra ellos la falsa acusación de que habían transgredido la Ley y, así, los entregó a la plebe para que fuesen lapidados. Pero los que parecían ser los más moderados de los habitantes de la ciudad y los más escrupulosos cumplidores de las normas legales apenas soportaron esta acción. Por lo que enviaron recado secretamente ante el rey (Herodes Agripa II)[33] para exhortarlo a que ordenara a Anás que no continuara con tales acciones, puesto que tampoco la primera que había realizado en esa línea de comportamiento había sido correcta. Y algunos de ellos fueron incluso al encuentro de Albino, quien hacía el viaje por tierra desde Alejandría y, al verlo, le informaron de que Anás no estaba autorizado a instituir un consejo de jueces sin el visto bueno del mismo Albino. Entonces este, convencido por sus alegaciones, envió a Anás una carta que rezumaba ira, en la que le amenazaba con exigirle responsabilidades. Y el rey Agripa, a causa de ello, lo despojó de la dignidad

---

33   El rey citado es Herodes Agripa II (27 - ca. 93 d.C.), hijo de Agripa I. Aparece en este episodio porque desde la época del emperador Claudio recibió la competencia de supervisar el Templo de Jerusalén y en los años sucesivos la de designar al sumo sacerdote. Ante Agripa II había comparecido Pablo, por iniciativa de Festo: Hch 26, 2-3.

de sumo sacerdote, cargo que había ocupado durante tres meses, y lo sustituyó por Jesús, hijo de Damneas.

Ese mismo año 62 d. C. marca el cambio de actitud de Roma frente a los cristianos, dentro de una modificación radical de la política seguida por Nerón en todos los órdenes. Fue el año en que cayó en desgracia Séneca. Recordemos que el incendio de Roma, acaecido en julio del año 64 se atribuyó a los seguidores de Jesús. En el Edicto de Nazaret se ordena abrir un proceso penal para castigar, dentro de este contexto funerario, la adoración de seres humanos *como si se tratase de dioses.* Sorprende la gravedad de la pena, la muerte, para un supuesto como es la violación del sepulcro, que se castigaba ordinariamente con penas pecuniarias. También que se le asigne a este (nuevo) delito una naturaleza específicamente religiosa. Por si fuera poco, y aquí reside un punto de gran interés: se asigna carácter retroactivo a la culpa castigada. Conviene recordar que en el Evangelio de Mateo se recoge una información que ayuda a interpretar los muy probables motivos de esta medida imperial y la necesidad de que, pasados unos treinta años, aún fuera necesario procurar reducir el impacto que producía la fama extendida del «sepulcro vacío» de Jesús, Mt 28, 11-15, que conviene leer otra vez:

Mientras las mujeres iban de camino, algunos de la guardia fueron a la ciudad y comunicaron a los sumos sacerdotes todo lo ocurrido. Ellos, reunidos con los ancianos, llegaron a un acuerdo y dieron a los soldados una fuerte suma, encargándoles: Decid que sus discípulos fueron de noche y robaron el cuerpo mientras vosotros dormíais. Y si esto llega a oídos del gobernador, nosotros nos lo ganaremos y os sacaremos de apuros. Ellos tomaron el dinero y obraron conforme a las instrucciones. Y esta historia se ha ido difundiendo entre los judíos hasta hoy.

Hay que concluir, por tanto, que en la época de redacción del Evangelio de Mateo aún subsistía en algunos sectores la opinión de que los discípulos habían robado el cadáver de Jesús. Este evangelio se escribió precisamente en época de Nerón[34] (54 - 68 d. C.), en el tiempo en que Pedro y Pablo evangelizaban en Roma. Ambos apóstoles murieron mártires en algún momento entre los años 63 y 64. La norma imperial responde a esta nueva actitud contra el cristianismo. No sorprende que en este clima hostil hacia la Iglesia el *diatagma* mencionara específicamente la acción de mover la piedra que sellaba el sepulcro, una acción aludida explícitamente en los evangelios (Mt 27, 66; Mc 15, 46; 16, 3-4; Lc 24, 2; Jn 20, 1), ni que la inscripción fuera colocada en Nazaret o en alguna ciudad próxima como Séforis, dada la procedencia de Jesús y de sus más cercanos seguidores. Era la memoria de la resurrección la clave de la expansión de la nueva fe. Tertuliano, por su parte, parece referirse sin nombrarlo, al *diatagma*. Pues dice que a los judíos principales les interesaba divulgar que el supuesto robo del cuerpo de Jesús constituía un delito público: *scelus divulgare, Apologético* 21, 22. Esta actividad de divulgar es la que corresponde a la intención del texto de la inscripción. El término *scelus*, por su parte, remite a un ilícito penal público y no a la habitual acción penal de Derecho privado: otra señal de que el texto en cuestión se ocupa de un suceso no habitual, para el que se entendió que era precisa una respuesta jurídica específica.

---

34   Ireneo de Lyon, *Contra las herejías* III, 1, 1.

Fray Juan Sanchez Cotan. *San Pablo y de San Pedro*.

Capítulo V

Lo que no estaba en tu libro del Nuevo Testamento era —muy probablemente— la ortodoxia de la Iglesia

Y mientras la enorme mayoría de los intelectuales
continuaron siendo no creyentes, los pocos creyentes
debían necesariamente convertirse en intelectuales,
según la indicación del apóstol: «sed niños en el corazón,
pero no en la mente» (1 Cor 14, 20)[35].

Volvamos ahora a plantear algunas otras reflexiones generales, porque la lectura de Nuevo Testamento parece ahora mediatizada por un conjunto de prejuicios, consecuencias del escepticismo generalizado, cuando no burlesco, que se adueña de este tipo de materias. A diferencia de lo que ocurre en nuestros tiempos, al principio de la historia de Europa, es decir, de nuestra historia y de la de todo Occidente entendido como civilización, escaseaban los escépticos. No debe extrañar, dado que Europa fue y es en gran parte una realidad informada, construida, por la Iglesia. En palabras de Hilaire Belloc, la civilización europea fue «creada y con-

---

35   V. Soloviev, *Los tres diálogos y el relato del Anticristo*, trad. de J. Soley Climent, El Buey Mudo, Madrid, 2016, página 187.

tinuada por la Iglesia»[36]. Ella le dio su sentido más profundo, su unidad cultural y su cohesión social.

Ella hizo posible, por esta vía inesperada, una segunda vida de la cultura de Roma. En la raíz de la cultura europea encontramos sin grandes dificultades de búsqueda la realidad de los monasterios, como células en la que se preservó no solamente la tradición clásica sino la continuidad de la predicación evangélica. Europa no se entiende sin figuras como la de Benito de Nursia o Isidoro de Sevilla, para citar solo dos casos muy representativos. Cada monasterio disponía por lo general de un *scriptorium*: gracias a esta labor de copia se salvó también gran parte de la cultura clásica precristiana, incluyendo obras no precisamente en sintonía con la espiritualidad eclesiástica, como, por ejemplo, *De rerum natura* de Lucrecio, inspirada por una no disimulada visión materialista. Y en cada monasterio existía una biblioteca —término que designa inicialmente el armario en el que se guardaba la Biblia—, factor igualmente clave en la preservación y continuación de la cultura entendida en el sentido más amplio de término.

Por su parte, los que no creían en las verdades de la fe cristiana universal, al menos creían *de verdad* en algo; o eran «herejes de buena voluntad», si se nos permite esta expresión quizá poco afortunada. El rostro atroz y deshumanizado del decadente paganismo —los tristes y crueles ídolos, el desprecio por la vida, la lamentable posición de la mujer, la despreocupación casi generalizada por los estragos de la desigualdad y la pobreza, el relativismo moral, la ausencia de sentido de la existencia— se hallaba demasiado a la vista de todos como para pretender convencer a la gente de que aquel era un mundo feliz al que convenía volver cuanto antes. El cristianismo y sus textos aportaron durante siglos el material sobre el que se construyó una civilización que respetaba la dignidad del ser humano. Gracias a él ya no se admitieron costumbres poco adecuadas, como los sacrificios humanos u otras prácticas aceptadas en otros ámbitos. Recuérdese, para poner un solo ejemplo, la lucha sostenida por la administración inglesa en

---

36   H. Belloc, *Europa y la Fe*, trad. de E.A. Lanús, Ciudadela Libros, Madrid, 2008, página 93.

la India, para abolir la costumbre ancestral del *sati*, práctica por la que las viudas eran quemadas vivas en la pira funeraria de sus maridos. Frente al dogma actual de los escépticos relativistas conviene repetir todas las veces que sea necesario que no todas las culturas son iguales.

En su tarea evangelizadora fuera de los límites del Imperio romano el desnivel cultural y religioso, en muchos casos —por regla general—, era muy evidente: fueron monjes quienes impulsados por la necesidad de predicar el Evangelio introdujeron en muchas sociedades no solo las buenas costumbres —concepto que ahora parece haber desaparecido— sino la escritura: crearon nuevos alfabetos, pusieron las primeras piedras de muchas literaturas nacionales, de modo que la difusión de las Sagradas Escrituras, Antiguo y Nuevo Testamento, coincidió frecuentemente con la llegada sin más de los avances de la civilización. Los monasterios y las misiones fueron en muchas ocasiones también escuela donde se aprendían no solo las «letras» sino nuevas técnicas agrícolas y artesanales. El texto de la Biblia se halla, según estamos comentando, en el comienzo de la cultura —en general— de muchos pueblos:

> «Escribir la historia del texto de la Biblia equivale también por ello a escribir la historia de los orígenes de muchas literaturas nacionales y de sus sistemas de escritura. La traducción de la Biblia, y del Nuevo Testamento en particular, inauguró las literaturas gótica, eslava, copta, armenia, georgiana y etiópica. En el caso de algunas traducciones, como el de la versión del armenio, se hubieron de forjar incluso unos caracteres de escritura inexistentes hasta entonces, dado que la lengua armenia había permanecido en un estadio de tradición puramente oral»[37].

El caso de Armenia es especialmente ilustrativo. Este pueblo, asentado al sur del Cáucaso, hablaba como hemos comentado una

---

[37]   J. Trebolle Barrera, *La Biblia judía y la Biblia cristiana. Introducción a la historia de la Biblia*, cuarta edición revisada, Editorial Trotta, Madrid, 2013, página 289.

lengua ágrafa: la carencia de un sistema de escritura impedía la preservación de sus tradiciones y de la memoria de su rica historia. Fue un monje, Mesrop (o Mesrob) Mashtots, quien cumpliendo el encargo del patriarca Sahak, a principios del siglo V d. C., creó un alfabeto propio y así hizo del armenio una lengua de cultura, reforzando notablemente la propia identidad nacional, tan firmemente defendida a lo largo de los siglos por este pueblo heroico. Pronto se tradujo al armenio la Biblia (esa fue la finalidad esencial de la innovación), las obras de los padres de la Iglesia e incluso textos de la literatura apócrifa. Un conjunto estimable de obras de autores cristianos, perdidas en su versión original, se ha preservado en traducciones al armenio. Tales fueron los inicios de la riquísima literatura armenia: un pueblo occidental en la periferia más extrema que quepa imaginar.

En otras ocasiones el anuncio del Evangelio se hizo ante culturas con una rica tradición literaria. En esos casos la literatura cristiana se presentaba a personas muy cultivadas ante las que se planteaba como un instrumento de debate intelectual. Hay un personaje poco conocido que puede ayudarnos para ilustrar con un ejemplo esta faceta de la misión de la Iglesia. Nos referimos a Jerónimo Javier, figura esencial de las relaciones entre el Indostán y la Monarquía Hispánica. Sobrino nieto de san Francisco Javier, nacido en Olite (Navarra) en 1549. Jesuita. Estuvo en la corte del Gran Mogol —inicialmente en Lahore— desde el 1595 al 1614, primero en la cercanía del rey Akbar y, muerto este monarca, de su hijo Jahangir. La corte era oficialmente musulmana, pero existía un clima de abierta tolerancia, en el que se propiciaban los libres debates sobre teología entre representantes de varias religiones y escuelas de pensamiento. Pues bien, Jerónimo Javier aprendió el persa, dado que este era el lenguaje de la corte. Él mismo colaboró en la traducción de sus propias obras escritas con el evidente propósito de acercar la doctrina de Cristo. Entre estas obras merece la pena que citemos dos. Una traducción de los cuatro Evangelios: *Os quatro Evangelios em Pérsico*. Y la que —para sorpresa de muchos— podría ser considerada la primera *Vida de Jesús* jamás escrita, al menos así lo sostiene A. Schweitzer: *Espelho santo e puro em que se trata da Vida e maravilhosa Doutrina de Jesus Cristo*

Nosso Senhor. El libro se tradujo al persa en 1602 y tuvo, además, una peculiar historia posterior. Un comerciante holandés trajo a Europa el texto persa, que fue traducido al latín por el teólogo protestante Louis de Dieu, en una edición latín-persa, no sin introducir las correspondientes críticas, fenómeno explicable dado que se trataba de la obra de un católico; juicio negativo que aparece en el título mismo de la edición «europea»: *Historia Christi persice conscripta simul multis modis contaminata a Hieronymo Xavier,* Leiden, 1638[38]. Al estricto traductor el uso por parte de Jerónimo Javier de noticias procedentes de los evangelios apócrifos debió de parecerle un gravísimo desliz.

Los misioneros cristianos siempre tuvieron muy claro que estaban poniendo a disposición de quienes quisieran tomarlo un regalo —en el más estricto de los sentidos—. Ofrecían un don muy valioso por el que merecía la pena arriesgar incluso la vida. La transmisión del Evangelio iba muy frecuentemente unida al estudio de las lenguas de una diversidad de pueblos, que, en muchas ocasiones, gracias a tales iniciativas, empezaron a contar con gramáticas y diccionarios propios, abriéndose al mundo de la cultura universal. Ahora es cómodo e ingenuamente fácil equiparar todas las culturas desde los presupuestos de un multiculturalismo antioccidental (que aprovecha sin rubor los principios y ventajas de la vida de Occidente).

La Iglesia ofrecía —y ofrece— con plena legitimidad una *tabla de salvación* y muchos se dieron cuenta de la novedad: que el mensaje cristiano, a diferencia de otras propuestas aparentemente similares, era efectivamente un mensaje sobrenatural, pero no irracional. La Iglesia estuvo preparada desde el comienzo mismo de su existencia para dar razones de su fe. Dispuso, además, de una consciencia clara de la continuidad entre los valores humanos y los cristianos. De que, así como respecto a la fe de Israel, la nueva fe no era sino la plenitud de la promesa hecha a Abraham (Génesis

---

[38] Puede consultarse: H. Didier, «Jerónimo Javier, un navarro en la India», publicado en *Actas del I Congreso Ibero-Asiático de Hispanistas, Siglo de Oro e Hispanismo general* editadas por V. Maurya y M. Insúa, Pamplona, 2011. Consultado el 11 de febrero de 2021.

22, 18), más en general, en su vocación global, de carácter universal, respecto a toda la humanidad, su doctrina se presentaba como la plenitud de todas las potencialidades que tienen que ver con la dignidad del ser humano. Ese es el sentido de las famosas palabras de Tertuliano en su *Apologético* 17, 6 cuando exclama: *O testimonium animae naturaliter Christianae*: ¡*Oh testimonio del alma por naturaleza cristiana!* La Iglesia no propone un saber para gente selecta, para iniciados; por el contrario: en su universalidad, en su sencillez, caben todos, como demuestra la historia. Cabe también cuanto de compatible —que es mucho en algunos casos— tienen las diversas formas de vida y escuelas de pensamiento. Esta última es una reflexión que pertenece a los primeros tiempos de la filosofía inspirada por Cristo. No hubo que esperar a Tomás de Aquino en su original adaptación de Aristóteles, ni mucho menos a los tiempos recientes en los que por parte de algunos parece que se ha descubierto esta posibilidad de intercambio cultural, como si eso fuera algo nuevo. La posición de la Iglesia la encontramos formulada ya en la *Segunda Apología* de san Justino, a mediados del siglo II:

> Ahora bien, cuanto de bueno está dicho en todos ellos (los filósofos), nos pertenece a nosotros los cristianos, porque nosotros adoramos y amamos, después de Dios, el Verbo, que procede del mismo Dios, ingénito e inefable; pues Él, por amor nuestro, se hizo hombre para ser partícipe de nuestros sufrimientos y curarlos. Y es que los escritores todos solo oscuramente pudieron ver la realidad gracias a la semilla del Verbo en ellos ingénita (13, 4-5)[39].

Una posición similar, de especial interés, por su influencia en la filosofía y en la teología cristiana posterior, es la de Agustín de Hipona. También él subraya que el cristianismo acepta la verdad, con independencia de quién la haya formulado y dónde se encuentre, y llega aún más lejos. Porque señala que este criterio de verdad puede aplicarse incluso en determinados pasajes de las

---

39   En la traducción realizada por su autor, en la obra ya citada de D. Ruiz Bueno.

Sagradas Escrituras. Escribe hacia el 427 d. C., en su *De Doctrina Christiana*, capítulo XVIII:

> Antes bien, el cristiano bueno y verdadero ha de entender que en cualquiera parte donde hallare la verdad, es cosa propia de su Señor; cuya verdad, una vez conocida y confesada, le hará repudiar las ficciones supersticiosas que hallare incluso en los Libros sagrados.

El cristianismo, sin perder su carácter sobrenatural, era capaz de hacerse cultura; y se hizo cultura desde el principio; no hubo que esperar mucho. Marcó desde los inicios una línea de conducta en la que supo compaginar la sencillez de su doctrina y la creación de un universo cultural del que todavía vivimos. Basta observar la pintura, la escultura, la arquitectura, la música o la filosofía europeas para constatar que sin aquél no tendríamos casi nada de este florecimiento de la belleza, cuya catalogación y descripción llena ahora nuestros libros de historia de las diversas artes. Por el contrario, el *feísmo* —que sus protagonistas suelen llamar orgullosamente efecto de la *transgresión* y el *atrevimiento*— en el arte occidental, propio sobre todo del siglo XX y del actual, no es sino un síntoma más de lo que ocurre cuando una sociedad rechaza los valores que la han traído a la existencia. Se pierde el optimismo cristiano y llegan las sombras. El malestar se instala en la cultura. Fue también Chesterton quien nos recordó que lo contrario del cristianismo no es el ateísmo, sino la tristeza.

Con su concepción racional del mundo y su defensa de la libertad humana, tan apartada del fatalismo oriental, la Iglesia procuró una base sólida para el desarrollo de la ciencia y de la técnica. La forma de vida social que proponía, por ejemplo, la estabilidad familiar, la defensa de la dignidad de la mujer y una fuerte conciencia moral en las relaciones económicas proporcionó durante siglos el combustible idóneo para un progresivo desarrollo en todos los órdenes. Como escribe Luis Suárez, «los valores cristianos fueron determinantes para que Europa se elevara hasta ponerse a la cabeza de todas las culturas del mundo»[40]. El mismo autor nos recuerda que el cristianismo como construcción cultural «es el resultado de la fusión de dos órdenes de valores de antigua trayectoria, de los cuales se sirvió como base de partida para su propio desarrollo: el judaísmo, que afirma la absoluta trascendencia de un Dios único, y ese valioso mestizaje de culturas que englobamos bajo el nombre de "romanidad" y que ya había llegado a descubrir la necesidad de admitir una Causa divina única para el universo».

Añadamos que Israel y Roma (no así Grecia) compartían una misma concepción no cíclica sino lineal del tiempo —la concepción que hace posible la libertad y la historia—, en la que se enmarca también la posibilidad misma de una *historia de la salvación*. Podemos intentar algo parecido a una explicación de este «misterio» con palabras de Rémi Brague, dentro de una reflexión suya en la que se valoran las similitudes entre la sabiduría de la Biblia y la visión romana del mundo. No olvidemos que la sociedad política romana fue la matriz que hizo posible cumplir la promesa de universalidad de la nueva fe, una promesa que, por otra parte, ya se halla formulada en el Antiguo Testamento[41]:

> «Si nos quisiéramos referir al contenido, la lista de las influencias culturales del Antiguo Testamento sobre Europa sería hecha, en efecto, muy deprisa. Lo ha sido muchas veces. Pero incluye entradas tan gigantescas que no podría reproducirlas sin volver, en particular, sobre el conjunto de la tradición europea, cosa que aquí no es posible. Así, por ejemplo, la idea de la supremacía del hombre sobre el resto de la creación, y en particular de los animales, que se suponen creados para él. O también la de que la relación del hombre con Dios tiene lugar sobre todo en la práctica moral, venida a Europa de los profetas de la Antigua Alianza. O, en fin, la idea de un acontecer histórico que entraña un sen-

---

40   L. Suárez, *La construcción de la Cristiandad europea*, Homo Legens, Madrid, 2008, página 11.
41   R. Brague, *Europa, la vía romana*, trad. de J.M. Palacios, Gredos, Madrid, 1992, página 43.

tido: la idea de una temporalidad radicalmente no cíclica, dotada de un comienzo absoluto (la Creación) y acaso de un final es con toda evidencia de origen bíblico».

«Se observará a este respecto, más allá de la imagen muy negativa que la Roma de la historia ha dejado a Israel, un paralelismo entre esta representación lineal del tiempo y la experiencia romana de la temporalidad: se ha hecho notar que Eneas, el héroe romano por excelencia, si se encuentra en las antípodas de Ulises, que acaba por volver a su hogar, es quizá el mejor paralelo romano del Abraham, que abandona su tierra, su patria y la casa de su padre. Del mismo modo cabe suponer en paralelo la fundación de Roma y la no autoctonía de los hebreos, que saben demasiado bien que, al entrar en Canaán, habitan en casas que ellos no han construido y cogen los frutos de unos árboles que ellos no han plantado (Deuteronomio 6, 10-13; Josué 24, 13».

Detengámonos de nuevo por un momento en la realidad de la Creación. En este elemento de su concepción del mundo el pensamiento judeocristiano incorpora un decisivo principio de racionalidad. Puesto que el Universo no es fruto del azar, sino que procede de Dios por medio de su Palabra, de su Entendimiento (*Logos*) —Tertuliano, *Apologético* 21, 10; *Adversus Praxean* 7, 7—, se abre la posibilidad de su comprensión, del estudio científico de la realidad, por parte del hombre, también él dotado de una porción participada de entendimiento—, y de un lenguaje capaz de ponerlo en relación con Dios. Debemos subrayar que la Creación produce al mismo tiempo un mundo contingente — que pudo no existir o hacerlo de muchas otras formas— y una realidad diversa pero derivada de la Suma Inteligencia. La creación de este mundo concreto no es, por tanto, una emanación necesaria de Dios.

También en este asunto posee una función relevante la intervención de la Palabra, como señala Tomás de Aquino en su *Suma Teológica* (1, cuestión 32, a. 1, ad-3):

Para dos cosas hemos necesitado conocer las divinas personas. Una, para tener ideas correctas acerca de la creación de las cosas, pues al confesar que Dios hizo todas las cosas por su Verbo, se excluye el error de los que sostienen que las produjo por necesidad de su naturaleza. Asimismo, cuando ponemos en Él la procesión del amor afirmamos que Dios no produjo las criaturas por indigencia propia ni por motivo alguno extrínseco, sino por el amor de su bondad.

En el pensamiento judío, esta acción divina por medio de su *palabra*, no como una emanación necesaria de una divinidad impersonal, resulta ser un fundamento esencial de la visión del mundo, de la racionalidad de éste. Dice el segundo Isaías 48, 12-13: *Escúchame Jacob; Israel a quien llamé: yo soy, yo soy el primero y yo soy el último. Mi mano cimentó la tierra, mi diestra desplegó el cielo; cuando yo los llamo se presentan juntos.* Y en el salmo 33 (32), 8-9: *Tema al Señor la tierra entera, tiemblen ante él los habitantes del orbe: porque él lo dijo y existió; él lo mandó y todo fue creado.* También el salmo 148, 1-5: *Aleluya. Alabad al Señor en el cielo, alabad al Señor en lo alto. Alabadlo todos sus ángeles; alabadlo todos sus ejércitos. Alabadlo sol y luna, alabadlo estrellas lucientes. Alabadlo espacios celestes y aguas que cuelgan en el cielo. Alaben el nombre del Señor, porque él lo mandó, y existieron.*

En el Antiguo Testamento esta Palabra va presentándose progresivamente como una Sabiduría divina con perfiles propios, preludio de futuros desarrollos. Así se constata en los Proverbios, en el libro de la Sabiduría y en el Eclesiástico. (El capítulo 24 de esta obra ha sido con frecuencia puesto en relación con el Prólogo del Evangelio de san Juan). Y paralelamente, aunque en su sentido distinto, con el término arameo *Memra*, *Palabra*, tan frecuente en el *Targum*, en cuyo uso algunos autores ven de nuevo una semejanza con el tratamiento que de la *Palabra-Logos* se lleva a cabo en el comienzo del Evangelio de Juan.

Es dentro de este marco de referencia donde se desarrolla la posibilidad de la Revelación tal como se consuma en el mundo del Nuevo Testamento, primero en la persona de Jesús de Nazaret —en quien confluye la historia y la fe— y después en los testimonios que sobre Él se recogen en los Evangelios.

Con la Creación del mundo, un acto divino que precede al orden natural y que por ello no puede sino ser calificado como el *acto sobrenatural* por excelencia, se abre la posibilidad de la historia (entendida en sentido estricto); y también la posibilidad de una Revelación divina. Si no se admite la Creación, cosa que ocurre en el pensamiento arcaico no judeocristiano y en una larga lista de opiniones filosóficas, incluyendo aquellas que hablan de una creación *necesaria y eterna*, la historia se transforma en mito, las personas en personajes o arquetipos, y los acontecimientos particulares en fenómenos que de un modo u otro siempre se repiten: es el *eterno retorno* al que Mircea Eliade dedicó páginas memorables, subrayando especialmente el papel «revolucionario» que en este campo tuvieron los profetas del antiguo Israel. Merece la pena reproducir algunos párrafos de este autor[42]:

«Los profetas no hicieron sino confiar y ampliar, mediante sus visiones aterradoras, el ineluctable castigo de Yahvé respecto a su pueblo, que no había sabido conservar la fe. Y solamente en la medida en que tales profecías eran validadas por catástrofes —como se produjo por lo demás, de Elías a Jeremías— los acontecimientos históricos obtenían una significación religiosa, es decir, aparecían claramente como los castigos infligidos por el Señor a cambio de las impiedades de Israel. Gracias a los profetas, que interpretaban los acontecimientos contemporáneos a la luz de una fe rigurosa, esos acontecimientos se transformaban en "teofanías negativas", en "ira" de Yahvé. De esta forma no solo adquirían un sentido (pues hemos visto que cada acontecimiento histórico tenía su significación propia para todo el mundo oriental), sino que también desvelaban su coherencia de una misma, única, voluntad divina. Así, por vez primera, los profetas valoran la historia, consiguen superar la visión tradicional del ciclo —concepción que asegura a todas las cosas una eterna repetición— y descubren un tiempo en sentido único. Este descubrimiento no será inmediata y totalmente aceptado

42   M. Eliade, *El mito del eterno retorno. Arquetipos y repetición*, trad. de R. Anaya, Alianza Editorial / Emecé, Madrid, 2008, páginas 103-104.

por la consciencia del pueblo judío, y las antiguas concepciones sobrevivirán todavía mucho tiempo».

«Pero por vez primera se ve afirmarse y progresar la idea de que los acontecimientos históricos tienen un valor en sí mismos, en la medida en que son determinados por la voluntad de Dios. Ese Dios del pueblo judío ya no es una divinidad oriental creadora de hazañas arquetípicas, sino una personalidad que interviene sin cesar en la historia, que revela su voluntad a través de los acontecimientos (invasiones, asedios, batallas, etc.). Los hechos históricos se convierten así en "situaciones" del hombre frente a Dios, y como tales adquieren un valor religioso que hasta entonces nada podía asegurarles. Por eso es posible afirmar que los hebreos fueron los primeros en descubrir la significación de la historia como epifanía de Dios, y esta concepción, como era de esperar, fue seguida y ampliada por el cristianismo».

«Podemos incluso preguntarnos si el monoteísmo, fundado en la revelación directa y personal de la divinidad, no trae necesariamente consigo la «salvación» del tiempo, su «valoración» en el cuadro de la historia».

Por lo demás, la doctrina judía y cristiana, y esto se ha explicado con mejor o peor fortuna muchas veces, llevó a cabo una cierta *desacralización* del mundo. Estamos frente a una cuestión profunda, difícil, que, sin embargo, produce una multiplicidad de consecuencias sobre la visión cristiana y, dentro de esta, incide sobre la naturaleza de las Sagradas Escrituras. Me explicaré. En el pensamiento primitivo y arcaico se observa diáfanamente la presencia de una *sacralidad generalizada*. Todas las cosas, animales y plantas —junto al hombre— poseen una cierta dimensión divina. Se da culto al fuego, a un árbol, a una montaña, a un río, a un animal, a un faraón o a un emperador chino o romano. Hay dioses de mayor o menor entidad por todas partes. Pero la condición divina, a fuerza de ser generosamente extendida, pierde su verdadera naturaleza, su fuerza: todo es a la vez divino y no divino. Paradójicamente, la Encarnación del Hijo de Dios, el hecho de que Dios se haya hecho verdaderamente presente en una Persona, que Dios se haya abreviado en el Hijo encarnado, trae como consecuencia una separación radical entre lo trascendente y la materialidad de la naturaleza, creada pero no dotada de espíritu.

Sin embargo, es la Creación, obra de Dios, según venimos comentando, el principio explicativo, fundamento de toda la teología de la Iglesia. La Creación y la Encarnación tienen en común esta particular separación-unión entre lo divino y lo humano. Los credos se abren con una declaración de fe en un Dios único, creador del Cielo y de la Tierra. Una Creación absoluta: *de la nada, ex nihilo*, sin una materia o substrato previo. Así lo expone, por ejemplo, Tertuliano en su *Prescripciones contra todas las herejías* XIII, 2: *que hay un solo Dios y no distinto del creador del mundo, que produjo de la nada todas las cosas mediante su Verbo (...)*. La idea que los griegos tenían del mundo era completamente diversa: un cosmos, una realidad autosuficiente, «que descansa en sí mismo», con expresión de G. von Rad[43]. Para los judíos el mundo es criatura de Dios, depende de Él en su existencia, pero la existencia que tiene no es la divina. Frente a todas las tesis panteístas y emanantistas, que de una forma u otra realizan una identificación entre Dios y el Universo, Israel defendió una «mundanidad de la creación». Se excluía así a todas las religiones de la naturaleza, lo que explica igualmente la prohibición de las imágenes, para eliminar cualquier rastro de la mentalidad que afirma que lo divino puede revelarse en una multiplicidad de figuras materiales. El mismo autor sigue explicando que el judaísmo llevó a cabo una «desidolización del mundo» (Éxodo 20, 1-5). Conforme a lo que arriba quedó apuntado, el pensamiento teológico judío suprimía por este camino la posibilidad no solo de una religión de la naturaleza, sino también la de una religión basada en los mitos —que en última instancia vienen a ser lo mismo—.

La Creación establece una distancia entre la divinidad y la naturaleza. Deja un lugar «vacío», que permite lo contingente, es decir, para lo que no es absolutamente necesario. Surge para el ser humano la posibilidad de la historia, la cual solo puede con-

---

43   G. von Rad, *Teología del Antiguo Testamento* I. *Las tradiciones históricas de Israel.* II. *Las tradiciones proféticas de Israel*, trad. de F. C. Vevia Romero, Ediciones Sígueme, Salamanca, 2009, I página 202; II páginas 436-459.

cebirse si se admite el actuar humano libre, reflejo de un Dios que también lo es en un grado infinitamente superior. Es muy significativo reparar en el aspecto diferencial que para Israel tiene la fiesta de la Pascua. Lo que en otros pueblos primitivos y arcaicos no es más que una fiesta que marca el retorno de la primavera, la celebración de la fecundidad, el resurgir de la vida natural, en un ciclo siempre repetido, siempre el mismo, se transforma para el pueblo hebreo en la memoria de un *acontecimiento histórico*: la salida de Egipto, que tuvo un carácter fundacional. Un acontecimiento único, situado en un tiempo y en un espacio no mítico sino histórico.

La Creación abre también la posibilidad de la comunicación interpersonal entre Dios y la criatura racional. Es decir, de la Revelación divina, en la que se respeta, por así decir, la identidad de cada una de las partes. La Encarnación tiene lugar no en el ámbito atemporal de la mitología (como quieren quienes se acercan a este misterio desde fuera de la teología cristiana alegando mitos de la vegetación), sino en la historia: es una irrupción de lo sobrenatural en el tiempo, hecha posible por el primer acto sobrenatural, que fue la Creación misma: es una *recreación*, y una Revelación en el sentido más real que pueda concebirse. El dogma de la Encarnación presupone la racionalidad del ser humano[44], pero también que el universo entero en toda su grandeza sea obra de una acción sobrenatural y racional. Todos estos elementos encuentran una unidad de compresión en el hecho decisivo de que Quien se encarna, sea la Palabra de Dios (*Dabar*, en hebreo; *Memra*, en arameo, *Logos*, en griego; *Verbum* en latín) —por citar solo los términos que parecen más representativos—. Recordará el lector que, al comienzo de esta obra reparamos en el uso que el *Targum* realiza de la palabra aramea *Debbera*, como nombre referido a Dios en su tarea específica de *Dios que se revela*.

***

---

44   Génesis 1, 26: *Dijo Dios: Hagamos al hombre a nuestra imagen y semejanza.*

Por todo ello no es pura casualidad que sea la civilización occidental —cristiana, plenitud del judaísmo— la que, partiendo de estos presupuestos de racionalidad teológica, ahora olvidados o apartados del discurso cultural mayoritario, en el ámbito del estudio de la naturaleza —ya no invadida por la mitología— haya levantado el edificio colosal de la ciencia y de la tecnología, las cuales, aunque se olvide a menudo, tienen además sus raíces en la sabiduría acumulada de muchos siglos, también los anteriores al cristianismo. Lo mismo ocurre con el arte en todas sus manifestaciones. Tampoco es casual que exista una incompatibilidad radical entre los regímenes políticos totalitarios (del pasado y del presente) y la Iglesia. En este sentido constituye una hipótesis muy sugestiva la que plantea, en el comienzo mismo de la historia sagrada, la salida de Abrahán con su familia de Ur —en la primera mitad del segundo milenio— como una forma de lograr la libertad frente a un poder político opresivo, con reyes divinos y una forma estatal despótica[45]. Tampoco han faltado comentaristas que han comparado la vocación de Abrahán con el viaje legendario de Eneas, que escapa de la desolación de Troya para terminar en Italia y poner allí las bases de lo que terminaría siendo Roma.

En este problema crucial, como en otros ámbitos, el mensaje del Nuevo Testamento se fusionó de alguna manera con los principios más elevados de la teoría política romana. Muchos autores cristianos de la Cristiandad, entre los que destaca Dante en su *De Monarchia*, defendieron el carácter providencial del Imperio romano en relación con la Iglesia (a pesar de las persecuciones de los primeros siglos). Siglos antes, un papa romano, en todos los sentidos de la palabra, Gregorio el Grande (c. 540-604 d. C.), alarmado por los usos y costumbres de los lombardos en Italia, contrapone el modo de proceder de los bárbaros a la estructura constitucional de la *res publica* imperial romana: *Los reyes bárbaros ejercen su poder sobre un pueblo de siervos; los emperadores,*

---

45 Acerca de este fenómeno del Estado como poder opresivo de la libertad continúa siendo plenamente actual el estudio de K. A. Wittfogel, *Despotismo oriental. Estudio comparativo del poder totalitario*, trad. de F. Presedo, Ediciones Guadarrama, Madrid, 1966.

sobre hombres libres[46]. En efecto, el concepto romano de *ciudadanía*, con todas sus implicaciones, prefigura en lo material el de la dignidad de los miembros del pueblo de Dios: no es casual que la obra cumbre de Agustín de Hipona se denomine exactamente *La ciudad de Dios*.

Por ello, también la organización eclesiástica pudo aprovechar desde el comienzo los mecanismos organizativos que suministraba el Derecho de Roma (por ejemplo, la amplia libertad de asociación, que fue vital para la primera estructura de las comunidades). Puede afirmarse sin temor a equivocarnos que el Derecho canónico —una realidad que se halla en los fundamentos de la identidad de Europa— se construyó con materiales romanos. El resultado de este desarrollo histórico fue un equilibrio saludable entre los dos polos: el poder político y la autoridad de la Iglesia, verdadero contrapeso del anterior, que actuaba como conciencia moral de la sociedad en su conjunto. La doctrina de Jesús, contenida en los Evangelios, logró crear una sociedad que durante muchos siglos supo frenar al totalitarismo: *Dad al César lo que es del César y a Dios lo que es de Dios*, Marcos 12, 17.

Otra muy distinta es la concepción pagana. Según dejó escrito Rousseau, el precursor del totalitarismo moderno —finalmente construido por Lenin—, la vida no solo nos viene de la naturaleza, sino que es «un don condicional del Estado», *El contrato social* II, 5. Por eso defendía la recreación de una pagana religión civil, con «pocos dogmas» y una llamativa intolerancia hacia la Iglesia, justo lo que se llevó a cabo cumplidamente durante la Revolución Francesa; y tras justificar las atroces persecuciones a los cristianos, escribe:

> Ahora que ya no hay y que no puede haber más religión nacional exclusiva, deben tolerarse todas aquellas que toleran a las demás, siempre que sus dogmas no tengan nada contrario a los deberes del ciudadano. Pero quien se atreva a decir: fuera de la

---

46   En L. Loschiavo, *L'età del passaggio. All'alba del diritto comune europeo (secoli III-VII)*, seconda edizione, G. Giappichelli Editore, Torino, 2019, página 113 nota 74.

Iglesia no hay salvación, debe ser echado del Estado, a menos que el Estado sea la Iglesia, y que el príncipe sea el pontífice. Tal dogma no es bueno más que en un gobierno teocrático; en cualquier otro es pernicioso. El Contrato Social IV, VIII.

Por lo demás, del escaso éxito de este tipo de religiones creadas por puros intereses políticos, da cuenta la famosa contestación de Talleyrand al revolucionario que se quejaba del poco tirón popular de la religión del Ser Supremo, introducida en Francia en tiempos de la Revolución: *Es muy sencillo, Monsieur, simplemente haga usted unos pocos milagros aquí en París y en otras ciudades de Francia; después, déjese crucificar, resucite al cabo de tres días, y verá usted cómo muchas personas creerán en su religión*[47]. No en vano aquellos políticos, unas semanas antes de la instauración del Gran Terror, el 18 floreal del año II (7 de mayo de 1794), impulsaron la promulgación de un decreto en el que se afirmaba que el Ser Supremo quería la Revolución y la protegía[48].

***

La particularidad del pensamiento cristiano sitúa su fundamento en la continuidad que defiende entre la razón y la fe, entre la naturaleza y la Gracia. Se vale para ello de categorías muy depuradas, como las nociones de causalidad, de analogía y de participación en el acto de ser, nociones en las que no sería oportuno detenernos ahora. Hay una razonabilidad de la Revelación divina. Ideas que han sido mil veces explicadas por la filosofía y teología cristianas. Sus argumentos siguen ahí, disponibles para quienes quieran acercarse a la doctrina perenne, sustituida lamentablemente por un conjunto de teorías más o menos extravagantes,

---

47 En *Anecdotario talleyraniano (II): un buen consejo religioso*. Consultado el 3 de enero de 2020; no logro identificar la referencia del autor.
48 S. Courtois, *Lenin, el inventor del totalitarismo*, trad. de J. Escobar, La esfera de los libros, Madrid, 2021, página 215.

que es en lo que ha quedado el mundo filosófico actual, una vez que ha renunciado por regla general a la búsqueda de la Verdad.

No nos resistimos a citar —entre muchos pasajes posibles— estas palabras del siempre actual Tomás de Aquino, de su *Suma contra los gentiles* —título especialmente idóneo en los tiempos que corren—. Hay en ellas un elogio de la verdad, de la posibilidad racional de llegar a ella o de aproximarnos, según los casos, en la medida de las fuerzas humanas, sea en el campo del mundo natural, sea en el ámbito de la fe, dado que hay una causa común y racional de todas las realidades, que es el mismo Dios:

> El conocimiento natural de los primeros principios ha sido infundido por Dios en nosotros, ya que Él es el autor de nuestra naturaleza. La Sabiduría divina contiene, por tanto, estos primeros principios. Luego todo lo que esté contra ellos está también contra la Sabiduría divina. Esto no es posible de Dios. En consecuencia, las verdades que poseemos por revelación divina no pueden ser contrarias al conocimiento natural (libro I, capítulo VII).
>
> Hay que notar que las cosas sensibles, principio del conocimiento racional, tienen algún vestigio de imitación divina, tan imperfecta, sin embargo, que son totalmente insuficientes para darnos a conocer la sustancia del mismo Dios. Como el agente produce algo semejante a sí mismo, los efectos tienen a su manera la semejanza de las causas (libro I, capítulo VIII).

El principio rector de todo el pensamiento cristiano, la idea de que el hombre ha sido creado a imagen y semejanza de Dios (Génesis 1, 26-27), impregna de manera más o menos inmediata toda la actividad de la Iglesia, la volcada en su teología y la que tiene que ver con la práctica de las virtudes, esencialmente de la caridad. El ser humano, según escribió Ireneo de Lyon (130-202 d. C.)[49], *está dotado de razón, y según esto es semejante a Dios, con libre albedrío y dueño de su voluntad.*

---

49   San Ireneo, *Contra las herejías* IV, 4, 3, trad. de J. Garitaonandía Churruca, en Apostolado Mariano, Sevilla, 1999.

Capítulo VI

Los cuernos de Moisés
y las bellotas de Eslava Galán

Por supuesto que a gran parte de nuestros contemporáneos las consideraciones anteriores —necesarias para enfocar correctamente cualquier estudio del Nuevo Testamento que le conceda su verdadero valor— les parecerán absolutamente rechazables. ¿Todavía *en pleno siglo XXI* hay gente que escribe estas cosas?, se preguntarán escandalizados. Ello es así porque desde hace muchísimo tiempo los escépticos son los que nos explican la teología. Han logrado inculcar a las masas un conjunto de «anti-creencias», presentadas muchas veces con los ropajes de una falsa ecuanimidad, con lenguaje «científico», frecuentemente desde la Universidad (que para algunos incautos sigue siendo una absoluta garantía de seriedad). Afirman que entre la fe cristiana y la ciencia se abre un abismo insalvable. Si respecto a este problema se sostiene una opinión distinta, la palabra «fanatismo» y su pariente cercana, la «intolerancia», hacen enseguida e irremediablemente acto de presencia. Uno se convierte automáticamente en un personaje de la Edad Media.

¡La Edad Media, a la que se atribuyen todos los errores y horrores que imaginar se pueda! Juzgada sin matices de ningún tipo como un período de terrible oscuridad, consecuencia necesaria del predominio de la Iglesia. Lo medieval se ha convertido en la metáfora de la oscuridad misma. Sin embargo, recordemos, siguiendo las observaciones de J. Heers, escribiendo sobre *Edad Media y Renacimiento: la magia de las palabras inventadas*, que la invención de la Edad Media como período histórico es en sí misma problemática y la consecuencia de una opción intelectual[50]. Se pretende con ello apartar por incómodos los logros de la Iglesia que, a pesar de la tremenda crisis provocada por la caída del Imperio romano, hizo posible el progreso (al principio solo la supervivencia[51]) de la vida social, cultural y económica de la Europa cristiana. Y en esa labor continúa. Hay bárbaros, eso es evidente, pero a diferencia de lo que ocurre ahora estaban más bien fuera que dentro. Me permitirá el lector poner un ejemplo de los bárbaros de dentro. En los días en que escribo estas páginas, aparece en *El País* (11 de abril de 2021) una entrevista a W. Eilenberger, de cuyo contenido la periodista destaca en su titular: «La Iglesia católica no quiere que la filosofía se estudie». Me parece que la frase se comenta sola y dice (lo que tenga que decir) del «intelectual» que la pronuncia.

No nos engañemos: la condena de la Edad Media se ha planteado muchas veces como una forma un poco más sutil —solo un poco— de condenar al cristianismo. Conste que con ello no se defiende una exaltación ingenua de lo medieval: tan solo reajustar la valoración de una época que tuvo no solo elementos negativos, sino que también fue escenario de avances y de progreso.

---

50   Creador de la división en los períodos antiguo, medio y moderno fue Ch. Keller (1638-1707). En 1688 publicó en Jena la obra de mayor repercusión entre las que escribió: *Historia de la Edad Media desde los tiempos de Constantino el Grande hasta la toma de Constantinopla por los turcos*. Expresiones equivalentes a la de Edad Media habían sido ya utilizadas desde el siglo XV por los humanistas italianos y revitalizadas por los historiadores de la Reforma: J. Heers, *La invención de la Edad Media*, trad. de M. Vilalta, Crítica, Barcelona, 1995, páginas 27-28.

51   G.K. Chesterton, *op. cit.*, página 301: *Si la Iglesia no hubiera irrumpido entonces en el mundo, es probable que Europa fuera ahora algo muy parecido a lo que es Asia actualmente*; y un poco más adelante, página 309: *Nosotros decimos, no a la ligera, sino muy literalmente, que la verdad nos ha hecho libres.*

Una época, que como ocurre con todos los períodos de la historia, explica en gran medida nuestro presente.

El talento literario de gran parte de novelistas y dramaturgos, de los guionistas de películas y series ofrece una imagen detestable de la Iglesia medieval, llena de personajes sombríos e hipócritas, que se corresponde solo muy parcialmente con la realidad histórica en la que, como siempre, hubo de todo. Sin embargo, en el imaginario popular decir Edad Media es invocar los más tenebrosos aspectos de la historia humana, «esa interrupción de mil años en la historia de la civilización» (E. Renan)[52].

Portavoz muy influyente de esta ideología fue señaladamente —por motivos obvios— *La enciclopedia* francesa: en el *Discurso Preliminar* de d'Alembert (dentro del primer tomo, publicado en 1751) señalaba dos momentos claves del saber: la Antigüedad y el Renacimiento[53]; sobre la Edad Media convenía arrojar un tupido velo (de ignorancia en el mejor de los casos). Durante muchísimos años, a través de los modelos educativos imperantes, ha sido inculcada en la opinión general la idea, absolutamente errónea, de que el progreso técnico, científico, político se ha logrado a pesar de la Iglesia, olvidando que esta preservó el caudal enorme de la ciencia y cultura antiguas, que transmitió y puso todos los fundamentos de la visión científica del mundo: que las Universidades, de Oxford a París, Salamanca o Bolonia, son fundaciones eclesiásticas; que son clérigos gran parte de los científicos que han contribuido al desarrollo de casi todas las parcelas del saber (y no solo en la Edad Media): Copérnico, padre de la moderna astronomía, era sacerdote. Católico y fiel hijo de la Iglesia fue Galileo a pesar de ser probado en su fe por cuenta de unos eclesiásticos que no estuvieron a la altura de la situación. Mendel, sacerdote; también lo fue el investigador belga que formuló la hipótesis del Big Bang, Georges Lemaitre. Cristianos fueron Newton y Kepler. Uno de los fundadores de la geología fue un luterano luego convertido al catolicismo: Nicolás Steno (1638-1686). El padre de la química,

---

52   J. Heers, *op. cit.*, página 234.
53   A. Bárcena, *La pérdida de España*, tomo I, Ediciones San Román, Madrid, 2018, página 122.

Antoine L. Lavoisier fue un católico francés que murió en la guillotina en 1794. Cristiano fue Max Planck (1858-1947), fundador de la teoría cuántica y premio Nobel de física.

La lista de investigadores que vieron y ven una completa coherencia entre sus estudios científicos y la experiencia de la fe es inabarcable. Podemos citar un último ejemplo, interesante por los rasgos particulares del caso: el de Alexis Carrel (1873-1944): el médico francés que viajó a Lourdes en 1903 con el decidido propósito de comprobar la falsedad de los milagros que, según se decía, tenían lugar allí. Desde su escepticismo consideraba imposible que tales cosas sucedieran. Ocurrió que fue testigo directo de una de esas curaciones inexplicables para la medicina, la de Marie Ferrand. Se convirtió al catolicismo. Quiso recoger esta experiencia en un libro apasionante, *Viaje a Lourdes*. Por sus aportaciones científicas recibió el premio Nobel de Fisiología o Medicina en 1912. Estos episodios son poco conocidos. Entendemos el porqué.

Se nos dice ahora que los principios morales que defiende el cristianismo, basados en la ley natural, son un invento desfasado, cuando, entre otros factores para tener en cuenta, resulta que ya estaban presentes en muchas sociedades anteriores a la fundación de la Iglesia. Que en muchas de sus partes son patrimonio común de varias religiones. Basta leer a los sabios orientales, a muchos filósofos griegos o al más cercano Cicerón, autor evidentemente precristiano, dado que murió en el año 43 a. C., para hacerse una idea de nuestro argumento. Muchas corrientes religiosas o filosóficas han recogido estos principios básicos de convivencia, que luego fueron en gran parte asumidos en la tradición de la Iglesia, pero que no derivan de la fe, pues tienen su fundamento en la naturaleza humana. En la antigüedad —no ahora— esta aceptación cristiana de muchos aspectos de una «sabiduría universal» fue empleada incluso como un argumento contra la Iglesia, acusándola por el hecho de haberse apropiado de doctrinas ya existentes. Responde Orígenes, *Contra Celso* I, 4:

> Vemos también cómo se trata de desacreditar nuestra doctrina moral por el hecho de ser común y que, en parangón con los otros filósofos nada tiene de enseñanza venerable y nueva (II

5). A esto hay que decir que, para quienes admiten el justo juicio de Dios, quedaría cerrada la puerta para el castigo de los pecados, caso de que, en virtud de las nociones comunes, no tuvieran todos sano conocimiento previo de los principios morales. De ahí que no sea de maravillar que el mismo Dios haya sembrado en las almas de todos los hombres lo mismo que enseñó por los profetas y el Salvador. De este modo nadie tiene excusa en el juicio divino, pues tiene escrito en su propio corazón el sentido de la ley (Rom 2,15).

Pero en el desconcierto que ahora muchos admiten se mete todo en el mismo saco, pues se excluye cualquier defensa de una moral natural válida en sus primeros principios para todos los hombres. Insisten en que las «creencias», las auténticas y las que son solo aspectos derivados de las exigencias de la naturaleza humana pertenecen al ámbito privado, porque en el debate público, no hay lugar para la «superstición» y conviene airearlas lo menos posible. A estos efectos, el reconocimiento común de Jesús de Nazaret como modelo de alta vida moral ha tenido paradójicamente sus vertientes «negativas», potenciadas por parte de quienes rechazan el factor sobrenatural de su existencia y su mensaje.

Desde posturas racionalistas —basta echar un vistazo a un conjunto muy considerable de los libros que se han escrito sobre el Nuevo Testamento y la vida de Jesús— su personalidad se enmarca en la de otros grandes sabios de la humanidad, una suerte de Sócrates cristianizado, prescindiendo de los elementos estrictamente teológicos. La propia excelencia del compromiso moral de Jesús ha permitido una visión deformada del personaje. Pero lo que ahora nos interesa señalar es que la doctrina moral cristiana encarnada en Jesús —hablando en general— se inserta en la corriente universal de una moral que reconoce al ser humano su alta dignidad. Los Evangelios permiten una lectura en clave exclusivamente humana, lo cual prueba que la doctrina que allí se predica no es tan exótica como algunos dicen. Pienso que es en este debate donde se enmarca el hecho de que mucha gente —equivocadamente en mi opinión— afirme que cree en Jesús, pero no en la Iglesia.

Este movimiento general, ahora triunfante, que no es otra cosa que la vuelta atrás hacia un nuevo paganismo —un retroceso llamado progresismo— empezó hace siglos, con la Ilustración, y ha sido bien estudiado por multitud de autores. El magisterio pontificio lo ha denunciado desde hace muchísimo tiempo. Para citar un solo ejemplo, valgan estas palabras de León XIII, en su *Praeclara Gratulationis* (n. 20), del año 1894, que tras denunciar el culto a la naturaleza (puesta en el lugar de su Creador) señala que *el hombre viene devuelto a las costumbres del vivir pagano, más corrompido por el refinamiento de los placeres.*

Mucho más reciente es la irrupción no minoritaria de un cierto «paganismo eclesial», presentado en el envoltorio de un lamentable afán por compatibilizar la fe con la modernidad y la postmodernidad, difuminada la idea básica del deber de custodiar el depósito de la fe. Hay un complejo de inferioridad evidente por parte de un sector muy relevante de la teología denominada y aceptada como cristiana. Esto es (relativamente) nuevo. Los ataques externos al dogma que defiende la Iglesia constituyen una constante del peregrinar de esta en la historia. Si se puede hablar así, suponen la prueba de que se están haciendo las cosas bien. Pero lo de ahora es distinto, pues se asiste a un ataque al dogma desde dentro. Lo señaló hace algunos años el cardenal norteamericano Avery Robert Dulles (1918-2008), teólogo jesuita cuya obra y trayectoria impiden acusarlo de «retrógrado»: afirmaba que hay un sector de la Iglesia que pretende borrar su propia historia, una tendencia al olvido voluntario de toda la teología anterior, para acomodarse a los tiempos. Y el peligro que resulta de todo esto es mucho mayor de lo que pudiera pensarse: *Vosotros sois la sal de la tierra. Pero si la sal se vuelve sosa ¿con qué la salarán? No sirve más que para tirarla fuera y que la pise la gente. Vosotros sois la luz de mundo. No se puede ocultar una ciudad puesta en lo alto de un monte* (Mateo 5, 13-14).

Asistimos a una nueva forma de hacer teología en la que se suprime o se aminora convenientemente todo lo que tenga que ver con las realidades sobrenaturales. La cristología queda sustituida por aproximaciones sociológicas a la figura de Jesús. Exposiciones cuidadosamente despojadas de las referencias «molestas», un fenómeno que es especialmente visible en los comentarios al Nuevo Testamento, sometido en muchas ocasiones a una interpretación en la que los elementos incómodos (milagros y hechos extraordinarios, exorcismos, referencias a la vida eterna y a la resurrección) son prudentemente apartados de la línea central de la exposición. Téngase en cuenta que, como muchas veces se ha repetido y con acierto, el estudio de las Escrituras constituye el alma de la Teología. Ello quiere decir que, como efectivamente está ocurriendo, la interpretación en clave exclusiva o excesivamente materialista de los textos bíblicos —con métodos más críticos que históricos— repercute directamente en una degradación de la doctrina cristiana general y en la compresión del mensaje de la iglesia, desde el valor de los sacramentos hasta el sentido de la práctica de la virtud sobrenatural de la caridad.

Teología sin dogmas. Fuera los enfoques dogmáticos. Horror al rígido dogmatismo (nótese la fuerza del adjetivo). Se predica una fe *madura* (que suele ser una fe a medida de quien la proclama). Una fe adulta; este otro adjetivo es también muy importante (volveremos sobre él) a la hora de denigrar la tradición. Vienen a la memoria unas palabras de un autor cristiano —desmesurado, maldito, ahora casi voluntariamente olvidado—, Léon Bloy (1846-1917) en su libro *La que llora*, recordadas por Juan Manuel de Prada[54]: *Hoy es el tiempo de los demonios tibios y pálidos, el tiempo de los cristianos sin fe, de los cristianos afables*. Este sector de eclesiásticos y laicos —pendiente siempre de la agenda que marcan los medios— ha interiorizado los argumentos de los adversarios. Encuentra su público no en el pueblo de Dios, sino en los medios de comunicación y en las redes sociales; medios y redes que frecuentemente se muestran por completo ajenos a todo cuanto tenga que ver con la experiencia religiosa (salvo cuando salta algún escándalo), y que con frecuencia son hostiles a la religión, especialmente a la cristiana. Allí plantean una «nueva» evangelización, legítima si no fuera porque se lleva a cabo a fuerza de desvirtuar el mensaje, sin darse cuenta de que el depósito de la fe no depende del aplauso más o menos sincero de la opinión pública, sino que más bien se trata de acercar a la gente hasta él. Tal sector es el que pone en un

---

54   Léon Bloy, *La que llora (Nuestra Señora de La Salette)*, Homo Legens, Madrid, 2020.

difícil aprieto a quien procura defender sencillamente el depósito de la fe de la Iglesia, basada en una visión ortodoxa de la Sagrada Escritura.

Lo expuso brillantemente el cardenal Joseph Ratzinger, en la Misa *pro eligendo Pontifice*, el 18 de abril de 2005:

> A quien tiene una fe clara, según el Credo de la Iglesia, a menudo se le aplica la etiqueta de fundamentalismo. Mientras que el relativismo, es decir, dejarse llevar a la deriva por cualquier viento de doctrina, parece ser la única actitud adecuada en los tiempos actuales. Se va constituyendo una dictadura del relativismo que no reconoce nada como definitivo y que deja como única medida el propio yo y sus antojos. Nosotros, en cambio, tenemos otra medida: el Hijo de Dios, el hombre verdadero. Él es la medida del verdadero humanismo. No es adulta una fe que sigue las olas de la moda y la última novedad; adulta y madura es una fe profundamente arraigada en Cristo.

Se me vienen a la cabeza unas palabras de Marx y Engels[55] en su libro *La Sagrada Familia*. Es curioso que estos personajes, absoluta y radicalmente hostiles a toda forma de religión (un dato que parecen desconocer algunos teólogos), al menos tenían claro cuál es la misión del teólogo *de verdad* a quien combatían:

> La economía política, que acepta las condiciones de la propiedad privada como condiciones humanas y racionales, se encuentra en contradicción permanente con su condición primordial, la propiedad privada, en una contradicción análoga a la del teólogo que continuamente da a las ideas religiosas una interpretación humana y peca así, continuamente, contra su hipótesis fundamental, el carácter sobrehumano de la religión.

---

55 K. Marx – F. Engels, *La Sagrada Familia. Crítica de la crítica contra Bruno Bauer y consortes*, prólogo de F. Mehring, [1844], trad. de C. Liacho, Akal Editor, Madrid, 1981, página 46; obra que, por cierto, se inicia con una parodia del prólogo del Evangelio de Juan: «La crítica se ha hecho masa y habita entre nosotros, y nosotros vemos su esplendor, el esplendor del Hijo único del Padre», etc.

¡Marx dándonos buenos consejos! Tal es la contradicción que justamente aparece desde hace décadas en la exégesis bíblica —Antiguo y Nuevo Testamento— realizada por un sector muy amplio de autores casi siempre formalmente adscritos a alguna confesión religiosa. Y, sobre todo, por una legión de escritores aficionados que son los que al final llegan al gran público, ayuno de cultura religiosa y de la otra.

En este sentido, para el que esto escribe, ha sido una experiencia sorprendente la lectura de un libro recientemente publicado (cuando esto se escribe) de Juan Eslava Galán[56], *La Biblia contada para escépticos*. Puede servirnos de ejemplo para lo que queremos comentar. Pese a que la obra se enmarca en una colección que incluye el «escepticismo» de forma más o menos sustancial en todos los títulos, se nota que en este caso nos encontramos con un escepticismo religioso elevado a principio rector; un escepticismo trocado en sarcasmo, cuando no en abierta burla de la fe de la Iglesia Católica. Ni que decir tiene que aceptamos y defendemos la libertad de opinión del insigne y excelente escritor como la de cualquiera otra persona. Pero séanos permitido emplear también la nuestra para contestar a algunas de las afirmaciones que se contienen en la obra.

Ya de entrada el título del libro conduce a una cierta confusión. *La Biblia contada para escépticos* es en realidad un anecdotario de algunos episodios del Antiguo Testamento. No hay ningún interés por parte del autor en profundizar lo más mínimo en las materias que trata. Podría decirse que si el libro se hubiera titulado *La Biblia contada para incrédulos desorientados* el objetivo de la obra hubiera estado mucho mejor delimitado. Aunque se citan a algunos autores de referencia, como Antonio Piñero o Israel Finkelstein, que en este caso sí parecen para Eslava Galán constituir materia de fe, pues se ve que cree en ellos de una manera inmune a las dudas, de un modo casi religioso, el libro se halla ayuno de reflexiones sobre los contenidos de las diversas obras que forman el Antiguo Testamento y las peculiaridades de los

---

56   J. Eslava Galán, *La Biblia contada para escépticos*, Planeta, Barcelona, 2020.

diversos géneros literarios empleados ni nada por el estilo. Lee la Biblia al modo de una novela histórica. Perspectiva que emerge con naturalidad teniendo en cuenta que Eslava es él mismo un gran novelista, un novelista que manifiesta una clara falta de sintonía sobre las implicaciones religiosas de los textos.

Eslava Galán lo deja bien claro: «En fin, hermano lector, la Biblia está viva, nos habita y nos inspira incluso a los agnósticos que reducimos su alcance al de un influyente libro histórico y no acertamos a comprender que en el siglo XXI, cuando la ciencia ha avanzado tanto, todavía existan personas supuestamente informadas que se declaran creacionistas o que consagren sus días a escudriñar hasta el absurdo los posibles mensajes del Libro, esas comunidades judías que dedican la vida al estudio de la Torá o Pentateuco y, embebidas por él, dejan de trabajar y hasta de asearse y obedecen fielmente sus cientos de normas hasta extremos que a nosotros nos parecen quizá ridículos» (página 29).

Es el rasgo típico de esta mentalidad tan extendida, a la que, sin embargo, le sigue llamado la atención la Biblia: se establece una equivocada oposición entre ciencia y fe, cuando estamos ante campos distintos de la comprensión de la realidad, ámbitos perfectamente compatibles y complementarios. Sabemos también que si podemos hablar del desarrollo de la ciencia y de la tecnología es precisamente, entre otras cosas, gracias a la influencia de la Biblia que tan alegremente se ridiculiza. Lo que sí manifiesta el autor es cierta ignorancia sobre las ciencias bíblicas en su conjunto. Afirma con aparente sorpresa y casi como un signo que invitara a la desconfianza que «no se ha conservado ningún manuscrito original de ningún texto de la Biblia» (página 33). ¿Dónde están los originales de los manuscritos de cualquier libro de la Antigüedad? ¿No sabe todo el mundo que lo que tenemos son copias de copias en este y en todos los ámbitos de la literatura antigua? En relación con el Nuevo Testamento en griego (su lengua original), son más de cinco mil los manuscritos antiguos que conservan su texto: no hay ningún documento de la antigüedad que pueda ni siquiera acercarse a ese número; manuscritos que hacen posible un estudio crítico impensable para el resto de la literatura antigua.

No cita, sin embargo, un dato que corrobora la fidelidad de los textos del Antiguo Testamento que utilizamos respecto a sus primeras versiones. Nos referimos a los rollos del Mar Muerto descubiertos, sobre todo —aunque no exclusivamente—, en Qumrán a partir del 1947 (no solo ese año[57]: los muy importantes restos de la Cueva 4, casi seiscientos manuscritos, se descubrieron en 1952 y hay hallazgos posteriores hasta el día de hoy). Entre los aproximadamente novecientos rollos del Mar Muerto, más de doscientos contienen textos bíblicos (fechados desde mediados del siglo II a. C.[58]; y en el caso de Qumrán hasta el 68 d. C., año de su destrucción, dentro del contexto de la guerra con Roma). Contienen un texto muy similar al de la Biblia que conocemos. Confirman la continuidad sustancial de la transmisión textual a lo largo de los siglos. En particular, los grandes manuscritos de Isaías[59] allí aparecidos —los de la cueva 1— muestran una asombrosa y cuidadosa fidelidad en la transmisión de los textos, dada su coincidencia respecto a los manuscritos medievales de los siglos IX y X d.C. (texto masorético)[60], hasta entonces los más antiguos conocidos. En otros casos la coincidencia se produce respecto a la versión griega de los Setenta. En todos los supuestos los manuscritos de Qumrán afianzan la solidez y la credibilidad que debemos

---

57   Cfr. Eslava Galán, *op. cit.*, página 349 nota 256.

58   Como ocurre con el rollo del Génesis contenido en 4QpaleoGen, escrito en escritura hebrea antigua.

59   Sobre los manuscritos de Isaías aparecidos en Qumrán y el estudio de sus variantes: D.W. Parry *Exploring the Isaiah Scrolls and Their Textual Variants*, Brill, Leiden-Boston, 2019.

60   J. Trebolle Barrera, *op. cit.*, página 298: «El término masora (...) designa el conjunto de notas que acompañan al texto (de la Biblia hebrea) y en las que los "masoretas" recogen el cúmulo de tradiciones rabínicas relativas al propio texto bíblico. La masora cumple una doble función: conservar el texto en su integridad e interpretarlo. El texto masorético es el texto consonántico hebreo, que los masoretas vocalizaron, acentuaron y dotaron de masora. La masora es el mejor reflejo del esmero con el que los masoretas conservaban el texto que ellos mismos habían recibido por tradición de sus antepasados. La actividad de los masoretas se extiende desde el 500 al 1000 d. C.».

conceder a los contenidos bíblicos tal como los conocíamos en las diversas tradiciones.

Eslava no se plantea ni por un momento explicar el difícil asunto de la transmisión textual de los libros bíblicos —algo que aminoraría sin duda el número de sus lectores— y se va directamente a una crítica de la *Vulgata,* la versión latina «oficial» (para la Iglesia católica occidental, no la oriental), pues entiende que tiene en ella un blanco fácil. Escribe nuestro autor en la nota 11 de las páginas 31 y 32: «No quisiera desacreditar a la *Vulgata,* pero, en honor a la verdad hay que decir que las meteduras de pata de su traductor, san Jerónimo, son constantes. Por ejemplo, cuando Moisés baja del Sinaí, después de entrevistarse con Dios, la Biblia dice *la piel de su rostro se había vuelto radiante* (Éx. 34, 29-30). En hebreo, el verbo *irradiar* (es decir, «emitir rayos») es de la misma raíz que el sustantivo *cuernos,* así que san Jerónimo no se lo pensó dos veces y tradujo lo siguiente: *et facies sua cornatus erat,* o sea, *Y su rostro era cornudo.* Ya se ve a donde nos conduce que los traductores estén tan mal pagados. Excuso decir que los pintores y escultores no se metieron en mayores averiguaciones y retrataron a Moisés con cuernos, que maldita la gracia que le hará cuando lo constate desde su privilegiada posición a la derecha de Dios Padre, donde se supone que está».

Sin embargo, no es tan fácil desacreditar a Jerónimo, un gigante cuyos amplísimos conocimientos filológicos son reconocidos por los expertos también en la actualidad. Conocimientos que exceden en mucho a quienes lo critican desde posiciones de aficionado. El caso concreto que alega Eslava es bien conocido, pero el juicio que merece resulta ser justo el contrario al que ingenuamente expresa en su libro. La traducción del término *qrn* por «cuerno», en lugar de «rayo» en Ex 34, 29 dio origen efectivamente a las representaciones artísticas de Moisés con cuernos en la frente. Todos conocemos la escultura que Miguel Ángel talló entre los años 1513 y 1515. Pero ¿es un error de traducción?

Demos la palabra directamente a un especialista de primer nivel, Julio Trebolle Barrera, en su obra de referencia: «No se trata, sin embargo, de un error. Jerónimo podía muy bien haber traducido conforme al texto de los LXX —la versión griega de *Los*

Setenta— ("glorificado"). Eligió, sin embargo, una interpretación etimológica, que se encuentra ya en Aquila (autor judío responsable de otra versión griega de la Biblia famosa por su literalidad) y que confiere a Moisés los "cuernos", como signo de poder y majestad (*Epistulae* 6,321; 4,68)»[61]. No hay, pues, error por ninguna parte. Tan solo una elección deliberada por parte del traductor, que tenía y tiene su explicación, sus motivos, e incluso sus precedentes en otras versiones[62]. También en el Apocalipsis «los cuernos» simbolizan el poder; se hace uso de esta imagen, por ejemplo, en 5, 6: *Y vi en medio del trono y de los cuatro vivientes, y en medio de los ancianos, a un Cordero de pie, como degollado, tenía siete cuernos y siete ojos, que son los siete espíritus de Dios enviados a toda la tierra*, donde aparece Cristo en su plenitud.

Pero es que además Eslava parece desconocer la existencia de la nueva versión de la Vulgata —*Nova Vulgata Bibliorum Sacrorum*— editada en su primera edición en una fecha ya remota, 1979 (la segunda es de 1986), que haría bien en consultar. La nueva traducción ha optado por una versión más cercana al texto hebreo: *cumque descenderet Moyses de monte Sinai, tenebat duas tabulas testimoni et ignorabat quod resplenderet cutis faciei suae ex consortio sermonis Domini*. Es decir: *Cuando Moisés bajó de la montaña del Sinaí con las dos tablas del Testimonio en la mano, no sabía que tenía radiante la piel de la cara, por haber hablado con el Señor*. En todo caso, se trata de una cuestión habitual en las opciones de la traducción. No tenemos delante ningún error, salvo el de nuestro autor.

En una aproximación tan poco cuidadosa no nos sorprende ya cómo explica el asunto de la revelación y de la inspiración de la Biblia, tal como lo entiende la Iglesia. Escribe: «¿Quién escribió la Biblia? Muchos creyentes piensan que es obra de una serie de profetas inspirados por Dios, es decir, que la ha dictado el propio Dios»,

---

61 J. Trebolle Barrera, *op. cit.*, página 394.
62 Por lo demás, la historia de las religiones muestran que el símbolo de los cuernos, del toro y otros animales, se asocia en muchas culturas primitivas y arcaicas a la divinidad o a sus representantes. Véase, para el caso del dios griego Dioniso, el comentario de S. Macías Otero, *Bacantes. Eurípides*, Abada Editores, Madrid, 2020, páginas 190-226.

página 36. Un par de consideraciones. En primer lugar, no son «muchos creyentes» los que piensan que las Sagradas Escrituras constituyen un conjunto de libros inspirados. Se entiende que se trata de una creencia de *todos* los creyentes, no de muchos. Pero los creyentes, al menos dentro de la Iglesia Católica, no pensamos que la Biblia haya sido dictada por Dios, de modo automático. Esa creencia puede persistir en algunas otras variedades del cristianismo y, por supuesto, en otras religiones. La inspiración no consiste sin más en que Dios dicte las palabras. Hay en ella una misteriosa cooperación entre la iniciativa divina y la actividad del autor humano, una doble naturaleza. De modo que esa visión fundamentalista no corresponde a la fe de la Iglesia. Y, por supuesto, desde los autores cristianos se ha realizado desde hace siglos una continua labor de estudios filológicos, literarios, históricos, que llenan las bibliotecas. Dada la notoriedad de esta situación de las ciencias bíblicas cultivadas por especialistas cristianos sin problemas ni contradicciones, no se entiende, si no es desde un escepticismo muy desinformado, este pasaje del libro: «Hoy día esa explicación se tiene por inconsistente (se refiere a una mal traída influencia de la Cábala). Los escépticos, más informados que los creyentes (¡desde luego, no en este caso!) y sin su venda en los ojos, pensamos que la Biblia es obra humana (a veces demasiado humana, me temo), un conjunto de escritos sobre los que se puede ejercer la crítica textual, literaria e histórica, para aclarar su contexto y su intención», página 37.

Desde esta llamativa superficialidad tampoco resulta extraño que nuestro especialista en cuestiones bíblicas realice algunas incursiones en el Nuevo Testamento, dado que nada escapa a sus vastos conocimientos. Un Nuevo Testamento que juzga «más fantástico todavía que el Antiguo» (página 33 nota 15). Se ve, además, que no le gusta nada el sacramento de la Eucaristía, sobre el que vierte algunas palabras que podrían haber sido más respetuosas:

> «Los cristianos, incluso personas inteligentísimas, son capaces de creer en la transustanciación, o sea, que, tras el conjuro mágico del sacerdote, el pan y el vino de la Eucaristía se convierten en carne y sangre de Cristo verdaderas (no una mera metá-

fora, ¿eh?). Degluten una oblea y creen —o deben creer o hacen creer— en una especie de sobreentendido colectivo que se están comiendo a Dios. Nos cuentan que en una tribu del Brasil el brujo dice su sortilegio a una bellota y esta se transforma en Dios y nos reímos, pero luego nos acercamos a la Eucaristía y comulgamos con una absurda creencia sin notar la similitud», página 38, nota 23 (véase también la página 75).

Como decíamos más arriba, es este el tipo de obra que llega al gran público.

Gustave Doré. *Baruch escribe las profecías de Jeremiah.*

Capítulo VII

Parábola (histórica) de dos viajes a Roma. Dos actitudes sobre la Sagrada Escritura: Ignacio de Antioquía y Marción.

PRIMERA PARTE

Ignacio formaba parte de un cortejo que salió de Antioquía (en la provincia romana de Siria) un día de enero del año 107. Él y algunos más habían sido juzgados y condenados a muerte por ser cristianos. La sentencia fue dictada por el legado imperial de esta importantísima provincia romana, cuya capital era precisamente Antioquía (hoy la turca Antakya). Según era costumbre, se les enviaba a Roma, donde debían formar parte, como víctimas, de los espectáculos sangrientos organizados en honor de los dioses y del emperador. Se celebraba ahora el triunfo de Trajano sobre los dacios, tras una segunda guerra que terminó en el año anterior, el 106. Ciento veintitrés días del siguiente año duraron las fiestas programadas. Nos cuenta Dion Casio[63] que en ellas murieron diez mil gladiadores; también algunos condenados, devorados por

---

63   D. Ruiz Bueno, *Padres Apostólicos y Apologistas Griegos (s. II)*, Biblioteca de Autores Cristianos, Madrid, 2002, páginas 363-364, donde se recoge la información de P. Allard.

las fieras —era un espectáculo grato al público—. De este modo encontró su final Ignacio, durante unas *venationes* que tuvieron lugar en los *Saturnalia* de diciembre del 107 d. C., posiblemente el día 20 de este mes.

No parece superfluo recordar que ese mismo año, el 107 d. C., conforme a la información que ofrece Eusebio de Cesarea, *Historia Eclesiástica* III, 32, fue crucificado en Jerusalén su segundo obispo, Simeón, de muy avanzada edad, hijo de Clopás, descendiente de David y pariente de Jesús de Nazaret. Datos que no carecen de interés.

Ignacio no fue ni el primero ni el último de los mártires de la Iglesia. Su caso, sin embargo, posee ciertas particularidades, porque disponemos de algo muy parecido a un diario personal[64] de sus vivencias durante los meses que duró tan singular y fatal desplazamiento. A lo largo de su viaje, aprovechando las diversas paradas, dictó siete cartas conservadas (quizá escribiera algunas más), en las que refleja de modo directo, emotivo y arrebatado su estado de ánimo, al tiempo que, como obispo, se ocupa de exhortar y aconsejar sobre los peligros de desunión de las diversas comunidades cristianas ya establecidas y de los errores doctrinales que en ese tiempo se extendían entre algunos grupos de fieles. Llama la atención que no aparezca en ellas ningún reproche por la actuación de las autoridades dirigentes ni ninguna crítica que de uno u otro modo pudiera asignarse al campo de la política. En Esmirna fue recibido por Policarpo, discípulo de Juan apóstol. Se escriben allí cuatro cartas: a las comunidades de Éfeso, de Magnesia, de Trales y de Roma. Un poco más adelante, en Alejandría Troas, se escriben las otras tres: a Filadelfia, a Esmirna y al ya citado Policarpo (que también moriría mártir en una fecha en torno al

---

64   Un caso parecido nos lo ofrece la *passio* de Perpetua y de Sáturo, mártires africanos ejecutados junto con otros en el 202 d. C.: dejaron un relato autobiográfico —centrado en un conjunto de visiones experimentadas durante el cautiverio— que tras su muerte fue añadido a las actas, según cuenta quien reunió todo el material para darle la forma unitaria que conocemos: *Esta (Perpetua), a partir de este punto, contó por sí misma todo el orden de su martirio y yo copio tal como ella lo dejó escrito por su mano y sentimiento*: en D. Ruiz Bueno, *Acta de los Mártires. Texto bilingüe*, Biblioteca de Autores Cristianos, 1987, páginas 400-401.

160 d. C.). Todas estas cartas se han conservado, entre otras cosas porque gozaron de mucha difusión desde el momento mismo en que fueron escritas; la opinión común las considera como auténticas: Eusebio de Cesarea en su *Historia Eclesiástica* III, 36, 1-11, un tesoro de información generalmente muy bien documentada, las cita por el mismo orden en que aquí han quedado reflejadas. Conforme a otra regla repetida en muchos casos, a lo largo de la Edad Media se atribuyeron erróneamente a Ignacio algunas otras, que la crítica moderna rechaza y que en las ediciones aparecen con el calificativo de apócrifas[65].

El largo, incómodo y lento viaje, el destino trágico de Ignacio de Antioquía, personaje relevante, fue noticia conocida por muchos de dentro y fuera de los círculos cristianos. Esto explica que los ecos del martirio de san Ignacio pudieran llegar a un escritor de gran influencia posterior: nos referimos a Luciano de Samosata (nacido en el 125, muerto en torno al 180 d. C.), su patria natal se situaba junto a Éufrates, en una zona donde se hablaba el arameo; aunque la lengua de cultura escrita fuese el griego. Conforme a un esquema que se repite otras veces (más abajo comentaremos un caso aún más significativo), un escritor ajeno al cristianismo (no necesariamente hostil), en este caso, Luciano, parece reutilizar una noticia histórica de la primera Iglesia y construye, valiéndose de ella y mezclándola con otros materiales, una obra de ficción, con datos que en el caso que nos ocupa proyecta sobre un personaje distinto, también de carácter histórico.

En las aportaciones de nuestro escritor predomina un peculiar tono satírico que da el sello característico a sus mejores creaciones, escritas en la forma de diálogo, según una larguísima tradición propia de la literatura griega. Pues bien, Luciano presenció los Juegos Olímpicos del 165 o 167 d. C. y fue testigo de la autoinmolación del filósofo cínico Peregrino: esa fue la ocasión que dio lugar a su obra *Sobre la muerte de Peregrino* (conocida también por su título latino: *De morte Peregrini*). Luciano se ocupa de un

---

65 *Ibidem*, páginas 370-376: estas cartas no genuinas son: la de María de Casabolos a Ignacio, de Ignacio a María de Casabolos, a los tartenses, a los filipenses, a los antioquenos y a Jerón.

personaje real, el filósofo Peregrino, de cuya existencia sabemos por otros autores antiguos como Aulo Gelio, Filóstrato o Amiano Marcelino; entre quienes lo citan hay también autores cristianos: Atenágoras, Taciano y Tertuliano. En la descripción de la trayectoria del personaje, dibujada con los trazos gruesos de su usual tono burlesco, pudo utilizar algunos elementos procedentes de la biografía de Ignacio y de la vida de la Iglesia primitiva. Por ello lo traemos a estas páginas.

Esto tiene su explicación porque en un determinado momento el protagonista, nuestro filósofo cínico, se hizo cristiano. Escribe Luciano que «aprendió la sabiduría de los cristianos» y que llegó a ser uno de los principales de ellos, es decir, según todos los indicios, que fue nombrado obispo. Predica y escribe libros —detalle este para tener en cuenta—. Como cristiano es detenido y encarcelado. Observamos a partir de ahora la semejanza entre el personaje construido por Luciano y las circunstancias de Ignacio. Porque ambos son objeto de caritativos cuidados por parte de los hermanos. Miembros de otras comunidades se desplazan para verlo, escucharlo y mostrarle su apoyo. Intentan incluso alguna gestión para sacarlo de la cárcel. En la narración de Luciano no falta incluso una mención expresa a Jesús de Nazaret, *aquel filósofo crucificado.*

La historia de Ignacio de Antioquía, esta sí plenamente veraz, muestra el interés y el cuidado con el que es arropado por cristianos de varios lugares y ciudades. En el caso notorio e histórico de Ignacio, cuyo viaje se encuentra jalonado de visitas reverenciales por parte de fieles llegados de varias iglesias, asistimos a esa misma actitud de los cristianos, la que más tarde describe Luciano para aplicarla a su personaje. Recuérdese que estas tareas de ayuda no estaban exentas de riesgos personales, como se ve, por ejemplo, en Hebreos 10, 32-39. Pero el planteamiento de Ignacio es radicalmente opuesto a las expectativas de Peregrino. En su Carta a los cristianos de Roma les apremia incluso para que desistan de las iniciativas planteadas para buscar su liberación. En la mentalidad genuinamente cristiana[66] procuraba evitarse la detención, el proceso y la pena capital, solo sí estos llegaban se entendía que un buen cristiano nunca podía renegar de Cristo. En este contexto debe situarse el martirio del santo de Antioquía.

Les escribe Ignacio a los romanos:

> Por fin, a fuerza de oraciones a Dios, he alcanzado a ver vuestros rostros divinos y de suerte lo he alcanzado, que se me conceda más de lo que pedía. En efecto, encadenado por Jesucristo, tengo esperanza de iros a saludar, si fuere la voluntad de Dios hacerme la gracia de llegar hasta el fin. Porque los comienzos, cierto, bien puestos están, como yo logré gracia para alcanzar sin impedimento la herencia que me toca. Y es que temo justamente vuestra caridad, no sea ella la que me perjudique. Porque a vosotros, a la verdad, cosa fácil es hacer lo que pretendéis; a mí, en cambio, si vosotros no tenéis consideración conmigo, me va a ser difícil alcanzar a Dios (I, 1-2).

Sobrecoge la firme determinación ignaciana de llegar hasta el final, hasta la muerte por Cristo y, al mismo tiempo, las dudas sobre las fuerzas interiores de que dispone para culminar tal empeño, pues es consciente de su debilidad. Nos será siempre difícil —aunque no por completo imposible— sopesar las motivaciones que bullían en el corazón del futuro mártir. No es el afán de protagonismo ni el deseo de una vana notoriedad, es su firme convencimiento de que tal es su vocación y que, para él, por designio de Dios, el martirio era la culminación de su entrega. Que así podrá robustecer la fe de las iglesias. Que merece la pena morir por Cristo. Que ahora se halla en un firme camino hacia el Cielo, hacia la unión con Dios; que no sabe si, renunciando a esta «oportunidad», conseguirá seguir siendo fiel en el futuro. Es patrimonio común de todos los santos la consciencia de la pro-

---

66   Solo en algunos grupos sectarios minoritarios —como los montanistas— prevaleció la idea de la excelencia del martirio voluntario, en el sentido de que el propio afectado procurara su autoinculpación. Tal vez hubiera alguna de tales influencias en la decisión de Peregrino.

pia fragilidad[67]. Hay muchos matices en su queja, situada entre la ironía (veremos que el santo no renunció nunca al sentido del humor) y la más exacta de las reflexiones: *temo justamente vuestra caridad.*

Todo lo contrario, es lo que nos muestra Luciano acerca de las intenciones de Peregrino. Su actuación aparece impulsada desde el principio por los deseos de una gloria mundana: *su afán de gloria, su pasión por la fama.* Tan evidente debió ser este perturbado deseo de llamar la atención, que el gobernador de Siria, ante cuyo tribunal comparecía y contra la práctica habitual, lo dejó en libertad hiriendo así paradójicamente en su vanidad al filósofo «cínico-cristiano»: *Al darse cuenta de la locura de aquél y viendo que aceptaría la muerte para obtener con ello una fama póstuma, le soltó, sin considerarle siquiera merecedor de castigo.* Incidentalmente podemos añadir que esta última expresión, *sin considerarle ni siquiera merecedor de castigo*, semejante a otras que aparecen en los Evangelios, en los Hechos de los Apóstoles y en la Cartas de San Pablo, hace referencia a la forma más leve del castigo de azotes, la *fustigatio*, empleada por los magistrados romanos como medio de castigo menor, que aparece, por ejemplo, en Lucas 23, 16 en el proceso a Jesús: *Le castigaré, pues, y le soltaré*[68] (véase también Jn 19,1).

---

67 En la misma Carta a los Tralianos IV, 1-2: *En realidad, altos son mis pensamientos en Dios; pero me he comedido a mí mismo, no sea que perezca por vanagloria. Porque ahora tengo mayores motivos de temer y necesito no prestar atención a los que me hinchan. A la verdad, los que me dan diversos títulos, me dan de latigazos. Cierto que deseo sufrir el martirio, pero no sé si soy digno de ello. Porque mi arrebato interior no aparece a los demás; pero tanto más me combate a mí. Necesito, por ende, de la mansedumbre, por la que se desbarata al príncipe de este mundo.* Utilizamos en todas las citas la versión ya mencionada de D. Ruiz Bueno.

68 San Pablo, 2 Corintios 11, 24-25: *Cinco veces recibí de los judíos cuarenta golpes menos uno; tres veces fui apaleado, una vez apedreado, tres veces naufragué, un día y una noche pasé sobre el abismo del mar.* La ley judía permitía un máximo de cuarenta golpes (Deuteronomio 25, 2) y la Misná con prudencia los reducía a treinta y nueve; pero el castigo que sorprendentemente no recibió Peregrino pertenecía al ámbito del Derecho romano. Este conocía una graduación, según la severidad de los medios aplicados, entre *fustes, flagella* y *verbera*: A.N. Sherwin-White, *Roman Society and Roman Law in the New Testament*, Oxford at Clarendon Press, 2000, página 27.

Por su parte, Peregrino, como ya sabemos, buscó finalmente su propio «martirio» ante un público atónito, que se congregaba como asistente a unas Olimpiadas. Su concepto de «gloria», *doxa*, nada tiene que ver con el de la «gloria de Dios», tal como aparece en la Escritura.

Tras estas consideraciones parece indicado transcribir el fragmento —pese a su extensión— sobre los cristianos de la obra de Luciano, dado que recoge una descripción de la vida de la Iglesia que, despojada de sus reflexiones crítico-satíricas y de algunos detalles de la organización interna eclesial, aportan una información que es perfectamente verosímil y «objetiva». Refuerza esta credibilidad el hecho de que se trate de una persona que muestra escasísima simpatía por las manifestaciones externas de esta nueva religión, a la que confunde parcialmente con el judaísmo[69]:

Fue entonces, precisamente, cuando conoció la admirable doctrina de los cristianos, en ocasión de tratarse, en Palestina, con sus sacerdotes y escribas. Y ¿qué os creéis? En poco tiempo les descubrió que todos ellos eran unos niños inocentes, y que él, solo él, era el profeta, el sumo sacerdote, el jefe de la sinagoga, todo, en suma. Algunos libros sagrados él los anotaba y explicaba; otros los redactó él mismo. En una palabra, que lo tenían por un ser divino, se servían de él como legislador y le dirigían cartas como a su jefe. Todavía siguen adorando a aquel gran hombre que fue crucificado en Palestina por haber introducido esta nueva religión.

Prendido por esta razón, Proteo (Peregrino) fue a dar con sus huesos en la cárcel, cosa que le granjeó mayor aureola aún para las otras etapas de su vida y con vistas a la fama de milagrero que tanto anhelaba. Pues bien: tan pronto como estuvo preso, los cristianos, considerándolo una desgracia, movieron cielo y tierra por conseguir su libertad. Al fin, como esto era imposible, se procuró al menos proporcionarle cuidados y no precisamente al

69   Luciano, *Sobre la muerte de Peregrino* 11-12: en la traducción de J. Alsina, *Luciano de Samosata. Obras*, volumen II, Consejo Superior de Investigaciones Científicas, Madrid, 1992, páginas 130-131; tomamos de esta traducción de J. Alsina el resto de las referencias que aparecen en estas páginas.

buen tuntún, sino con todo el interés del mundo. Y ya desde el alba, podía verse a las puertas de la cárcel una verdadera multitud de ancianos, viudas y huérfanos e incluso los jerarcas de su secta dormían con él en la prisión, previo soborno de los guardianes. Luego eran introducidos toda clase de manjares, se pronunciaban discursos sagrados, y el excelente Peregrino —pues todavía llevaba este nombre— era calificado por ellos de nuevo Sócrates.

Es más: incluso desde ciertas ciudades de Asia llegaron enviados de las comunidades cristianas para socorrer, defender y consolar a nuestro hombre. Porque es increíble la rapidez que muestran tan pronto se divulga un hecho de este tipo. Y es que —para decirlo con pocas palabras— no tienen bienes propios. Y ya tienes que va a parar a los bolsillos de Peregrino —procedente de manos de esas gentes— una gran suma de dinero debido a su condena; con ello le ayudaron, y no poco, monetariamente. Y es que los infelices creen a pie juntillas que serán inmortales y que vivirán eternamente, por lo que desprecian la muerte e incluso muchos de ellos se entregan gozosos a ella. Además, su fundador les convenció de que todos eran hermanos. Y así, desde el primer momento en que incurren en este delito reniegan de los dioses griegos y adoran en cambio a aquel filósofo crucificado y viven según sus preceptos. Por eso desprecian los bienes, que consideran de la comunidad, si bien han aceptado estos principios sin una completa certidumbre, pues si se les presenta un mago cualquiera, un hechicero, un hombre que sepa aprovecharse de las circunstancias, se enriquece en poco tiempo, dejando burlados a esos hombres tan sencillos.

Salió, pues, por segunda vez de su ciudad natal, dispuesto a recorrer mundo, con los cristianos como único sostén, gracias a cuya protección lo pasaba en grande. Y así vivió durante un tiempo. Más tarde, empero, y por haber cometido alguna falta contra ellos —se le vio, según creo, tomar alimentos prohibidos— hallóse desamparado, falto de su protección y entonces pensó que no tenía más remedio que retractarse y reclamar los bienes a su ciudad; y efectivamente presentó un memorándum y exigió la entrega de los bienes por orden del emperador. La ciudad envió a su vez también una embajada y aquel nada consiguió al fin, sino que se declaró que se atuviera a su primera decisión, ya que nadie le había obligado a ello.

En este terreno de las vinculaciones entre la literatura pagana y las fuentes cristianas existe un caso todavía más llamativo y muy anterior al tiempo de Luciano de Samosata, un caso que debemos explicar, aun a riesgo de complicar en alguna medida nuestra argumentación.

El asunto se encuentra relacionado con el debate sobre la fecha de redacción del Evangelio de Marcos. Un problema sobre el que tendremos que volver. El caso es que, para escándalo de los que siguen sosteniendo una fecha tardía para la redacción de los Evangelios —dentro de un conjunto más amplio de posibles pruebas y argumentos— se ha detectado y aceptado por parte de algunos autores una huella de Marcos en el *Satyricon* de Petronio, escrito en el 64 o 65 d. C. Trimalción, es un liberto que se ha hecho muy rico y busca hacer continua ostentación de su nueva riqueza. En el transcurso de una generosa cena —famosa entre los conocedores de la literatura clásica— el canto de un gallo, presagio desfavorable, modifica el jovial ambiente de la reunión e introduce un elemento de inquietud. El protagonista manda a un esclavo que traiga el sudario blanco y la toga pretexta que tiene preparada para cuando, fallecido, llegue el momento de amortajarlo. Desea mostrársela a sus comensales. Es en ese momento de la narración (capítulo 78), como señala Marta Sordi[70], que el autor, Petronio, parece inspirarse en un pasaje del Evangelio de Marcos. Porque Trimalción, una vez más, como ocurría en la obra citada de Luciano de Samosata, utilizando un recurso literario en clave paródica, unge a todos los asistentes con un perfume de nardo, de una manera que recuerda —incluso en el vocabulario utilizado— la unción de Betania recogida en el Evangelio de Marcos 14, 3. También en otro pasaje del *Satyricon* (capítulos 111 y 112), que contiene el cuento de la viuda de Éfeso, encontramos a un soldado en el trance de abandonar la guardia de unos

---

70   Tomo los datos de una obra de capital importancia para entender el entramado de los acontecimientos históricos que tuvieron lugar en los primeros tiempos de la Iglesia: M. Sordi, *I cristiani e l'impero romano*, nuova edizione, Jaca Book, Milano, 2006; páginas 34-35; 60-61; de la misma autora, una obra más extensa: *Il Cristianismo e Roma*, Licinio Cappelli Editore, Bologna, 1965.

crucificados que se hallaban cerca del sepulcro donde una mujer velaba el cadáver del marido. Seduce a la viuda en el sepulcro de su difunto esposo. Descubre, *al tercer día*, que los padres de uno de los crucificados han aprovechado la ocasión y se han llevado el cadáver de su hijo. Entonces, puestos de acuerdo la viuda y el soldado, toman el cuerpo del marido y lo clavan en la cruz, para asombro de la gente, que se preguntaba cómo había podido ocurrir tal cosa.

Debe tenerse en cuenta que el año 64 d. C. marca el comienzo de las persecuciones de los cristianos en Roma, por parte del emperador Nerón (en Judea habían empezado mucho antes). Por supuesto, las consideraciones anteriores no se hallan aisladas: su valor probatorio se intensifica cuando, como iremos viendo, se suman otros elementos que van en la misma línea. Por lo demás, es evidente que el mensaje cristiano llegó a la ciudad de Roma muy pronto, en los años cuarenta del siglo primero —incluso antes— y que se extendió entre las clases populares, pero también entre senadores y caballeros.

Tras este excurso sobre las noticias que ofrecen Petronio en su *Satyricon* y Luciano en su *Sobre la muerte de Peregrino*, volvamos al hilo central de nuestra exposición. Esta se centra en el viaje que forzado tuvo que realizar Ignacio de Antioquía a Roma, para dar testimonio de su fe. Pensamos que las consecuencias que pretendemos extraer de este episodio histórico se explican mejor si lo comparamos con otro viaje, esta vez motivado por razones por completo distintas, emprendido por otro personaje bien conocido en la historia del cristianismo del siglo II. Consecuencias que afectan muy especialmente a la función de las Sagradas Escrituras y en especial del Nuevo Testamento dentro de la vida de la Iglesia, pero que tiene muchas otras derivaciones. Nos referimos a Marción.

Capítulo VIII

Parábola (histórica) de dos viajes a Roma.
Dos actitudes sobre la Sagrada Escritura:
Ignacio de Antioquía y Marción.

SEGUNDA PARTE

Marción[71] nació en Sínope, en la provincia del Ponto, en la costa norte de Asia Menor (actual Turquía). Muy poco se sabe de su vida. Parece que era hijo de un obispo. Y de familia con grandes recursos económicos, dedicada al comercio marítimo. Su relevancia pública comienza con su viaje y establecimiento en Roma. Ello ocurría entre los años 135 y 140 d. C., en los últimos años del emperador Adriano o primeros de su sucesor, Antonino Pío, pocas décadas después del viaje forzoso de Ignacio de Antioquía.

Recordemos que fueron los años de la segunda guerra de los judíos contra Roma (132-135 d. C.), liderada por Simeón bar Kosiba. El levantamiento encontró su causa próxima en la iniciativa de Adriano, que decidió reconstruir Jerusalén fundando allí

---

71   Puede consultarse: H.Y. Gamble, *Marcion and the canon*, en M. M. Mitchell and F. M. Young (edited by), *The Cambridge History of Christianity. Origins to Constantine*, Cambridge University Press, 2006, páginas 195-213, del que tomamos gran parte de la información de este apartado.

una nueva colonia, la cual, como en todos estos casos, perjudicaba enormemente a la población del lugar en cuestión, pues suponía un nuevo reparto de la tierra. Circunstancia añadida a las confiscaciones anteriores. Y no solo eso, sino que fundó un templo en honor de Júpiter Capitolino, en el emplazamiento del Templo, ya destruido en el 70 d. C. Para los judíos esto último fue una causa suficiente. La rebelión sería aplastada en el 135 d.C. Kosiba encontró la muerte en Bethar. Fue también ejecutado el rabino Aqiba, sabio y mártir, junto con otros personajes relevantes. Los judíos serían expulsados no solo de Jerusalén, sino de toda Judea, bajo pena de muerte. Solo podían entrar en la Ciudad Santa el 9 de Ab, para que pudieran lamentarse ante las ruinas del Templo. Se prohibió también la circuncisión (admitida de nuevo por Antonino Pío), a lo que se añadieron otras prohibiciones, como la de respetar el sábado. Cambiaron incluso el nombre de la provincia. Ya no era Judea, sino Siria-Palestina.

Puede que esta atmósfera política explique, en alguna medida, las posiciones teológicas presentadas por Marción en Roma y el hecho de que estas tuvieran una buena acogida, hasta el punto de presentar un problema muy serio para la Iglesia. Un problema, todo hay que decirlo, que según suele ocurrir con todas las herejías, se mantiene incluso en la actualidad, pues las ideas de Marción expresan, más allá de las concretas circunstancias que explican su primera formulación, una posición recurrente en todas las épocas de la historia de la Iglesia: hoy muchos, sin conocer a Marción, se acogen a opiniones muy parecidas. De hecho, hablando en sentido estricto, Marción sería apartado de la Iglesia en el 144 d. C., pero las *iglesias marcionitas* persistieron, sobre todo en la parte oriental, hasta el siglo V d. C., e influyeron en el maniqueísmo (el movimiento al que perteneció antes de su conversión Agustín de Hipona). Por lo demás, no debe olvidar el lector que las calamidades que sufría en esta época el judaísmo corrían parejas a la situación de los cristianos, objeto de una persecución que se fundaba jurídicamente en una norma del emperador Adriano (un rescripto del 124/125 d. C.), la cual mantenía al cristianismo fuera de la ley, aunque suavizaba un poco el procedimiento penal, en el que, al menos, se exigía —no como antes— que el denunciante probara que el denunciado era cristiano y la realización de actividades entendidas como delitos.

Como decimos, Marción fundó una iglesia propia. También hay que añadir, antes de que abordemos los rasgos más relevantes de su doctrina, que nuestro personaje se arrepintió al final de su vida. Cuando estaba cumpliendo las penitencias impuestas por la autoridad eclesiástica le sobrevino la muerte[72]. Era el año 160 d. C.

Rechazaba el Antiguo Testamento en su totalidad, pues, aunque admitía su valor instrumental, señalaba que el cristianismo inauguraba un orden *totalmente distinto*. Había, por tanto, que abandonar la herencia judía. Lo peculiar de su posición, que en esta actitud se asemeja a la de todos los herejes, consiste en radicalizar una posición huyendo de soluciones más moderadas, que llegan a una armonización conciliadora. Es cierto que el Antiguo Testamento presenta problemas de interpretación desde una óptica cristiana. Negarlo carece de sentido. Pero es igualmente cierto que el Nuevo Testamento y, sobre todo, Jesús de Nazaret, no se pueden entender fuera del ámbito judío y de sus Escrituras. La existencia de dificultades no implica concluir que exista una contradicción de fondo. La solución ortodoxa viene representada en este punto, como en los otros, por Ignacio de Antioquía, que ve en el Nuevo Testamento la culminación y la perfección del Antiguo y de sus profetas. Admite una superioridad de la Nueva Alianza, pero sabe que debe respetar y asumir la Antigua: *Carta a los de Esmirna* IX:

> Buenos son, cierto, los sacerdotes, pero mejor es el Sumo Sacerdote, a quien le está confiado el Santo de los Santos, el solo a quien le han sido encomendados los secretos de Dios, como que Él es la puerta de Dios por la que entran Abrahán, Isaac y Jacob, los profetas, los apóstoles y la Iglesia. Todo esto dirigido a la unidad de Dios. Algo, no obstante, tiene de más excelente el Evangelio, a saber: la venida del Salvador, nuestro Señor Jesucristo, su pasión y su resurrección. Y es así que los profetas, a los que amamos, a Él le anunciaron; mas el Evangelio es

---

72   Tertuliano, *Prescripciones contra todas las herejías* XXX, 3.

el acabamiento y perfección de la incorrupción. Todo junto es bueno, a condición de que creáis en la caridad.

Por el contrario, Marción, en su obra, no conservada, las *Antitheseis*, exponía un extenso conjunto de oposiciones entre los dos Testamentos. Lo extremo de su postura se ve en que llega a una conclusión «diteísta», es decir, defiende la existencia de dos dioses diferentes. El Dios del judaísmo y del Antiguo Testamento. El Dios de Jesús y del Nuevo Testamento. El primero, considerado como inferior, es el demiurgo del pensamiento griego (convenientemente trasladado al ámbito judío). Creador del mundo y del hombre. Este es Yahvé. Un Dios de justicia[73] —que promulgó la Ley— y no de misericordia. El Dios superior, desconocido para los judíos, es obviamente el revelado por Cristo. La admisión de «dos dioses», sea en la doctrina de Marción, sea en la de otros autores de la época, no era tan extravagante como ahora pudiéramos pensar. Muchas propuestas gnósticas, más o menos inspiradas en el neoplatonismo, utilizaban algún tipo de pluralidad de divinidades, frecuentemente ordenadas escrupulosamente en complicadas jerarquías, como emanación del Pléroma (unidad de la que surge por grados toda la realidad). En el caso de Marción, alejado en este punto de las larguísimas especulaciones de los gnósticos, había solo estos dos Dioses. En este contexto cobra más sentido esta regla de fe propuesta por Tertuliano. Tal vez dirigida hacia la propuesta de Marción[74]. Vemos en su formulación las dos vertientes impugnadas: un solo Dios y la continuidad radical que en este punto existe entre la profecía del Antiguo Testamento y la venida de Jesucristo:

> Que hay un solo Dios y no distinto del creador del mundo, que produjo de la nada todas las cosas mediante su Verbo, emitido antes de todas ellas. Que este Verbo —llamado su Hijo, visto de diversas formas en nombre de Dios por los patriarcas, oído

---

73   Algún discípulo de Marción, como Apeles, fue más lejos, considerando el Antiguo Testamento como la creación de un ángel malo.
74   Tertuliano, *Prescripciones contra todas las herejías* XIII, 2-3.

siempre en los profetas, descendido finalmente por el espíritu y el poder de Dios Padre, a la Virgen María, hecho carne en su seno y nacido de ella— fue Jesucristo.

Encontramos un eco directo de esta misma idea, la de un mismo Dios autor de los dos Testamentos, y por tanto una refutación implícita de la postura de Marción, en este texto aprobado por el Concilio de Florencia (1431-1445). Nótese que la cita de Marción ha quedado sustituida por la de los maniqueos, opción explicable dada la conexión entre ambas posturas, según veremos más adelante:

> La Iglesia profesa que el mismo y único Dios es el autor del Antiguo y Nuevo Testamento, es decir, de la Ley, de los Profetas y del Evangelio, ya que bajo la inspiración del mismo Espíritu Santo hablaron los santos de uno y otro Testamento, cuyos libros recibe y venera, los cuales se contienen en los títulos siguientes (…) Asimismo anatematiza la locura de los maniqueos, que pusieron dos primeros principios, uno de las cosas visibles, y otro de las invisibles y dijeron que uno era el Dios del Nuevo Testamento y otro del Antiguo[75].

Como otros pensadores vinculados en mayor o menor medida con el gnosticismo, Marción juzgaba que el mundo material carecía de auténtico valor. Ello tenía sus consecuencias prácticas, por ejemplo, la prohibición del matrimonio y de la procreación (como un anticipo de la actual cultura de la muerte). Y afectaba sobre todo a la naturaleza de Jesucristo, que es el problema central que plantea su doctrina. Negaba su humanidad, es decir, la realidad de su nacimiento y de su muerte. Cristo, en opinión de Marción, se hallaba revestido de un cuerpo aparente. Con esta posición propia del docetismo (del verbo griego *dokein*, «aparecer») se destruía el dogma central de nuestra fe: la Encarnación, puesto que Cristo no es hombre, no tiene naturaleza humana, sino solo la apariencia de tal. Y se negaba igualmente la resurrección de la carne. Considera

---

75   J. Díaz, *Enquiridion bíblico bilingüe* 60.

a Jesús el Dios bueno (no el Dios justo del Antiguo Testamento) revestido de figura humana. Al docetismo se añade, por tanto, una interpretación modalista: término con el que la teología describe las opiniones que niegan la diferencia entre las Personas divinas, las cuales son juzgadas como meras manifestaciones de una única Persona divina.

Resulta significativo contraponer a estas consideraciones, una vez más, la postura de Ignacio de Antioquía. No sin sentido del humor, critica el docetismo desde una postura plenamente realista. Después de alegar los pasajes evangélicos en los que se muestra a Jesús resucitado con un cuerpo que podía tocarse, escribe *Carta a los de Esmirna* IV, 2:

> Porque si solo en apariencia fueron hechas todas estas cosas por nuestro Señor, luego también yo estoy cargado de cadenas en apariencia. ¿Por qué, entonces, me he entregado yo, muy entregado, a la muerte, a la espada, a las fieras? Mas la verdad es que estar cerca de la espada es estar cerca de Dios, y encontrarse en medio de las fieras es encontrarse en medio de Dios. Lo único que hace falta es que ello sea en nombre de Jesucristo. A trueque de sufrir juntamente con Él, todo lo soporto, como quiera que Él mismo, que se hizo hombre perfecto, es quien me fortalece.

Todavía más expresivo es este fragmento de su *Carta a los de Roma* IX:

> Tapaos, pues, los oídos cuando alguien venga a hablaros fuera de Jesucristo, que desciende del linaje de David y es hijo de María; que nació verdaderamente y comió y bebió; fue verdaderamente perseguido bajo Poncio Pilato[76], fue verdaderamente crucificado y murió a la vista de los moradores del cielo, de la tierra y del infierno. El cual, además, resucitó verdaderamente de entre los muertos, resucitándole su propio Padre. Y a semejanza suya, también a nosotros, que creemos en Él, nos resucitará del

---

76   Poncio Pilato es citado también en la *Carta a los Magnesios* XI.

mismo modo su Padre; en Jesucristo, digo, fuera del cual no tenemos verdadero vivir.

Insistamos en las consecuencias nefastas del docetismo para la fe de la Iglesia. Pues afecta prácticamente a todo el conjunto de las creencias y trastoca los principios morales inspirados en el Evangelio. De forma muy directa, la negación del carácter real de la Encarnación y de la Resurrección *en la carne* de Jesús, degrada la Eucaristía, privándola de su carácter sacramental, pues *no confiesan que la Eucaristía es la carne de nuestro Salvador Jesucristo, la misma que padeció por nuestros pecados, la misma que, por su bondad, la resucitó el Padre, Carta a los de Esmirna* VII.

A nosotros nos interesa especialmente detenernos en el rechazo que Marción expresó hacia el Antiguo Testamento y su particular selección de los escritos del Nuevo. Respecto a lo primero, ya han quedado presentados los presupuestos de su postura, consecuencia de su teoría de los dos dioses y del descrédito al que sometía al judaísmo en general. Es curioso recordar que el mejor estudioso de su obra, Adolf von Harnack, se adhiriera también a esta opinión. Para el autor alemán del siglo XIX el Antiguo Testamento era el libro de una religión extraña al cristianismo. En el mismo sentido se sitúa R. Bultmann: para los cristianos el Antiguo Testamento no es fruto de la Revelación ni contiene la Palabra de Dios; su utilidad se agota en servir de instrumento de «precomprensión». Tomo estas consideraciones de Trebolle Barrera, quien concluye: «estas propuestas no eran ni son inocentes, dada la historia del antisemitismo»[77].

Iniciando la senda de muchos otros exégetas posteriores apartados de la ortodoxia, quizá con más coherencia que muchos de ellos, Marción desarrollaba una exégesis absolutamente literal del Antiguo Testamento, para poner de relieve sus imperfecciones y carencias, llevándolo hasta el ridículo. Al Nuevo Testamento, todavía no completamente cerrado en su época, aplicó, por el contrario, el mismo método crítico que se utilizaba en el estudio de

---

77 J. Trebolle Barrera, *op. cit.*, página 670.

la literatura griega. En este punto es muy acertada la reflexión de Trebolle Barrera, citando a Tertuliano, en su crítica a Marción, cuyas palabras recuerdan las que se pueden dirigir en algunos casos a los críticos modernos: *Estaría dispuesto a declarar interpolado un pasaje antes que ponerse a explicarlo* (Tertuliano, *Adversus Marcionem* 4,7).

Esta forma de ver las cosas expresa una constante histórica de cierta forma de realizar la crítica textual: la de utilizar la interpretación literal como forma de procurar el descrédito de las Escrituras y, al mismo tiempo, la de aplicar específicamente al Nuevo Testamento una interpretación alegórica allí donde la Tradición ha visto desde el comienzo una exigencia irrenunciable de literalidad. Ello ocurre de manera muy destacada en los estudios teológicos sobre la Resurrección de Cristo, pero también en otros casos, especialmente en lo relativo al sacramento de la Eucaristía. En otros ámbitos, al igual que Marción, se aplica el método de la exclusión: dejar fuera todos los pasajes que en opinión del autor de turno no serían genuinos, por ejemplo, los evangelios de la infancia de Mateo y de Lucas.

El método alegórico —donde no corresponde según la doctrina de la Iglesia— es el preferido por cierta teología actual, con sus padres fundadores como Rudolf Bultmann (obviamente, quienes lo practican rara vez lo reconocerán). Así, por ejemplo, cuando este autor se enfrenta con las expresiones —según su opinión mitológicas— de «cielo» e «infierno», no procede a su rechazo explícito, solución que sería más coherente, sino que les da un nuevo sentido absolutamente ajeno al habitual en la tradición. El «cielo» para Bultmann posee un sentido existencial. Permite percibir la interioridad humana como verdadera y contemplar el futuro como un ámbito de libertad. El «infierno» es el nombre del poder del mal, que impide la libertad y lleva a la opresión. Una vez más, sorprende que esta metodología disponga siempre de un público entusiasta de expertos, los cuales se encargan de predicar el mensaje al gran público.

Porque fue respecto al Nuevo Testamento donde la doctrina de Marción ejerció más influencia. Partió de una peculiar interpretación de un texto contenido en la epístola a los Romanos 2, 16, donde se habla de un único evangelio[78]: *El día en que Dios juzgue lo oculto de los hombres de acuerdo con mi Evangelio a través de Cristo Jesús.* De un modo que hubiera inquietado notablemente al apóstol, consideró que los escritos de Pablo eran los únicos en los que se conservaba el genuino mensaje de Cristo. De nuevo en palabras de Tertuliano, tomó una espada y se dedicó a cortar aquí y allá: *En efecto, Marción, decidida y abiertamente se ha servido de la espada, no de la pluma, porque al servicio de su sistema ha llevado a cabo toda una carnicería en las Escrituras.*

Dejó fuera todos los evangelios, con excepción del de Lucas, al entender que este era el portavoz de la predicación paulina. Además, los evangelios de Mateo y Juan poseían un fuerte carácter judío, incompatible como sabemos con las ideas de Marción. Más difícil es explicar su exclusión del evangelio de Marcos. En realidad, cabe decir que Marción confeccionó un evangelio propio, al que las fuentes cristianas llaman precisamente así, *evangelio de Marción.* De Lucas suprimió todos los pasajes de contenido «judío» y algunos versículos incómodos para su teoría (por ejemplo, Lc 24, 38-39), incluso partes enteras, como los dos primeros capítulos. Añadió, según parece, pasajes que no estaban en Lucas.

Marción no fue el único que propuso un evangelio único o resultante de la unificación en un solo libro de los textos disponibles. Inmediatamente se viene a la mente el intento más conocido de todos, el *Diatessaron* de Taciano, de finales del siglo II, muy extendido en muchas iglesias de Siria, en el que se armonizaron los cuatro evangelios canónicos y algunas otras tradiciones. Otro caso conocido, en el que se opta por un único evangelio de entre los canónicos, resulta ser el del grupo de los ebionitas, «los pobres de Dios» en su significado literal. Se trataba de una secta de judeocristianos, que no aceptaban la divinidad de Jesús al tiempo que mantenían la observancia del judaísmo. Para ellos, en estricta contraposición con el caso de Marción, el único evangelio aceptable era el de Mateo, el más cercano a la mentalidad judía.

---

[78] A. Pereira Delgado, «Uno de cuatro, cuatro y no uno. El Diatésaron de Taciano y el Evangelio cuadriforme», en *Scripta Theologica* 52, agosto de 2020, páginas 285-312.

Seguramente también aquí los ebionitas retocarían en algunos aspectos el texto de Mateo, como hizo Marción con el de Lucas. Para los ebionitas el apóstol Pablo quedaba por completo rechazado y era considerado un apóstata (Ireneo, *Contra las herejías* I, 26, 2).

El segundo bloque del Nuevo Testamento de Marción está formado por diez cartas de Pablo (con exclusión de las pastorales[79]). Hemos citado antes un versículo de la Carta de Pablo a los Romanos que le sirvió para fundamentar su criterio sobre la existencia de un único texto evangélico. Parece que utilizó un método parecido en su argumentación acerca de la necesidad de excluir todos los elementos procedentes de la Ley mosaica: en este caso fue el capítulo segundo de la epístola a los Gálatas, en la que Pablo, de un modo particularmente intenso, defiende que somos justificados por la fe en Cristo y no por las obras de la ley. Y no solo eso. En su particular interpretación, el capítulo segundo de esta carta probaba la necesidad de «purificar» la enseñanza de Cristo de toda contaminación judaica.

A la solución propuesta por Marción, lo que podríamos llamar su método selectivo, sirvió de alternativa la de otro personaje contemporáneo suyo. Nos referimos a Valentín (o Valentino), este si un gnóstico en sentido estricto del término, con todos sus aditamentos y conjeturas mitológicas. Sostenía que Jesús no era un hombre verdadero, sino un eón procedente del Pléroma, que al venir al mundo había tomado un cuerpo aparente. A nosotros nos interesa ahora únicamente señalar que, a diferencia de Marción, Valentín defendía la integridad de las Sagradas Escrituras, pero modificando el sentido de las palabras. Un método que cuenta también ahora con muchos partidarios. Es de nuevo Tertuliano el que lo explica con su acostumbrada exactitud, *Prescripciones contra todas las herejías* XXXVIII, 10:

> En cambio (a diferencia de Marción), Valentín ha respetado las Escrituras, porque no ha ideado las Escrituras conforme a su sis-

---

79 Desde el siglo XVIII se conocen con ese nombre las dos cartas enviadas a Timoteo y la dirigida a Tito.

tema, sino su sistema conforme a las Escrituras. Y sin embargo ha quitado y ha añadido más (que Marción), quitando los significados propios, incluso de cada una de las palabras y añadiendo los de unas realidades invisibles.

Aplicando aquel método selectivo, hecho a la medida de sus propias opiniones, Marción se quedó con estas cartas, las únicas que consideró dignas de crédito: Gálatas, 1 y 2 Corintios, Romanos, 1 y 2 Tesalonicenses, Laodicenos (Efesios), Colosenses, Filipenses y Filemón. De esta manera, propuso un canon —muy reducido y modificado en sus textos— del Nuevo Testamento. Entre las cartas, Gálatas ocupaba el primer lugar debido a la importancia vital que esta tenía en su interpretación. Un sector de los especialistas defiende, quizá con razón, que de esta manera la Iglesia se vio obligada a reflexionar sobre su propio canon. Conforme a lo que ocurre en muchas ocasiones a lo largo de la historia, habría sido la necesidad de afrontar un error lo que, en este caso, habría provocado la necesidad de tomar una postura explícita sobre la composición exacta de los libros que se contienen en el Nuevo Testamento.

Giuseppe Rollini. Fresco de *San Agustín Doctor de la Iglesia*.

Capítulo IX

El Nuevo Testamento de los maniqueos. Las dificultades de San Agustín

Existe una conexión evidente entre la teología de Marción y la exégesis bíblica propuesta por los maniqueos, aunque según veremos más abajo, los maniqueos no representan una pura continuación del marcionismo, puesto que en su doctrina se aúnan materiales procedentes de varias corrientes religiosas cristianas y no cristianas. Conforme a lo que afirma Trebolle Barrera[80], las introducciones al Antiguo y Nuevo Testamento y los libros de teología bíblica no suelen prestar atención a esta corriente, que tuvo un papel muy destacado a partir de finales del siglo III d. C. y mantuvo su organización institucional durante muchos siglos. Estos motivos aconsejan que nos detengamos brevemente sobre la concepción del Nuevo Testamento en esta escuela filosófica y religiosa, porque demuestra la continuidad histórica de ciertas posturas que ahora, muchas veces, se presentan como modernas, cuando ocurre que tienen a sus espaldas casi tantos siglos como la fe cristiana.

---

80   J. Trebolle Barrera, *op. cit.*, páginas 600-601.

El maniqueísmo recibe su nombre del fundador, el persa Mani o Manes[81]. Nació en el año 216 d. C. Su padre pertenecía a la secta judeocristiana de los elkesaítas. Afirma haber recibido revelaciones desde niño. Usó como sobrenombre *Khayya* (en siriaco, «el que participa de la vida»); de ahí *Manikkaios,* en griego, y *Maniquaeus,* en latín. Al principio de su andadura fundacional, Manes contó con el apoyo de la monarquía sasánida. Más tarde perdió el favor real. Acusado de herejía por los sacerdotes de Zoroastro, fue detenido. Murió mártir en prisión en el 276/277 d. C. El movimiento se extendió con el paso de los años por muchas zonas del planeta. Se le persiguió en Roma, desde los tiempos del emperador Diocleciano (gran adversario del cristianismo también, como es sabido), quien promulgó un edicto en su contra el año 297 d. C. Las medidas legales se sucedieron, por obra de otros emperadores como Teodosio I, Teodosio II, Anastasio I, Justino y Justiniano. Pero las persecuciones se produjeron también en Mesopotamia, en territorios controlados por el islam e incluso en China, donde conocemos una persecución acaecida en el siglo XIII, un dato que da cuenta de la intensidad con la que se expandió y se conservó el maniqueísmo.

A diferencia de los fundadores de otras religiones, Manes puso él mismo su doctrina por escrito: *El gran Evangelio de Alfa a Tau, El Tesoro de la vida* (que san Agustín, antiguo maniqueo, cita frecuentemente), el *Libro de los Misterios*; el llamado *Libro de los Salmos Maniqueos* o *Salterio Maniqueo*. En el maniqueísmo Manes es considerado el Paráclito prometido por Cristo en el evangelio de Juan. Con él se cierra y se culmina toda la Revelación. El maniqueísmo produjo una liturgia muy elaborada, que en algunos aspectos imita la liturgia de la Iglesia.

El dualismo radical de los maniqueos es de sobra conocido. Ha dado lugar a un término empleado habitualmente: el de maniqueísmo, «tendencia a reducir la realidad a una oposición radical entre lo bueno y lo malo». Según Manes, hay dos principios supremos: el principio de la luz (*Ormuzd*) y el principio de la oscu-

81   D. Ramos-Lissón, *Compendio de Historia de la Iglesia Antigua*, Eunsa, Pamplona, 2009, páginas 113-116.

ridad (*Abrimán*). El primero, sometido al Padre de la grandeza; el segundo, al príncipe de las tinieblas. Manes tomaba sus ideas de varias tradiciones empezando obviamente por la religión irania, en la que la oposición de estos principios gozaba de una larguísima historia anterior. Pero también de otras corrientes, por ejemplo, del budismo. Se presenta a sí mismo como apóstol de Jesucristo y en la organización de su «iglesia» ocupan el primer lugar doce «apóstoles». Al igual que ocurre en otras corrientes gnósticas, considera que el mundo material es intrínsecamente malo, llevando este criterio hasta sus últimas consecuencias. El cuerpo es la causa de todos los males, físicos y morales. La salvación consiste en que el espíritu pueda separar al alma del cuerpo. Creía en la reencarnación[82]. Se rechazan las relaciones sexuales y el matrimonio, puesto que la generación es moralmente mala. El trabajo es también juzgado como una actividad indigna.

Entendiendo que estas prescripciones, junto con otras muchas, eran impracticables para la generalidad de los miembros, se hacían algunas concesiones. Por ello, los maniqueos se dividían en dos grupos: el de los elegidos y el resto, los oyentes, que ocupaban una posición inferior y gozaban solo de algunas de las ventajas salvíficas propuestas por este grupo. En esto también cabe observar la influencia de Marción, quien imponía una prohibición de contraer matrimonio a los bautizados en su iglesia, es decir, solo a una parte reducida de los creyentes en su doctrina. Existía, por tanto, una división entre las dos clases de miembros.

La posición de Manes respecto a la Biblia hebrea o Antiguo Testamento no ofrece dudas. Cristo lo ha derogado por completo. He aquí una posición idéntica a la de Marción. Conviene recordar los problemas interiores que padeció san Agustín en los inicios de su conversión al catolicismo, respecto a la opinión —muy negativa— que le merecía el Antiguo Testamento, tanto en su forma como en su contenido. La aplicación de una interpretación literal —marca, como sabemos, de las diversas expresiones del gnosticismo— le producía un rechazo sin matices, que solamente pudo

---

82   M. Guerra Gómez, *op. cit.*, página 538.

superar bajo la guía de san Ambrosio. Este le hizo ver la necesidad de aplicar también una interpretación alegórica en determinados pasajes del Antiguo Testamento, en armonía con los principios interpretativos del cristianismo. Lo explica en sus *Confesiones* VI, 4 (aunque lo desarrollará más tarde en su tratado de exégesis *De doctrina Christiana*)[83]:

> Me alegraba también el que se me hubiera enseñado a leer las antiguas Escrituras de la Ley y los Profetas con ojos distintos a como los había leído anteriormente, haciéndomelos parecer absurdos, criticando entonces a tus santos por mantener creencias que nunca habían sostenido. Me complacía oír lo que tu siervo Ambrosio repetía en sus sermones al pueblo: que la ley escrita mata y que el espíritu vivifica (2 Cor 3, 6), como si fuera una regla que gustaba de inculcar siempre. Y cuando levantaba el velo del misterio y descubría el sentido espiritual de los textos, que entendidos literalmente parecían contener las más extrañas doctrinas, no me escandalizaba por ello, aunque todavía no sabía si eran verdad.

Pero ¿qué ocurre en el maniqueísmo con el Nuevo Testamento? Para esta escuela, no posee la condición de Escritura canónica. Se acercan a su texto sin los condicionantes que proceden de la admisión de que se trata de una obra revelada. Se considera un resumen de la predicación de Cristo. Las contradicciones y defectos que se observan en su texto exigen una labor de crítica textual, para determinar qué contenidos proceden de Jesús, y cuáles de Pablo, su intérprete autorizado. Afirma J. Trebolle, a quien seguimos, lo sorprendente y «moderno» de este planteamiento maniqueo. No se excluyen las interpolaciones, ni la diferencia de criterio de unos autores respecto a otros, dentro del propio Nuevo Testamento. Este, por lo demás, para los maniqueos, tiene solo dos componentes —recordemos a Marción— el Evangelio y el apóstol. Rechazan la pluralidad de evangelios. Rechazaban tam-

---

83   Cuyo examen nos alejaría irremediablemente de los objetivos de esta obra.

bién los Hechos de los Apóstoles. Es, pues, en este punto, donde la influencia de Marción se muestra como decisiva

Una peculiaridad del «canon» maniqueo del Nuevo Testamento. Nos referimos a su aceptación de los *Hechos de Tomás*, un texto apócrifo compuesto a principios del siglo III d. C., el más influido por el gnosticismo del conjunto de los *Hechos*: Andrés, Juan, Pedro, Pablo y este último de Tomás, todos ellos juzgados heréticos por la iglesia, en declaraciones de los papas Inocencio I (401-417) y León I (440-461).

Vidriera de Lutero. Worms, Alemania.

Capítulo X

Lutero y la Biblia. Una breve reflexión sobre la «Historia de Jesús» de Hegel

La estela del gnosticismo, particularmente en la forma de Marción[84] —añadimos nosotros—, parece haber persistido «en el subsuelo de la sociedad cristiana, como un río escondido que de vez en cuando aflora a la superficie», según expresión de J. Orlandis[85]. En movimientos tales como el de los seguidores de Prisciliano, en Hispania, los Paulicianos de Oriente, los Bogomitas de Bulgaria, o los Cátaros y Albigenses del sur de Francia aparece una y otra vez, con matices diversos, esta versión deformada de la fe. La desvaloración de lo material, de la historia, del carácter sacramental de la liturgia. La aplicación de una exégesis alegórica allí donde la ortodoxia tiene que aferrarse a la realidad, atendiendo no solo al Nuevo Testamento sino a la Tradición de la iglesia, son claros signos de esta manera alternativa de entender el cristianismo. Sin embargo, no fue Marción el primer representante de esta corriente.

---

84   En Marción, a diferencia de otros sistemas gnósticos impregnados de neoplatonismo, no encontramos el desarrollo de una especulación mitológica: las interminables «emanaciones del Pléroma».

85   J. Orlandis, *Historia de la Iglesia* I, Ediciones Palabra, Madrid, 1982, página 73.

Ya en el Apocalipsis 2, 6 y 16, Juan hace referencia a la secta de los *nicolaítas*, a los que comúnmente se atribuye aquella orientación. En su comentario, escribe L. Castellani:

«La primera herejía, atribuida a Nicolao, uno de los siete primeros diáconos, estaba muy extendida, por lo que sabemos de ella, pues la vemos de nuevo repetida en Pérgamo y Thyatira. La primera herejía, por lo que sabemos de ella, se parece a la última herejía; quiero decir, a la de nuestros tiempos; y se puede decir que transcurre transversalmente sobre toda la historia de la Iglesia y es como el fondo de todas las herejías históricas. Era una especie de gnosticismo dogmático y laxismo moral, un *sincretismo*. Era una falsificación de los dogmas cristianos, adaptándolos a los mitos paganos, sin tocar su forma externa, por un lado; y concordantemente, una promiscuación con las costumbres relajadas de los gentiles; nominalmente, en la lujuria y en la idolatría, como les reprocha más abajo el Apóstol»[86].

Lutero acepta de manera más o menos implícita muchos de los postulados de esta corriente impulsada en la Iglesia por Marción y otros autores coetáneos; y continuada por una variedad de movimientos, algunos de los cuales hemos mencionado más arriba. No es un descubrimiento nuestro: muchos autores han visto en Marción un precursor de Lutero, por ejemplo, en el uso excluyente que realiza de algunos textos de san Pablo, pero también en otros extremos. Encontramos en el cristianismo protestante (tanto en la teología estrictamente luterana como en la teología reformada) una evidente desvalorización del mundo de los hombres ante Dios. El pecado ha dejado esencialmente herida, corrompida y deformada a la naturaleza humana y ha comprometido el ejercicio del libre albedrío. La doctrina de la justificación por la fe sola (*sola fide, sola gratia*) no otorga el debido espacio a la colaboración entre la Gracia de Dios y la libertad de la persona. Tampoco

---

86 L. Castellani, *El Apokalipsys de San Juan*, Homo Legens, Madrid, 2017, página 33 (las restantes citas de este libro la hacemos utilizando una versión en internet, que no ofrece datos de publicación); Ireneo, *Contra las herejías* I, 26, 3.

al concepto teológico de mérito. Todo ello concuerda en mayor o menor medida, pero de una manera evidente, con el pesimismo antropológico de las distintas escuelas gnósticas y su repudio de las realidades materiales.

Lutero apela a la única autoridad de la Sagrada Escritura, frente a la Tradición de la Iglesia. No se oculta que esta posición solo se explica por su negativa a reconocer al Papado y que este, y no otro, fue el impulso primero. En su postura hacia la Biblia Lutero fue precedido por varios autores. Entre ellos destacan John Wyclif (murió en el 1384) y Huss, quienes defendían que la Escritura debe ser interpretada bajo la inspiración del Espíritu Santo, por encima del magisterio eclesiástico. Jan Huss murió en la hoguera el 6 de julio de 1415 invocando el nombre de Dios: su trágico fin no solo fue una evidente injusticia sino también un error de graves repercusiones.

Volviendo a Lutero, el terreno en el que más claramente se pone de manifiesto la influencia marcionita de la que hablamos viene representado por el tipo de valoración y exégesis que se aplica a la Biblia. Fue la Reforma la que estableció una visión independiente del Antiguo Testamento, de la Biblia hebrea, frente al Nuevo. El cristianismo protestante ve el Antiguo y el Nuevo Testamento como dos mundos en gran medida enfrentados. Uno es el lugar de la Ley. El otro es el lugar de la Gracia. En esta oposición radical entre ambos Testamentos, Lutero coloca a la Iglesia Católica del lado del judaísmo: la Iglesia, a su parecer, se hallaba encadenada por el legalismo judío.

Lutero realizó una muy influyente traducción de la Biblia al alemán. Lo hizo con ayuda de humanistas, como Melanchton, basándose en la edición de Soncino, de 1494. La primera edición completa fue la de 1534, de la que ha habido a lo largo del tiempo muchas revisiones —nueve ediciones en vida de Lutero—. La Biblia de Lutero, aunque no era la primera traducción al alemán (o a los diversos antiguos dialectos germanos), tuvo gran importancia, pues la convirtió en un libro popular, acompañó a la Reforma y contribuyó decisivamente a convertir el neoalto alemán en lengua literaria. La teología de Lutero influyó notablemente en sus opciones como traductor. Es cierto que toda traducción incorpora de manera inevitable una interpretación implícita del texto. Pero en el caso de Lutero esta tensión entre el texto traducido y el resultado de la traducción alcanza una peculiar intensidad.

De una forma que recuerda inevitablemente a Marción (aunque sin los excesos bíblicos de éste), Lutero hizo de su interpretación de Pablo el supremo principio rector de toda la Escritura. Entre los libros principales que pertenecen «de verdad y con certeza» al Nuevo Testamento se cuentan en primer lugar las cartas a los Romanos y a los Gálatas. Entre los evangelios, el de Juan es el «único, tierno y verdadero evangelio principal».

Es muy famosa y significativa la adición del «solo» o «sola» («allein» en alemán) en el versículo 28 del capítulo tercero de la Carta de San Pablo a los Romanos. En su versión original se lee (trad. de M. Iglesias, S. J.): ... *pues sostenemos que el hombre queda justificado por la fe, independientemente de las obras de la Ley.* Lutero modificó el texto: *solamente por la fe.* Como afirma el mismo Iglesias, en el texto de Pablo el contraste no está entre fe y obras, sino entre fe y ley, fe en Jesucristo y Ley de Moisés. Lutero, como buen hereje, aplicó un criterio unilateral en la interpretación de las Escrituras. Eligió una concepción excluyente de la fe, subordinó todos los demás elementos de la teología de la salvación. Es también muy conocida su casi obsesión no solo por la Carta a los Romanos de san Pablo, sino en particular por un único versículo, 1, 17: *Porque en él (el Evangelio) se revela la justicia de Dios de fe en fe, como está escrito: El justo por la fe vivirá.* La cita es de Habacuc 2, 4, interpretado a la luz del principio luterano *gratia sola.* Lutero muestra también su predilección por la Carta a los Gálatas, a la que describe como su «epístola favorita», hay que pensar que de modo preferente por recoger un enfrentamiento entre Pablo (Lutero) y Pedro (Papado).

También, siguiendo la práctica habitual de herejes anteriores, excluyó algunos libros del Antiguo y del Nuevo Testamento que, a esas alturas de la tradición de la Iglesia, habían sido comúnmente aceptados, pese a las vacilaciones que se habían producido en algunos momentos. Respecto al Antiguo Testamento, Lutero rechaza inicialmente todos los libros «deuterocanónicos»[87], siguiendo a la Biblia hebrea —no la versión de los Setenta— (excepto tal vez el primer libro de los Macabeos). Más tarde aceptó la doctrina de Carlostadio. Y en su traducción alemana los incluye al final, como apéndice, con el título de «apócrifos». Estos libros deuterocanónicos son: El libro de Tobías (*ca.* 190-170 a. C.), el de Judit (segunda mitad del siglo II a. C.), el Eclesiastés o Sirácida (185 a. C.), el de Baruc (150-100 a. C.), los dos libros de los Macabeos (104-100 a. C.; 65 a. C.), los añadidos griegos al libro de Ester, los añadidos griegos a Daniel, el de la Sabiduría (50 a.C.).

Respecto al Nuevo Testamento las iglesias protestantes han tomado soluciones diversas. Inicialmente Lutero excluyó del canon neotestamentario algunos libros. Son estos: *Carta a los Hebreos*, *Carta de Santiago*, *Carta de Judas* y *Apocalipsis*, colocándolos al final del texto editado, y no entre los libros «verdaderos y ciertos del Nuevo Testamento»[88]. Ciertamente estos libros generan diversos problemas en cuanto a su interpretación. Hebreos no fue aceptada inicialmente en las iglesias latinas de Occidente. Algunas de sus afirmaciones pueden prestarse a una interpretación errónea, como Heb 10, 26, donde parece afirmarse que no existe posibilidad de expiar un pecado grave cometido tras la conversión. Lutero la atribuyó al Apolo citado en Hechos de los Apóstoles 1, 24.

La *Carta de Santiago*, con su insistencia en la necesidad de las obras, mal interpretada, pues se refiere a las «obras de la Ley», no se adecuaba en lo más mínimo a la teología luterana. La *Carta* en cuestión, en 2, 24, afirma explícitamente que el hombre es justificado por las obras y no solo por la fe: no extraña por tanto que Lutero la denominara «epístola de mucha paja», profesándole muy poca consideración. En cuanto a la *Carta de Judas*, podría generar dificultad la cita de un libro no canónico, *1 Henoc* en Jds 14-15.

---

87 Este término se utiliza desde Sixto de Siena, *Biblioteca Sacra*, 1566: A. Diez Macho, *Apócrifos del Antiguo Testamento. I. Introducción*, Ediciones Cristiandad, Madrid, 1984, página 27. El resto de los libros del Antiguo Testamento reciben el nombre de *protocanónicos*.

88 R. E. Brown, *Introducción al Nuevo Testamento. I. Cuestiones preliminares, evangelios y obras conexas*, trad. de A. Piñero, Editorial Trotta, Madrid, 2002, página 94 nota 39.

Lutero la valora, junto a la segunda carta de Pedro como una epístola «sin provecho». Por su parte, el Apocalipsis, como se sabe, siempre fue objeto de fuertes discusiones y rechazo en las iglesias orientales. Ello explica también que este libro fuera el único excluido por Zwinglio.

Sin embargo, a partir del siglo XVIII, sobre todo por influencia del pietismo, los luteranos replantean la cuestión y, siguiendo a Calvino, admiten en su integridad el Nuevo Testamento[89].

***

Pedimos ahora un ejercicio de paciencia reforzada al lector. Nos ocupamos brevemente de una obra juvenil de Hegel, *Historia de Jesús*, con el propósito explícito de vincular el pensamiento del filósofo no solo con la doctrina luterana —algo evidente— sino con el gnosticismo, una conexión menos reconocida, aunque igualmente detectada por muchos autores. Como es obvio, no pretendemos ni por un momento entrar en el análisis más o menos completo de este asunto. Solo aportar algunas reflexiones vinculadas con la materia de nuestro libro.

Nos limitamos, como ha quedado referido, a centrar nuestra atención en esta *Historia de Jesús,* por su valor «modélico» no solo respecto a los principios rectores de este filósofo, sino por la razón evidente de que se trata de una «vida de Jesús», en la que podemos detectar ya el clima intelectual de una parte muy importante de la exégesis protestante del Nuevo Testamento y de su posterior incorporación a la teología bíblica de un sector cada vez más predominante de autores católicos. El hecho de tratarse de una obra de juventud permite captar con especial claridad los puntos clave de la formación del filósofo, de los cuales, por otra parte, no se apartó demasiado en sus obras de madurez.

---

89   A. M. Artola Arbiza, *Biblia. Canon Bíblico,* en *Gran Enciclopedia Rialp* 4, Madrid, 1971, página 146.

La obra forma parte de un grupo de trabajos inéditos del filósofo, denominados por su editor *Escritos teológicos de juventud*. Fue publicada por primera vez en 1907[90]. De estos *Escritos*, la *Vida de Jesús* es el único que terminó el autor. Tratándose de una obra muy poco conocida y casi nunca citada en los estudios vinculados con el Nuevo Testamento, nos ha parecido oportuno reparar en su contenido. No se olvide que Hegel estudio en el seminario protestante de Tubinga, donde tuvo como compañeros y amigos a otras dos figuras insignes del pensamiento alemán: el poeta Hölderlin y el filósofo Schelling. Su filosofía puede interpretarse como una particular versión del cristianismo. Podría decirse que Hegel se sitúa en la estela de un gnosticismo cristiano, aprendido en sus años de formación.

El primer aspecto llamativo de su *Vida de Jesús* es que Hegel, siguiendo una tradición que se remonta a los primeros tiempos de la Iglesia, lleva a cabo una refundición de los cuatro evangelios canónicos. Es un dato importante, como revela el subtítulo de la obra: *Armonización de los evangelios según mi propia traducción*. Todavía más llamativo es que para esta operación se base sobre todo en el evangelio de Lucas. Un dato que, como recordará el lector, sugiere inevitablemente un paralelismo con Marción, cuyo único evangelio era precisamente el atribuido a Lucas, aunque en este caso, con exclusión de todos los demás.

Otro punto de interés consiste en el tratamiento «racional» de la biografía de Jesús, un reformador que propone una moral exigente y que se enfrenta a los prejuicios del judaísmo, prototipo de una religión rígida, preocupada solo por la letra de la Ley. La dimensión histórica brilla por su ausencia, un rasgo muy característico de la teología alemana de todos los tiempos; es como si la vida terrena de Jesús careciera por completo de importancia. En este mismo sentido, el caso de Bultmann es, a estos efectos, muy expresivo, un autor que empieza por despojar a los evangelios de todo valor histórico y que califica de mítica la imagen de Cristo

---

90 Tomo éste y otros datos del presente apartado de la edición de S. González Noriega, *G.W.F. Hegel. Historia de Jesús*, Taurus, Madrid, 1981; la introducción se contiene entre las páginas 7-22.

que aparece en el Nuevo Testamento, imagen que luego habría que «purificar» para hacerla concordar con su propia teología, la de Bultmann, claro está. Los milagros que se recogen en el Evangelio son excluidos en la narración de Hegel[91]. Por ello, también a semejanza del método empleado por Marción, el evangelio de Lucas queda notablemente reducido: todas las intervenciones no racionales, de acuerdo con esta postura, desaparecen convenientemente y ni siquiera se discute sobre ellas.

El libro de Hegel termina con el entierro de Jesús. Para su autor la noticia de la Resurrección era tan irracional como la posibilidad de los milagros, de forma que se borra sin más de la narración. Recuérdense la multitud de teólogos —supuestamente cristianos— que desde hace tres siglos niegan o *reinterpretan alegóricamente* el acontecimiento de la Resurrección. Paradójicamente, al menos en una primera impresión, aparece ya en la obra juvenil de nuestro filósofo el concepto clave de toda su filosofía posterior: el «espíritu». El hombre posee una fuerza sobrenatural que *se opone* a la dimensión natural de la vida humana. Es exclusivamente esta superación de la vida natural la que confiere valor a lo humano. Es preciso, por ello una elevación, un renacimiento, de nuevo al modo gnóstico. Pues el núcleo de la persona, la razón, se encuentra aprisionada en un mundo natural tenebroso. Esta dimensión espiritual identificada con la razón explica que a la salvación se llegue a través del conocimiento. La razón es una «chispa», un destello de la divinidad. «Chispa» es término de resonancias gnósticas[92].

Es de sobra conocido que Hegel, en su obra filosófica de madurez, conducirá al *espíritu* por los caminos insondables de su dialéctica, en la que el momento de la *negación* ocupa un lugar central, como antítesis. Hay, además, en su sistema una multiplicación del espíritu o de los espíritus: objetivo, subjetivo y Absoluto, con una floración de ramificaciones. Este planteamiento recuerda de nuevo algunas doctrinas gnósticas (y del neoplatonismo), en las que la plenitud de la divinidad, el Pléroma, se va desplegando en un con-

---

91   En la misma línea la obra de R. Bultmann: *Jesús*, 1ª edición de 1926, 2ª, 1929, J. C. B. Mohr (Paul Siebeck), Tübingen, 1983.
92   San Ireneo, *Contra las herejías* I, 24, 1.

junto de entidades mutuamente interrelacionadas. Exactamente igual que el Espíritu Absoluto hegeliano, el nombre que da a Dios, adopta diversas automanifestaciones.

Asimismo, resulta muy significativo que Hegel, como hicieron algunos o casi todos los autores gnósticos en su tratamiento de las Escrituras (es el caso de Valentín), utiliza el vocabulario habitual de la tradición filosófica y teológica clásica —potencia, acto, materia, forma, Dios, Trinidad, Espíritu, dialéctica, lógica—, pero modificando sustancialmente su significado. Además, su opción explícita por la superioridad de la filosofía frente a la religión sugiere igualmente una filiación con el principio gnóstico de la salvación por el conocimiento (de los iniciados). Hegel construye lo que se suele llamar su «Cristología filosófica», que ha deslumbrado a generaciones de incautos. Por este camino, el filósofo reflexiona ni más ni menos que sobre el Viernes Santo, contraponiendo —como era de esperar— el Viernes Santo histórico al Viernes Santo especulativo: en este último —el que de verdad le interesa— se daría «el Calvario del Espíritu absoluto»[93].

Hegel cita explícitamente y en tono positivo a un gnóstico, Basílides, autor de un *Tratado exegético* sobre los Evangelios en veinticuatro libros. Para el lector, al que se le supone —quizá equivocadamente por mi parte— poco familiarizado con el gnosticismo, puede ser de algún interés que reproduzcamos, solo a modo de muestra, un párrafo de Ireneo de Lyon sobre este Basílides. Para constatar, al menos en un supuesto concreto, el procedimiento de las *emanaciones* (multiplicación de los espíritus) que, con diversas modalidades, reaparece en los autores de esta escuela religioso-filosófica (así como en el neoplatonismo)[94], *Contra las herejías* I, 24, 3:

---

93 Sobre la Cristología filosófica en Hegel y otros autores: S. Pié-Ninot, *La Teología Fundamental*, cuarta edición, Secretariado Trinitario, Salamanca, 2001, páginas 458-462.

94 Excede por completo al propósito de este libro el examen de las relaciones entre la gnosis y el neoplatonismo de Plotino y de otros autores, especialmente Jámblico; puede consultarse: G. Reale, *Storia de la filosofía greca e romana. 8. Plotino e il neoplatonismo pagano*, Tascabili Bompiani, Milano, 2010, páginas 36-38; 260-261.

Basílides, en cambio, para demostrar que ha encontrado algo más elevado y más persuasivo, ha extendido hasta el infinito el desarrollo de su doctrina. Según él, del Padre ingénito ha nacido en primer lugar el Entendimiento, después, del Entendimiento ha nacido el Logos, después del Logos la Prudencia, después, de la Prudencia, la Sabiduría y la Fuerza, después de la Fuerza y la Sabiduría las Virtudes, los Principados y los Ángeles, que él llama los primeros, por quienes ha sido hecho el primer cielo. Después por emanación a partir de estos, han venido a la existencia otros Ángeles y han hecho un cielo semejante al primero. De la misma manera otros Ángeles han venido también a la existencia por emanación a partir de los precedentes, como réplica de los que están por encima de ellos. Y han fabricado un tercer cielo.

Sigue la exposición de estas emanaciones hasta alcanzar una admirable complejidad, pues se llega a la conclusión de la existencia de trescientos sesenta y cinco cielos. El jefe del último cielo es el Dios de los judíos, que entró en conflicto con otros Ángeles, de modo que el Padre envió a su Hijo, Cristo, *para liberar del dominio de los Autores del mundo a los que creían en él*. Cristo se presentó *en figura de hombre* —he aquí el acostumbrado docetismo propio de estas doctrinas—. Según estas, Cristo no sufrió la pasión, sino un cierto Simón de Cirene, que fue obligado a llevar la cruz en su lugar. Jesús tomó *los rasgos de Simón* (24, 4). Según se observa, el gnosticismo, además de por otros rasgos, se caracteriza por una valoración negativa del mundo material, histórico, al que se le supone indigno de una verdadera Encarnación.

Capítulo XI

Una referencia al Corán.
Recapitulación sobre el gnosticismo.
Apócrifos y Nuevo Testamento.
El Evangelio de Pedro.
La biblioteca de Nag-Hammadi.
Mención de los Hechos de los
Apóstoles apócrifos

Esta sorprendente aparición de Simón de Cirene mencionada más arriba nos sirve para situarnos en la senda de una reflexión sobre la presencia del gnosticismo en la literatura cristiana de los primeros siglos. La floración de los evangelios apócrifos y de otras obras de similar contenido es en una parte significativa el resultado de una reescritura o ampliación del Nuevo Testamento por parte de grupos gnósticos o de personajes próximos a esta tendencia, como es el caso ya referido de Marción, con su *evangelio de Lucas* modificado.

La influencia de estas corrientes gnósticas, como quedó arriba reseñado, se extiende en una medida muy superior a lo que cabría esperar y llega a ámbitos muy diversos entre sí. Ello no significa que defendamos un «pangnosticismo» que estaría presente en todos los tiempos y corrientes filosóficas o religiosas, pero sí la necesidad de tener en cuenta una tendencia que se mantiene a través del tiempo como una posible constante interpretativa siempre disponible de modo alternativo a la doctrina ortodoxa. Hemos hablado de Hegel, en opinión de algunos especialistas el más representativo de los portavoces de una filosofía de raíces gnósticas cuyas ramificaciones llegan hasta el momento presente, sobre todo en el marxismo, que tanta fascinación sigue ejerciendo entre muchos intelectuales. Nos trasladamos ahora a un ámbito por completo diverso: el Corán.

El punto de interés se halla recogido en la cuarta sura del Corán, versículos 157 y 158, en los cuales la influencia gnóstica se hace presente, al menos tal es la opinión de una parte de la literatura especializada. En particular el —ya mencionado varias veces— docetismo, el hecho de que la realidad material del cuerpo de Jesús fuera pura apariencia, se vincula a la descripción del episodio de su muerte en la cruz[95]: *Por haber dicho hemos dado muerte al Ungido, Jesús, hijo de María, el enviado de Dios siendo así que no le mataron ni le crucificaron, sino que les pareció así. Los que discrepan acerca de él, dudan. No tienen conocimiento de él, no siguen más que conjeturas. Pero, ciertamente, no le mataron, sino que Dios lo elevó a Sí. Dios es poderoso y sabio.*

De hecho, el versículo 157 recoge una expresión árabe que coincide en su sustancia con el «parecer» griego[96] que da nombre al docetismo: *wa lakin shubbiha lahum*, «así se hizo para que les pareciera», «parece que lo han matado». Es así como el Corán niega que Jesús fuera crucificado. Esta negación afecta también a la resurrección, de forma que en el Corán el momento culminante se sitúa en la ascensión. Y, por lo que aquí interesa, algunos comentaristas indican que alguien distinto habría tomado la apariencia de Jesús, de manera que parecía que se crucificaba a Cristo,

---

95 Tomo la traducción —revisada por un especialista, Ángel Reina— del libro citado de V. Messori, *Dicen que ha resucitado*, página 197-198; también la noticia sobre Simón de Cirene.

96 T. Khalidi, *The Muslim Jesus. Sayings and Stories in Islamic Literature*, Harvard University Press, 2001, página 12.

cuando en realidad era otra persona, para algunos, precisamente, Simón de Cirene, el que se citó en el pasaje del gnóstico Basílides. Es el momento de que recapitulemos los rasgos específicos del gnosticismo de los primeros siglos, defendido por grupos situados fuera de la «Gran Iglesia» (expresión ésta utilizada por el pagano Celso, según Orígenes, *Contra Celso* V, 59) y en abierta oposición tanto a la jerarquía, es decir, a la apostolicidad de la Iglesia, como a la doctrina común[97]. Han ido apareciendo a lo largo de estas páginas varias de sus características y algunos de sus protagonistas y de sus oponentes, pero parece llegada la hora de ordenar sus rasgos en una valoración más concreta de este movimiento religioso. Lo hacemos conscientes de que se repetirán algunas ideas, ya comentadas, pero ganará así en claridad nuestra argumentación.

A tal fin, recogemos ahora las consideraciones de F. Mac Gregor, con algún complemento añadido. Gnosis es un término griego que se traduce por «conocimiento». En particular designa una forma especial de conocimiento y es esa peculiaridad la que da su nombre a la escuela gnóstica. Sin embargo, estamos ante un conocimiento semiinfuso, no adquirido mediante el método racional, sino efecto de una especie de iluminación particular, la cual se sitúa en un plano superior. F. Mac Gregor cita un párrafo de L. Catellani que será oportuno reproducir:

«El "buen conocer" en el hombre consiste en el humilde, trabajoso, y limitado discurso abstractivo, completado con la revelación divina, mucho más espléndida ésta por su alcance y objeto, pero humillante al entendimiento, el cual sujeta en dolorosa cautividad de amor, como dice San Pablo. El "mal conocer" del hombre consiste en violentar con orgullo estas dos humildes vías humanas, lo cual da dos aberraciones, ay, demasiado humanas: racionalismo y pseudomística. El racionalismo, que exige a la mente humana, la más flaca entre las sustancias intelectuales, en suprema medida de toda realidad ("el hombre es la medida de todo", Protágoras), y rehúsa admi-

---

97   Aprovecharemos la síntesis de F. Mac Gregor (S.J.) en el *Boletín del Instituto Riva-Agüero*, 1 (1951) 265-287.

tir nada que en ella no entre de juro; y por otro lado, los diversos "teosofismos", "ocultismos" y falsas místicas o magias que pretenden por medios desviados (como el espiritismo de nuestros días) revelaciones tan fáciles como fallidas. En suma, la corrupción de uno de ambos caminos de conocer con exclusión del otro constituye el mal más peligroso para el hombre y su tentación más íntima»[98].

Los antecedentes de las corrientes gnósticas son muy anteriores al cristianismo. Fruto de una mezcla de ideas y creencias de fondo mitológico, desde la India y Persia hasta los cultos de los misterios del mundo helénico. También consecuencia de la degradación moral, la cual busca siempre algún tipo de legitimación intelectual. Para algunos católicos, el atractivo —hasta el prestigio— de estas ideas hacía de ellas un complemento aceptable o un modo de interpretación de la fe de la Iglesia. En los Hechos de los Apóstoles aparece un personaje, Simón el Mago, que resulta ser el ejemplo tipo de esta forma de ver las cosas.

Dios es una fuerza que se expande mediante emanaciones (palabra clave, según hemos repetido varias veces) de diversas clases e intensidades, dando origen a un exuberante catálogo de «eones», entidades divinas que proceden del Ser Supremo y que los autores gnósticos clasifican con un ardor que ahora nos parece extravagante. De tal modo se manifiesta el Pléroma, plenitud de lo divino. En relación con el mundo: defienden que no ha sido hecho por el Dios supremo, sino por entidades inferiores, a las que se atribuye un carácter maligno en casi todos los casos. (Una excepción sería Marción, que ve en el Dios del Antiguo Testamento un Dios justo —no misericordioso—, pero tampoco malo).

Así pues, el hombre es un ser corrompido, aunque hay en él una «chispa» divina, un elemento espiritual, *pneuma*, que puede ser salvado de este mundo perverso. Este salvador sería Jesucristo. Pero dado que la realidad material es mala, Jesús tuvo solo una apariencia humana, pero no un cuerpo de verdad. El dogma de la

---

98 L. Castellani, *Conversación y Crítica Filosófica*, Espasa Calpe, Buenos Aires, 1941, página 16.

Encarnación se derrumba. Con tales ingredientes, la doctrina cristiana queda completamente modificada. Se desvanecen las verdades de fe, sobre todo su base histórica, y paralelamente la moral se modifica, bien en el sentido de un rigorismo muy exigente, bien en un laxismo sin límite. Pues se entiende que el acceso a este nuevo conocimiento modifica las reglas de conducta que se exigen a las personas «no iluminadas». Tampoco sale bien librada la organización jerárquica de la Iglesia, dado que había quedado anulado el deber de obediencia a su magisterio: eran los carismáticos los que debían gobernar.

A estas observaciones de F. Mac Gregor sumamos otra igualmente muy explicativa en su brevedad de H. de Lubac: «El gnosticismo transforma la historia en naturaleza»[99]. Nunca se insistirá bastante, y en estas páginas estamos siendo consecuentes con tal aserto, en que el cristianismo defiende la existencia de una Historia real, la de Jesús de Nazaret y la del ser humano en general, porque solo en ella es posible dar cuenta de las verdades fundamentales de nuestra fe: la Creación, la Encarnación y la Resurrección. Una historia real quiere decir que existe la libertad —de Dios y del hombre—, la posibilidad de comenzar algo nuevo (la *natalidad* de H. Arendt) y que el mundo, que hace posible este «milagro» —no estrictamente natural— posee una alta dignidad, dado que es creación de Dios. Los gnósticos, al excluir la existencia de un Dios personal, sustituido por una amalgama en último término politeísta, a la que le dan un aire sistemático, al gusto posterior de la filosofía alemana, rompen el presupuesto esencial de la doctrina de la Iglesia y excluyen de manera más o menos explícita la idea misma de Creación.

Según anunciamos más arriba, nos interesa sobre todo esta corriente gnóstica porque dio lugar a un *corpus* literario muy extenso, contrapuesto a la literatura cristiana canónica. No todos los apócrifos son de origen gnóstico, los hay que son expresión de otras corrientes heréticas. Otras obras recogen sencillamente narraciones populares de tono piadoso inspiradas en las noticias

---

99   H. de Lubac, *Catolicismo. Aspectos sociales del dogma* cit., página 103 nota 25.

que ofrecen los libros del Nuevo Testamento. La narración de las obras apócrifas presupone en todos los casos los Evangelios canónicos, de los que se puede decir que son una reelaboración. Lo mismo ocurre con los *Hechos apócrifos de los Apóstoles*, respecto a la obra de Lucas. Existe, además, un rasgo común a casi todos los apócrifos, libros «secretos» (pues tal es su significado): en sus páginas se pierde por completo la sobriedad de los libros aceptados por la Iglesia. Por el contrario, prolifera en ellos —como regla habitual— una imaginación desbordante. Los signos y milagros recogidos en el Nuevo Testamento, casi con pudor, se multiplican en un clima que en algunos casos roza la narración mitológica de la literatura helenística. Las diferencias se observan igualmente en el relato de la Resurrección, que alcanza en el *Evangelio de Pedro* un tono grandilocuente en el que predomina una visión más simbólica que de crónica histórica.

Asimismo, incurren habitualmente en crasos errores de historia, como ocurre en el *Evangelio de Pedro*, que presenta una situación política en la época de la Pasión de Jesús por completo equivocada, con un Herodes Antipas que actúa como «juez» de Jesús, confiando a los judíos la ejecución de su condena a muerte. La atribución de la sentencia a Herodes se recoge también en la *Didascalia* y en algunas otras obras no canónicas. La descripción de los hechos deja por completo de lado el dato de que se trató de un proceso penal. Al contrario, en el texto pareciera que la muerte de Jesús se produjo más bien como una ejecución extrajudicial: III, 6: *Y los que tomaban al Señor lo empujaban dándose prisa y decían*: Arrastremos al Hijo de Dios, ya que tenemos potestad sobre él.

El manuscrito de este «evangelio»[100] se encontró entre los años 1886 y 1887 en la ciudad de Akhmim, en el Alto Egipto. El texto, en griego, se encuentra dentro de un códice de treinta y tres hojas de pergamino, copiado en el siglo IX d.C. El *Evangelio de Pedro*

---

100 Tomamos los datos de: P.M. Edo, *El evangelio de Pedro. Edición bilingüe y comentario*, Ediciones Sígueme, Salamanca, 2015. Allí encontrará el lector interesado, junto a un comentario de su contenido, la referencia a otros posibles fragmentos de este evangelio contenidos fuera del códice de Akhmim.

se contiene —incompleto— en las páginas que van de la dos a la diez. En el resto del libro aparecen fragmentos de otras obras: *Apocalipsis de Pedro*, 1 *Henoc* y un extracto de las *Actas del martirio de San Julián*.

No faltan en este *Evangelio de Pedro* —escrito a mediados del siglo II d. C., colocado por ciertos especialistas a la misma altura que los Evangelios canónicos[101] y del que se tenía noticia a través de autores antiguos— claros elementos procedentes del gnosticismo, no siempre bien identificados por la literatura especializada. Impresión que se refuerza por los paralelismos con una obra de claro contenido gnóstico (en su segunda parte judeocristiana) como es la *Ascensión de Isaías*, también de mediados del siglo II d. C.

En primer lugar, como antes quedó referido, su escaso interés por los datos históricos que, por el contrario, tienen un protagonismo esencial en los canónicos y permiten ubicar con bastante precisión instituciones, personajes y cronología. Messori ha reparado en el error de la narración en el episodio del lavado del cuerpo de Jesús (VI, 24), algo contrario a las normas judías para el caso de los ejecutados en la cruz, por la presencia de la sangre. Tampoco parece aceptable, según comentamos más arriba, la presencia de soldados romanos en la guardia del sepulcro.

Encontramos en el *Evangelio de Pedro* una tendencia a minusvalorar la realidad corporal de Jesús, en sintonía con la ya tantas veces mencionada doctrina gnóstica, la cual otorga escaso valor a este mundo corpóreo. Con las consecuencias evidentes que esto tiene sobre la Encarnación y la Pasión. Leemos en IV, 10: *Después llevaron dos ladrones y crucificaron al Señor en medio de ellos. Mas él callaba como si no sintiera dolor alguno.* En este mismo sentido, llama la atención la forma en que se expresa la muerte de Jesús: V, 19: *Y el Señor elevó su voz, diciendo:¡Fuerza mía, fuerza (mía), tú me has abandonado! Y diciendo esto, fue sublimado (al cielo).* Se

---

101 Es el caso llamativo de J. D. Crossan: sobre este asunto puede consultarse: J. M. Ribas Alba, *El proceso a Jesús de Nazaret. Un estudio histórico-jurídico,* segunda edición revisada y aumentada, Editorial Comares, Granada, 2007, páginas 34-38.

dan también algunas indicaciones que parecen apuntar más a lo simbólico que a la crónica de lo sucedido. Tal sucede cuando se refiere a remoción de la piedra del sepulcro y a la salida de Cristo resucitado acompañado de una Cruz: X, 39-40: *Y estando ellos explicando lo que acababan de ver, advierten de nuevo tres hombres saliendo del sepulcro, dos de los cuales servían de apoyo a un tercero, y una cruz que iba en pos de ellos. Y la cabeza de los dos primeros llegaba hasta el cielo, mientras que la del que era conducido por ellos sobrepasaba los cielos. Y oyeron una voz proveniente de los cielos que decía: ¿Has predicado a los que duermen? Y se dejó oír desde la cruz una respuesta: Sí.*

Los gnósticos en ocasiones titulaban como *apócrifos*, «cosa escondida», sus escritos, puesto que se dirigían a una comunidad de elegidos, y tales libros debían quedar ocultos al gran público. Así, por ejemplo, el *apócrifo de Juan*. Pues en el gnosticismo se realiza una división entre los hombres basada en la idea —de tradición platónica— según la cual el ser humano se halla compuesto de tres partes: el cuerpo, el alma y el espíritu (este último independiente de lo material y como apresado en este mundo hostil). En algunos seres humanos predomina el elemento corporal. Están como absorbidos por la materia y no pueden salvarse. Son los «hílicos». Los «psíquicos», situados en una zona intermedia, en una provisionalidad. Los «pneumáticos», los espirituales: estos son los únicos llamados a la salvación y el público al que se dirigen los autores de la gnosis.

En 1945 se produjo un hallazgo muy importante. A unos kilómetros de Nag Hammadi, en el Alto Egipto, se descubrieron trece códices que actualmente se hallan depositados en el Museo Copto de El Cairo. Se trata de doce códices y de trece hojas de otro incompleto. Contienen cuarenta y dos obras (algunas duplicadas) escritas en copto, entre los siglos III y IV d. C., la lengua hablada en Egipto, pero escrita con caracteres griegos. Tales obras son a su vez traducciones del original griego.

El descubrimiento de Nag Hammadi dio un impulso muy relevante a los estudios de los primeros tiempos del cristianismo. Hasta entonces las sectas gnósticas eran conocidas casi exclusivamente a través de sus oponentes ortodoxos, como Ireneo, Hipólito de Roma, Tertuliano o Epifanio. La lectura de estas obras confirma la impresión que teníamos a través de los *Padres*. Desde diversos ámbitos de la exégesis se suele defender la tesis de que lo que llamamos ortodoxia fue solo una de las legítimas versiones del cristianismo. Que hubo algo así como una batalla entre diversas corrientes y que solo la suerte hizo que una de ellas llegara a imponer su criterio. Pero este planteamiento es por completo erróneo. Nag Hammadi ha confirmado que la Iglesia tenía buenas y evidentes razones para rechazar esta interpretación del cristianismo. Y no es aceptable señalar que estas obras son coetáneas a las canónicas, es decir, que estarían situadas en un mismo ámbito temporal. Esta tesis reposaba en el presupuesto de que los Evangelios canónicos y demás obras del Nuevo Testamento eran tardíos, un dato que durante decenios aceptó con particular complacencia la teología bíblica alemana. Sin embargo, ahora sabemos que los Evangelios se redactaron en época muy cercana a los acontecimientos que narran. Dentro del siglo I d. C.

Quedan atrás las hipótesis de la llamada escuela de Tubinga, que ha marcado con su sello la interpretación alemana del Nuevo Testamento y de muchos incautos que la hacen llegar, con matices de todo tipo, hasta la actualidad. No decimos que en todos los casos se admitan sus postulados. Solo que para la investigación posterior ha quedado como una referencia ineludible y en esa medida sigue condicionando los estudios. Su figura dominante fue F. C. Baur (1792-1860), autor que, como muchos otros de su órbita cultural, fue influido notablemente por la filosofía de Hegel. Según las peculiares opiniones de Baur, los escritos que integran el Nuevo Testamento no procedían de la época apostólica, sino que surgieron a lo largo de todo el siglo II, fruto de un compromiso entre las corrientes helénicas y judaizantes dentro de la Iglesia. Por ello carecen casi por completo de credibilidad histórica, especialmente el evangelio de Juan. Baur defendía también que el Evangelio de Marcos se basa en el de Mateo y Lucas, hipótesis que ahora pocos sostienen.

Entre las obras de Nag Hammadi aparecen los géneros más variados: tratados filosóficos no cristianos (por ejemplo, un fragmento de la *República* de Platón) y teológicos, obras de género apocalíptico, «evangelios», cartas, etc. De entre todas ellas ha llamado particularmente la atención de los estudiosos el *Evangelio según Tomás*[102], publicado en 1959, que empieza así: *Estas son las palabras secretas que pronunció Jesús el Viviente y que Dídimo Judas Tomás consignó por escrito.* Es un conjunto de *logia*, «dichos» de Jesús. De los ciento catorce *logia* que contiene el texto, diecisiete eran conocidos con anterioridad, pues se contienen en fragmentos de papiro en griego ya descubiertos con anterioridad en Oxyrhynchus.

Por otra parte, aproximadamente la mitad de los dichos de Jesús se encuentran de una forma más o menos parecida en los evangelios canónicos. No obstante, la ambigüedad «simbólica» de muchas de las expresiones de este *Evangelio de Tomás* y la propia disposición de las sentencias lo separan de los canónicos e indica con poco margen para el error su origen gnóstico: la salvación se funda en el conocimiento más que en un acto de fe; el autor se esfuerza por envolver en un ambiente de misterio todas las afirmaciones atribuidas a Jesús. Pese a que algunas de estas frases de Jesús aparezcan en los Evangelios canónicos, en el *Evangelio de Tomás* existe un propósito continuo de reinterpretación de acuerdo con un significado más profundo o secreto, por ejemplo, cuando reagrupa ciertas parábolas (números 63, 64 y 65) para subrayar cómo el autoconocimiento nos libera de este mundo material. Los estudios realizados llevan igualmente a la conclusión de que esta obra no es fruto de una tradición independiente, sino que estamos ante una reelaboración selectiva de los Evangelios canónicos[103].

La impresión sobre el carácter gnóstico de este «evangelio» se refuerza al observar las obras que predominan en la biblioteca de Nag Hammadi, dado que el *Evangelio de Tomás* es el único que puede generar algún tipo de dudas. No así el resto de los libros

---

102 Este evangelio es diferente del *Evangelio del Pseudo-Tomás*, un evangelio de la infancia en el que, sin embargo, también aparecen elementos gnósticos e incluso mágicos, como indica A. de Santos Otero, *Los evangelios apócrifos. Edición crítica y bilingüe*, BAC, Madrid, 1991, página 277.
103 J. P. Meier, *A Marginal Jew. Rethinking the Historical Jesus.* Volume I: *The Roots of the Problem and the Person*, Doubleday, New York, 1991, páginas 124-139.

recuperados. En este sentido conviene llamar la atención sobre el *Apócrifo de Juan*. Nótese la preferencia de estos grupos sectarios por las denominaciones de «evangelio» y de «apócrifo», que tanta confusión han generado a lo largo de los siglos, sobre todo a lectores desinformados. Pues bien, este *Apócrifo de Juan* deja las cosas bien claras. Debió de ser una obra de especial consideración para este grupo, puesto que se encuentra representada en cuatro códices. En la obra los rasgos cristianos se sitúan en un lugar muy secundario. Lo que centra la atención del autor es el mito gnóstico. En palabras de G. Aranda[104]: «En este mito se interpretan al revés los primeros capítulos del Génesis, presentando al Dios creador o Demiurgo como un dios inferior o perverso que ha creado la materia. Pero en los códices hay también obras gnósticas no cristianas que recogen una gnosis grecopagana desarrollada en torno a la figura de Hermes Trimegisto, considerado el gran revelador del conocimiento (*Discurso del ocho y el nueve*)».

Lo mismo cabe decir del autodenominado *Evangelio de la Verdad*, donde una vez más se observa el interés por apropiarse de una terminología ya asentada, para titular una obra que nada tiene que ver con lo que se entiende (y se entendía en la Iglesia de la época) por «evangelio» en su sentido propio. Consideraciones parecidas merece el *Evangelio de Felipe*, de desbordante imaginación. Demos de nuevo la palabra a G. Aranda, el cual resume su doctrina: «a) La comprensión del mundo celeste (Pléroma) formado por parejas (el Padre y Sofía superior, Cristo y el Espíritu Santo —entendido este último como femenino, y el Salvador y Sofía inferior de la que procede el mundo material); b) La distinción de varios Cristos, entre ellos Jesús en su aparición terrena; c) La concepción de la salvación como la unión, ya en este mundo, del alma (elemento femenino del hombre) con el ángel procedente del Pléroma (elemento masculino); d) La distinción entre hombres espirituales (pneumáticos) que consiguen esa unión, y psíquicos e hílicos o materiales, a los que es inaccesible»[105].

---

104 En J. Chapa (ed.), *50 preguntas sobre Jesús*, Rialp, Madrid, 2006, página 146.
105 *Ibidem*, página 148.

En esta oscura atmósfera llena de seres míticos duales y principios filosóficos absolutamente incompatibles con la doctrina cristiana aparece la figura de María Magdalena, tan sugestiva para las posteriores generaciones de escépticos, que lo son respecto a la veracidad del Nuevo Testamento, pero que se tornan muy receptivos para todo cuanto pueda poner en problemas la ortodoxia de la fe predicada por la Iglesia. La Magdalena se presenta como la compañera de Jesús, aunque el tenor de la obra parece apuntar a una visión más alegórica o mítica que puramente descriptiva. Simbolismo que, por otra parte, es el rasgo esencial de la doctrina gnóstica, la cual muestra escaso interés por la historia y se centra en una teología intemporal. Porque lo que se lee en el n. 32 es exactamente esto: *Tres eran las que caminaban continuamente con el Señor: su madre María, la hermana de esta y Magdalena, a quien se designa como su compañera. María es, en efecto, su hermana, su madre y su compañera.* Antes está escrito, en el n. 31: *Los perfectos son fecundados por un beso y engendran.*

María Magdalena se propone como el modelo más elevado del ser humano espiritual, por haber adquirido la perfección. Los besos que recibe de Cristo (n. 55) han de interpretarse como reflejo de una ceremonia gnóstica, por medio de la cual se recibía el espíritu. De todas formas, tampoco podría excluirse una interpretación más cruda de este tipo de planteamientos. Porque sabemos que en los grupos gnósticos se abría paso habitualmente una moral sexual muy relajada[106], rasgo que, por lo demás, suele ser común en muchas sociedades sectarias. Si esta última interpretación fuera la correcta, la presencia protagonista de María Magdalena en el *Evangelio de Felipe* respondería al extendido mecanismo de legitimar por su inclusión en hipotéticos escritos sagrados las más variadas conductas y teorías, por disparatadas que estas sean.

Para terminar este apartado realizaremos una breve mención de los *Hechos de los Apóstoles* apócrifos. También en estos casos nos hallamos ante una literatura «secundaria», la cual presu-

---

106   Por ejemplo: Ireneo, *Contra las herejías* I, 13, 3.

pone los evangelios canónicos y, muy especialmente, por motivos evidentes, los Hechos de los Apóstoles de Lucas. Los especialistas han prestado especial atención al conjunto formado por los *Hechos* de Andrés, de Juan, de Pedro, de Pablo y de Tomás. No se agota, sin embargo, con ellos este tipo de obras, entre las que se cuentan también los *Hechos* de Felipe, de Matías, de Bartolomé, etc.

Se contiene en ellos un material de desigual calidad. Aportan algunas noticias que parecen provenir de la genuina tradición de la Iglesia. Queremos decir que el valor de estas noticias no procede del dato de su inclusión en estas obras, sino que los *Hechos* sencillamente incluyeron narraciones que debieron transmitirse en la Iglesia del siglo I. Aunque la redacción de estos *Hechos* debe situarse en un arco temporal que va desde una fecha en torno al 190 d. C. para los *Hechos de Pablo*, hasta el siglo III.

Se admite por esta vía como muy probable que Pedro muriera en la cruz, cabeza abajo, en el Janículo de Roma. E incluso el episodio anterior de la Vía Apia, inmortalizado de varias maneras, en la escena del *Quo vadis?*, que ha pasado a la iconografía de la primitiva Iglesia, sobre el que volveremos más adelante. Escenas de la vida del apóstol Pablo, de Tomás o de Andrés recogidas en sus *Hechos* se han incorporado sin mayores problemas a la tradición de las iglesias en las que ejercieron su predicación. Sin embargo, en los Hechos de los Apóstoles apócrifos aparecen los rasgos comunes de la literatura extracanónica. Frente a la sobriedad de los Hechos de Lucas, los canónicos, en las demás obras de este género los autores cargan la narración con una gran cantidad de excesos retóricos. Se incluyen milagros espectaculares sin una finalidad muy definida, con animales que hablan (por ejemplo, *Hechos de Tomas* 30-33). En cuanto a su valoración doctrinal los especialistas se dividen entre los que ven en ellos un origen gnóstico —especialmente los *Hechos de Juan*[107]— y quienes los consi-

---

107 Sobre las semejanzas de esta obra y la literatura de Nag-Hammadi: A. Piñero - G. del Cerro, *Hechos apócrifos de los apóstoles. I Hechos de Andrés, Juan y Pedro*, edición crítica bilingüe, BAC, Madrid, 2004, páginas 29; 445.

deran simplemente expresión de la piedad popular de su época (siglo II). Todo ello explica que la Iglesia, con alguna vacilación inicial respecto a alguno de ellos, como es el caso de los *Hechos de Pablo*, los excluyera del conjunto de obras canónicas.

Capítulo XII

Conspiraciones y escándalos: el caso del evangelio de María y del evangelio de Judas

De entre los «evangelios» de inspiración gnóstica hay dos que han influido en la opinión pública de modo particular. Por ello nos parece oportuno dedicarles un apartado específico. Entran dentro del catálogo de libros y descubrimientos con los que cíclicamente se pretende poner en cuestión la credibilidad del Nuevo Testamento y, más en general, la fe de la Iglesia. No hace mucho, para citar un ejemplo, se presentaba el caso del papiro sobre «la mujer de Jesús», pese a que las pruebas que muestran que se trata de una falsificación son, como señala F. Bermejo Rubio[108], abrumadoras. Aunque el papiro fuese auténtico, estaríamos en el mismo caso de otras obras de la escuela gnóstica, como el ya citado *Evangelio de Felipe* de Nag-Hammadi: es decir, el papiro en cuestión, del siglo IV, recogería, como muchos otros, narraciones fundadas en la imaginación de sus autores. No una imaginación desinteresada, porque el método consiste en pre-

---

108 F. Bermejo Rubio, *La invención de Jesús de Nazaret. Historia, ficción, historiografía*, 3ª ed., Siglo XXI, Madrid, 2019, página 20 nota 4.

sentar como aceptables teorías que se apartan clarísimamente de la doctrina de la primera Iglesia.

El *Evangelio de María*, escrito originariamente en griego, se ha conservado en un códice en papiro procedente de Egipto. Desde 1896 se encuentra en Berlín (la sigla por la que se le conoce: BG 8502). Fue una compra realizada ese año en El Cairo por C. Reinhardt. El papiro en cuestión es del siglo V. Contiene, junto al texto fragmentario de este «evangelio» otras tres obras gnósticas. Fue publicado por vez primera con traducción alemana en 1955. Existen otros dos fragmentos que contienen partes aún más reducidas de esta obra. Se trata del papiro Rylands 463 y del papiro Oxyrhinchus 3525. El primero fue publicado en 1938 por C. H. Roberts; el segundo, en 1983 por P.J. Parsons. Ambos fragmentos son de principios del siglo III. El conjunto de estos datos permite datar el original del *Evangelio de María* en el siglo II d.C.

Se presenta a María, identificada comúnmente como María Magdalena, aunque aparece solamente el nombre de María en el texto, como depositaria de una revelación secreta y superior al del resto de los discípulos. María expone la doctrina recibida en visión sobre la ascensión del alma, que ha de escapar de este mundo material. Una cita de la obra bastará para que el lector se haga cargo del tono que utiliza su autor:

> Una vez que el alma anuló de ese modo a la tercera Potestad celestial, remontó su camino y vio a la cuarta Potestad. Tenía siete formas. La primera forma es la tiniebla; la segunda, el deseo; la tercera, la ignorancia; la cuarta, el arrebato de la muerte; la quinta, el dominio de lo carnal; la sexta, la imprudente sabiduría de la carne; la séptima, la sagacidad del iracundo. Estos son los siete signos de la ira. Estos le preguntaron al alma:¿De dónde vienes, homicida, y adónde vas, usurpadora del espacio?

Más que por su contenido esotérico y no especialmente original, la obra ha merecido la atención de una parte de la literatura especializada por el protagonismo que concede a una mujer: a María (Magdalena). De tal manera que el *Evangelio de María* sería la prueba de un cristianismo perdido, que en sus fases iniciales contendría una «teología feminista» luego excluida. Tal es la interpretación característica K. King[109], autora que convierte al *Evangelio de María* en un punto de referencia obligada para el cuestionamiento de la sucesión apostólica, según demostraría el enfrentamiento entre Pedro y María (que se recoge también en otras obras gnósticas, dado el carácter cismático de estas corrientes, que buscan así legitimar su separación). Dentro de este contexto reivindicativo no debe extrañar que este «evangelio» goce ahora de cierta popularidad, al menos entre grupos concretos de lectores. Sin embargo, la consideración de su muy clara posición dentro de la literatura gnóstica debería bastar para rechazar este género de hipótesis. No pueden valorarse de la misma forma las posiciones de los grupos sectarios y la común de la Iglesia en los primeros siglos.

El *Evangelio de Judas*, publicado en época mucho más reciente, constituye uno de los mejores ejemplos de la suerte que corre en muchos medios de comunicación el tratamiento que se da a las noticias relacionadas con el Nuevo Testamento. El manuscrito en el que se contiene (parcialmente) pertenece al códice Tchacos, nombre que procede de la anticuaria Frieda Nussberger-Tchacos, la cual fue quien intervino en una de las compras de las que fue objeto, pues el manuscrito era conocido al menos desde 1983, posiblemente antes. En el 2002 fue adquirido por la Maecenas Foundation for Ancient Art. Finalmente se publicó en el 2006 bajo la iniciativa de la National Geographic Society.

Como ocurre en otros casos semejantes, se procuró transmitir a la opinión pública la idea de que en torno a este *Evangelio de Judas* existía una oscura trama de intereses en la que intervenía el Vaticano. Muy posiblemente, los intereses comerciales se superpusieron a los estudios técnicos, pues se señalaba sin ningún tipo de fundamento que la Iglesia ocultaba otro ejemplar y que había prohibido su difusión durante años. Estas son las noticias que llegan al gran público. No importa que carezcan de fundamento, dado que los fondos de la Biblioteca Vaticana están inventaria-

---

109   K. King, *El evangelio de María de Magdala, Jesús y la primera apóstol*, trad. de
       M. A. Galmarini, Poliedro, Barcelona, 2005.

dos y a disposición de los investigadores. Tampoco se explica —por motivos obvios— que la publicación de este «evangelio» no supone en realidad ningún progreso en el conocimiento de la historia de la Iglesia ni crea para ella ningún tipo de problema. Su existencia era conocida desde la información fidedigna que sobre él ofreció san Ireneo en torno al 180 d. C. También san Epifanio y Teodoreto de Ciro. Por lo demás, a semejanza de lo que ocurre en estos casos, el revuelo mediático cesó rápidamente. Pero en la opinión pública poco informada se va sedimentando la idea absolutamente errónea de que la Iglesia esconde o dificulta la investigación y así se prepara el camino para próximos «escándalos».

El *Evangelio de Judas* se escribió en torno al año 150 d. C. en Egipto. Ni siquiera, como señala J. Trebolle Barrera, puede afirmarse que sea propiamente una obra del género que llamamos evangelio, porque faltan las narraciones esenciales de la Pasión y Resurrección. El protagonista de este «evangelio» es Judas, representante del cristiano gnóstico, que «aparece como el preferido por Jesús frente a los demás apóstoles. Es el destinatario de una revelación especial, secreta, por lo que asciende al reino de la luz, mientras los otros apóstoles permanecen en la ignorancia, sumidos en la materia corrupta de este mundo»[110]. De acuerdo con el modelo gnóstico habitual, la obra carece de cualquier tipo de contenido histórico. Se suma a la compleja mitología de estas corrientes. El carácter politeísta e incluso la extravagancia de su contenido debería excluir cualquier duda sobre su admisibilidad. En este caso aparece un personaje divino, Barbelo, ubicado como primera emanación de Dios, al que Judas reconoce: *Conozco quién eres y de qué lugar procedes. Provienes del eón inmortal de Barbelo, y no soy digno respecto de quien te ha enviado de pronunciar su nombre* (35)[111]. Por si fuera poco, la obra se inscribe dentro de la variante cainita del gnosticismo, llamada así porque no solo reivindica la figura de Judas, sino la de todos los personajes extraviados del Antiguo Testamento, empezando por Caín.

---

110 J. Trebolle Barrera, *op. cit.*, páginas 670-671.
111 *El Evangelio de Judas*. Edición y comentario de F. García Bazán, Trotta, Madrid, 2006, páginas 40-41.

La desviación doctrinal de la obra se hace muy evidente, Jesús queda descrito como un personaje que se ríe textualmente de sus discípulos en varias ocasiones; el tono general de la obra llega hasta los límites del satanismo, si es que no los rebasa. Es por ello muy llamativo e intrigante el interés que muestran algunos autores por reivindicar este texto, para situarlo a la altura de las obras del Nuevo Testamento, cuando basta la lectura del texto para concluir que su autor no tenía nada que ver con la Iglesia, salvo el propósito siempre recurrente a lo largo de la historia antigua y reciente de reinscribir la doctrina ortodoxa para sustituirla por opiniones absolutamente extrañas.

Jesús ante Pilato. Iglesia de Santa Maria dei Miracoli

Capítulo XIII

El extraño destino de la vida y obra de Flavio Josefo. El llamado *testimonium Flavianum*. El proceso a Jesús, hijo de Ananías

Entre los años 110 y 121 d. C., durante el reinado de Adriano (117-138), el historiador romano Tácito escribió su obra más relevante: los *Annales*. No sabemos si el autor mencionó la muerte de Jesús de Nazaret en el lugar cronológico correspondiente de su obra, dentro de la época de Tiberio, puesto que esa parte del libro V se ha perdido. Pero en un pasaje posterior, del libro XV, donde describe el incendio de Roma del año 64 d. C., que Nerón atribuyó a los cristianos (véase también Suetonio, *Nerón* 16), se recoge una muy conocida mención a Cristo. Un pasaje especialmente valioso, porque se trata de una fuente no cristiana que confirma —junto con otras— la existencia real de Jesús de Nazaret, frente a quienes se empeñan en plantear dudas sobre el carácter histórico del personaje y cuestionar la credibilidad de los Evangelios y, en general, del Nuevo Testamento. He aquí las palabras de Tácito, *Annales* XV, 44, 5 (trad. de J. L. Moralejo):

En consecuencia, para acabar con los rumores, Nerón presentó como culpables y sometió a los más rebuscados tormentos a los que el vulgo llama cristianos, aborrecidos por sus ignominias. Aquel de quien tomaban nombre, Cristo, había sido ejecutado en el reinado de Tiberio por el procurador (en realidad, prefecto) Poncio Pilato; la execrable superstición, momentáneamente reprimida, irrumpía de nuevo no solo por Judea, origen del mal, sino también por la Ciudad, lugar en el que de todas partes confluyen y donde se celebran toda clase de atrocidades y vergüenzas.

Tácito es una referencia de valor particular, porque conocemos su consulta meticulosa de las fuentes documentales disponibles, sobre todo de los archivos del Senado (*acta Senati*). Cuando puede contrastarse la información de Tácito con otras fuentes, como ocurre con el discurso del emperador Claudio en la Galia, se confirma este rasgo que venimos comentando[112]. Para los acontecimientos vinculados con la Guerra Judía del 66-70 d. C., Tácito disponía además de la información que le proporcionaba Marco Antonio Juliano, miembro del *consilium* del emperador Tito, y de su amigo Plinio el Joven. Este último tuvo conocimiento directo del cristianismo, como sabemos por su epístola a Trajano, escrita en torno al 110 d. C., en la época en la que era gobernador de la provincia de Bitinia.

De mucho mayor interés son, sin embargo, las noticias que ofrece un autor singular, judío de familia sacerdotal pero partidario finalmente de Roma: nos referimos a Flavio Josefo. En medio de la Guerra Judía, que empezó como oficial al mando del movimiento de los sublevados en Galilea, caído prisionero, no sin salvar su vida de modo singular, profetizó a Vespasiano que sería emperador, como efectivamente ocurrió (69-79 d. C.). Se ganó así el favor de este y de Tito (79-81 d.C.) y terminó sus días como ciudadano romano, protegido de la casa imperial, no sin antes escribir, junto con otras, dos obras de especial interés. *La guerra de los judíos*, en siete libros, publicada en

---

112   J.M. Ribas Alba, *El proceso a Jesús de Nazaret* cit., página 312.

torno al año 75 d. C. Y la que más nos interesa: *Las antigüedades judías*, más extensa (veinte libros), publicada hacia el año 95 d. C., casi al final de su vida, pues se estima que murió en una fecha cercana al año 100 d.c.

Además del denominado tradicionalmente *testimonium Flavianum*, del que nos ocuparemos a continuación, en *Las antigüedades judías* existen otras dos referencias a Jesús de Nazaret, las cuales, aunque menos citadas, poseen también un valor inestimable. Estas referencias importan no solo por la información que cada una de ellas ofrece, sino también porque demuestran que la figura de Jesús de Nazaret era suficientemente conocida por este judío romanizado que, por lo que podemos saber, no llegó a convertirse en cristiano. Y más en general, la importancia de la obra de Flavio Josefo reside en que confirma y refuerza la credibilidad de las noticias que aporta el Nuevo Testamento.

El primer pasaje que citamos narra el final de Juan el Bautista, este, como es sabido, ocupa un lugar fundamental en los inicios de la predicación de Jesús, que se hizo bautizar por él (Lc 3, 21-22). Su figura aparece tratada con una muy especial consideración en los cuatro evangelios. Lucas, en particular, une desde antes de sus nacimientos el destino de ambos personajes como se comprueba con la lectura del capítulo primero de su Evangelio. El Evangelio de Juan subraya la dimensión teológica del testimonio de Juan el Bautista sobre Jesús, Jn 1, 19-34. El episodio de la muerte de Juan el Bautista, decretada por Herodes Antipas, se contiene en Mt 14, 1-12, Mc 6, 14-29, Lc 3, 19-20. Pues bien, al final de Juan el Bautista se refiere Flavio Josefo en *Las antigüedades judías* XVIII, 116-117, el cual citamos en la traducción que ofrece en su obra J. González Echegaray[113]:

---

113   J. González Echegaray, *Flavio Josefo. Un historiador judío de la época de Jesús y los primeros cristianos*, Ediciones Sígueme, Salamanca, 2012, páginas 131-132. El tetrarca Herodes Antipas había contraído matrimonio con la hija de Aretas IV, pero pretendía repudiarla tras prometer matrimonio a Herodías, su sobrina y cuñada, pues estaba casada con su hermano por parte de padre Herodes Filipo. Este Herodes Filipo no debe confundirse, como ocurre en algunas obras, con otro hermano de Herodes Antipas: Filipo, hijo de Herodes el Grande y de la judía Cleopatra.

Algunos judíos creían que el ejército de Herodes fue destruido por Dios (en la guerra con el rey nabateo Aretas IV, año 32 d. C.): realmente en justo castigo de Dios para vengar lo que él había hecho a Juan llamado el Bautista. Porque Herodes lo mató, aunque (Juan) era un buen hombre e invitaba a los judíos a participar del bautismo, con tal de que estuviesen cultivando la verdad y practicando la justicia entre ellos y la piedad con respecto a Dios. Pues así, en opinión de Juan, el bautismo sería realmente aceptable, es decir, si lo empleaban para obtener no perdón por algunos pecados, sino más bien la purificación de sus cuerpos, dado que sus almas ya habían sido purificadas por la justicia.

Y cuando los otros se reunieron, como su excitación llegaba al punto de la fiebre al escuchar (sus) palabras, Herodes empezó a temer que la gran capacidad de Juan para persuadir a la gente podría conducir a algún tipo de revuelta, ya que ellos parecían susceptibles de hacer cualquier cosa que él aconsejase. Por eso, (Herodes) decidió eliminar a Juan, adelantándose a atacar antes que él encendiese una rebelión. Herodes consideró esto mejor que esperar a que la situación cambiara y lamentarse cuando estuviera sumido en una crisis. Y así, a causa del recelo de Herodes, Juan fue llevado en cadenas a Maqueronte, la fortaleza de montaña antes mencionada y allí se le dio muerte. Pero los judíos opinaban que el ejército fue destruido por vengar a Juan, en el deseo de Dios de castigar a Herodes.

El modo en que Flavio Josefo da la noticia de la muerte de Juan es, por una parte, complementaria de la que ofrecen los Evangelios; y, por otra, asegura, la historicidad del episodio, dado que Josefo presenta su narración de una manera que demuestra que no era cristiano, constituyendo de tal modo una fuente independiente. La convergencia entre Flavio Josefo y el Nuevo Testamento no se da únicamente en la narración de la muerte de Juan el Bautista. Nos encontramos de nuevo con esta concurrencia en la noticia sobre la muerte del rey Herodes Agripa (41-44 d. C.), al que el emperador Claudio había restituido en el reino de Herodes el Grande, su abuelo. Este fue el gobernante que mandó apresar a algunos cristianos, entre ellos Pedro y Santiago el Mayor; este último murió *por la espada*. Estas cosas ocurrían en torno al año

42 d. C., Hch 12, 1-5. Pues bien, pasados unos dos años, en el año 44 d. C. moría este rey de una manera repentina y pública, aquejado de una enfermedad fulminante. Según decimos, el episodio quedó reflejado en los Hechos de los Apóstoles 12, 21-23, y de un modo sustancialmente semejante por Flavio Josefo en sus *Antigüedades judías* XIX, 8, 2.

El segundo pasaje sobre el que debemos detenernos se refiere a Santiago el Menor o el Justo, llamado el hermano (pariente) del Señor (Gál 1, 18-19), una de las columnas de la Iglesia (Gál 2, 19). Era quien dirigía la comunidad cristiana en Jerusalén. De todas formas, aunque no podamos profundizar ahora en este problema, debemos señalar que la identidad de este Santiago es problemática, porque existen varios personajes con ese nombre en el Nuevo Testamento. También una carta que lleva el nombre de Santiago. En todo caso, como leeremos a continuación, Flavio Josefo coincide con el Nuevo Testamento al referirse a Santiago como *el hermano de Jesús llamado Cristo*. Pensamos que es probable la hipótesis de que este Santiago fuera uno de los *Doce*, Santiago el de Alfeo (Mc 3, 18) y autor de la Carta que se le atribuye.

Así trata la cuestión J. González Echegaray, cuyas palabras reproducimos:

«Como la idea de "hermano carnal" podía resultar extraña referida a Jesús de Nazaret, algunos primitivos escritores cristianos, como el propio Hegesipo, varios apócrifos antiguos (*Protoevangelio de Santiago*) y más modernos (*Evangelio del Pseudo-Mateo*), así como Epifanio, Gregorio de Nisa y otros padres de la Iglesia, sostenían que este Santiago hermano del Señor era hijo de un primer matrimonio de José. Sin embargo, distintos autores a lo largo de la historia han defendido que el vocablo *adelfós* obliga a entender que se trata, en efecto, de un verdadero "hermano", normalmente de padre y madre. En realidad, esta aseveración resulta discutible, dado el sentido amplio del término en el Nuevo Testamento, incluidos los evangelios, donde esta palabra se aplica a los discípulos en general. En efecto, cuando tras la resurrección Jesús se aparece a María Magdalena, le encarga: "Anda, ve a mis hermanos (*toús adelfoús*) y diles: Subo al Padre mío y Padre vuestro, al Dios mío y al Dios vuestro. María Magdalena fue y anunció a los discípulos: He visto al Señor" (Jn 20, 17-18). La opinión más generalizada, ya defendida por san Jerónimo (siglos IV-V), que vivió largo tiempo en Palestina, es que en el caso de Santiago la palabra "hermano" indica sin más que era pariente de Jesús. En efecto, tanto en el Antiguo Testamento como en el Nuevo dicho término se aplica también a alguien que pertenece a la familia, sin que necesariamente sea un hermano carnal. Recordemos como ejemplo el pasaje ya citado del evangelio de Mateo, en el que se habla de María, madre de Santiago y José (Mt 27, 55-56), una de las mujeres galileas que contemplaron de lejos la muerte del Nazareno, la cual aparece bien diferenciada de María, la madre de Jesús. Sin embargo, estos Santiago y José figuran en Marcos entre los "hermanos de Jesús" (Mc 6, 3), a pesar de tener distinta madre, lo que evidencia que en realidad serían primos».

El sumo sacerdote Anás II (Anano) aprovechó el cambio de gobernador romano, en el año 62 d. C, para procesar ante el Sanedrín y ejecutar por lapidación a Santiago y otros cristianos sin contar con la autoridad romana y la necesidad de que ésta confirmara la pena de muerte. Sin contar tampoco con la comunicación a Agripa II, a quien se le había atribuido la facultad de nombrar al sumo sacerdote. Dice así Flavio Josefo, *Las antigüedades judías* XX, 199-203:

> El joven Anano, que, como dijimos, recibió el pontificado, era hombre de carácter severo y notable valor. Pertenecía a la secta de los saduceos, que comparados con los demás judíos son inflexibles en sus puntos de vista, como antes indicamos. Siendo Anano de este carácter, aprovechándose de la oportunidad, pues Festo había fallecido y Albino todavía estaba en camino, reunió el Sanedrín. Llamó a juicio al hermano de Jesús que se llamó Cristo. Su nombre era Jacobo (Santiago) y con él hizo comparecer a varios otros. Los acusó de ser infractores de la Ley y los condenó a morir apedreados. Pero los habitantes de la ciudad (Jerusalén), más moderados y afectos a la Ley, se indignaron. A escondidas enviaron mensajeros al rey (Agripa II), pidiéndole que por carta exhortara a Anano a que, en adelante, no hiciera tales cosas, pues lo realizado no estaba bien. Algunos de ellos

fueron a encontrar a Albino, que venía de Alejandría; le pidieron que no permitiera que Anano, sin su consentimiento, convocara al Sanedrín. Albino, convencido, envió una carta a Anano, en la cual lleno de indignación le anunciaba que tomaría venganza contra él. Luego el rey Agripa, habiéndole quitado el pontificado, que ejerció durante tres meses, puso en su lugar a Jesús hijo de Damneo.

El texto demuestra un perfecto conocimiento del entramado institucional de la provincia de Judea que, en esos momentos, tras el paréntesis del reino de Herodes Agripa I entre los años 41 y 44 d. C. arriba mencionado, ocupaba no solo la Judea propiamente dicha, Samaría e Idumea sino también Galilea, Perea y los territorios de la antigua tetrarquía de Filipo. Dentro de ese marco, la ejecución de Santiago el Menor plantea un problema de fondo que ya se había manifestado en el caso de Esteban, ejecutado en el año 34 d. C. y quizá en otros supuestos de los que no tenemos noticias, pero que bien pudieron producirse dentro del clima de hostilidad contra los cristianos en la Judea de esos años.

Nos referimos al hecho del conflicto entre la legitimidad judía y la legitimidad romana en materia jurídicopolítica. Desde el punto de vista de Roma, la ejecución de Esteban (que no produjo consecuencias inmediatas, año 34) y la de Santiago, año 62, constituían actos flagrantes de extralimitación de las competencias del Sanedrín. Roma se reservaba aquí, como en general en todo el Imperio (exceptuando el régimen de algunas ciudades de estatuto especial), el monopolio de la pena de muerte. Este mecanismo se observa con especial claridad en el caso de Jesús de Nazaret, en cuyo desarrollo judicial vemos que junto al procedimiento ante el Sanedrín debió abrirse otro ante el prefecto Pilato, dado que, como indica el Evangelio de Juan, no estaban autorizados para dar muerte a nadie, Jn 18, 31 (*Rollo de los Ayunos*, 6). Sin embargo, las autoridades judías no podían aceptar sino de manera muy forzada ese estado de cosas, sobre todo en las materias que tenían que ver con la Torá, sobre las que los romanos tenían poco que decir según el criterio de aquéllas. Por eso no es extraño que aprovecharan alguna ocasión propiciada por el vacío de poder —el caso de Santiago— o por una permisividad más o menos implícita —como pudo ser el caso de Esteban— para aplicar directamente el Derecho penal judío de la época, de tendencia saducea y fundado en la interpretación del Deuteronomio. También el apóstol Pablo estuvo muy cerca de sufrir esta interpretación unilateral del Derecho aplicable, aunque en su caso la primera actuación en su contra parece hallarse amparada por la norma excepcional —admitida por Roma— que aceptaba la pena de muerte inmediata contra quien profanara el Templo (Hch 21, 27-28)[114].

Volvamos ahora a Flavio Josefo. El pasaje que le ha dado una posición de privilegio entre las fuentes no cristianas acerca de Jesús de Nazaret, el denominado *testimonium Flavianum*, se encuentra en el libro XVIII de *Las antigüedades judías*:

> Por este tiempo vivió Jesús, un hombre sabio, si se le puede llamar hombre. Fue autor de obras increíbles y el maestro de todos los hombres que acogen la verdad con placer. Atrajo a muchos judíos y también a muchos paganos. Era el Cristo. Y aunque Pilato lo condenó a morir en cruz por denuncia de las autoridades de nuestro pueblo, sus anteriores adeptos no le fueron desleales. Porque al tercer día se les apareció vivo, como habían vaticinado profetas enviados por Dios, que anunciaron muchas otras cosas maravillosas de él. Y hasta el día de hoy existe la comunidad de los cristianos, que se denominan así en referencia a él (XVIII, 62-63).

El pasaje en cuestión ha conocido una abundantísima literatura y sigue generando el interés de especialistas de primer nivel, como es últimamente el caso de L. Canfora. No hay motivos de peso que avalen la hipótesis de una falsificación cristiana introducida en la obra de Josefo, pues, aunque con algunas variantes —a las que ahora nos referiremos— el texto aparece en todos los manuscritos de una rica tradición textual. Además, la forma de expresarse del autor, los términos utilizados, delata su condición de no cristiano. Incluso cabe señalar que no a todos los autores

---

114   J. M. Ribas Alba, *El proceso a Jesús de Nazaret* cit., páginas 271-272.

eclesiásticos la figura de Flavio Josefo les merece un juicio favorable, como demuestra los ejemplos de Filostorgio (368-439) o de Ambrosio de Milán[115]; aunque, por razones obvias, predomina la aceptación de la obra del historiador judío en quien Casiodoro (487-585), autor de una influyente traducción latina de su obra, ve al «Livio griego».

La importancia del pasaje radica en la información sustancial que ofrece sobre Jesús, incluyendo también de manera inesperada el hecho de su Resurrección. Esta información, en sus rasgos principales, coincide con la que ofrecen los Evangelios: aparece implícitamente el Sanedrín y de manera expresa Poncio Pilato como autor de una sentencia que lo condenó a morir en la cruz. Lo que sí puede admitirse es que, dado que la obra de Josefo fue preservada dentro de la tradición de la Iglesia, algunas notas marginales, en el proceso continuo de la reescritura por parte de los copistas, terminaran por incorporase al texto. Entre ellas no nos parece plausible incluir la referencia a la Resurrección, en contra de la opinión de J. González Echegaray. Bien pudo ocurrir que un judío como Josefo admitiera este hecho sobrenatural y ello sin tener necesidad de incorporarse a la Iglesia. La obra de Josefo, por lo demás, no carece de menciones de profecías y de sucesos de orden sobrenatural En el mundo antiguo podía ocurrir este tipo de posicionamiento que con mentalidad moderna nos parece contradictorio. Recordemos a estos efectos la llamativa información que nos ofrece Tertuliano. El emperador Tiberio quiso lograr del Senado el reconocimiento de la divinidad de Cristo. No tuvo éxito. Pero el incidente demuestra la posibilidad de admitir hechos sobrenaturales, incluso la condición de «dios» asignada «oficialmente», sin que automáticamente ello lleve consigo una conversión completa al cristianismo.

Estas son las palabras de Tertuliano, *Apologético* 5, 2:

---

115 Ambrosio de Milán tradujo en torno al 370 d.C. *La Guerra de los judíos*; el autor o la obra pasaron a la historia bajo el nombre de Egesipo: *Tractatus Sancti Ambrosii de Historia Iosippi captivi* es el nombre con que aparece en dos importantes manuscritos: L. Canfora, *La conversione. Come Giuseppe Flavio fu cristianizzato*, Salerno Editrice, Roma, 2021, página 114.

Tiberio, pues, en cuyo tiempo entró en el mundo el nombre cristiano, cuando le comunicaron desde la Siria Palestina los hechos que allí habían puesto de manifiesto la verdad de esta divinidad, llevó el asunto al Senado, anunciando de antemano su voto favorable. El Senado, como no lo había examinado por sus propios medios, rehusó pronunciarse. El emperador persistió en su opinión y amenazó con castigar con la pena capital a los acusadores de los cristianos (trad. de C. Castillo García).

Entrando en el asunto de las posibles adiciones al texto original del *testimonium* reparemos en la posición que ocupa en este debate un filólogo-teólogo de primer nivel como es Orígenes (185-254 d. C.). En su *Contra Celso* I, 47, se hace eco de la información que Josefo ofrece sobre Juan el Bautista y sobre Jesús de Nazaret, cuya autenticidad admite sin problema. Pero dice expresamente: *Josefo no cree que Jesús sea el Mesías.* Esto parece indicar que el texto que conoce Orígenes no contenía el inciso «*Era el Cristo*» y que este, por tanto, es fruto de una adición realizada por una mano cristiana.

Eusebio de Cesarea (*ca.* 260-340 d. C.) es el autor que con mayor énfasis ha defendido la compatibilidad de la obra de Josefo con la visión cristiana de la historia de Jesús. Utiliza la obra del historiador judío con completa confianza en variadas ocasiones. Y reproduce textualmente el *testimonium Flavianum* tal como se ha conservado en la tradición común, sin ninguna variante. Y lo hace en dos ocasiones: en la *Historia Eclesiástica* I, 11; y en la *Demonstratio Evangelica* III, 5.

Llegamos así a Jerónimo, otro filólogo de imponentes conocimientos. En su *De viris illustribus*, del 393 d. C., ofrece una traducción al latín del pasaje de Josefo. Conforme a lo que indica L. Canfora[116], se aleja de la versión de nuestros manuscritos y de lo que encontramos en Eusebio de Cesarea en un único punto: no escribe *era el Cristo*, sino *se creía que era el Cristo (credebatur esse Christus)*. Ello permite pensar que Jerónimo disponía de una versión de Josefo en la que todavía no se había producido la

---

116   L. Canfora, *op. cit.*, página 56.

adición/modificación cristiana que dio lugar al definitivo *era el Cristo* que se recoge en las versiones posteriores. Un texto de este tenor pudo ser el que tuvo delante Orígenes. Lo que le inclinó a afirmar que Josefo no creía que Jesús fuese el Mesías. Un itinerario parecido puede admitirse respecto a una afirmación anterior del pasaje de Josefo, cuando leemos *si se le puede llamar hombre*. Con excepción de ambos añadidos[117], el *testimonium Flavianum* ha de ser considerado como escrito por Flavio Josefo y, en consecuencia, debemos concluir que estamos ante un argumento muy sólido que confirma la veracidad de los Evangelios y, unido a ello, la realidad histórica de Jesús de Nazaret.

El *testimonium Flavianum* es testigo de la peculiar estructura jurisdiccional existente en Judea antes de la Guerra que terminaría con el Templo en el año 70 d. C. Además, la información que ofrece sobre Jesús de Nazaret, dentro de este marco histórico, se reproduce en otro caso en el que los paralelismos y semejanzas, aunque no el desenlace del proceso, son evidentes. En la narración de los presagios que anunciaban la derrota ante los romanos incluye Josefo este episodio muy significativo. Una vez más el historiador judío nos ofrece una valiosa información que da consistencia a los datos evangélicos. Se demuestra así que la forma de actuación contra Jesús de Nazaret fue la que cabría esperar en sus circunstancias históricas, dada la convergencia de las autoridades judías y romanas en materia penal. Nos referimos al caso de otro Jesús, hijo de Ananías, que recoge Josefo y en el que, como decimos, se observa un modo de proceder coincidente una vez más con la información que recogen los Evangelios.

La Guerra de los judíos VI, 300-305 (trad. de J.M. Nieto Ibáñez):

> Pero más terrible aún que esto fue lo siguiente: un tal Jesús, hijo de Ananías, un campesino de clase humilde, cuatro años antes de la guerra (año 62 d. C.), cuando la ciudad se hallaba en una paz y prosperidad importante, vino a la fiesta, en la que

---

117   Ambos incisos no aparecen en la tardía versión árabe del obispo melquita Agapio de Hierápolis incluida en su *Historia Universal*: L. Canfora, *op. cit.*, página 90.

todos acostumbran a levantar tiendas en honor de Dios (fiesta de los Tabernáculos o de las Cabañas), y de pronto se puso a gritar en el Templo: Voz de Oriente, voz de Occidente, voz de los cuatro vientos, voz que va contra Jerusalén y contra el Templo, voz contra los recién casados y contra las recién casadas, voz contra todo el pueblo. Iba por todas las calles vociferando estas palabras de día y de noche. Algunos ciudadanos notables se irritaron ante estos malos augurios, apresaron a Jesús y le dieron en castigo muchos golpes. Pero él, sin decir nada en su propio favor y sin hacer ninguna petición en privado a los que le atormentaban, seguía dando los mismos gritos que antes. Las autoridades judías, al pensar que la actuación de este hombre tenía un origen sobrenatural, lo que realmente así era, lo condujeron ante el gobernador romano. Allí, despellejado a latigazos hasta los huesos, no hizo ninguna súplica ni lloró, sino que a cada golpe respondía con la voz más luctuosa que podía: ¡Ay de ti Jerusalén!. Cuando Albino, que era el gobernador (entre los años 62 y 64 d. C.), le preguntó quién era, de dónde venía y por qué gritaba aquellas palabras, el individuo no dio ningún tipo de respuesta, sino que no dejó de emitir su lamento sobre la ciudad, hasta que Albino juzgó que estaba loco y lo dejó libre.

A distancia de unos treinta años respecto al proceso de Jesús de Nazaret, en el año 62 d. C., en el que Josefo sitúa también —como sabemos— la muerte de Santiago el Menor, ocurrida unos meses antes, vemos cómo un profeta es apresado por las autoridades judías y puesto en manos del gobernador romano, sin duda porque se pretendía lograr la aplicación de la pena capital[118]. Recordemos que también Jesús de Nazaret había vaticinado la destrucción del Templo (Mt 24, 1-2) y que sus palabras sobre este jugaron un papel destacado en la acusación ante el Sanedrín (Mt 26, 61). Recordemos, igualmente, el silencio final de Jesús de Nazaret frente a Pilato (Mt 27, 14) y la brutalidad de la flagelación romana (Jn 19, 1), soportada por ambos. En el caso de Jesús hijo de Ananías el gobernador, juzgando que el procesado no estaba en

---

118   D. W. Chapman - E. J. Schnabel, *The Trial and Crucifixion of Jesus*, Mohr Siebeck, Tübingen, 2015, página 150.

el uso de sus facultades mentales, emitió una sentencia de absolución —quiere decirse que hubo un verdadero proceso—. Es también digno de resaltar el comentario que realiza Josefo al indicar que las autoridades judías pensaban que existía un origen sobrenatural en la actuación de Jesús, hijo de Ananías. A primera vista puede sorprender al lector. Las dudas se desvanecen cuando se tiene en cuenta que este origen sobrenatural, que en opinión del historiador era real, en la interpretación del Sanedrín adquiría un tono maléfico, en la línea de la normativa que contra el seductor y el inductor ofrece el Derecho penal contenido en el capítulo XIII del Deuteronomio.

Fresco de *San Pablo Apóstol* en la iglesia de Herz
Jesús por Friedrich Stummel y Karl Wenzel

Capítulo XIV

Qumrán y Nuevo Testamento. Con una reflexión sobre los textos de la Biblia. ¿Un fragmento del Evangelio de Marcos en Qumrán?

La documentación encontrada en el yacimiento de Qumrán, junto al Mar Muerto, aporta un conjunto muy relevante de información para el conocimiento de la literatura judía bíblica y extrabíblica entre el siglo II a. C. y el 68 d. C., año en el que el lugar fue ocupado por las tropas romanas, dentro del contexto de la Guerra que terminó con la destrucción del Templo dos años después. Las obras se hallan escritas en hebreo, arameo y griego, según los casos. Constituye una fuente de información muy importante sobre el mundo judío del siglo I d. C., un mundo muy plural y diverso, cuyo estudio afronta un problema fundamental: el de distinguir qué es común a las diversas corrientes de la época y qué es privativo de cada una de ellas.

En las cuevas identificadas desde 1947 han aparecido unos novecientos escritos, recompuestos en algunos casos a partir de múltiples fragmentos, dado que son muy pocos los libros que se han conservado en su integridad. Todo ello explica algunas divergencias que ofrecen los autores a la hora de indicar el número exacto de obras[119]. Hoy en día se considera que se han publicado en su totalidad[120]. Casi todos en la serie *Discoveries in the Judaean Desert* por la Oxford University Press. A esto hay que añadir que se han publicado también los documentos de Masada y otros de la época de Bar Kokhba, correspondientes al período de la segunda guerra judía contra los romanos (132-135 d. C.)[121]. Por supuesto, tal estado de cosas no excluye que el futuro nos depare nuevos descubrimientos como el que ha sido dado a conocer por la Israel Antiquities Authority en 2021, de veinte pequeños fragmentos de los libros de Nahum (1, 5-6) y Zacarías (8, 16-17), datados en torno al año 50 a. C., en la cueva 8 de Nahal Hever, situada al sur de Qumrán[122].

Sin embargo, carecen una vez más de rigor las informaciones que periódicamente anuncian la existencia de documentos secretos: el ritmo lento de la publicación se explica primordialmente por las dificultades técnicas de la reconstrucción y edición, tareas nada sencillas, dado el estado del soporte material. A lo que hay que añadir algunas rencillas internas, incluso judiciales, entre los investigadores. No hay aquí tampoco ningún tipo de «conspiración vaticana», como se empeñaba en señalar, por ejemplo, U. Ranke-Heinemann[123]. Señala S. Ausín[124] que hace ya tiempo se extendieron dos «mitos» sobre Qumrán, ahora no en el primer frente de la «actualidad», pero están ahí, esperando la ocasión de que sean reactivados por los amigos de la teoría de la conspiración cuando sea necesario. El primero consistía en señalar que los escritos descubiertos contradecían la doctrina del judaísmo

---

119   Puede consultarse sobre este asunto: A. Piñero – J. Peláez, *El Nuevo Testamento. Introducción al estudio de los primeros textos cristianos*, Ediciones El Almendro, Córdoba, 1995, página 248.

120   J. Trebolle Barrera, *op. cit.*, página 655.

121   Información sobre la ediciones y traducciones de los rollos del Mar Muerto: J. Vanderkam – P. Flint, *El significado de los Rollos del Mar Muerto*, trad. de A. Piquer y P. Torijano, Editorial Trotta, Madrid, 2010, páginas 440-442.

122   A. Delgado Gómez, «Los fragmentos descubiertos de Nahum y Zacarías de 8HevXIIgr», en *Estudios Bíblicos* 79, cuaderno 3, (2021) 379-402.

123   U. Ranke-Heinemann, *Nein und Amen. Mein Abschied vom traditionellen Christentum*, 12 Auflage, Wilchem Heyne Verlag, München, 1992, página 347.

124   J. Chapa (ed.), *50 preguntas sobre Jesús* cit., páginas 61-62.

y del cristianismo y que, por ello, el Gran Rabinato y la Santa Sede se habían aliado para impedir su publicación. El segundo se presentaba avalado por estudios de especialistas —B. Thiering y R. Eisemann—, según los cuales, comparando los escritos de Qumrán y los del Nuevo Testamento, resultaría que ambos están escritos en clave, que poseen un significado secreto. Y que los personajes del Maestro de Justicia y su oponente coinciden con Juan el Bautista y Jesús de Nazaret; o con Pablo y Santiago el Menor. No existe el más mínimo fundamento para tales hipótesis, fruto de la imaginación de sus inventores. En fin, una vez más el ingrediente esotérico y gnóstico puesto a disposición del público poco formado, pero ávido de tales interpretaciones. Un planteamiento extremo de este género de explicaciones se encuentra en J. Allegro y su libro singular *El hongo sagrado y la Cruz* (1970), del que no podemos ocuparnos ahora; allí el lector interesado podrá constatar hasta dónde puede llegar la imaginación aplicada a este tipo de materias.

La biblioteca descubierta en Qumrán se halla compuesta por ciento veinte obras (algunas están copiadas en muchos ejemplares). Una cuarta parte de ellas corresponden al texto de libros de la Biblia hebrea. Encontramos fragmentos de todos los libros del Antiguo Testamento, con la excepción de Ester, posiblemente porque no consideran a este libro como parte de la Biblia. Se encuentran treinta y una copias de los Salmos. Veinticinco copias del Deuteronomio. Dieciocho de Isaías. Catorce del Génesis. Catorce del Éxodo. Ocho de Daniel y de los Profetas Menores. Siete del Levítico. Seis de Ezequiel. Cuatro de Números, Samuel, Jeremías, Job, Rut, Cantar de los Cantares y Lamentaciones. Tres de Jueces y Reyes. Dos de Josué, Proverbios y Qohelet (Eclesiastés). Una copia de Esdras y Crónicas.

Conforme a lo que indica J. Trebolle Barrera, a quien estamos siguiendo, marcan con toda claridad un antes y un después respecto a la catástrofe del año 70 d. C., pues, como hemos señalado, todos son necesariamente anteriores a esa fecha. Los textos bíblicos manifiestan una variedad de versiones: algunos coinciden con el texto hebreo de los manuscritos medievales, como es el caso del profeta Isaías, los más antiguos antes del descubrimiento de

Qumrán. Otros se sitúan en la tradición de los Setenta. Un dato importante este último, porque esta fue la versión de la Biblia acogida por la primera Iglesia y repudiada, quizá por tal motivo, por el judaísmo posterior; pero se trataba de una versión tan ortodoxa en su momento para el mundo hebreo como el que llamamos texto masorético, que es el que se terminó imponiendo. En todo caso, no hubo en ninguna de estas tradiciones deformaciones y cambios intencionados, tan solo una pluralidad en cuando a la elección de los textos disponibles en la versión que se entendía más fundada y acorde con la original.

Algunos otros, en fin, reproducen los textos en la forma conocida por el Pentateuco Samaritano. La valoración general que cabe hacer de este conjunto de documentos es que los textos encontrados coinciden con los medievales ya conocidos y que lo mismo ocurre con las variantes de la versión griega de los Setenta y del Pentateuco Samaritano. Recordemos que para los samaritanos la Biblia se reduce a los cinco primeros libros. De este llamado Pentateuco samaritano se tuvo noticia gracias a Pietro della Valle, quien en 1616 adquirió una copia de este libro en Damasco; fue dado a conocer en Occidente por medio de las ediciones políglotas de París y de Londres (J. Trebolle Barrera, pág. 232).

Todo ello hace concluir a J. Trebolle Barrera (pág. 654): «Así pues, antes de la destrucción de Jerusalén circulaban textos muy diversos de los libros bíblicos, pero a partir del año 70 solo se transmitieron los de la tradición rabínica o masorética. De este modo los términos "Biblia" y "bíblico", son anacrónicos para referirse a la época del Segundo Templo, pues la Biblia hebrea no se constituyó y su texto no quedó fijado hasta el siglo II d. C.».

La citada variedad desaparece en los hallazgos de otras cuevas cercanas al Mar Muerto, como los de Masada y Nahal Hever, fechados en época posterior al año 70 d. C. En todos estos casos el texto se corresponde con el masorético conocido hasta la fecha de los descubrimientos por medio de manuscritos medievales. De hecho, casi todas las traducciones modernas de la Biblia hebrea, Antiguo Testamento para los cristianos, se fundan en un manuscrito: el *Códice Leningrado* o *San Petersburgo* copiado entre los años 1008 y 1009 d. C. También es importante a estos efectos el

Códice Aleppo, copiado en un año en torno al 925 d. C., conservado solo parcialmente.

Hemos hablado de una multiplicidad de versiones del Antiguo Testamento: texto masorético, versión de los Setenta, Pentateuco samaritano. Consideraciones parecidas podrían hacerse respecto a las obras que integran el Nuevo Testamento, en las que en algunas ocasiones las versiones incorporan expresiones o pasajes diversos (como ocurre con especial intensidad en los Hechos de los Apóstoles). Algún lector puede preguntase con legítima curiosidad e incluso con cierta inquietud si este estado de cosas es compatible con la doctrina de la Iglesia sobre el carácter revelado de la Biblia y el rasgo correspondiente de la canonicidad.

A este respecto conviene empezar diciendo que se halla muy extendida una visión errónea de lo que en la Iglesia se entiende por libros y textos revelados e inspirados y, consecuentemente considerados como normativos o canónicos. Tanto respecto al Antiguo como al Nuevo Testamento conviene subrayar que *la Iglesia no canoniza textos* (versiones concretas) *sino libros*. Según sigue explicando J. Chapa en una aportación importante en esta materia, «los Padres de la Iglesia eran conscientes de la multiplicidad de textos y no por ello se inquietaban». Más adelante:

> «La no canonización de un texto particular como pretendidamente original es un dato evidente, pero al que quizá no siempre se le presta la debida atención. Y es importante, porque el hecho de no disponer de un texto específico, si se considera la fe cristiana desde una perspectiva de una "religión del libro", podría cuestionar el carácter normativo de los libros de la Biblia. Aun así, para evitar una indiferencia hacia el texto e impedir que —disuelto en un sinfín de manuscritos y plagado de interrogantes sobre su literalidad— pierda su carácter normativo, la Iglesia necesita establecer un texto "norma" que sirva de referente a otros muchos posibles y garantice su autoridad en las celebraciones litúrgicas y en las enseñanzas oficiales. Ese texto autoritativo, con esa función específica, era la Vulgata —y de alguna manera lo es ahora la Neovulgata—. Sin embargo, la autoridad del texto no deriva de la edición en sí, sino de su condición de Palabra de

Dios. Ciertamente la misma Iglesia exhorta a buscar el texto más cercano a los originales, pero, cualquiera que este sea, no lo califica como normativo»[125].

La misma idea la encontramos formulada por J. Trebolle Barrera: «La canonicidad se refiere a los libros y no a la forma o a la versión particular de un libro. Cabe comparar la situación reinante en la antigüedad con la actual, en la que circulan traducciones muy diferentes, que contienen u omiten determinados versículos en algunos libros y presentan innumerables variantes de lectura (final de Marcos, Lc 22, 43-44, Jn 7, 53-8, 11; Hch 8, 37, etc.) (pág. 472)».

Existe, pues, en la doctrina de la Iglesia una posición muy flexible en esta materia, con frecuencia desconocida para muchos, que aplican en este caso por desconocimiento esquemas que proceden de otros ámbitos religiosos. La Iglesia no propone un texto único, oficial en sentido excluyente, sino el mejor o más adecuado entre los posibles, según los avances de la crítica textual y filológica. La idea popular de que los cristianos creemos en la literalidad exacta de un texto único escrito por el mismo Dios carece de fundamento. Opera también aquí, como hemos recordado ya en alguna ocasión, la dinámica de la analogía del dogma de la Encarnación. Es decir, una visión de los libros bíblicos en la que la inspiración divina se entrelaza con los condicionantes de las realidades humanas.

Volviendo a la literatura de Qumrán, hay un consenso universal sobre el hecho de que aquel fue el lugar donde se asentó una comunidad esenia bien organizada, que se había retirado al desierto, ocupada en el estudio de la Escritura. Es sabido también que los esenios no se concentraban únicamente en este lugar, sino que, aunque se trataba de un grupo minoritario, se extendían por toda Palestina. Sabemos, por ejemplo, de la existencia de un «barrio esenio» en Jerusalén. Lo que sí está claro es la importancia de la comunidad esenia instalada en

---

125 J. Chapa, *La transmisión textual del Nuevo Testamento. Manuscritos, variantes y autoridad*, Ediciones Sígueme, Madrid, 2021, páginas 131 y 192-193.

Qumrán en relación con nuestro conocimiento de la literatura judía de su época. Una tercera parte de las obras encontradas recogen libros de autoría esenia. Hay también testimonios de libros de la literatura religiosa judía, pero no incorporados a la Biblia hebrea; algunos ya eran conocidos y otros solo lo fueron tras este descubrimiento.

¿Quiénes eran los esenios? La palabra parece provenir de *hasenim*, «los leales». Se consideran los elegidos dentro del pueblo de Israel. Nunca aparecen citados en el Nuevo Testamento, a diferencia de lo que ocurre con fariseos y saduceos. Sobre ellos teníamos información a través principalmente de Filón, Plinio el Viejo y Flavio Josefo, ahora muy ampliada con los datos que ofrecen los papiros y pergaminos de Qumrán. Esta corriente del judaísmo partía de un principio de exclusión: rechazaban radicalmente el culto que se ofrecía en el Templo de Jerusalén, pues entendían que estaba, desde el siglo II a. C., en manos de unos sacerdotes ilegítimos. Por ello, los esenios se consideraban una comunidad separada, que esperaba la consumación de los tiempos. Utilizaban un calendario distinto, lo que es prueba de la radical separación respecto a la comunidad litúrgica del Templo. Algunos grupos, como el de Qumrán, llevaban hasta el extremo esta separación. En otros casos se mantenían viviendo en sus lugares de origen, pero siempre evitando la participación en la vida religiosa «oficial», que giraba, como sabemos, en torno a las fiestas anuales con su centro en el Templo de Jerusalén. Existían comunidades esenias fuera de Israel. En Egipto, con el nombre de *terapeutas*, se encontraban cenobios de hombres y de mujeres, separados, que practicaban el celibato[126]. Los esenios de la comunidad de Qumrán —no sabemos si fue una opción general o que afectó solo a este grupo— unieron su destino al de los zelotes en la Guerra contra los romanos. Esta fue la causa de su desaparición como grupo organizado.

En palabras de A. Diez Macho[127]:

---

126   A. Diez Macho, *Apócrifos del Antiguo Testamento cit.*, página 69.
127   A. Diez Macho, *Apócrifos del Antiguo Testamento cit.*, página 71.

«El primer apoyo conceptual de la comunidad cismática (esenia) fue, pues, la teología del "resto" de Israel. Aparte de este apoyo bíblico, la secta elaboró toda una teología justificativa de la secesión. Como el resto de los apocalípticos, los de Qumrán se creían en posesión no solo de la revelación bíblica, que es una fracción mínima —dos de las siete tablas que contienen en el cielo toda la revelación—, sino de la revelación cumplida que se hizo a los patriarcas, al mismo Adán, a los profetas, y que fue olvidada o perdida. Dios volvió a revelarse a los autores de la literatura apocalíptica y así a los miembros de la comunidad de Qumrán, particularmente a algunos de ellos y en especial al Maestro Justo, gran intérprete de la Escritura (Péser de Habacuc 2, 8), a quien Dios había dado conocer todas las palabras de los profetas (Péser de Habacuc 7, 4-5)».

Estas consideraciones —y otras que podrían añadirse— deben hacernos concluir sobre la diferencia esencial que existe entre los esenios y la figura de Jesús de Nazaret y su Iglesia. Jesús participa plenamente en la vida religiosa judía, con su centro en el Templo. Observa los ritos prescritos desde su infancia y va a morir a Jerusalén coincidiendo con la celebración de la Pascua. Asimismo, la importancia del concepto de impureza —también ritual— en orden a la salvación en los esenios —como se comprueba de modo eminente en la *Regla de la Comunidad*, 1QS— nada tiene que ver con la doctrina en esta materia de Jesús de Nazaret (Mc 7, 1-23). Se ha señalado también una diferencia esencial entre las obras esenias y los Evangelios respecto al uso de las Escrituras. En particular el Evangelio de Mateo cita textos del Antiguo Testamento con la fórmula de cumplimiento: *Y esto ocurrió para que se cumpliera la Escritura...* (1, 22; 2, 15; 2, 17; 2, 23; 4, 14; 8, 17; 12, 17; 13, 35; 21, 5; 27, 9). Por el contrario, en Qumrán las citas del Antiguo Testamento se refieren a un cumplimiento que tendrá lugar en el futuro más o menos próximo.

El acogimiento y trato con los pecadores por parte de Jesús de Nazaret es otro rasgo decisivo a la hora de marcar una distinción radical con la forma de vida y mentalidad esenias (que en este punto se aproxima a la doctrina farisea). En palabras de A. Diez Macho:

«Si los fariseos menospreciaban a los pecadores, los esenios profesaban verdadero odio a los que llamaban "los hijos de las tinieblas", los pecadores, que resultaban ser todos los que no pertenecían a la secta, incluidos los mismos fariseos. Cuando Jesús dijo en el sermón de la montaña: "Habéis oído que se dijo: Amarás al prójimo como a ti mismo y *odiarás a tu enemigo*", según algunos añadió esta coletilla —odiarás a tu enemigo— que no está en el Antiguo Testamento, haciendo exégesis deráshica y refiriéndose al odio que practicaban los esenios hacia los "hijos de las tinieblas". Los esenios, pues, se parecen a los fariseos en considerar que únicamente los "santos", los ascetas, van a tener acceso al Mesías próximo a llegar, y que los pecadores no merecen más que odio y desprecio»[128]. (No parece superfluo explicar que con el término *derash* se hace referencia a la búsqueda del sentido de los libros bíblicos: es la actividad interpretativa que llevaban a cabo los judíos y los cristianos que procedían del judaísmo).

Algunos historiadores reconocen, en cambio, una posible influencia de la comunidad esenia en los orígenes del monacato cristiano, cuya organización recuerda a las comunidades esenias separadas, como era el caso de la de Qumrán. Por el contrario, no pensamos que pueda hablarse de influencia esenia en las primeras comunidades cristianas. Estas procuraron, hasta cuando se hizo imposible, participar en la vida religiosa del judaísmo común (Hch 2, 44-46; 5, 12). Si se apartaron no fue de modo voluntario, este es el punto diferencial. Otros aspectos, como la tan citada comunidad de bienes del grupo de Jerusalén, se explican por las condiciones extremas que imponía la hostilidad social y no tienen ni contenido normativo ni alcance general. No se olvide que la persecución empezó muy pronto, según demuestran la muerte de Esteban, 34 d. C., y antes las detenciones y comparecencias de

---

128   A. Diez Macho, *La Historicidad de los Evangelios de la Infancia* cit., página 114; sobre el concepto de *derash*: páginas 7-13.

los apóstoles ante el Sanedrín (Hch 5, 18). La muerte de Santiago el Mayor y de otros cristianos tuvo lugar en torno al año 42 d. C., bajo el reinado fugaz de Herodes Antipas.

La afirmación de una distinción clara entre esenios y cristianos no quiere decir que el estudio de la literatura esenia no aporte información sobre el contexto en el que se desarrolló la vida de Jesús y de la primera Iglesia. Las expectativas mesiánicas de aquella época, por ejemplo, se confirman también dentro de esta corriente. Los esenios esperaban la llegada del profeta de los últimos tiempos y de dos Mesías: uno sacerdotal y otro davídico, como se afirma en la *Regla de la Comunidad* 9, 11. Pero el mesianismo, tras un largo paréntesis, había reaparecido entre los judíos a partir del siglo I d. C., no solo en la corriente esenia; es, por tanto, un elemento presente en la sociedad del momento y común a casi todos los grupos. Puede consultarse, a estos efectos, para citar un ejemplo representativo, una obra del ámbito no esenio sino fariseo, de hacia la mitad del siglo I a. C., los *Salmos de Salomón*, en particular los salmos 17 y 18. El mesianismo posee un protagonismo escaso en una obra como la Misná, compilada en torno al año 200 d. C., también de tradición farisea (en sentido amplio), pero perteneciente a una época muy distinta, posterior a la gran fractura señalada por la destrucción del Templo en el 70 d. C.

Las formas de la interpretación esenia de los textos del Antiguo Testamento coinciden en ciertos puntos —solo en cuanto al método— con la que observamos en los escritos que integran el Nuevo Testamento. Las citas implícitas y explícitas de la Biblia hebrea en la literatura de Qumrán son muy numerosas, como ocurre en las obras cristianas. Basta consultar a estos efectos la Carta a los Hebreos, que recuerda los comentarios a la Escritura de la literatura de Qumrán. Según nos explica J. Trebolle Barrera —de cuya obra tomamos los datos que aquí recogemos (especialmente de las páginas 202 a 228 y 507 a 515)— en Qumrán incluso los escritos que no consisten en un comentario de los textos bíblicos, «están totalmente impregnados del lenguaje bíblico» (*Regla de la Comunidad, Himnos de acción de gracias, Rollo de la guerra*, etc.).

Entre los géneros de la interpretación bíblica en Qumrán destaca el denominado como *peser* (plural, *pesarim*). Se trata de una interpretación no literal de los libros proféticos y de algunos salmos, a la que se llega por revelación, lo cual diferencia a este tipo del resto de los géneros exegéticos[129]. Destacan los que se basan en Habacuc, Nahum, Isaías, Oseas y el Salmo 37. Los *pesarim* se relacionan fácilmente con libros de carácter apocalíptico como *1 Enoc, 4 Esdras* y *2 Baruc*. En el ámbito de la interpretación jurídica ofrece un interés muy relevante el *Rollo del Templo* (11Q19-20, 11Q21 (?), 4Q365a (?), 4 Q524), que se presenta como una nueva Torá unificada. En especial, el texto de las columnas 44-66 ofrece una nueva versión de los capítulos 12 a 23 del Deuteronomio —con alguna modificación menor—. El *Rollo del Templo* no tiene por finalidad sustituir la Torá de Moisés, sino interpretarla armonizando sus pasajes y colocándolos de una forma más ordenada. Su presencia en Qumrán demuestra, entre otras cosas, la vigencia del Derecho penal contenido en el Deuteronomio. Se discute cuándo fue escrito, pues algunos autores —como P. Sacchi[130]— defienden una fecha anterior al 200 a. C. que se puede situar incluso en el siglo IV a. C.; otros, como J. Trebolle Barrera, se inclinan por la hipótesis de que fuera escrito por el fundador de la secta de los esenios.

Qumrán ha esclarecido un problema que había sido tratado por algunos autores como una prueba en contra de la exactitud de los datos que ofrece el Nuevo Testamento sobre la crucifixión de Jesús de Nazaret. Sabemos que desde la perspectiva de las autoridades judías, la «entrega» (Hch 2, 23; 4, 10) de Jesús a los romanos y la correspondiente crucifixión se interpretaban como un modo de cumplimiento de lo dispuesto en el Deuteronomio 21, 22-23: *Si uno, reo de la pena de muerte, es ejecutado y lo cuelgas de un árbol, su cadáver no quedará en el árbol de noche, sino que lo enterrarás ese mismo día, pues un colgado es maldición de Dios y no debes*

---

129   A. Diez Macho, *Apócrifos del Antiguo Testamento* cit., página 92 nota 9.
130   P. Sacchi, *Historia del Judaísmo en la época del Segundo Templo*, trad. de C. Castillo Mattasoglio y A. Sánchez Rojas, Editorial Trotta, Madrid, 2004, página 161.

contaminar la tierra que el Señor, tu Dios, te da en heredad. Se entiende que la norma hacía referencia a un condenado que primero es ejecutado y luego, ya muerto, colgado de un árbol (al que se asimila la cruz). Esta práctica aparece testimoniada en algunos pasajes del Antiguo Testamento como Jos 10, 26-27 y 1 Sam 4, 12.

Pablo, por su parte, en epístola a los Gálatas ofrece una interpretación de la Cruz que difiere de este régimen. Leemos en Gál 3, 12-13: *En cambio, la ley no procede de la fe, sino que quien cumpla vivirá por ellos. Cristo nos rescató de la maldición de la ley, haciéndose por nosotros maldición, porque está escrito: Maldito todo el que cuelga de un madero.*

Se decía que Pablo, en contra de la norma penal judía, alude a alguien, Jesús, que es colgado *vivo* y que este método de ejecución en la cruz se separa en consecuencia de la norma aplicable según la forma judía de aplicar la muerte en cruz. Sin embargo, Qumrán demuestra que en esta primera mitad del siglo I d. C. e incluso antes, se había impuesto una interpretación del suplicio de la cruz semejante a la romana, es decir, con el ajusticiado colgado con vida. Lo demuestra el *Comentario de Nahún* (frag. 3-4) y, de manera muy explícita el *Rollo del Templo* 64, 7: *Si un hombre es un traidor contra su pueblo y lo entrega a una nación extranjera u obra el mal contra su pueblo lo colgarás de un árbol y morirá* (también 64, 9-13). Por tanto, Pablo estaba explicando el pasaje del Deuteronomio a la luz de una interpretación que se había impuesto en el judaísmo de la época y que era perfectamente admisible.

Antes de proseguir, merece al menos una mención adicional el *Documento de Damasco*, conocido desde el 1896, pues apareció en dos ejemplares (uno de ellos entero) en una *genizah* de El Cairo, pero presente en diez ejemplares encontrados en Qumrán, lo que es prueba de su importancia práctica entre los esenios. Contiene también una regulación de Derecho penal, que consiste igualmente en este caso en una versión interpretada y ordenada de la Ley o Torá judía. Tiene allí una presencia destacada el Maestro de Justicia, opuesto al «sacerdote impío»». Un personaje, este Maestro de Justicia, que se unió a los esenios años después de la fundación de esta corriente, pero que tuvo en ella un peso fundamental y al que se atribuye con mayor o menor probabilidad una parte de la literatura esenia.

Qumrán es también relevante para esclarecer otro aspecto que había dado lugar a una errónea valoración de algunas doctrinas del Nuevo Testamento. Antes de la publicación de los documentos R. Bultmann[131] daba una explicación de las expresiones dualistas contenidas sobre todo en el Evangelio de Juan. Alegaba que se notaba en esta (y otras) obra unas influencias gnóstica y maniquea, ajenas a la tradición judía, lo que servía para reforzar la tesis de la separación inicial entre judaísmo y cristianismo. Por el contrario, varias de las obras encontradas en Qumrán, la *Regla de la Comunidad* de modo especial, utilizan este tipo de terminología, tales como «espíritu de verdad», «espíritu santo», «hijos de la luz», «luz de la vida». Estas y otras expresiones tampoco confirman una supuesta influencia esenia en el Nuevo Testamento. La anterior afirmación se prueba porque tales paralelismos aparecen en obras que, aunque aparecidas en Qumrán, no son esenias. Recordemos que solo una tercera parte de los escritos qumránicos lo son. Tales semejanzas responden sencillamente al modo habitual en que se expresaba el judaísmo de la época, a concepciones comunes a todas las corrientes del judaísmo. El mismo argumento ha de ser aplicado a otros pasajes del Nuevo Testamento, como, por ejemplo, 2 Cor 7, 2-4 o Gál 5, 16-26.

Queda pendiente aún que nos ocupemos de un problema particular, pero importante porque afecta a la época de composición de algunas obras del Nuevo Testamento. En 1972 el jesuita español J. O'Callagham presentó una hipótesis que para algunos era y sigue siendo desconcertante: cabía la posibilidad, fundamentada por un conjunto de indicios argumentados por el autor, de que en la Cueva 7 de Qumrán existieran textos del Nuevo Testamento. En concreto, J. O'Callagham señaló que los siguientes fragmentos escritos en griego de la cueva 7 recogían textos (siempre muy breves) de las siguientes obras[132]:

---

131   J. Trebolle Barrera, *op. cit.*, página 658.
132   A. Piñero – J. Peláez, *op. cit.*, páginas 242-246; J. Vanderkam – P. Flint, *op. cit.*, páginas 321-325.

7Q4: 1 Tim 3, 16; 4,1.3	*ca.*100 d. C.
7Q5: Mc 6, 52-53	*ca.* 50 d. C.
7Q6.1: Mc 4, 28	*ca.* 50 d. C.
7Q6.2: Hch 27,38	*ca.* 60 d. C.
7Q7: Mc 12, 17	*ca.* 50 d. C.
7Q8: Sant 1, 23-24	*ca.* 50-70 d. C.
7Q9: Rom 5, 11-12	*ca.* 50-60 d. C.
7Q10: 2 Pe 1, 15	*ca.* 60 d. C.
7Q15: Mc 6, 48	*ca.* 50 d. C.

Es cierto que el número de los especialistas que rechazan esta hipótesis supera al de aquellos que la admiten, pero también lo es que el jesuita español era un investigador muy sólido —que tuvimos la fortuna de conocer— y que los argumentos que aporta no pueden rechazarse sin más. No nos corresponde entrar en las explicaciones técnicas que avalan las posturas de unos y otros. La cuestión debe quedar abierta[133]. Sin embargo, hay que añadir que la oposición a la teoría de la presencia de textos del Nuevo Testamento en Qumrán se apoya en algunos casos en dos prejuicios muy extendidos en esta materia. En primer lugar, es común aplicar esquemas muy rígidos a la hora de describir los diversos grupos y corrientes del mundo antiguo y, en especial, del judaísmo de esta época. En realidad, es un defecto que aqueja a los estudios de historia antigua en todos los campos, proclives a los enunciados generales y a las catalogaciones sin matices. Se dice, por ejemplo: como Flavio Josefo no era cristiano, no pudo ser el autor del *Testimonium Flavianum*. Algo hemos ya comentado a propósito de este problema. El historiador judío pudo haberlo escrito sin abrazar necesariamente el cristianismo. Pudo adoptar una posición de respeto hacia Jesús de Nazaret o aceptar en líneas generales la credibilidad de las fuentes que sobre esta materia tuviera disponibles. Tal vez en el momento de redactar su obra no había

---

133 Se pronuncia en contra con rotundidad y argumentos: A. Piñero, *Guía para entender el Nuevo Testamento*, Editorial Trotta, Madrid, 2016, página 67.

adoptado una opinión clara y se mantenía en la duda sobre la dimensión del personaje.

También en Qumrán, dentro de este grupo esenio, pudo existir alguien interesado en la nueva Iglesia, o alguien vinculado con un individuo cristiano que por algún motivo le hiciera llegar estos escritos, o se trató de un refugiado cristiano que llegó allí en los momentos iniciales de la guerra; por formular solo tres explicaciones entre muchas posibles. De hecho, en Qumrán existen muchos documentos que no son de contenido esenio y que, por diversos motivos, terminaron integrando su biblioteca. Además, en un caso de los identificados, el contenido en 7Q4, el autor propone una fecha en torno al 100 d. C., es decir, en una época en la que el lugar ya no albergaba a la comunidad esenia, pero podía seguir habitado.

El segundo prejuicio tiene un alcance más profundo. Desde principios del siglo XIX, antes incluso, la exégesis y el método histórico-crítico aplicado al Nuevo Testamento, ha estado en muchas ocasiones en manos de especialistas con escaso respeto por la tradición y por los autores de la primera Iglesia. Se ha ido creando un estado de opinión en virtud del cual los Evangelios (aunque el criterio se aplicaba al Nuevo Testamento en general) eran obras muy tardías, de finales del siglo I o incluso del II d. C. El instrumental que se iba acumulando exigía un espacio de tiempo suficientemente prolongado, que diera lugar a una *evolución* que culminará en la redacción final de los textos. Ciertamente la situación ya no es la misma, los plazos se han acortado, pero permanece ese tipo de atmósfera exegética: basta consultar las obras de introducción al Nuevo Testamento para constatar una cierta uniformidad y tendencia a proponer fechas tardías para la redacción de las obras (como es el caso señalado de las Cartas Pastorales: 1 y 2 Timoteo y la Carta a Tito; y de las Cartas Católicas: las tres Cartas de Juan, la de Santiago, 1 y 2 de Pedro y la Carta de Judas). Lo llamativo del asunto es que estas posiciones, que son obviamente respetables y en muchos casos convincentes, pero hipotéticas, han terminado por imponerse como verdades casi absolutas en el mundo académico protestante y católico, en este último por el extendido complejo de inferioridad pasivamente asumido desde hace décadas. Más arriba hicimos referencia a esta situación que ha condicionado la exégesis de los textos hasta la actualidad y no conviene cansar al lector con estas reflexiones.

En particular respecto al Evangelio de Marcos, del que el fragmento 7Q5 (correspondiente a Mc 6, 52-53) ofrece los mayores indicios de posibilidad dentro del grupo de fragmentos identificados, cabe decir que la tradición de la Iglesia permite proponer una fecha absolutamente compatible con la hipótesis de O'Callagham. Sobre la época de composición del Evangelio de Marcos disponemos de un importante pasaje contenido en la *Historia Eclesiástica* de Eusebio de Cesarea, II, 15 y III, 39, 15:

> Así es como, por morar entre ellos la doctrina divina, el poder de Simón se extinguió y se redujo a nada enseguida, junto con él mismo. En cambio, el resplandor de la religión brilló de tal manera sobre las inteligencias de los oyentes de Pedro, que no se quedaron satisfechos con oírle una sola vez, ni con la enseñanza no escrita de la predicación divina, sino que con toda clase de exhortaciones importunaban a Marcos —de quien se dice que es el Evangelio y que era el compañero de Pedro— para que les dejase también un memorial escrito de la doctrina que de viva voz se le había transmitido, y no le dejaron en paz hasta que el hombre lo tuvo acabado, y de esta manera se convirtieron en causa del texto del llamado Evangelio de Marcos.
>
> Y dicen que el apóstol, cuando por revelación del Espíritu supo lo que se había hecho se alegró por la buena voluntad de aquellas gentes y aprobó el escrito para leerse en las iglesias. Clemente cita el hecho en el libro VI de sus Hypotyposeis, y el obispo de Hierápolis llamado Papías lo apoya también con su testimonio. De Marcos hace mención Pedro en su primera carta; dice que esta la compuso en la misma Roma y que él mismo lo da a entender en ella al llamar a dicha ciudad, metafóricamente, Babilonia, con estas palabras: Os saluda la que está en Babilonia, elegida por vosotros, y mi hijo Marcos.
>
> Y el Presbítero (Juan) decía esto: Marcos, intérprete que fue de Pedro, puso cuidadosamente por escrito, aunque no con orden, cuanto recordaba de lo que el Señor había dicho y hecho. Porque él no había oído al Señor ni lo había seguido, sino, como dije, a Pedro más tarde, el cual impartía sus enseñanzas según las nece-

sidades y no como quien se hace una composición de las sentencias del Señor, pero de suerte que Marcos en nada se equivocó al escribir algunas cosas tal como las recordaba. Y es que puso toda su preocupación en una cosa: no descuidar nada de cuanto había oído ni engañar en ello lo más mínimo (trad. de A. Velasco-Delgado)[134].

El momento de la primera llegada de Pedro a Roma se halla vinculado con la persecución de Herodes Agripa, la misma en la que fue ejecutado Santiago el Mayor. Sabemos que el breve reinado de este Herodes transcurrió entre los años 41 y 44 d. C. Pedro pudo escapar y, según nos informan los Hechos de los Apóstoles, 12, 17, *se encaminó a otro lugar*. Este otro lugar, según explica con buenos argumentos M. Sordi, es Roma. Pedro, pues, predicó en la Urbe a comienzos del reinado del emperador Claudio (41-54 d. C.). Tras el análisis de las fuentes disponibles, M. Sordi[135] concluye que el Evangelio de Marcos fue escrito después de que Pedro abandonara Roma y antes de su segunda y última venida, en la que encontró la muerte, quizá el 13 de octubre del año 64 d. C. Según afirmábamos más arriba, esta cronología permite defender la posibilidad de que un ejemplar del Evangelio de Marcos llegara a Qumrán en torno al año 60 d. C.

Concluyamos sobre Qumrán. Nos parece que, una vez publicada la documentación significativa completa (hasta la fecha) hay un dato que debe considerarse cierto: los escritos allí encontrados no aportan ninguna información *directa* sobre Jesús de Nazaret; ni siquiera hay indicios en tal sentido. Los esenios y los primeros cristianos comparten una atmósfera religiosa común, que es la del judaísmo de ese período histórico, pero no hay pruebas que permitan afirmar una influencia de la corriente esenia en la primera Iglesia. No hay fundamentos serios que apoyen lo que casi se ha ido convirtiendo desde hace siglos en un género literario, el de «Jesús y los esenios». Recordemos, por ejemplo, que a finales del

134 Debe consultarse también: Eusebio de Cesarea, *Historia Eclesiástica* VI, 16, 6; Ireneo de Lyon, *Contra las herejías* III, 1, 1.
135 M. Sordi, *I cristiani e l'impero romano* cit., páginas 34 y 69.

siglo XVIII K. F. Bahardt ya intentaba explicar los misterios de la figura de Jesús de Nazaret recurriendo a la idea de que era algo así como un «agente secreto» de los esenios; también Renan defendió que Jesús había sido educado por los esenios[136]. Aún cabría citar a K. H. Venturini, autor de una *Historia Natural del gran Profeta de Nazaret* (segunda edición publicada en 1806). Escribe A. Schweitzer[137] que esta obra, muchas veces reeditada, ha influido directa o indirectamente en las *Vidas de Jesús* noveladas que llegan hasta nuestros días: también en el libro de Venturini interviene como protagonista decisivo la orden secreta de los esenios.

---

136 J. Vanderkam- P. Flint, *op. cit.*, página 330.
137 A. Schweitzer, *Investigaciones sobre la vida de Jesús* I, sexta edición, 93-102, trad. de J. M. Díaz Roelas, Edicep, Valencia, 1990, páginas 93-102.

Capítulo XV

Jesús de la historia, Cristo de la fe

«Para el cristiano la historia es un misterio;
y es algo muy diferente del absurdo, a merced
del azar ciego y de un destino indescifrable,
como lo era la historia para los paganos
y como todavía lo es (y lo será siempre)
para los no creyentes»[138].

Preservar la credibilidad del cristianismo exige evitar dos soluciones extremas, ambas atractivas desde un cierto punto de vista, pero erróneas: la del fideísmo y la del racionalismo[139]. El racionalismo, que excluye la posibilidad misma de lo sobrenatural, se presenta siempre como el adversario declarado de toda experiencia religiosa, interpretada esta como una respuesta fallida a las limitaciones de la existencia humana, ya se haga acudiendo a supuestas explicaciones psicológicas, a argumentos de tipo económico o a una mezcla de estos factores. Ha sido también el principio que ha inspirado a un sector considerable de la denominada crítica litera-

---

138   V. Messori, *Dicen que ha resucitado* cit., página 206.
139   F. Ocáriz – A. Blanco, *Teología Fundamental* cit., páginas 237-244.

ria del Nuevo Testamento, sobre todo en sus orígenes[140], liderado en su sector más radical por un conjunto de autores germanos que podríamos calificar de «teólogos anticristianos» y que figuran entre sus padres fundadores. Algunos ahora poco conocidos, pero muy influyentes en su momento. El ejemplo más claro es el de Bruno Bauer (1809-1882), del que algo diremos más adelante. Otros mucho más conocidos, con posturas más matizadas, como ocurre con David Friedrich Strauss (1808-1874).

Este origen en alguna medida hostil es el responsable de que, para muchos cristianos corrientes, ajenos a la erudición de los especialistas, la crítica literaria —valorada en bloque— sea vista con una explicable desconfianza. Es así no porque se sostenga una postura obstinadamente conservadora u hostil a los métodos histórico-críticos, sino porque en muchas ocasiones la crítica literaria ha tratado con muy poco respeto los libros del Nuevo Testamento. Ha puesto en duda su autenticidad. Ha excluido frases e incluso partes enteras de los Evangelios. Se ha situado fuera del mundo de la Iglesia, de la tradición desde los tiempos apostólicos; y lo ha hecho en nombre de la ciencia, esgrimida casi como una religión alternativa, cuando ocurre que muchas de sus conclusiones son puramente hipotéticas y a veces muy poco fundadas y arbitrarias. Otras veces elaboraba extrañas amalgamas con elementos bíblicos y filosóficos; aquí Hegel tuvo una vez más una función determinante, como la tuvo en su momento también Heidegger y ahora algunos representantes del denominado postmodernismo. Todos estos problemas no pertenecen solo al pasado. Siguen ahora de plena actualidad en numerosas aproximaciones al Nuevo Testamento.

Basta leer a distancia de dos siglos muchos de los estudios sobre Jesús de Nazaret o sobre el origen del Nuevo Testamento para tomar consciencia de que este tipo de crítica literaria escon-

---

140   En realidad, lo que conocemos como crítica literaria del Nuevo Testamento posee una trayectoria mucho más amplia. Se remonta a la época de los Padres. En el texto aludimos a la crítica literaria fundada en el llamado método histórico-crítico, cuyo florecimiento ocurrió en el siglo XIX, aunque sus antecedentes inmediatos se hallan en el pensamiento de la Ilustración.

día ni más ni menos que una motivación anticristiana, disfrazada con los ropajes de un lenguaje técnico detrás del cual en muchas ocasiones no había más que una opinión del autor de turno. No es casual que en gran medida este tipo de aproximación al Nuevo Testamento diera sus primeros pasos como un elemento más dentro del movimiento cultural que llamamos Ilustración. Tampoco es casual que, en este ambiente racionalista pero sensible a la dimensión e influencia de la experiencia religiosa, K. Marx (1818-1883), en el comienzo de su *Introducción a la Crítica de la Filosofía del Derecho de Hegel*, artículo publicado en 1844, donde aparece la famosa equiparación de la religión como «opio del pueblo», escribiera: «En Alemania la *crítica de la religión* se halla fundamentalmente terminada, Ahora bien, la crítica de la religión es el presupuesto de toda crítica»[141]. (No suele tenerse en cuenta que K. Marx dio su debida importancia al estado de los estudios en Alemania sobre el Nuevo Testamento, sobre todo a través de su cercanía en los años de formación con B. Bauer, representante de una crítica extremadamente radical del cristianismo, pero gran conocedor de los escritos neotestamentarios)[142].

Es precisamente de Bruno Bauer, autor de un conjunto muy amplio de obras sobre el Nuevo Testamento, de donde tomó Marx la citada expresión de «opio del pueblo», una fórmula que resume exactamente su valoración sobre esta materia y que es algo más que una metáfora ocurrente, pues se concentra en ella toda su teoría sobre la alienación del ser humano, producida en primer lugar por la religión y en segundo lugar por la propiedad privada. El ateísmo es la base teórica del comunismo marxista. Escribe en los *Manuscritos económicos y filosóficos*: «(…) el ateísmo, que trasciende a Dios, es la emergencia del humanismo teórico, y el comunismo, que trasciende la propiedad privada, es la reivindicación

---

141 K. Marx, *Introducción a la Crítica de la Filosofía del Derecho de Hegel*, trad. de J.M. Ripalda, Pre-textos, Madrid, 2013, página 41.

142 K. Marx, bajo la influencia de Max Stirner, llegó incluso a detectar en las tesis radicales de Feuerbach una última metamorfosis del cristianismo. Pues el autor de la *Esencia del Cristianismo* (1841) habría proyectado el concepto de Dios (el Dios protestante) sobre su concepto de Hombre, es decir, habría conservado una forma de religiosidad.

de la vida humana como propiedad del hombre, la emergencia del humanismo práctico». Y en *El Capital*: «Como ocurre con el hombre en la esfera de la religión, donde es dominado por el producto de su propio pensamiento, así en la producción capitalista es controlado por el producto de sus propios esfuerzos»[143].

Marx, como demuestra con argumentos muy convincentes Zvi Rosen, tomó el concepto de *alienación* de B. Bauer. Pues bien, este la había utilizado en sus estudios críticos sobre los Evangelios. En un tono escatológico y ateo a la vez, había preconizado que la alienación absoluta que deriva del cristianismo, una suerte de alienación perfecta o total en comparación con la que surge de otras experiencias religiosas menos evolucionadas, preparaba el camino para una época futura en la que el ser humano conseguiría vivir en completa libertad, tras haber experimentado una crisis inexorable —una última batalla— que destruyera el estado actual de cosas. Esto recuerda muy de cerca las posteriores ideas de Marx sobre el capitalismo burgués como fase necesaria para llegar a la sociedad sin clases[144]. De hecho, en la desaparecida Unión Soviética el pensamiento de Bauer encontró un justo reconocimiento: sus ideas, en particular sobre el carácter no histórico de los Evangelios, se sancionaron oficialmente como verdad científica.

La crítica literaria racionalista aplicada al Nuevo Testamento se mantuvo durante muchos años fuera de las instituciones de la Iglesia y, mientras persistió este estado de cosas, su incidencia ante la «opinión pública cristiana» no fue decisiva. Dejando aparte la crisis modernista desde finales del XIX, la situación fue cambiando y lo hizo drásticamente a partir de los años sesenta del pasado siglo (en una misteriosa simbiosis con la penetración del marxismo en los círculos eclesiásticos). Desde entonces esta crítica racionalista ha estado presente —con mayor o menor visibilidad— en los estudios de exégesis y de teología bíblica. Es un fenómeno llamativo, porque, como decimos, la crítica racionalista no oculta sus orígenes ni las filosofías implícitas en la que se basa.

---

143 En Z. Rosen, *Bruno Bauer and Karl Marx. The Influence of Bruno Bauer on Marx's Thought*, Martinus Nijhoff, The Hague, 1977, páginas 143 y 169.
144 *Ibidem*, páginas 107 y 16.

También es digno de nota el hecho de que la gran mayoría de los libros de Teología fundamental, de Teología bíblica, de exégesis y materias conexas, puestos a presentar una síntesis de la historia de la investigación de estos graves asuntos, reproduzcan sin apenas críticas y con ciertas dosis de complacencia, un mismo esquema descriptivo, un bloque que se reproduce en sus líneas básicas de libro a libro sin apenas modificaciones, en el que se entrelazan contenidos que tienen que ver con la vida de Jesús de Nazaret y con la valoración de la información que ofrece el Nuevo Testamento. Y este bloque suele comenzar con H. S. Reimarus (1694-1768), quizá por la enorme influencia de A. Schweitzer (1875-1965), en su investigación sobre las obras que tratan la vida de Jesús de Nazaret, que puso a aquel autor en el frontispicio de sus indagaciones.

Puestos a seleccionar un comienzo de la historia de este tipo de investigación, una actitud menos servil a las influencias externas no cristianas debería dar un lugar destacado al oratoriano Richard Simon (1638-1712), una suerte de Galileo de la moderna crítica bíblica. Este pionero, incomprendido como suelen serlo los genios, católico (quizá por ello menospreciado en la posterior historiografía de la investigación), orientalista y con una profunda formación filológica, escribió una *Historia crítica del Antiguo Testamento* (1678), causa de la expulsión de su congregación, una *Historia crítica de las versiones del Nuevo Testamento* (1690) y otras obras. R. Simon es además el representante de una línea de investigación opuesta al principio protestante de «la absolutización del texto bíblico»[145]. Escribe, por ejemplo, en relación con los problemas de crítica textual:

> «Los católicos, por el convencimiento que su religión no depende únicamente del texto de la Sagrada Escritura sino también de la tradición de la Iglesia, no encuentran nin-

---

145　G. M. Vian, *Filología e historia de los textos cristianos. Bibliotheca divina*, Ediciones Cristiandad, Madrid, 2005, página 320; los datos y la cita que se reproduce en el texto están tomados de este libro. Véase también: J. Chapa, *La transmisión textual del Nuevo Testamento* cit., página 129.

guna especial dificultad en la constatación que la inclemencia del tiempo y la negligencia de los copistas hayan introducido también en los textos sagrados esas transformaciones que se encuentran en los textos profanos. Únicamente protestantes prevenidos e incultos pueden encontrar en ello una dificultad».

Con R. Simon y otros autores de formación semejante hubiera sido posible construir una línea científica de investigación respetuosa con la ortodoxia y la tradición de la Iglesia, que prolongara los estudios de crítica materializados, sobre todo, en la publicación de la *Biblia Políglota Complutense* (1515-1519)[146], una obra magna[147] bajo el patrocinio del cardenal arzobispo de Toledo, Francisco Ximénez de Cisneros (1436-1517), basada sobre la tradición de manuscritos antiguos, sin utilización de ediciones impresas realizadas con anterioridad[148]; y que contiene la primera edición impresa del texto griego del Nuevo Testamento (en su volumen quinto). Es interesante y significativo indicar que el trabajo de impresión terminó en Alcalá el 10 de enero de 1514, pero la edición completa no se publicó hasta 1522. Por su parte,

---

146   A. M. Artola – J. M. Sánchez Caro, *Biblia y Palabra de Dios*, 2ª ed., Editorial Verbo Divino, Estella, 2020, en los párrafos que se dedican a la exégesis posterior al concilio de Trento, página 349: «En cuanto a los libros de introducción a la Escritura y de teología de la Biblia, subrayaremos la *Bibliotheca Sancta* (Venecia 1566) del dominico Sixto de Siena, que es la primera introducción técnica a la Escritura, y la importante obra de Melchor Cano sobre los lugares teológicos, *De locis theologicis* (Salamanca 1563), que marca el desarrollo de la teología positiva. Sin olvidar la edición de la *Biblia Políglota Regia* o Biblia de Amberes (1569-1572), reedición mejorada de la antigua complutense, dirigida en este caso por Benito Arias Montano, también prolífico comentarista bíblico». Sobre Melchor Cano y las limitaciones de su método: A. M. Artola – J. M. Sánchez Caro, *op. cit.*, página 256.

147   A. Piñero, *Guía para entender el Nuevo Testamento* cit., página 70: «En general los progresos del estudio del Nuevo Testamento han sido promovidos por investigadores protestantes, pero los comienzos de la crítica textual florecieron en el campo católico. El mérito de la primera edición del Nuevo Testamento griego corresponde a la *Biblia Políglota Complutense*».

148   Puede consultarse: T. Martínez Manzano, «Filología bíblica en la Alcalá del Renacimiento: la Políglota y sus editores», en *Estudios Bíblicos* 79 (2021) 273-329. Recordemos que el primer libro impreso fue la Biblia en latín de Gutenberg; es una edición de la Vulgata, hacia el 1455 d.C.

Erasmo, en el año 1515 trabajó en una edición en griego del Nuevo Testamento que se publicó en el 1516 en Basilea. Es un texto de calidad muy inferior al de la Políglota Complutense, parcialmente mejorado en ediciones sucesivas. Sin embargo, quizá por haber salido a la luz antes que esta, se convirtió en el más difundido (J. Trebolle Barrera, *op. cit*, página 372).

Por lo que respecta a R. Simon, quedó apartado de la corriente principal de los estudios bíblicos. No fue reconocido en su época, pero tampoco se ha procurado realizar una seria rehabilitación de su figura y, en general, de esta corriente de investigación, aunque fuera *a posteriori*. Se ha elegido —porque es una elección convencional— como fundador de la crítica científica a un oscuro personaje como es H. S. Reimarus, quien ve en los orígenes del cristianismo, ni más ni menos, que una falsificación de los hechos históricos operada por los primeros seguidores de Jesús; y que no disimula sus sentimientos contra las Iglesias. Su obra fue publicada parcial y póstumamente por G. Lessing (1729-1781), autor que profundizó y difundió esta corriente racionalista. A lo más, y para empeorar las cosas, se cita a estos efectos «fundacionales» la labor de los deístas ingleses, autores que cultivan el rechazo más explícito de los dogmas cristianos.

Pudiera parecer poco relevante haber situado un comienzo en la figura de Reimarus, pero no lo es. La explicación obvia es la siguiente: en los comienzos se establecen las reglas del juego (*principia*), toda la dinámica posterior se sitúa en relación con este punto de referencia. En el panorama actual de las vidas de Jesús y de la interpretación del Nuevo Testamento se observan aún las consecuencias de la opción por un principio en el que las cuestiones esenciales fueron formuladas por un defensor de «cierto prejuicio iluminista y por un intento antidogmático», como escribe de modo característicamente cauteloso S. Pié-Ninot[149], para referirse a un furibundo anticristiano, el cual afirmaba, entre otras cosas, que los discípulos robaron el cuerpo de Jesús, lo escondieron y

---

149   S. Pié-Ninot, *op. cit.*, página 341.

anunciaron maliciosamente que había resucitado. Más preciso nos parece el juicio de W. Dilthey, que calificó su obra como «el ataque más perspicaz efectuado contra el cristianismo desde Celso»[150]. Ni siquiera puede considerarse a Reimarus, estrictamente hablando, el iniciador de la primera época de las modernas vidas de Jesús de Nazaret. Este tipo de literatura empezó con los deístas ingleses, especialmente T. Chubb (1679-1747), J. Toland (1670-1722) y M. Tidal (1657-1733)[151], y antes todavía con B. Spinoza (1632-1677).

Por lo demás, recordemos que, según escribimos más arriba siguiendo a A. Schweitzer, muchos estiman que la primera vida de Jesús —hecho igualmente poco conocido— la compuso un jesuita, Jerónimo Javier (1547-1615), aunque debe señalarse que en 1474 el cartujo Ludolfo de Sajonia escribió una *Vita Jesu Christi*: esta sería la primera vida de Cristo en sentido estricto[152]. El problema de cuál puede ser considera la *primera* vida de Jesús merecería, en todo caso, una más profunda atención. Tenemos noticias de que un emperador chino, Tai-Tsung, hacia el 640 d. C., inspiró la iniciativa de componer dos vidas de Jesús[153]. En este contexto puede añadirse el libro (o libelo) *Toledoth Jeshu*, el cual suele datarse en el siglo VIII. Dentro de la literatura rabínica se encuentran algunas alusiones fragmentarias: es relevante el pasaje del Talmud de Babilonia contenido en *Sanhedrin* 43 a[154], de tiempo tannaítico (75-200 d. C.).

Situar a Reimarus en el comienzo[155], según estamos viendo, era en gran medida tomar partido (en algunos autores sin consciencia de hacerlo). Indica con clarividencia esta deriva de la investi-

---

150 En: F. Bermejo Rubio, *op. cit.*, página 596.
151 A. Piñero, *Guía para entender el Nuevo Testamento* cit., página 135; F. Bermejo Rubio, *op. cit.*, páginas 570-573.
152 F. Ocáriz – L. F. Mateo Seco – J. A. Riestra, *El misterio de Jesucristo* cit., página 85.
153 E. Staufer, *Jesus and his Story. A life of Christ showing how new historical evidence from ancient sources bears out the Gospel*, Alfred A. Knopf, New York, 1974, páginas 5; 212.
154 G. Barbaglio, *Jesús, hebreo de Galilea. Investigación histórica*, trad. de A. Ortiz García, Secretariado Trinitario, Salamanca, 2002, páginas 52-54.
155 F. Bermejo Rubio, *op. cit.*, página 340, aunque desde una posición que no compartimos.

gación A. Grillmeier[156]: «Hoy se reconoce que la evolución en el siglo XX ha estado, al menos parcialmente, bajo la influencia de una interpretación insuficiente de la historia de la cuestión cristológica planteada desde el tiempo de la Ilustración. El nombre insigne y decisivo es aquí el de Albert Schweitzer con su conocida obra *De Reimarus a Wrede*. No escapó a la crítica que Schweitzer había dado un visión unilateral y sesgada de esa evolución; pero se admitieron sus conclusiones». De manera para nosotros poco comprensible en nuestro siglo XXI, H. S. Reimarus sigue manteniendo un protagonismo exagerado[157]. Un protagonismo que al menos debería compartir —dentro de esta línea racionalista— con un autor muy anterior, poco citado, Martin Seidel (*ca.* 1545- *ca.* 1615). Entre sus obras destaca *Origo et fundamenta religionis christianae* (*Origen y fundamentos de la religión cristiana*), en la que presenta a Jesús como uno más de los aspirantes de la época al título de Mesías, poniendo en cuestión gran parte de los Evangelios[158].

Añadiremos una reflexión que puede considerarse anecdótica, pero que es también representativa del fenómeno de la elección reductiva de la historia de la investigación que llega hasta nuestros días. J. D. G. Dunn[159] es justamente reconocido por su *Jesús recordado*, dentro de una obra aún más extensa. El impresionante índice de autores citados contiene referencias de más de novecientos. Entre ellos aparecen nombres como Celso, Hegel, Herder, Ibn al-Salibi, Locke, Lutero, Marx, Plutarco, Suetonio, Tácito. Pero no hay mención de Agustín de Hipona, del cual podría citarse, por ejemplo, con motivos bien fundados su *De doctrina christiana*, también sus *Confesiones*, o sus comentarios a la Escritura (entre muchas otras aportaciones). Tampoco menciona a Tomás de Aquino, profundo conocedor de la Sagrada Escritura, que en la Parte III de la *Suma Teológica* incluye una verdadera vida de

---

156 A. Grillmeier, *op. cit.*, página 23.
157 A. Piñero, *Guía para entender el Nuevo Testamento* cit., página 136.
158 F. Bermejo Rubio, *op. cit.*, páginas 561-565.
159 J.D.G. Dunn, *El cristianismo en sus comienzos*. Tomo I: *Jesús recordado*, trad. de S. Fernández Martínez, Editorial Verbo Divino, Estella, 2009.

Cristo y que es autor de extensos comentarios bíblicos y de obras en las que trata problemas conexos, como la que dedica al don de profecía. Podríamos añadir otros muchos nombres que deberíamos haber podido encontrar, si la selección hubiera tenido más en cuenta la tradición de los estudios bíblicos de la Iglesia y no se hubiera desviado para asumir acríticamente una tendencia a privilegiar en los estudios teológicos lo que no tiene nada de teológico.

Desde el siglo XIX, el racionalismo produjo un inesperado rebrote de la posición opuesta, la del fideísmo —de evidentes raíces protestantes—, que en la actualidad aparece con mucha frecuencia de forma explícita o implícita en la literatura especializada también del ámbito católico, sobre todo por el prestigio del que sigue gozando Rudolf Bultmann. Después, convenientemente simplificado, el planteamiento resurge en la catequesis y en los divulgativos «cursos sobre la Biblia» al alcance de sectores mucho más amplios y, antes, en las asignaturas que se cursan en las facultades de Teología. El fideísmo, como toda reacción, acepta e interioriza tal vez sin mucha consciencia de ello, el concepto reduccionista que el racionalismo concede a la razón, entendida como instrumento de conocimiento incapaz de elevarse sobre los límites de la materia ni asomarse al misterio.

Es dentro de este contexto, como una reacción «a la defensiva», donde se enmarca la influyente obra de Martin Kähler (1835-1912), *El llamado Jesús histórico y el Cristo histórico y bíblico* (*Der sogennante historische Jesus und der geschichtiliche biblische Christus*), de 1892. El autor, como es norma de la erudición alemana, asigna significados distintos a palabras comúnmente tenidas (en alemán) como sinónimas. «Historische» apela en este autor el conjunto de datos históricos. «Geschichte», la significación histórica de estos datos. Subraya con acierto que en el Nuevo Testamento no hay un Jesús histórico en el primer sentido del término, sino que los textos recogen una visión de Jesús en el segundo sentido. Solo podemos llegar a Jesús a través de la imagen y del testimonio que de él recogieron sus discípulos. No interesa ahora profundizar en cuestiones terminológicas ni en los antecedentes de la posición de Kähler que, según parece, se pueden encontrar en W. Herrmann. Por lo demás, la contraposición explícita entre el Jesús de la historia y el Cristo de la fe es mucho más antigua. La encontramos, por ejemplo, en D. F. Strauss[160].

Sea cual sea el vocabulario utilizado, hace tiempo que la posibilidad de distinguir radicalmente en los textos históricos entre los hechos y su interpretación es considerada una pretensión casi infantil. Lo relevante es que, como señala J. P. Meier[161], Kähler propuso su teoría como una forma de «pietismo crítico», como un modo de proteger los dogmas cristianos básicos del ataque impulsado por los seguidores del método histórico-critico. El planteamiento de Kähler, fue reajustado por R. Bultmann (1884-1976), con su exaltación del Cristo de la fe y su falta de preocupación por el Jesús histórico, convenientemente separado de la primitiva comunidad cristiana.

Las posiciones fideístas, al menos, intentan custodiar la Palabra de Dios y las verdades de fe. Lo hacen con armas inadecuadas; en eso consiste su debilidad. Plantean una batalla que no puede terminar exitosamente, al menos a largo plazo, porque el ser humano no es capaz de prescindir de su facultad de razonar y menos aun cuando lo que está en juego son opciones que afectan al sentido más profundo de la vida personal y social. En el caso de Jesús de Nazaret, poner en un segundo plano o relativizar la razón histórica, es privar de base a toda doctrina que se predique sobre su figura. Todos sabemos que las verdades de fe no pueden demostrarse por medios racionales, pero sí puede justificarse y apoyarse en tales medios; esto es precisamente lo que excluye la actitud fideísta y lo que afirma, nos recuerda y nos explica la doctrina ortodoxa. *La luz de la fe, que se nos infunde con la gracia no destruye la luz natural de la razón, puesta por Dios en nosotros,* Tomás de Aquino, *In Boetium de Trinitate* q. 2, a.1. Aceptar a Jesús de Nazaret en su vertiente espiritual, aceptar los dogmas relacionados con su vida (Encarnación y Resurrección), pero hacerlo al margen de las coordenadas espaciotemporales que marcaron su vida terrena, interpretando el Nuevo Testamento en clave exclusi-

---

160   D.F. Strauss, *Der Christus des Glaubens und der Jesus der Geschichte. Eine Kritik des Schleiermacherschen Lebens Jesu*, Berlín, 1865.

161   J. P. Meier, *A Marginal Jew. Rethinking the Historical Jesus* I cit., página 27.

vamente alegórica o simbólica, es desconocer que el cristianismo es una religión *esencialmente histórica*, en todos los sentidos de la expresión.

En el fideísmo la idea clave es la de sostener que el acto de fe (sobre la verdad de fe) no puede fundarse en la razón. Fe y razón serían ámbitos separados, mundos diversos. La fe se plantea como un «salto en el vacío», que equipara en muchas ocasiones fideísmo e irracionalismo. Un salto que empieza por el tratamiento que da a las Escrituras, a un tiempo elevadas a un plano inaccesible que, por una paradoja ya conocida, terminan siendo objeto de un tratamiento poco cuidadoso, precisamente porque se ha renunciado desde el principio a buscar y encontrar elementos de credibilidad y a una teología bíblica digna de tal nombre. Es lo que ocurre con el principio luterano de *sola scriptura*, al que R. Simon sometió a una crítica implacable: cuando se toma consciencia de que no podemos saber con absoluta certeza cuáles son todas las palabras exactas que forman el texto original de los libros del Nuevo Testamento (este es el ámbito propio de la crítica textual, no de la crítica literaria), puesto que los manuscritos muestran una pluralidad de variantes, se hace patente la necesidad de acudir a la Tradición como factor orientativo esencial[162], dentro de la cual deben ser interpretados. Lo mismo habría que decir respecto a la crítica literaria.

El principio *sola scriptura* aparentemente sitúa a la Escritura en el centro de la religiosidad, pero pronto se descubre que el subjetivismo hace imposible cualquier estudio fundado de su contenido; se da carta de libertad a cuantas interpretaciones se susciten en la mente de eruditos y gente común. El resultado final es que, de acuerdo con este método, terminan proponiéndose tantas «Escrituras» como intérpretes de esta. Si el racionalismo ha sido y es el enemigo exterior de la fe, el fideísmo es un adversario interno y por ello su eficacia resulta ser mucho más intensa.

No existe mejor manera de explicar los problemas que suscitan las diversas formas de fideísmo y algunas de racionalismo, aque-

---

162   J. Chapa, *La transmisión textual del Nuevo Testamento* cit., página 129.

jadas de una radical falta de confianza en la razón en sus vínculos con las verdades de la fe o en su rechazo puro y simple de estas, que vincularlos con lo que podemos denominar —simplificando inevitablemente la cuestión, que es mucho más compleja— la teoría de las dos verdades. Una doctrina que posee larga tradición en la historia de la filosofía y de la teología (y que no en todos los casos se ha utilizado de buena fe). Se remonta, al menos, al siglo XIII y tiene en Siger de Brabante (*ca.* 1235 - *ca.* 1284) a su principal defensor. Fundaba su doctrina sobre una interpretación escasísimamente cristianizada (lo contrario de la opción de Tomás de Aquino) de Aristóteles y de Averroes. A Siger de Brabante la razón le conducía a determinadas conclusiones y la fe que profesaba lo llevaba a conclusiones distintas y a veces contrarias[163]. Situado en esta disyuntiva, desde el punto de vista de la razón (aristotélica) defiende la eternidad del mundo y de las especies, incluida la especie humana. Acepta —antes que Vico y Nietzsche—, siguiendo a Averroes, que los acontecimientos se han repetido y se repetirán indefinidamente. Estamos ante la teoría del eterno retorno. En este mismo sentido, acepta la doctrina averroísta sobre la unidad del entendimiento agente (no hay un alma individual para cada ser humano). En todas estas doctrinas se pone de relieve una débil valoración de la persona individual, de la libertad humana y de la realidad histórica. Es cosa obvia que con tales presupuestos se excluye la posibilidad misma de la historia en el sentido estricto del término, incluyendo a la Historia de la Salvación, la cual debe ser considerada verdadera historia e historia verdadera.

El uso de la doctrina de las dos verdades, una de la razón, otra de la fe, es una constante de la historia. Reaparece en muchos autores, al menos en aquellos que muestran una cercanía respecto al cristianismo. Es el caso arquetípico de Hegel. Siempre se confesó cristiano (protestante, anticatólico). Aceptaba incluso las pruebas que suministra la filosofía sobre la existencia de Dios. Pero es claro que en su filosofía no hay rastro de un Dios creador y perso-

---

163   Sigo a E. Gilson, *La filosofía en la Edad Media. Desde los orígenes patrísticos hasta el fin del siglo XIV*, segunda edición, trad. de A. Pacios y S. Caballero, Editorial Gredos, Madrid, 1976, páginas 521-525.

nal (su Dios es en todo caso un Dios inmanente) y que su visión de Jesús nada tiene que ver con lo que proponen las Iglesias cristianas. De hecho, en algunas de sus interpretaciones más extremas, se defiende que la filosofía de Hegel es una forma de ateísmo[164]. Es lo que ocurre con el citado Bruno Bauer, quien transmitió esta visión de la filosofía hegeliana a Marx. Ya antes, uno de los fundadores del método histórico-crítico, G. Lessing (1729-1781), el editor de Reimarus, en el campo específico de los estudios bíblicos, había acudido explícitamente a la teoría de las dos verdades, en este caso desde una perspectiva abiertamente racionalista. G. Lessing distinguía entre las noticias sobre los acontecimientos milagrosos y los no milagrosos. Las verdades religiosas, en sentido racionalista de la época, son básicamente las de la existencia de Dios y la inmortalidad del alma. Las «verdades» históricas son accidentales e inciertas; aquí se incluyen las «verdades» que ofrece el Nuevo Testamento[165].

Escribe J. M. de Prada:

> «Aquella polémica la ganó santo Tomás ante el tribunal académico; pero, tristemente, Siger de Brabante la ganó ante el tribunal de la historia. La dura, lastimosa realidad es que los católicos nos desenvolvemos en el mundo como pretendía Siger de Brabante, aceptando (aun a sabiendas de que estamos falsificando nuestra fe, que descarnada de las realidades naturales es una fe muerta, la sal que se ha vuelto sosa) un dualismo que, a la vez que establece un dique o frontera divisoria entro lo natural y lo sobrenatural, va agostando progresivamente nuestra fe».

Y más adelante, respecto a la división entre el Jesús de la historia y el Cristo de la fe, que no es sino una consecuencia del planteamiento anterior:

> «Para lograr que los hombres religiosos pierdan la fe, nada tan astuto como impulsar la idea de un "Jesús histórico" con-

---

164   Z. Rosen, *op. cit.*, páginas 25-26, 75, 106 y 112.
165   J. D. G. Dunn, *Jesús recordado* cit., página 100.

frontado con el Cristo de la fe, construido según la moda ideológica del momento (cuando corresponda, con pautas liberales y humanitarias; cuando convenga, con rasgos marxistoides y revolucionarios) que convierta al Hijo de Dios en un "gran hombre" (o, traducido al román paladino, en un chiflado que vende una panacea)»[166].

A estas reflexiones debemos añadir todavía la descripción de un desarrollo posterior, con consecuencias preocupantes para la exégesis del Nuevo Testamento. En nuestro tiempo son muchos los que niegan la posibilidad misma de alcanzar la verdad. Llegados a este punto, lo de las dos verdades queda juzgado como un fósil del pasado —un planteamiento *dogmático,* en expresión que gusta a los «posmodernos»—. Como sabemos, es opinión común que estamos ante un nuevo paradigma en el pensamiento occidental: el del posmodernismo[167]. Una nueva situación intelectual que se habría convertido en hegemónica hacia el año 1990, aunque su presentación se hace coincidir con la publicación en 1978 del libro de J. F. Lyotard, *La condición posmoderna.* Nosotros nos mostramos más cautos ante este tipo de generalizaciones: diríamos más bien que la crisis de pensamiento que vive Occidente se manifiesta en nuevas formas de relativismo que ahora reciben el nombre de postmodernismo. El matiz es importante, porque en algunas exposiciones parece como si todos tuviéramos la obligación de pasar por esas sucesivas modas, cuando el hecho es que como siempre ocurre en estos fenómenos lo más nuevo resulta ser también lo más antiguo. No todas las doctrinas son compatibles con el Evangelio.

El posmodernismo, la relatividad de los fenómenos, de los procesos y de sus interpretaciones, se adapta con especial comodidad a la crítica literaria, con mucha mayor dificultad a la ciencia y a la historia. Se empieza por rechazar la objetividad de los

---

166 J.M. de Prada, *Una biblioteca en el oasis. Literatura para la fe,* Magnificat, 2021, páginas 23 y 91.

167 J.D.G. Dunn, *Jesús recordado* cit., páginas 127-161: para no multiplicar las notas, advertimos al paciente lector de que la información que se expone en el texto procede casi enteramente de la obra citada.

hechos y la historia misma —cuando la hay— se convierte en literatura. Y dentro de la literatura —a nuestros efectos, léase Nuevo Testamento— se difumina la categoría del autor, (fenómeno que ya había sido protagonizado por ciertas aplicaciones del método de la crítica de las formas, que tiene sus antecedentes en el estudio de las tradiciones preliterarias populares y leyendas profanas, empleado por autores como J.G. Herder; este mismo parece que fue el primero en ver tras los Evangelios un «evangelio oral»[168]).

Se habla ahora de «nueva crítica», «crítica narrativa», «independencia del texto», «autor implícito» y otras ocurrencias presentadas como serias hipótesis científicas. Estos planteamientos gustan mucho de este tipo de etiquetas, que luego se reproducen en los libros según el esquema habitual que va de libro a libro creando un «clima» en la investigación del que es a veces muy difícil escapar. Si se nos permite un comentario *dogmático*: este tipo de análisis, al menos en su aplicación al estudio del Nuevo Testamento, lo que aquí interesa, desaparecería si se retomaran los estudios de metafísica y se recobraran los principios epistemológicos de la filosofía cristiana. Añadamos que el problema de estas aproximaciones al Nuevo Testamento no reside en su falta de legitimidad ni incluso en su falta de utilidad, sino en que frecuentemente se proponen como *el método* para acceder al Nuevo Testamento, olvidando que —al menos para los cristianos— este es más que literatura[169]. Dejaremos para más adelante el comentario sobre el tratamiento del Nuevo Testamento desde parámetros políticos y económicos.

No nos resistimos a reproducir un texto de Dunn, en el que se hace eco de este estado de cosas. El lector posmoderno —sobre todo el especialista posmoderno— lo leerá con agrado y nosotros con desasosiego:

«Más característica de la influencia del posmodernismo en los estudios evangélicos ha sido la acción de pasar del autor al

---

168   B. Estrada, *Así nacieron los Evangelios*, BAC, Madrid, 2017, página 20.
169   Una síntesis de estos métodos de interpretación: A. M. Artola – J.M. Sánchez Caro, *op. cit.*, páginas 386-399.

lector, de leer lo que hay detrás del texto a leer lo que el texto pone delante, de considerar el texto como una ventana a verlo como un espejo. Este cambio hermenéutico está comprendido en la "teoría de la respuesta del lector", para la que el significado ya no está simplemente "en" el texto y menos aún en lo que "subyace" al texto, sino que es creado por el lector durante la acción de leer. El significado no lo llevan los textos; lo ponen los lectores. Los textos no dictan a los lectores; los lectores dictan a los textos. En palabras de Stephen Moore, "antes de la acción interpretativa, no hay nada definitivo que descubrir en el texto"» (pág. 130).

En fin, el que pueda entender que entienda, y no me refiero a la cita, que, reproduciendo fielmente la cursilería hueca y pedante de estas posiciones, se entiende muy bien, sino al propósito de este tipo de corrientes aplicadas a la exégesis del Nuevo Testamento.

Estamos, en el fondo, ante la disolución de la idea de verdad y de significado. Se dice que no existe una sola verdad, sino verdades, dentro de un mundo fragmentario. Que en vano buscaremos un sentido a la historia. Secuelas inevitables del pensamiento relativista, situado siempre al borde del nihilismo. Por lo demás, tampoco sería correcto oponer a estas corrientes una suerte de verdad monolítica de los textos bíblicos, al modo en que lo hacen las erróneas escuelas fundamentalistas. Ya Agustín de Hipona se ocupó de este problema con gran profundidad. Escribió que Dios, en su Revelación en las Escrituras, no pretendía hacer científicos, sino cristianos.

El propio Galileo alegó esta doctrina agustiniana para presentar su defensa ante el Santo Oficio[170]. En su carta a Cristina de Lorena escribe Galileo:

«No habiendo querido el Espíritu Santo enseñarnos si el cielo se mueve o está quieto, ni si su figura tiene la forma de esfera o de disco o es plano, ni si la tierra se halla en el centro de él o a un lado, no habrá tenido ocasión de cerciorarnos de

---

170 Agustín, *De Actis cum Felice Manichaeo* 1, 10: tomado de A. M. Artola – J. M. Sánchez Caro, *op. cit.*, páginas 255-256.

otras conclusiones del mismo género y se puede deducir razonablemente que sin su determinación no se puede asegurar esta o aquella parte, como son la de determinar sobre el movimiento o quietud de la Tierra o el Sol. Y si el Espíritu Santo no ha pretendido enseñarnos proposiciones semejantes, ya que quedan fuera de su intención, cual es nuestra salvación, ¿cómo podría afirmarse que el defender este extremo y no aquel sea tan importante que el uno sea de fe y el otro erróneo? ¿Podrá, por tanto, ser herética una opinión que nada tiene que ver con la salvación del alma? O ¿acaso podrá decirse que el Espíritu Santo no ha querido enseñarnos verdades que son precisas para nuestra salvación?»[171].

Del asunto se había ocupado ya Tomás de Aquino, *Cuestión sobre la profecía* 2, solución:

Todo aquello que existe debido a un fin tiene la materia dispuesta en función de las exigencias de tal fin, como se lee en (Aristóteles) II Physicorum. El don de profecía es otorgado precisamente para utilidad de la Iglesia, como dice 1 Cor 12, 7: A cada uno se le otorga la manifestación del espíritu para utilidad, y enumera una serie de dones entre los que se encuentra la profecía; por eso, el conocimiento de todo aquello que puede ser útil para la salvación es materia de profecía, ya sean cosas pasadas, presentes o futuras, eternas incluso, necesarias o contingentes. En cambio, todo aquello que no dice relación con la salvación es ajeno a la materia de la profecía. Agustín dice por eso en II Super Genesim que aunque nuestros autores conocieran la estructura del firmamento, sin embargo, solo quiso manifestar a través de ellos lo que es provechoso para la salvación. Jn 16, 13, por su parte, dice: Cuando venga el Espíritu de Verdad, os enseñará toda la verdad necesaria para la salvación, añade la Glosa. Al decir necesaria para la salvación, quiero decir tanto si lo son para la formación de la fe como para la educación en las costumbres. Ahora bien, también muchas cosas que son objeto de demostración científica pueden ser útil para esto, por ejemplo,

---

171   *Ibidem*, página 257 nota 18.

que el entendimiento es incorruptible, y cuanto es contemplado en las criaturas, que conduce a proclamar la sabiduría y poder divinos. Por eso encontramos que se hace mención también de estas cosas en la Sagrada Escritura.

Esta fue la doctrina que aceptó el Magisterio de la Iglesia de manera oficial desde León XIII con la encíclica de 1893 *Providentissimus Deus*. Doctrina que llega hasta la Constitución *Dei Verbum* del Concilio Vaticano II: *los libros sagrados enseñan sólidamente, fielmente y sin error la verdad que Dios hizo consignar en dichos libros para salvación nuestra* (número 11). Conviene recordar que estas reflexiones sobre la verdad de la Biblia se aplican también obviamente a la información histórica que ofrecen los Evangelios y el resto de las obras que integran el Nuevo Testamento.

***

El empeño por establecer una oposición entre razón y fe, entre la exégesis literaria y la exégesis teológica, se proyecta de una manera determinante en toda la extensión del problema que supone el acercamiento a Jesús de Nazaret. En este caso, la razón se aplica al conocimiento histórico y el resultado de esta oposición lleva a una fractura situada en el fundamento mismo de la fe de la Iglesia. Se distingue, según estamos viendo, entre un Jesús de la historia (o de la ciencia histórica) y un Jesús (Cristo) de la fe (o de la Teología), con la pretensión de estudiar ambos aspectos por separado. Vislumbramos en estas formas de dualismo los ecos de antiguas herejías, acomodados en su formulación a las expectativas de tiempos más recientes. Viene a la memoria en particular la figura de Cerinto. Distinguía entre Jesús, nacido de José y María como todos los hombres; y Cristo, quien se une a Jesús en el momento del bautismo y se retira en el momento de la Pasión: Ireneo de Lyon, *Contra las herejías* I, 26, 1; III, 11, 7.

A nuestro parecer, el problema no reside tanto en la posibilidad metodológica de la distinción respecto a Jesús y al Nuevo Testamento entre historia y fe, discutible como casi todas, pero que puede ser parcialmente útil utilizada de manera instrumental en determinado tipo de estudios, por ejemplo, en los encaminados a situar la figura de Cristo dentro de las coordenadas sociales y políticas de la Palestina de su tiempo; o en los análisis comparativos sobre el mesianismo judío de la época. La distinción ni siquiera llega a plantearse —al menos en teoría— en otro posible tipo de análisis, como son los que deliberadamente se sitúan en el estudio estrictamente literario de los textos del Nuevo Testamento (por ejemplo, identificación y cuantificación de los términos utilizados), y sin pretender extraer conclusiones teológicas. El problema surge en un ámbito más esencial y se centra en un punto decisivo planteado y contestado rotundamente por el racionalismo —y asumido de forma más pudorosa por los fideístas de antes y de ahora—. Se puede formular con la siguiente pregunta: ¿Cabe aceptar la posibilidad de lo sobrenatural en la historia? Dicho de un modo más sencillo y directo: ¿existen los milagros? ¿Puede la intervención divina operar de modo extraordinario modificando en algunos casos las leyes comunes de la naturaleza?

Fue y es la contestación negativa a esa pregunta lo que hizo que la crítica racionalista separase al Jesús de la historia y al Jesús-Cristo de la fe. Fue esa misma respuesta negativa la que, situada en el preámbulo de la crítica literaria de los textos evangélicos, llevó a muchos especialistas hacia los dominios de un método selectivo respecto a los diversos pasajes del Nuevo Testamento. Había que excluir todos los sucesos milagrosos que allí se describen, pero no como consecuencia de métodos filológicos aplicados a los textos, sino simplemente porque tales acontecimientos, se piensa, *no pueden haber tenido lugar*. Tales hechos extraordinarios se explican con argumentos de diversa clase (alucinaciones colectivas y otras alteraciones de los estados de ánimo, curaciones por medios tradicionales, imaginación desbordante de los primeros cristianos, mentalidad de la época o puras falsificaciones realizadas por la primitiva Iglesia como quiere, entre muchos otros, Reimarus).

El Nuevo Testamento, y especialmente los textos evangélicos, quedan sometidos a una suerte de juicio expurgatorio, fundado —se dice— en los principios del llamado método histórico-crítico, para separar lo racionalmente aceptable de lo que pertenece al ámbito legendario. No es un método exclusivo de esta clase de crítica literaria: la filología de lengua alemana lo aplicó desmesuradamente en el análisis de las obras griegas y latinas, produciendo ediciones «purificadas» en las que la identificación de interpolaciones (añadidos posteriores al texto original) se convirtió en una práctica constante. Repitamos una vez más, pues el asunto es de importancia, que nuestra crítica no versa sobre la posibilidad y realidad de tales interpolaciones y retoques en los escritos neotestamentarios. Esto es un hecho conocido y perfectamente asumible. Entre los varios ejemplos que se podrían citar destaca el inciso identificado en la primera Carta de San Juan 5, 7-8[172], ausente en los manuscritos griegos, pero introducido en la Vulgata.

Aplicado a la crítica literaria del Nuevo Testamento, estos procedimientos, que deberían encaminarse a aportar una clarificación de los textos, compatible con la selección de variantes, la identificación de los géneros literarios y la procedencia de sus partes se convierte en una reescritura de los textos mismos, apelando a supuestos criterios de historicidad. Se dirá que no siempre es así. Pero sí lo es en muchos casos. En el momento en que se defiende la no historicidad de algunos episodios que en los Evangelios se presentan como claramente históricos es la credibilidad misma de toda la obra la que se pone en entredicho. La aceptación poco rigurosa de estos métodos explica el estado actual de la exégesis y de la Teología bíblica. Y el hecho de que para muchos el relativismo se haya instalado cómodamente en el corazón mismo de la filología de los estudios bíblicos.

La crítica racionalista rechaza por idénticos motivos la idea misma de Revelación y de inspiración divina de la Escritura. Al

---

172   Texto que la Neovulgata corrige: *Quia tres sunt qui testificantur: Spiritus et aqua et sanguis; et hi tres in unum sunt,* excluida la mención del Padre, del Verbo y del Espíritu Santo. El llamado *comma Ioanneum* fue objeto de muchas polémicas, en las que participó, entre otros, Erasmo: G. M. Vian, *op. cit.*, página 273.

fin y al cabo estamos ante aspectos de una única toma de postura que, como decimos, procede de un común principio rector: el de la negación de lo sobrenatural en la historia, incluyendo en primer lugar la que se deduce de los textos bíblicos. Por tanto, esta crítica ataca por igual la Cristología y los principios rectores de la Teología bíblica. En su versión fideísta, ambos ámbitos, aunque nominalmente respetados, sufren una crisis de credibilidad que difícilmente puede ocultarse por muchos esfuerzos que se hagan.

Podría impugnarse nuestra posición afirmando que mezclamos indebidamente dos ámbitos distintos, el de la crítica textual y el de la crítica literaria. Ciertamente y con toda evidencia se trata de métodos de estudios distintos. El primero —el de la crítica textual— se encamina a descubrir los textos más cercanos al autógrafo o autógrafos originales, seleccionando las lecturas más seguras entre los manuscritos disponibles. El segundo —el de la crítica literaria— estudia los textos desde el punto de vista de los factores que explican sus elementos integrantes, su contenido y estructura final, con ayuda de varios instrumentos entre los que destaca la crítica de las formas (identificación de las unidades preevangélicas contenidas en los Evangelios)[173] y la crítica de la redacción[174]. La crítica textual parte de los manuscritos disponibles para presentar el texto más próximo posible al original. La crítica literaria parte de una versión ya admitida e intenta reconstruir su prehistoria.

---

173 La expresión *Formgeschichte*, historia de las formas, fue utilizada por vez primera en la obra de M. Dibelius, *Die Formgeschichte des Evangeliums*, publicada en 1919; el método está asociado a los nombres de L. Schmidt y R. Bultmann, pero procede de los trabajos de H. Gunkel (1862-1932) sobre los géneros literarios del Antiguo Testamento.

174 A. Piñero – J. Peláez, *El Nuevo Testamento. Introducción al estudio de los primeros escritos cristianos* cit., páginas 61-62: «Este método considera a los evangelistas teólogos creativos y verdaderos autores, no meros compiladores, y tiene por finalidad determinar: 1) la situación original de cada relato o dicho consignado en los evangelios; 2) la tradición y el proceso de transmisión; 3) la situación en la iglesia primitiva; 4) la situación y propósito del escritor/editor de cada escrito evangélico. Objetivo central para la historia de la redacción es el estudio de la motivación teológica del autor/redactor. La historia de la redacción, en todo caso, se interesa más por la estructura de la obra completa que por las unidades individuales de material». Los más decididos representantes de este método fueron H. Concelmann, W. Marxten, G. Bornkann, G. Barth y H. J. Jeremias.

Ahora bien, exceptuando el campo de algunos estudios estrictamente técnicos, una literatura de especialistas para especialistas, las obras sobre exégesis bíblica mezclan noticias procedentes de la crítica textual y de la crítica literaria, casi de manera inevitable. Argumentos extraídos de la crítica textual sirven para la interpretación de los textos y, recíprocamente, conclusiones tomadas del ámbito literario ayudan a seleccionar las lecturas que se estiman mejor fundadas.

Al fenómeno anterior se suma otro no siempre tenido en cuenta por los autores. Es el siguiente. La crítica literaria, por su propia naturaleza, incorpora lo que podríamos denominar una «crítica textual en hipótesis». Dado que su propósito es la identificación de los materiales que confluyen en la redacción de los Evangelios tal como los conocemos y teniendo en cuenta que no disponemos de manuscritos anteriores a los que recogen parcial o totalmente los Evangelios, todas las construcciones de la crítica literaria en cualquiera de sus variantes dependen de la aceptación de *estratos* anteriores reconstruidos siempre de manera aproximada y que por ello deberían presentarse al lector subrayando su carácter hipotético e incierto. A estos efectos da igual que se hayan identificado unidades previas de carácter oral u escrito: en todos los casos estamos ante hipótesis en el estricto sentido del término. Incluso la llamada fuente Q, como sabemos, una colección de dichos de Jesús que habrían utilizado Lucas y Mateo es, a pesar de los sólidos motivos que aconsejan su aceptación, una reconstrucción estrictamente teórica.

Basta leer las expresiones que se repiten en los estudios, guías e introducciones del Nuevo Testamento para darnos cuenta de que la crítica literaria, perfectamente admisible y enriquecedora, por los límites de su método propio, no puede llegar nunca a conclusiones definitivas y ha de moverse en casi todas sus conclusiones dentro del ámbito de lo hipotético. Pongamos varios ejemplos de estas expresiones ya casi estandarizadas: «disposición selectiva del material», «retoques posteriores», «textos y pasajes secundarios», «tradiciones secundarias», «expresión de creencias del evangelista», «elementos legendarios» (incorporados al texto), «estratos tardíos del Nuevo Testamento», «rastros de una antigua Cristología», «ciertos relatos de milagros incluidos por la necesidad de confirmar la concepción popular», «añadiduras tardías», «narración que se fue formando en el seno de la comunidad», y muchas otras similares.

La idoneidad de los métodos histórico-críticos es perfectamente admisible y aconsejable. Lo que ponemos en cuestión son los presupuestos sobre los que muchos autores utilizan tales métodos. Y, en algunas ocasiones, la prepotencia con la que son presentadas unas conclusiones que responden a opiniones de cada autor y que poco tienen que ver con los métodos alegados. Las legítimas dudas se acrecientan cuando se descubre en tal tipo de interpretaciones una utilización poco crítica del principio evolucionista, unido a la mencionada tendencia por sobrevalorar los distintos *estratos* que se dice descubrir en los Evangelios. Estratos a los que se asigna una teología particular. Respecto a la irrupción del evolucionismo acrítico en la crítica literaria puede ser útil recordar lo siguiente. La expresión aceptada «crítica de las formas» proviene del término alemán «Formgeschichte», acuñado por M. Dibelius en 1919. En alemán, «historia de las formas» es un término que pone más énfasis en el *proceso* que en las formas (unidades sueltas) en sí mismas consideradas[175]. Conviene añadir, que independientemente de la terminología que se haya impuesto, ya D. F. Strauss, en su *Vida de Jesús* (en dos volúmenes, 1835-1836) aplicó con gran coherencia el método de analizar por separado las diversas *perícopas* (unidades de contenido) que integran los Evangelios[176].

Este modo de ver las cosas se reproduce en el tratamiento de los escritos de San Pablo. Aparte de ver en ellos una separación teológica radical respecto a la doctrina contenida en los Evangelios y otras obras no paulinas del Nuevo Testamento[177], muchos comentaristas plantean una composición tardía de algunas de las cartas atribuidas al apóstol, con débiles argumentos históricos y filológicos (Hebreos, como se sabe, es un caso particular). A lo que

---

175 J.D.G. Dunn, *Jesús recordado* cit., página 107 nota 29.
176 A. Schweitzer, *Investigaciones sobre la vida de Jesús* I cit., página 148.
177 En el sentido recogido en el texto: J. N. D. Kelly, *Early Christian Creeds*, 3ª ed., Longman, 1997, páginas 27 y 10.

se suma una preocupante falta de respeto por el texto. Así, por ejemplo, la Segunda Carta a Timoteo, importante entre otras cosas por los detalles de la vida de Pablo que ofrece, carta que se puede situar en el año 63 d. C., cuando Pablo se halla en espera de una sentencia (2 Tim 4, 6)[178], se desplaza en su composición hasta principios del siglo II d.C., aduciendo entre otras cosas un estilo de redacción diverso, lo cual puede explicarse simplemente porque el apóstol, dadas sus circunstancias, se valiera de un ayudante. Respecto a esos datos concretos que esta carta y también la primera a Timoteo suministran, afirma A. Piñero:

> «Es muy probable que —dado que se trata de una literatura cuyo autor esconde voluntariamente su personalidad verdadera: los detalles pintorescos de las cartas (1 Tim 5, 23; 2 Tim 4, 13) valen sobre todo para provocar un aire de autenticidad— se hayan compuesto en el entorno mencionado en las obras y al que van dirigidas: Éfeso (1 Tim), Creta (Tit), o Asia Menor en general (2 Tim). Parece que en Éfeso hubo muchos discípulos de Pablo y que allí siguió evolucionando la tradición paulina. Esta ciudad pudo ser un buen lugar para la edición de las Pastorales»[179].

«Los detalles pintorescos de las cartas que valen para darle un aire de autenticidad». Es este tipo de afirmaciones absolutamente gratuitas el que confiere poca credibilidad a muchos estudios de exégesis. Por esa vía terminan por ponerse en cuestión todas las noticias históricas que aportan los escritos del Nuevo Testamento. Se empezó por excluir los milagros y cualquier intervención sobrenatural y se termina por considerar un recurso literario ajeno a la realidad la mención del manto, los libros y pergaminos de Pablo de Tarso.

***

---

178 M. Sordi, *I cristiani e l'impero romano* cit., página 66.
179 A. Piñero, *Guía para entender el Nuevo Testamento* cit., páginas 457-458.

Una de las paradojas más llamativas que ofrece la observación crítica de las doctrinas dualistas —Jesús de la Historia, Cristo de la fe— es el resultado final que en muchas ocasiones se obtiene sobre la realidad histórica de Jesús, la que supuestamente se quería o se quiere preservar. En principio, la identificación de dos perspectivas desde las cuales Jesús puede ser observado o contemplado es —como quedó señalado— perfectamente admisible, incluidas ambas dentro del inagotable misterio de Jesucristo. Los problemas solo comienzan cuando estas perspectivas se convierten en formas excluyentes de aproximarse a Jesús de Nazaret. Es en la negación más que en la afirmación donde reside el problema que estamos considerando.

En la hermenéutica bíblica deben concurrir en armonía dos niveles: el histórico-crítico y el teológico. Lo que se echa en falta no es la aplicación del llamado método histórico-crítico, sino la ausencia de un estudio de la dimensión teológica de los textos bíblicos.

«Si la actividad exegética se reduce únicamente al primer nivel, la Escritura misma se convierte solo en un texto del pasado. "Se pueden extraer de él consecuencias morales, se puede aprender la historia, pero el libro como tal habla solo del pasado y la exégesis ya no es realmente teológica, sino que se convierte en pura historiografía, en historia de la literatura". Está claro que con semejante reducción no se puede de ningún modo comprender el evento de la Revelación de Dios mediante su Palabra, que se nos transmite en la Tradición viva y en la Escritura. La falta de una hermenéutica de la fe con relación a la Escritura no se configura únicamente en los términos de una ausencia; es sustituida por otra hermenéutica, una hermenéutica secularizada, positivista, cuya clave fundamental es la convicción de que Dios no aparece en la historia humana. Según esta hermenéutica, cuando parece que hay un elemento divino, hay que explicarlo de otro modo y reducir todo al elemento humano. Por consiguiente, se proponen interpretaciones que niegan la historicidad de los elementos divinos»[180].

La clave del problema consiste en la negación decisiva: en no tener en cuenta dentro de estos estudios a su principal protagonista, que es el mismo Dios, como interviniente en la historia. Desde esta perspectiva completa tanto en los sucesos históricos narrados en el Nuevo Testamento como en la fe de la comunidad se debe contar con este factor extraordinario pero real. Por eso hablamos de Historia de la salvación y no directamente de experiencias de fe o de mera literatura religiosa. Sobre este punto reflexiona V. Messori: «Una buena parte de las incomprensiones y rechazos referidos al cristianismo vienen precisamente de esto: de aplicar, también en este tema, las categorías que sirven para cualquier otra realidad de la historia, pero que no sirven para la Historia de la Salvación, para la aparición y presencia de Dios en la aventura humana»[181]. Por este mismo motivo el autor italiano reivindicará frente a las interpretaciones en clave gnóstica de la Resurrección de Jesús un *materialismo* de la Resurrección, que es entre otras cosas una reivindicación del cuerpo y de la realidad histórica[182].

---

180 *Exortación Apostólica Postsinodal Verbum Domini*, del Santo Padre Benedicto XVI, Roma, 2010, número 35.
181 V. Messori, *Dicen que ha resucitado* cit., página 17.
182 *Ibidem*, página 100.

Stefano Tofanelli. *La Natividad.*

Capítulo XVI

Mito, memoria, biografía e historia en el Nuevo Testamento

El propósito consiste —se afirma— en llegar al «Jesús subyacente» sepultado en las páginas del Nuevo Testamento bajo capas y estratos en los que se acumulan interpretaciones teológicas de diversa procedencia, a las que se añade más tarde todo el peso de la historia de los dogmas. Obsérvese el paralelismo evidente entre esta forma de investigación sobre Jesús y la que aparece en algunos métodos de crítica literaria, pues igualmente desde esta perspectiva la idea de fondo es descubrir los primeros estratos de una tradición que empezó siendo preliteraria, oral, antes de transformarse en los Evangelios que conocemos. Todo ello, claro está, si se admite un mínimo de credibilidad en las noticias que aportan los escritos neotestamentarios sobre la realidad histórica de Jesús, dejando aparte la hipótesis de quienes niegan su existencia real, posición que estimamos insostenible, por hallarse suficientemente apoyada la realidad de Jesús en fuentes cristianas y no cristianas[183]. En este mismo sentido escribe F. Bermejo Rubio, citando

---

183   Información sobre este problema en: A. Piñero, *Guía para entender el Nuevo Testamento* cit., páginas 151-168; F. Bermejo Rubio, *op. cit.*, páginas 65-72.

a Alfred Loisy: «Uno se explica a Jesús, no se explica a quienes lo habrían inventado».

Especialmente influyente ha sido a todos los efectos la incorporación de la idea de mito en los estudios sobre Jesús de Nazaret o de los Evangelios, con diversos propósitos. Desde algunas posiciones se insiste, con razón, en oponer mito e historia para reforzar mediante esta contraposición el carácter real de la personalidad de Jesús, aunque algunos —algo que explicaremos más abajo— aprovechan en sentido positivo algunas virtualidades del concepto de mito, que habría sido incorporado, reevaluado, cristianizado, por la primera Iglesia y que, en su sentido más profundo no sería otra cosa que una constante del pensamiento humano. La teoría del mito aplicada a Jesús posibilita, como se ve, diversas modulaciones: son muchos los autores que, comentando el Nuevo Testamento, se mueven en un terreno confuso en esta materia decisiva, mezclando en su exégesis la aceptación de elementos históricos con la supuesta identificación de elementos legendarios; estos últimos habrían de ser identificados y eliminados, para llegar al Jesús histórico y a su mensaje no deformado por añadidos.

Aquí solo aportaremos algunas consideraciones que deberían completarse en otra parte. Como acabamos de afirmar, una posición extrema en esta materia es la que defiende la figura de Jesús como mítica en el sentido radical del término: se trataría de un personaje puramente ficticio, fruto de la imaginación de la primera comunidad eclesial, sin ninguna correspondencia con la realidad histórica.

Pese a la dificultad de sostener esta postura, la hipótesis de la inexistencia histórica de Jesús es una opinión que siempre ha contado con sus partidarios. Citemos solo algunos ejemplos. El propio Bruno Bauer, del que ya hemos hablado, aunque con algunas oscilaciones, considera que los Evangelios han de valorarse como un puro producto literario en el sentido estricto de la expresión. A. Kalthoff (1850-1906) pensaba que Jesús era la creación de un movimiento mesiánico judío necesitado de una figura en la que apoyarse. A. Drews (1865-1935), influido por los dos anteriores, entendía que Jesús no era sino una variante más de un mito anterior al propio cristianismo. Por lo demás, la aproximación de

Jesús a personajes míticos de la antigüedad, como forma de criticar bien su existencia histórica, bien las cualidades que afirmaban de él sus partidarios, fue una línea de crítica que empezó casi a la vez que el propio cristianismo. Se constata, por ejemplo, en la obra de Orígenes, *Contra Celso*. Orígenes contrapone a los personajes míticos griegos la existencia real de Jesús, probada por el testimonio de los discípulos (III, 24). La teoría del «mito de Jesús», entendida en este sentido primario, como negación de su carácter histórico, se reavivó en el siglo XVIII, sobre todo, por obra de autores franceses hostiles a la Iglesia.

El escepticismo histórico, según señalan G. Theissen y A. Merz[184] (de quienes hemos tomado los datos recogidos en el párrafo anterior), fuera de la teología, busca privar de legitimidad al cristianismo. Por el contrario, continúan afirmando estos autores, la admisión de ciertas dosis de escepticismo dentro de la teología —y en conexión con tendencias fideístas, añadimos por nuestra parte— intenta fortalecer al cristianismo: el camino por la vía de la fe sería la única forma de acceso a Jesús, dado el estado de las fuentes históricas. En este tipo de posiciones, independientemente de la terminología que se utilice, se admite una coexistencia de lo histórico y de lo mitológico, como forma de salvar el núcleo de la fe.

El propio término y concepto de *mito*, como categoría general, antes incluso de valorar su posible aplicación al Nuevo Testamento, se presta a interpretaciones diversas, dado su carácter polisémico. No siempre puede identificarse con la noción habitual que lo equipara con una narración o un personaje puramente ficticios, no verdaderos. La categoría de mito tampoco debe considerarse, según los contextos de su uso, como necesariamente negativa, pues a veces con el término «mito» algunos autores no se refieren a contenidos sino a una forma de lenguaje simbólico, idónea cuando se trata de describir lo inefable. En muchas ocasiones se reajusta su significado común, operación típica de los especia-

---

184 G. Theissen – A. Merz, *El Jesús histórico*, trad. de M. Olasagasti, Ediciones Sígueme, Salamanca, 1999, página 112.

listas, que gustan de este tipo de disquisiciones, creando el consiguiente desconcierto en el lector poco avisado.

Sin embargo, estos variados usos del término cuentan ya con una considerable tradición y todos ellos deben tenerse en cuenta. Una tradición en la que conviven una pluralidad de significados y que se remonta al mundo antiguo. Esta ambivalencia del mito se observa ya en Platón, quien denigra los mitos en su reelaboración por los poetas, pero que, sin embargo, no tiene reparo alguno en acudir al mito como forma de expresión de su filosofía, considerándolo un medio legítimo de llegar a la verdad. La ambivalencia del valor del mito pervive en toda la historia del pensamiento occidental y tiene incluso momentos, como los del movimiento romántico, en los que se revaloriza frente a la razón.

De hecho, dentro de la gramática y de la retórica grecorromana, conocida por los autores cristianos del siglo II d. C. (también por Lucas, por Pablo y por el autor de la segunda Carta de Pedro), el concepto de mito no coincidía con el predominante, al menos en el lenguaje común, pues formaba parte de una clasificación más amplia y matizada. En general, y sin pretender entrar en el estudio exhaustivo de esta materia[185], podemos afirmar que se distinguía entre historia, testimonios-recuerdos (*apomnemoneuma*), mito y pura ficción (*plasma*). Aunque a primera vista este tipo de referencias puedan parecernos excesivamente áridas, oscuras y alejadas de nuestros intereses, no es así, dado que, como veremos a continuación, afecta a la valoración de los Evangelios y, consecuentemente a la personalidad de Jesús.

Historia significa una narración sobre hechos verdaderos sistemáticamente construida. El sustantivo no aparece en el Nuevo Testamento. Solo Lucas, en el comienzo de su Evangelio, utiliza un término técnico que puede considerarse equivalente: Lc 1, 1: *Puesto que muchos han emprendido la tarea de componer un relato (diegesis, narratio) de los hechos que se han cumplido entre nosotros.* El esfuerzo de Lucas por componer una obra de acuerdo

---

185 Tomamos los datos de: R. M. Grant, *The Earliest Lives of Jesus*, Harper & Brothers, New York, 1961, en especial del glosario contenido en las páginas 119-123.

con los requisitos de la historiografía del momento explica la utilización de este término (solo aparece una vez en todo el Nuevo Testamento), con su significado de «exposición histórica». Un uso que encontramos, por ejemplo, en el proemio de la *Historia de Roma* de Dionisio de Halicarnaso.

Las noticias contenidas en los Evangelios obedecen a la finalidad general de estos, entendidos como *testimonios-recuerdos* de las palabras y hechos de Jesús; también Lucas en su prefacio hace referencia a los testigos oculares, utilizados como fuente de su narración (Lc 1, 2). Igualmente Papías sobre el Evangelio de Marcos (en la *Historia Eclesiástica* de Eusebio de Cesarea III, 39, 15). En el mismo sentido se pronuncia Justino, en su *Diálogo con Trifón* 103-106, cuando se refiere al Evangelio con estos mismos términos.

Un debate independiente —por otra parte, cuestión muy estudiada entre los especialistas— merecería el estudio de la cuestión de si los Evangelios pueden ser considerados *biografías* de Jesús de Nazaret. Parece evidente que no cabe hablar de biografías en el sentido moderno del término[186]. Se debe defender también que, como muestran los resultados de la crítica de las formas, en los Evangelios falta una inicial unidad de contenidos, pues hay que contar con una primera fase oral e incluso con materiales escritos anteriores que inicialmente se transmitieron de manera independiente unos de otros. Los evangelistas sintetizan y ordenan, de acuerdo con varios criterios, un conjunto de testimonios y noticias sobre la vida de Jesús, con especial interés hacia aquellos que poseen una función decisiva en la Historia de la Salvación: presupuesta la Encarnación, la Pasión, Muerte y Resurrección de Jesucristo.

Ahora bien, el mundo antiguo conoció la biografía —el término «biografía» es tardío, antes del siglo V d. C. se hablaba más

---

186 F. Ocáriz. L. F. Mateo-Seco – J. A. Riestra, *op. cit.*, página 83; A. García Serrano, «Del relato a la historia en los cuatro primeros capítulos de Lucas», en *Estudios Bíblicos* 78, cuaderno 1 (2020) 67-97; en el mismo número de *Estudios Bíblicos* también: C. Martínez Maza, «El canon latino y la construcción de la Historia en los tiempos de los Evangelios», págs. 123-151.

bien de «vidas», *bioi*— género no sujeto a reglas rígidas ni perfectamente separado de otros tipos de obras de parecida finalidad. Dadas estas circunstancias, un sector considerable de estudiosos admiten la inclusión de los Evangelios dentro del género antiguo de «biografía», sobre todo, en el caso del Evangelio de Lucas, cuyo autor explícitamente estructura su obra con arreglo a las exigencias del género.

La *vida*, con su centralidad en la persona, en este caso de Jesús de Nazaret, contribuye a reforzar un dato de particular relevancia: la realidad histórica de Jesús. En este sentido, compatible con la visión de los Evangelios como ordenación de los testimonios aportados por los testigos, fuente directa o indirecta de la información que ofrecen, aquéllos pueden ser considerados como un tipo especial de biografía. Podría decirse que el carácter biográfico de los Evangelios, dejando aparte cuestiones terminológicas, es una consecuencia necesaria del planteamiento inicial de la Iglesia, basado en la realidad de la Encarnación, signo distintivo de la fe cristiana (1 Tim 3, 16; 1 Jn 4, 2), y en la consciencia de que se busca la identificación con una Persona y no prioritariamente con un mensaje o doctrina.

Tal opción explica que la primera Iglesia, con esta decisión de propiciar y aceptar unas obras —los Evangelios— que se estructuran sobre un marco temporal, cronológico y una estructura narrativa, quisiera subrayar de forma clara la historicidad de Jesús. Si no hubiera primado este propósito y exigencia por preservar los datos históricos, la Iglesia hubiera producido con toda probabilidad un conjunto de obras que recogieran discursos de Jesús, situados fuera del tiempo y del espacio, como efectivamente procuró llevar a cabo la literatura gnóstica, despreocupada de las realidades temporales. Hizo frente incluso a los problemas evidentes que derivan de haber aceptado no una *narración oficial única*, sino cuatro versiones, con sus inevitables desajustes en los detalles de la exposición. Hay, pues, que distinguir en los Evangelios y en su estructura biográfica una opción significativa por una Cristología en la que se reconoce primariamente a una Persona, con una vida humana real, situada en el espacio y el tiempo[187]. Una consciencia de que Jesús de Nazaret pertenece al mundo de la historia de los hombres y no al de la mitología o al de la filosofía moral. La teología de los Evangelios se funda en la historia.

Respecto a la estructura de la biografía grecorromana, los Evangelios se presentan con un rasgo distintivo, que muestra los riesgos y la imposibilidad de utilizar modelos demasiado generales. Este rasgo diferenciador consiste en que sus autores y la primitiva comunidad cristiana fueron conscientes de que la vida de Jesús de Nazaret se insertaba, culminándola, en la Historia de la Salvación[188], anunciada y descrita (parcialmente) en el Antiguo Testamento. El Nuevo Testamento y particularmente los Evangelios se escribieron con el convencimiento de que con Jesús de Nazaret se cumplían (y al mismo tiempo se superaban) las Sagradas Escrituras y el plan salvífico de Dios. Esta convicción, omnipresente en todo el Nuevo Testamento, posee una formulación muy clara en el discurso de Esteban contenido en Hch 7, 1-54 (también Heb 1, 1-2).

Erróneamente y durante mucho tiempo la corriente crítica (de raíz protestante y germana) identificada con la «historia de las formas» y los cultivadores de la «escuela de la historia de las religiones», tendieron a minimizar —cuando no a excluir— el elemento judío en los comienzos del cristianismo. Se subrayaban hipotéticas influencias de la religión popular griega y se alegaba que la nueva religión era en realidad consecuencia de un sincretismo en el que el Antiguo Testamento aportaba solamente una parte del resultado final. Desde hace algún tiempo la situación es otra, afortunadamente. Se suele afirmar que el rasgo distintivo de la

---

187 Tomamos estas reflexiones, cuyas implicaciones son importantes, de: R. A. Burridge, *What are the Gospels? A comparison with Graeco-Roman Biography*, 2ª ed., W. B. Eerdmans Publishing Co., Grand Rapids, 2004, especialmente las conclusiones de las páginas 233-251; también: C. J. Hemer, *The Book of Acts*, Eisenbrauns, Winona Lake (Indiana), 1990, páginas 91-100.

188 Sobre el concepto de Historia de la Salvación el lector interesado debe consultar la contribución de A. Darlap, *Teología fundamental de la Historia de la Salvación* en el tomo primero de *Mysterium Salutis. Manual de Teología como Historia de la Salvación*, cuarta edición, Ediciones Cristiandad, Madrid, 1992, páginas 47-204.

«tercera búsqueda» (del Jesús histórico) se funda precisamente en la revalorización del judaísmo como antecedente inmediato del mensaje de Jesús: el libro de E. P. Sander, *Jesus and Judaism* (1985), marca un hito en la investigación[189].

Sin embargo, siguen gozando de un prestigio exagerado y considerable influencia actual autores como R. Bultmann, con lo que podemos llamar su «teoría de las separaciones»: de la separación entre judaísmo y cristianismo, de la separación entre Jesús de Nazaret y la comunidad cristiana[190]; a la que añade la de la separación-oposición entre la comunidad judeocristiana y la iglesia helenista; y la influencia decisiva de esta última en la configuración final de los Evangelios, entendidos —igual que hace D. F. Strauss— como un conglomerado de narraciones y discursos de diversa tipología.

Una cita, extensa pero necesaria, ayudará a comprender esta forma peculiar de acercamiento a la exégesis bíblica:

«(…). Marcos creó este tipo de evangelio; el mito de Cristo da a su obra, al libro de las epifanías secretas, una unidad no biográfica, pero sí basada en el mito del *kerygma*. La historia de la pasión, para la cual preparan alusiones como las de 2, 19s y 12, 1-11, e instrucciones reservadas para los discípulos como las de 8, 31,; 9, 31; 10, 33s, es la que adquiere el peso principal; la historia de la Pascua, preparada igualmente en aquellas instrucciones dadas a los discípulos y en la historia de la transfiguración (9, 2-10), constituye el broche final de la vida introducida por el bautismo como consagración mesiánica y entretejida de milagros, cuyo misterio es manifestado al principio a los espíritus, para quienes esa vida significa el juicio. Mateo y Lucas reforzaron, sí, en detalles la faceta mítica del evangelio por medio de algunas

---

189 Puede consultarse también: E. P. Sanders, *La figura histórica de Jesús*, Editorial Verbo Divino, Estella, 2000. De especial interés: M. Hengel – A. M. Schwemer, *Jesus und das Judentum*, Mohr Siebeck, Tübingen, 2007.

190 Según el autor alemán el cristianismo empezó con el Jesús predicado, no con el Jesús histórico; y por eso defiende que el Jesús histórico no forma parte de la Teología del Nuevo Testamento. Muchas afirmaciones de R. Bultmann asemejan su reconstrucción de Jesús de Nazaret a la de un mito gnóstico o a un arquetipo de C.G. Jung: J.P. Meier, *op. cit.*, página 28.

historias de milagros y por medio de las historias de la infancia y las historias que siguieron a la resurrección. Pero, en general, no desarrollaron ulteriormente el tipo de evangelio creado por Marcos, sino que reforzaron esencialmente la otra faceta de su doble carácter, al recoger alguna tradición histórica que faltaba en Marcos, pero que era accesible todavía para ellos. Un verdadero desarrollo ulterior del tipo de evangelio creado por Marcos lo constituye tan solo el evangelio de Juan[191], donde es cierto que el mito ha subyugado por completo a la tradición histórica»[192].

Estos comentarios esotéricos carecen de base histórica. Por el contrario, el Nuevo Testamento solo se explica en conexión con el Antiguo y, complementariamente, cabe añadir que, en la utilización que hace de este último —como afirma J. Trebolle Barrera[193]—, emplea todos los métodos interpretativos del judaísmo de la época: interpretación literal, *peser*, y los méto-

---

191   En esta opinión sobre Juan la huella de D. F. Strauss parece evidente: A. Schweitzer, *Investigaciones sobre la vida de Jesús* I cit., páginas 148-150: el Evangelio de Juan «representa un grado superior en la formación del mito» y la máxima influencia del pensamiento griego; como consecuencia de ello su valor histórico sería muy inferior al de los Sinópticos.

192   R. Bultmann, *Historia de la tradición sinóptica*, trad. de C. Ruiz-Garrido de la décima edición alemana de 1955 (primera ed. 1921; segunda ed. revisada y definitiva 1931), Ediciones Sígueme, Salamanca, 2000, páginas 432-433. Sorprende que, desde una posición aparentemente católica, X. Pikaza, en su introducción de la edición española, escriba: «Tiene el lector en sus manos un libro clave de la historia cultural del occidente, donde se combinan y fecundan análisis filológico de los evangelios, reconstrucción histórica de Jesús y búsqueda religiosa de la modernidad». El complejo de inferioridad que aqueja a muchos cultivadores de la exégesis bíblica frente a los autores alemanes del pasado se mantiene ahora en pleno vigor. En España este complejo es especialmente llamativo, generalizado; y tiene raíces muy antiguas en todos los campos de las humanidades, empezando por la filosofía. Vienen a la memoria las imaginativas (metafóricas) opiniones de Ortega y Gasset, presentadas como verdades históricas, sobre la génesis de España, en particular aquella que veía en los visigodos, frente a los francos, por ejemplo, unos «germanos alcoholizados de romanismo» (se nota que el filósofo estudió en Alemania), dando por supuesto, al estilo alemán, el carácter inferior de todo lo que tenga que ver con Roma (incluyendo La Iglesia Católica); una acertada crítica de las opiniones de Ortega y Gasset, aunque desde posiciones muy distintas a las nuestras, en J. M. Ridao, *República encantada*, Tusquets, Barcelona, 2021, páginas 193-229.

193   J. Trebolle Barrera, *op. cit.*, página 560.

dos midrásico y alegórico. En este sentido, la revalorización de los apócrifos del Antiguo Testamento y el descubrimiento de la literatura de Qumrán han sido factores decisivos. Esta realidad explica que los escritos del Nuevo Testamento, en muchas ocasiones, por ejemplo, en los relatos de la infancia, se busquen paralelismos y analogías con el Antiguo, forzando a veces una interpretación de pasajes que no se escribieron con tal significación explícita, pero que adquieren *a posteriori* una plenitud insospechada. Es lo que, bajo la guía de A. Diez Macho, llamamos interpretación deráshica. Todo ello bajo el principio de que el Antiguo Testamento posee una plenitud de sentido, un sentido inagotable y para todos los tiempos, convicción común a judíos y cristianos. La narración evangélica, cuando recurre a las analogías y a los paralelos con pasajes del Antiguo Testamento, sigue conservando (incluso refuerza) su finalidad y contenido históricos, no se sitúa en el terreno de la ficción. El método deráshico se pone al servicio de la verdad histórica y, sobre ella, construye también una verdad teológica[194].

Recordemos —es el momento idóneo para hacerlo— que esta Historia de la Salvación, como verdadera historia e historia verdadera, y «piedra angular» de toda hermenéutica bíblica[195], se funda en un concepto lineal del tiempo propio del pueblo judío (quizá también de otros pueblos del Oriente Próximo), es decir, en un concepto de historia en sentido estricto, desconocido en Grecia, que, como muchos pueblos arcaicos, aceptaban una «historia» de repetición, cíclica[196], la cual, en sentido estricto, al excluir la novedad, lo único, un comienzo en sentido estricto, hacía imposible una visión histórica del mundo de los hombres. La Historia de la Salvación tiene su punto de partida en el acto creador de Dios y tendrá su final en la restauración del hombre completo, cuerpo y alma, individuo y sociedad, incluyendo, por tanto, la dimen-

194 A. Diez Macho, *La Historicidad de los Evangelios de la Infancia* cit., página 48.
195 J. M. Casciaro – J. M. Monforte, *Dios, el mundo y el hombre en el mensaje de la Biblia*, Eunsa, Pamplona, 1992, página 505.
196 A. Diez Macho, *Historia de la Salvación* cit., página 45; H. Arendt, *La vida del Espíritu*, trad. de C. Corral, Paidós, Barcelona, 2020, página 249.

sión material[197]. La salvación del hombre no tiene lugar fuera de la historia, en un ámbito intemporal, como quieren todas aquellas doctrinas que equiparan liberación y evasión de este mundo por medio exclusivamente del conocimiento (budistas, gnósticos, neoplatónicos, etc.).

La Biblia, Antiguo y Nuevo Testamento, marca una frontera radical entre el mito y la historia. Frente a la intemporalidad de las creencias arcaicas, que son en realidad religiones de la naturaleza, a las que los mismos seres sobrenaturales se hallan subordinados, el judeocristianismo, con su Teología de la Creación, incorpora una forma nueva de entender el mundo y el hombre.

Existe una forma sutil de recuperar los ingredientes mitológicos en el Nuevo Testamento: una forma de entender la novedad de Jesús, interpretándola a la luz del Antiguo Testamento[198], pero que ha generado numerosos errores entre algunos sectores de comentaristas empeñados en explicar que las narraciones evangélicas se habrían escrito como una suerte de «reescritura» de pasajes y personajes del Antiguo Testamento (Jesús como nuevo Moisés o como nuevo Jacob, por ejemplo) y señalando en algunas ocasiones supuestos errores más o menos intencionados por parte de los evangelistas, que habrían realizado una interpretación sesgada de algunos pasajes del Antiguo Testamento para dotar de especial dignidad la figura de Jesús. Pongamos un ejemplo suficientemente representativo.

En Mt 1, 22-23 leemos: *Todo esto sucedió para que se cumpliese lo que había dicho el Señor por medio de profeta: Mirad: la virgen concebirá y dará a luz un hijo y le pondrá por nombre Enmanuel, que significa Dios-con-nosotros.* La cita es de Isaías 7, 14. El término original hebreo *alma* puede significar mujer joven, donce-

---

197   J. M. Casciaro – J. M. Monforte, *Dios, el mundo y el hombre en el mensaje de la Biblia* cit., página 504.

198   Este procedimiento de buscar lo mitológico en el Antiguo Testamento y luego detectar su existencia en diversos episodios de los Evangelios fue uno de los mecanismos más repetidos en la interpretación de D.F. Strauss: A. Schweitzer, *Investigaciones sobre la vida de Jesús* I cit., página 147.

lla, virgen[199]. Es muy probable incluso que el contexto dentro del cual habla el profeta no implique para él una profecía mesiánica, sino que sus palabras iban dirigidas a Ajaz, rey de Judá. Podemos incluso fijar el año en que tuvo lugar este episodio: el 733 a. C. Sin embargo, ya en la versión de los Setenta, se utiliza *parthenos* en un sentido más restringido, virgen en sentido estricto. Tampoco Jesús lleva el nombre de Enmanuel, pero *es* Enmanuel, Dios encarnado, como se explica en todos los Evangelios[200]. Lo relevante es señalar que Mateo utiliza el pasaje de Isaías no como inspirador del suyo, sino que, ante el misterio de la virginidad de María y de la Encarnación, descubre un nuevo sentido deráshico hasta entonces inesperado en las palabras del profeta. Escribe J. Ratzinger:

> «Y es que en el Antiguo Testamento hay efectivamente palabras que, por así decir, todavía no tienen dueño. Marius Raiser llama la atención a este respecto sobre Is 53, por ejemplo. Este texto se puede poner en relación con esta o aquella figura, por ejemplo, con Jeremías. Pero el verdadero propietario del texto se sigue haciendo esperar. Solo cuando él aparece cobra el texto su significado pleno. Veremos que en Is 7, 14 sucede algo parecido. Este pasaje se cuenta entre las palabras que de momento siguen a la espera de la figura de la que hablan»[201].

***

En el Nuevo Testamento se observa un uso del término «mito» en el sentido corriente de «relato fantástico, inventado», sentido que difiere del técnico empleado en la gramática y retórica griegas. Para estas, el mito no era una narración absolutamente falsa, fruto exclusivo de la imaginación de su autor, conocido

---

199   E. Levine, *Un judío lee el Nuevo Testamento*, Ediciones Cristiandad, Madrid, 1980, páginas 340-341; J. Trebolle Barrera, *op. cit.*, página 571.

200   J. Ratzinger, *Jesús de Nazaret* cit., página 38.

201   *Ibidem*, página 17.

o no por las posteriores generaciones. De acuerdo con este esquema teórico, el mito se sitúa en un terreno intermedio entre lo real y lo ficticio. Contiene una verdad que podemos denominar interna, que ha de descubrirse bajo la superficie de la narración; dicho de otro modo, el mito es una narración falsa que contiene una o varias verdades; o que proporciona un principio válido para una recta conducta.

Para describir un relato absolutamente falso se acude al término *plasma* según antes quedó apuntado. Este último término, al menos con este sentido, no aparece en el Nuevo Testamento, pero sí uno emparentado con él: *plastos*. Precisamente en la segunda Carta de Pedro 2, 3: *Y por codicia negociarán con vosotros con palabras artificiosas (plastois logois, fictis verbis); su sentencia está activa desde antiguo y su perdición no duerme.* Es curioso que sea en esa carta donde se utiliza —cinco ocasiones en total para el Nuevo Testamento— el término «mito» en el ya referido sentido común: 2 Pe 1, 16: *Pues no nos fundábamos en fábulas (mitos) fantasiosas cuando os dimos a conocer el poder y la venida de nuestro Señor Jesucristo, sino en que habíamos sido testigos oculares de su grandeza.* También en 1 Tim 1, 4; 4, 7; 2 Tim 4,4; Tit 1, 14. La contraposición se establece en estos pasajes entre el mito y la verdad.

La moderna investigación sobre los fenómenos religiosos, desde el siglo XIX, ha recuperado en cierta medida el uso técnico de *mito*, siguiendo una senda que no era absolutamente nueva, pues ya había sido utilizada por Orígenes (*ca.* 185-*ca.* 254), autor, como Jerónimo más tarde, de muy sólida formación filológica, quien no dudaba en afirmar que en algunos pasajes de las Escrituras podían encontrarse una combinación entre elementos míticos (en el sentido técnico referido) y la narración puramente histórica. Orígenes, sin embargo, no utiliza el término «mito», cargado de negatividad en la literatura cristiana: lo sustituye por «enigma» o «parábola», que sí se encuentran utilizados en la Escritura[202]. El origen retórico de este esquema es indudable. El método alegórico de Orígenes se funda técnicamente en estos elementos de

---

202   Las pruebas de esta equiparación utilizada por Orígenes pueden verse en: R. M. Grant, *op. cit.*, página 66.

la gramática y retórica griegas, que debieron ser conocidos también por Pablo de Tarso —la contraposición entre letra y espíritu: 2 Cor 3, 6; Rom 2, 28-29 da prueba de ello—. Una línea de interpretación que llega, entre otros, a Ambrosio y Agustín de Hipona: *Confesiones* VI, 4.

De nuevo hay que advertir al lector que el uso del concepto/término de mito adquiere diversas significaciones según los autores y los campos de estudio. Nos ocuparemos ahora —brevemente— de las aportaciones que en esta materia ha realizado Mircea Eliade, porque una parte de ellas (no todas) son perfectamente utilizables como medios de comprensión de la verdad cristiana, pese a que convenga repetir todas las veces que haga falta que el cristianismo es una *religión histórica*. En ese sentido esencial cristianismo y mito son realidades antagónicas. Los intentos de explicar el cristianismo —Escuela de la historia de las religiones— por la influencia de los misterios griegos y orientales no tienen mucho fundamento. Escribe J. Trebolle Barrera:

> «El entusiasmo de los primeros tiempos por la comparación del cristianismo primitivo con las religiones mistéricas se ha enfriado mucho con los años y ha cedido el puesto a planteamientos más complejos. Estas religiones no estaban tan difundidas como se pensaba, no tenían el carácter misionero que se les atribuía y, lo que es más importante, no alcanzaron su punto de desarrollo hasta el siglo II d. C., cuando el cristianismo había despegado y tomado ya vuelo con sus propias fuerzas. Las religiones de los Misterios constituían en realidad una especie de "atmósfera religiosa", muy difundida en la época (Nilsson). Su éxito se debía sobre todo a lo atractivo de su lenguaje religioso, un lenguaje que flotaba en el ambiente de la época y que no podía menos que aflorar en cualquier escrito religioso»[203].

Pero es cierto que existe lo que podríamos llamar *universales del pensamiento religioso*. Un conjunto de conceptos que,

---

203   J. Trebolle Barrera, *op. cit.*, página 35.

con los matices propios de este tipo de fenómenos, se reproducen en todas las culturas: Dios, dioses o entes sobrenaturales, paraíso-edad de oro, espíritus de los antepasados, virtud, sacrificio, pecado, etc. Y que, en consecuencia, la humanidad dispone de un vocabulario general —traducible entre las diversas lenguas— para hacer referencia a las realidades sobrenaturales. En tal sentido, la actividad misionera de la Iglesia aporta una prueba decisiva de carácter no filosófico, sino empírico. Obviamente la existencia de este vocabulario más o menos común no es sino la expresión de un conjunto de creencias y prácticas que, aunque muy diversas entre sí, reproducen esquemas de conducta y pensamiento que son también universales —bien estudiados por las disciplinas de la fenomenología y la filosofía de la religión—. Tal vez, lo más discutible de todas las consideraciones que versan sobre las realidades mencionadas, es que, para referirse a las creencias de las comunidades humanas de la época primitiva, arcaica y antigua, se haya impuesto por regla general el término de «mito», que sugiere de por sí valoraciones muy ambiguas.

En palabras de M. Eliade:

> «Desde hace más de medio siglo, los estudiosos occidentales han situado el estudio del mito en una perspectiva que contrastaba sensiblemente con la de, pongamos por caso, el siglo XIX. En vez de tratar, como sus predecesores, el mito en la acepción usual del término, es decir, en cuanto "fábula", "invención", "ficción", le han aceptado tal como le comprendían las sociedades arcaicas, en las que el mito designa, por el contrario, una "historia verdadera", y, lo que es más, una historia de inapreciable valor, porque es sagrada, ejemplar y significativa. Pero este nuevo valor semántico acordado al vocablo "mito" hace su empleo en el lenguaje corriente harto equívoco. En efecto, esta palabra se utiliza hoy tanto en el sentido de "ficción" o de "ilusión", como en el sentido, familiar especialmente a los etnólogos, a los sociólogos y a los

historiadores de las religiones, de "tradición sagrada, revelación primordial, modelo ejemplar"»[204].

En los mitos se concentra y se transmite la consciencia de lo sobrenatural. Con ellos el mundo terreno mantiene una apertura al mundo trascendente, de las realidades absolutas. Eliade subraya que el mito da al mundo un significado, un sentido, lo revela como lenguaje: porque hace posible una comprensión global de la realidad. En este sentido general, el mito no se presenta como una fase anterior al pensamiento racional: «No se trata de "supervivencias" de una mentalidad arcaica, sino que ciertos aspectos y funciones del pensamiento mítico son constitutivos del ser humano»[205]. El mito es una vía que ayuda a llegar a las verdades religiosas.

El cristianismo rompe con el pensamiento mítico en el punto esencial: al presentar a Jesucristo, Dios y hombre, como dado en la historia, en el tiempo y en el espacio. Sin embargo, esta diferencia radical, el carácter histórico de la Encarnación, es compatible con que utilice lo que podemos llamar *categorías del pensamiento mítico*, en el sentido positivo que hemos intentado señalar más arriba. Es decir: el cristianismo, como experiencia religiosa, acude a nociones generales que reajusta, reevalúa y dota de un significado nuevo, pero reconocible. Estamos aquí ante un esquema que reproduce, en un ámbito aún más general, las relaciones que se dan entre el Antiguo y el Nuevo Testamento, en el sentido de que este ilumina el sentido último del primero. Esta misma transformación opera en el ámbito de los sacramentos y de la liturgia, en los que se da una «ruptura del tiempo profano»[206], conocida en muchas tradiciones religiosas. Deberíamos, por lo tanto, plantear una distinción radical: no hay espacio para el mito en lo que se refiere a los hechos, al entramado de acontecimientos que forman la vida de Jesús de Nazaret, incluyendo su concepción virginal, los milagros, la institución de la Eucaristía y la Resurrección.

---

204 M. Eliade, *Mito y realidad*, trad. de L. Gil, Editorial Labor, Barcelona, 1991, página 7.
205 *Ibidem*, página 189.
206 *Ibidem*, página 178.

El propio Jesús pudo recurrir al lenguaje mítico, entendido correctamente, como forma de explicar las realidades sobrenaturales (por ejemplo, en las parábolas) y lo mismo cabe afirmar de los autores del Nuevo Testamento: que recurrieran a argumentos e interpretaciones que en algunos casos hacen uso del lenguaje mítico, entendido no como ficción, sino como forma de acceso a lo trascendente, que surge de los estratos más profundos del alma, valiéndose de las virtualidades del lenguaje y de la analogía. En palabras de Santo Tomás, *Cuestión sobre los sentidos de la Sagrada Escritura* 1, solución:

> La Sagrada Escritura manifiesta de dos maneras la verdad que enseña: mediante palabras y mediante las semejanzas de las cosas. La manifestación a través de las palabras constituye el sentido histórico o literal. En consecuencia, pertenece al sentido literal todo aquello que se desprende directamente del significado de las palabras. En cambio, el sentido espiritual, como ya queda dicho, se apoya en que hay cosas que son expresadas mediante la capacidad figurativa de otras, porque las cosas visibles suelen ser figura de las invisibles, como dice Dionisio.

En el Apocalipsis el uso y adaptación del lenguaje mítico adquiere una relevancia particular, según ocurre en general con toda la literatura del género apocalíptico. Ahora bien, se debe tener buen cuidado de reparar en un dato muy importante. Puede admitirse la utilización del lenguaje mítico, en el sentido de que se utilizan un conjunto de imágenes y símbolos. Sin embargo, no es admisible, como advierte L. Castellani, realizar un alarde de «erudición sin sensatez» (se refiere a la obra de Gunkel)[207] y buscar los orígenes de tales símbolos para explicar así su contenido. El arsenal de símbolos e imágenes está a disposición de todos: es propiedad común —como antes procuramos explicar— y su uso no significa servidumbre alguna respecto a otras tradiciones. El autor del Apocalipsis utiliza los símbolos e imágenes de manera libérrima, guiado por el Espíritu Santo, porque este parece ser el len-

---

207   L. Castellani, *El Apokalipsys de San Juan* cit., página 77.

guaje más apropiado para describir las realidades escatológicas. Y todavía añade Castellani una precisión más: que el Apocalipsis use un lenguaje simbólico no quiere decir que sea una alegoría; es en sentido estricto un libro profético[208].

Al hilo de la reflexión anterior recordemos que desde finales del siglo XIX se extendió el método comparativo de los textos bíblicos con otros textos religiosos de la misma área cultural. Estamos ante la ya mencionada Escuela de la historia de las religiones, por lo general poco cuidadosa en sus conclusiones respecto a la Biblia. Se ha hablado del «panbabilonismo» de H. Winkler y de F. Delitzsch. Respecto al Nuevo Testamento se deben citar autores como R. Reitzenstein, W. Bossuet. Destaca entre todos H. Gunkel[209], que es el autor al que Castellani dirige la crítica que hemos recogido en el párrafo anterior.

***

Llegados a este momento de la argumentación, presentamos los significados de «mito» que se han ido acumulando y que pueden haber generado cierta desorientación en el paciente lector. Lo haremos de manera esquemática. Lo que llamamos mito puede entenderse de forma negativa o positiva. En forma negativa, el mito es cualquier narración engañosa, que no se corresponde con la verdad: este es el sentido que Platón aplicaba a las narraciones poéticas griegas y con el que la primera Iglesia señalaba los errores doctrinales, sobre todo de tipo gnóstico: 1 Tim 1, 4; 2 Pe 1, 16. En su concepción positiva, el mito puede entenderse en sentido formal y en sentido sustancial. En sentido formal, el mito se identifica con una forma de lenguaje —imágenes, símbolos, analogía— apta para describir las realidades trascedentes, lo inefable y el origen divino que cada cosa guarda y oculta en su interior. En

---

208   *Ibidem*, página 25.
209   Son los autores que citan: A. M. Artola – J. M. Sánchez Caro, *op. cit.*, páginas 356-357.

sentido sustancial, llamamos mitos a los fragmentos de esa realidad trascendente preservados en las tradiciones de las diversas culturas (que desde la fe cristiana podemos llamar, cuando se dé el caso, *fragmentos de Revelación*). Finalmente, existe un tercer ámbito de significación: el mito como categoría filosófica, como modo de conocimiento alternativo al puramente racional, modo que según el criterio de cada autor puede equipararse al sentimiento o a la intuición. Este es el sentido en que lo utilizó Platón y, por mediación de Hegel, y en el ámbito que más nos importa, el de los estudios sobre el Nuevo Testamento, D. F. Strauss, del que nos ocupamos más abajo.

No es tan difícil de explicar que la primera Iglesia «cristianizara» símbolos, ritos e incluso fragmentos o partes de mitos precristianos. No hubo sino una interpretación cristiana, nueva, de realidades universales de naturaleza religiosa. Y es también explicable que, en las ocasiones en que se pierde la tensión propia de la radicalidad del cristianismo, las prácticas y creencias de algunos que se siguen llamando cristianos, «vuelvan» al mundo mítico anterior; o que desde fuera de la fe se interpreten en este sentido tales acomodaciones. Ello ocurre, en el terreno de la teoría, sobre todo con las corrientes gnósticas.

En la antigüedad inmediatamente postcristiana se dieron ya tentativas de reconducir el mensaje cristiano hacia categorías míticas previas, también en el terreno del culto. Pongamos un ejemplo. Los primeros cristianos conservaron la tradición local de que Jesús de Nazaret nació en una gruta de Belén, utilizada como establo (en relación con Lc 2, 7), uso habitual en ese territorio. Pues bien, tras el segundo conflicto entre Roma y los judíos en el siglo II d. C. y la consiguiente expulsión de los judíos de Tierra Santa, las autoridades romanas convirtieron la gruta en un lugar de culto a Ammuz-Adonis, según parece, para intentar eliminar de tal modo el culto cristiano asociado[210].

Es cosa sabida que cuando Adriano decidió constituir una colonia, *colonia Aelia Capitolina*, en Jerusalén, convirtió el

---

210 J. Ratzinger, *Jesús de Nazaret* cit., página 51.

Templo, en ruinas tras la Guerra del 66-74 d. C., en un templo dedicado a Júpiter. Esto sucedió a partir del 131-132 d. C.; lo prueban las monedas emitidas con el nombre de la nueva colonia. En esa misma época también se modificó la zona donde se hallaba situado el Santo Sepulcro, ahora ya dentro de los límites de la ciudad. Sobre la roca del Calvario se levantó una estatua dedicada a Venus-Afrodita. Más tarde el emperador Constantino construyó allí a partir del 326 d. C. una basílica, dentro de la cual se halla tanto el Calvario como la tumba donde se depositó el cuerpo de Jesús. Estos datos se encuentran bien fundamentados por la investigación arqueológica[211].

Lo que sí es una constante es la tentación permanente de convertir el cristianismo *solo* en literatura. En el mundo de la práctica, con la pérdida del sentido cristiano sacramental de la liturgia y de la vida, reaparece el paganismo, disfrazado de filantropía, cuando no de una manera mucho más tosca, como en el caso arriba comentado de la reinterpretación del culto de la gruta de Belén. Ahora bien, conforme a lo que muy acertadamente señala M. Eliade, el carácter histórico del cristianismo no impide que el misterio de Jesucristo haya santificado, restaurado, la Naturaleza, pues después de la Encarnación el «mundo se restableció en su gloria primera»[212], según comentaremos inmediatamente.

La Teología reflexiona sobre la *nueva creación* (Rom 8, 18-23; 2 Cor 5, 17-19; Gál 6, 15), cuyas primicias se identifican en la glorificación del cuerpo de Jesús después de su Resurrección. Con ella se da una misteriosa pero verdadera *deificación de la materia*. Esta nueva creación, aunque a la espera del final de la historia, de unos cielos nuevos y una nueva tierra (2 Pe 3, 13; Ap 21, 1), vive ya en la esperanza de la recapitulación[213] de todo en Cristo. Existe una íntima conexión entre estas ideas y la de *historia de la salvación*, significada con el término griego «economía», que designa en este contexto el plan salvífico de Dios, tal como leemos en la carta a los

---

211 J. González Echegaray, *Arqueología y Evangelios*, tercera edición, Editorial Verbo Divino, Estella, 2002, páginas 226-228.
212 M. Eliade, *Mito y realidad* cit., página 180.
213 F. Ocáriz – A. Blanco, *op. cit.*, páginas 52-56.

Efesios 1, 9-10[214]: *Dándonos a conocer el misterio de su voluntad, el plan que había proyectado realizar por Cristo en la plenitud de los tiempos; recapitular en Cristo todas las cosas del cielo y de la tierra.*

Cabe añadir que algunos aspectos de lo que denominamos piedad o espiritualidad popular contienen en su sustancia una verdadera *teología popular*, si se admite la expresión; aspectos en los que se vive de forma intuitiva pero consciente esta realidad de la «recuperación», de la santificación de la Naturaleza, prolongada en las artes y especialmente en la música. Experiencias más profundas de lo que admite la crítica «elevada» de algunos autores. Esta visión de la Naturaleza reivindica su dignidad sin divinizarla. Las tradiciones piadosas que sitúan al buey y al asno junto al Niño recién nacido, como dos querubines que rinden honores al Dios humanado, fundada en un pasaje de Isaías 1, 3 (quizás también Habacuc 3, 2), van por ese mismo camino. Los lirios del campo y las aves del cielo (Mt 6, 24-33; Lc 12, 27)[215] son también a su manera hijos de Dios, que cuida de lirios y aves como Padre. A través de ellos sabemos de la belleza del Señor y a través de ellos es Dios mismo quien nos instruye en el abandono en su santa voluntad y en la alegría, según se expresa en esta deliciosa oración de S. Kierkegaard:

¡Padre, que estás en los cielos! De ti solamente viene el don bueno y perfecto; es obvio que también ha de ser provechoso ajustarse a las directrices y enseñanzas de aquellos a quienes hayas designado como maestro de los hombres, para guías del afligido. Por eso, ¡sé propicio para que el afligido aprenda de verdad de los maestros divinamente instituidos: de los lirios del campo y de las aves del cielo! Amén.

«La creación, la criatura, no es la naturaleza que se hace por sí misma o existe desde la eternidad y de la que —según la concepción griega— los mismos dioses forman parte. Es la obra hecha

---

214   S. Pié-Ninot, *op. cit.*, páginas 281-292.
215   Hay una obra de S. Kierkegaard con ese nombre: *Los lirios del campo y las aves del cielo*, [1847-1849], traducción española (una selección), Editorial Rialp, Madrid, 2014; también: Obras y papeles de Soren Kierkegaard. Tomo III. *Los lirios del campo y las aves del cielo* (ed. de D.G. Rivero), Ediciones Guadarrama, Madrid, 1963.

por Dios, que tiene un comienzo y que, por su origen y esencia, se halla referida al Creador. El mundo es de Dios, no está lleno de dioses. La creación es el concepto opuesto al mito, si por mito se designa la compenetración de mundo y dioses, de teogonía y cosmogonía, de historia y de destino del mundo y de los dioses; "el mito de la creación", visto así, es una contradicción interna»[216]. Que Dios sea un ser trascendente, que no se identifique con lo creado, no significa, sin embargo, que Dios sea *ultramundano*. Dios está presente en el mundo[217].

Estas consideraciones sirven igualmente de preparación para abordar una dificultad que se suele plantear en los estudios sobre la Biblia en general y, particularmente, sobre algunos contenidos del Nuevo Testamento. ¿No presentan ciertos episodios de la vida de Jesús de Nazaret narrados en los Evangelios paralelismos con mitos universales? ¿La concepción virginal no es una versión de las uniones de dioses y «las hijas de los hombres» (Gén 6, 2), por citar el conocido episodio recogido en el Génesis al que podría añadirse en el ámbito grecorromano la actividad procreadora con mortales de Zeus-Júpiter? ¿No podríamos sumar a lo anterior las historias bien conocidas de engendramiento y nacimiento de los faraones de Egipto?[218] Por su parte, la Resurrección[219], ¿no reproduce mitos como el de Dioniso o el de Horus, entre otros varios?

Desde la teología cristiana estas cuestiones reciben varios tipos de respuestas, muchas de ellas complementarias entre sí. Acometer en una obra como esta su examen pormenorizado sería pretencioso por nuestra parte. Daremos tan solo algunas indicaciones que puedan orientar al lector. En primer lugar, conviene destacar, en sintonía con lo expresado más arriba, que la realidad de la Creación marca una distinción esencial entre *cualquier mito* primitivo o arcaico (incluyendo los grecorromanos) y la verdad cristiana. Los primeros se mueven en un plano intemporal

---

216 H. Fries, en *Mysterium Salutis* I cit., página 229.

217 J. Pieper, *op. cit.*, página 145.

218 Sin embargo, en los rituales egipcios el rey actúa en representación o «tomado» circunstancialmente por el dios, lo que se expresa en la indumentaria y máscaras utilizadas: A.M. Hocart, *Kingship*, Watts & CO., London, 1941, página 88.

219 F. Bermejo Rubio, *op. cit.*, páginas 403-410.

o cíclico[220]; la segunda, en la historia, tejida de acontecimientos únicos.

La concepción virginal de Jesús no tiene paralelismos cercanos en ninguna tradición mítica, pues (dejando aparte el punto esencial de la virginidad) no interviene un dios transformado en alguna entidad natural: por ejemplo, un animal; u operando por medio de un ser humano «poseído» a tales efectos por la divinidad en cuestión. Por ejemplo, en el caso de la concepción de Hércules, Zeus adoptó la apariencia del marido de Alcmena, Anfitrión. Estas leyendas se aplicaban también al nacimiento de personajes históricos de especial relevancia: se decía que, en la concepción de Alejandro, Zeus se había unido a su madre Olimpia tomando la forma de una serpiente; una leyenda parecida se contaba acerca de la concepción de Augusto. Historias del mismo tipo rodeaban la concepción de Rómulo y Remo (Tito Livio I, 4) y más tarde del también rey romano Servio Tulio (Dionisio de Halicarnaso IV, 1).

Los mitos y relatos legendarios en cuestión describen historias poco edificantes, en muchas ocasiones más bien burdas. Son comunes los episodios de engaño y seducción o incluso de violación: para aclarar estos extremos, la lectura de la obra de Ovidio será muy provechosa[221]; así como su contraposición al texto de Isaías 7, 14, en su interpretación cristiana, *sensus plenior: la virgen está encinta y da a luz un hijo, y le pondrá por nombre Enmanuel.* Tampoco se da en la liturgia cristiana nada ni remotamente parecido a la habitual representación del acontecimiento mítico a través de un rito de fecundidad repetido cíclicamente[222], cosa habitual en las culturas arcaicas. Ni qué decir tiene que el asunto de la virginidad no aparece en tales narraciones; ni siquiera en el caso del nacimiento de Perseo, a veces mencionado a estos efec-

---

220 H. de Lubac, *op. cit.*, páginas 99-100.
221 C. S. Keener, *A Commentary on the Gospel of Matthew*, Williams B. Eerdmans Publishing Company, Grand Rapid, Michigan / Cambridge, U.K., 1999, página 84.
222 Dentro de una amplísima bibliografía, puede consultarse: A. M. Hocart, *Kings and Councillors. An Essay in the Comparative Anatomy of Human Society*, [1936], The University of Chicago Press, Chicago & London, 1970, páginas 60-71.

tos, puede hablarse propiamente de una concepción virginal[223]. Escribe A. Díez Macho:

«G. Vermes tampoco acude, como otros autores, para explicar el nacimiento virginal de Jesús, a leyendas paganas de un dios que se unía con una mujer y engendraba un personaje: lo que se llama *hieros gamos*, "matrimonio sagrado". Y no acude a estos pseudoparalelos con razón, pues, aparte de que nadie creía en Roma, en Grecia, en Egipto o en Mesopotamia en tales nacimientos divinos —el origen de tales leyendas parece haber sido la adulación a los reyes—, no cabe comparar estas fecundaciones por dioses masculinos, con la fecundación de María por el Espíritu Santo, que en hebreo o arameo (*ruah ha-qodesh, o ruha de-qudsha*) es de género femenino. Por lo demás, esa operación, exclusivamente divina, es presentada por los evangelios como real»[224].

Las supuestas similitudes entre la concepción virginal de Jesús y las narraciones egipcias acerca de la divinidad del rey, que subrayan explícitamente la actividad sexual realizada por el dios, tras tomar la forma del padre humano, han sido últimamente muy relativizadas. Un sector de la investigación sostiene que los antiguos egipcios bien pudieron utilizar estas narraciones en un sentido metafórico o, al menos, no en el sentido literal asumido por inflexibles autores modernos[225].

También los mitos de resurrección que conocemos, abundantes en muchas culturas, tienen un claro vínculo con la idea de fecundidad y suelen hallarse relacionados con el ciclo agrícola y ganadero. En Grecia se vinculan con la denominada religión de los misterios, en sus numerosas variantes. Más que de resurrección

---

223 Sobre los relatos legendarios acerca de la concepción de Perseo y de Platón: F. Bermejo Rubio, *op. cit.*, páginas 460-465. En nuestra opinión las reflexiones de Plutarco, por su carácter filosófico, que suponen una interpretación no primaria, no son válidas para ilustrar este problema.

224 A. Díez Macho, *La historicidad de los Evangelios de la Infancia* cit., página 75.

225 A. Yarbro Collins – J. J. Collins, *Son of God. Divine, Human, and Angelic Messianic Figures in Biblical and Related Literature*, Williams B. Eerdmans Publishing Company, Grand Rapids, Michigan, 2008, páginas 3-7.

de alguien lo que se celebra es un «resurgimiento anual de la naturaleza» personificada en alguna divinidad, como es el caso de
Dioniso, de Osiris, de Atis o de Adonis, entre otros. Por lo demás,
las semejanzas entre los mitos precristianos de resurrección y la
de Cristo, fueron patentes a la primitiva Iglesia[226] y no genera-
ron ningún tipo de obstáculo grave para la fe, porque —con más
conocimiento y cercanía que nosotros— sabía que existían también diferencias esenciales. Orígenes, en su *Contra Celso* II, 23,
contrapone a este género de mitos, entendidos como alegorías, la
existencia de testigos que dieron testimonio incluso con su vida de
la existencia real de Jesús. En otra línea de argumentación, representada por Tertuliano[227] o por Justino, entre otros, las semejanzas se explican por la acción diabólica encaminada a confundir
al género humano, *Apología I*, 54, 2: *Y, en efecto, como oyeran que
Cristo había de venir y que los hombres impíos habían de ser castigados por el fuego, echaron por delante a muchos que se dijeran
hijos de Zeus, creyendo que lograrían que los hombres tuvieran la
historia de Cristo por un cuento de hadas semejante a los fantasea-
dos por los poetas.*

La primera Iglesia, o al menos algunos sectores ilustrados de
ella, acogieron la opinión del judaísmo alejandrino. Conforme a
esta teoría, los grandes escritores paganos habrían tenido acceso
y leído el Antiguo Testamento. Ello explicaría las semejanzas
entre las algunas creencias paganas y algunas creencias cristianas.
Puede consultarse, por ejemplo, Tertuliano, *Apologético* 47-48.
A esto se añade la probable influencia de las prácticas cristianas
sobre tales cultos de misterios a partir del siglo II d. C.

La perplejidad de los oyentes de Pablo en Atenas sobre el asunto
de la Resurrección puede valer también como un indicio de que
los paralelismos en este asunto «mitológico» entre religiones no
cristianas y el mensaje cristiano poseían un alcance muy limitado.
Conforme indica Messori, la reacción ateniense era «particular-

---

226 J. G. Frazer, *The Golden Bough. A Study in Magic and Religion* IV, *Adonis, Attis,
     Osiris*, Vol. I., [3ª ed. 1914], The Macmillan Press Ltd., London and Basingsstoke,
     1976, páginas 301-312.
227 Tertuliano, *Prescripciones contra todas las herejías* XXXIX-XL.

mente significativa: el Areópago (la colina de Ares-Marte) era el más importante tribunal para los asuntos de índole religiosa; y los "areopagitas", sus miembros, eran en el conjunto del Imperio romano probablemente los hombres más expertos en todas las religiones, que en Atenas encontraban además un terreno muy fértil. Unas personas, en consecuencia, habituadas a tratar con todos los credos, a no sorprenderse de nada. Sin embargo, al llegar la palabra «resurrección» se interrumpe el discurso y ni siquiera proceden contra aquel singular individuo, al considerarlo de una ingenuidad que raya en el patetismo. Por tanto, le dejan marchar, pues le toman por necio»[228]. Hch 17, 30-34:

> «Así pues, pasando por alto aquellos tiempos de ignorancia, Dios anuncia ahora en todas partes a todos los humanos que se conviertan. Porque tiene señalado un día en que juzgará el universo con justicia, por medio de un hombre a quien él ha designado; y ha dado a todos la garantía de esto, resucitándolo de entre los muertos. Al oír resurrección de entre los muertos, unos lo tomaban a broma, otros dijeron: De esto te oiremos hablar en otra ocasión. Así salió Pablo de en medio de ellos. Algunos se le juntaron y creyeron, entre ellos Dionisio el Areopagita, una mujer llamada Dámaris y algunos más con ellos»

***

Otra línea de explicación de las semejanzas —más o menos lejanas— existentes entre los acontecimientos clave de la vida de Jesús de Nazaret y las creencias conservadas en antiguas tradiciones religiosas (míticas, en este sentido que venimos utilizando) se funda en la existencia de una Revelación primordial, conservada de manera fragmentaria y deformada en las culturas humanas

---

228   V. Messori, *Dicen que ha resucitado* cit., página 64.

pre y extracristianas. Ello explicaría tales semejanzas, salvando a la vez la plenitud de verdad de la Revelación bíblica y el valor, por relativo que sea, de la sabiduría contenida en el pensamiento mítico, en el que quedaría un rescoldo del fuego de la primera Revelación. No conviene, sin embargo, considerar los mitos, en general y en bloque, como una vía de acceso a lo trascendente, porque muchos de ellos tienen una finalidad más modesta y en muchos casos su contenido es puramente mundano, como ocurre con los mitos que explican, entre otros muchos ejemplos, las luchas y el deterioro progresivo de clanes o linajes[229]. Ha de tenerse en cuenta, igualmente, que los mitos de las sociedades primitivas también evolucionan y en muchos casos pueden ir perdiendo su carácter sagrado para pasar a convertirse más bien en leyendas o cuentos, de manera que el estudioso encontrará dificultades en muchas ocasiones para aquilatar el verdadero valor que una determinada comunidad asigna a una narración mítica en el sentido más amplio de la palabra[230].

También, como quedó reseñado más arriba y relacionado con lo anterior, habría que recordar la existencia de un conjunto de conceptos religiosos con alcance universal, fenómeno que facilita —cualquiera que sea la teoría que se estime más razonable— la comunicación y transmisión en el tiempo de la experiencia humana sobre las realidades sobrenaturales.

En todo caso, desde una visión cristiana, la caída de nuestros primeros padres no borró el recuerdo de una primera época paradisíaca. «Hubo un tiempo en el que el hombre vivía en una especie de familiaridad cotidiana con Dios, en que Dios, como se dice a propósito de Moisés, "conversaba con él, como un amigo con su amigo". Nos referimos, evidentemente, al segundo relato de la Creación. Con una ingenuidad que no puede disimular la profundidad de la intuición, se nos describe a Dios descendiendo al atardecer hacia el Paraíso, el jardín del Edén que Él mismo había

229 C. Lévi-Strauss, *Mito y significado*, Alianza Editorial, Madrid, 1995, páginas 60-65.
230 L. Lévy-Bruhl, *La mitología primitiva. El mundo mítico de los australianos y de los papúes*, [1935], Ediciones Península, Barcelona, 1978, página 218.

plantado para respirar la brisa refrescante. Dios viene a visitar al hombre que ha instalado allí. Y el hombre, hasta el momento del pecado, le ve sin sorpresa ni temor, habla libremente con él...»[231].

Tras el pecado original, se mantuvo además la esperanza de redención, como muestra la interpretación del llamado Protoevangelio[232] contenido en el Génesis 3, 15:

> Pongo hostilidad entre ti y la mujer, entre tu descendencia y su descendencia, ésta te aplastará la cabeza cuando tú la hieras en el talón. Escribe Santo Tomás: El camino para que el hombre llegue a la bienaventuranza es el misterio de la Encarnación y de la Pasión de Cristo, pues se dice: Ningún otro nombre nos ha sido dado bajo el cielo, entre los hombres, por el cual podamos salvarnos. Por eso ha sido necesario en todo tiempo y para todos cierta fe en el misterio de la Encarnación de Cristo, si bien de modos diversos según los distintos tiempos y personas. (...) Después del pecado fue explícitamente creído el misterio de Cristo, no solo en cuanto a su Encarnación, sino también en cuanto a su pasión y Resurrección, por las que es liberado el género humano del pecado y de la muerte. De otra manera no se hubieran podido prefigurar la pasión de Cristo con ciertos sacrificios antes de la ley y bajo la ley. El significado de esos sacrificios era conocido por los mayores explícitamente. Los menores conocían algo bajo el velo de tales sacrificios, creyendo que habían sido dispuestos divinamente en orden al Cristo que había de venir (...), Suma Teológica II-II 2, 7 respuesta.

No se trata de discutir aquí el problema teológico del valor salvífico de las religiones no cristianas ni el modo en que se articula en concreto la vocación universal a la salvación ofrecida por Dios (1 Tim 2, 4)[233], cuestiones arduas que sobrepasan con creces el objetivo de estas páginas. A nosotros nos ocupa solo el punto

---

231 L. Bouyer, *La Biblia y el Evangelio. El significado de las Escrituras del Dios que habla al Dios hecho hombre*, Ediciones Rialp, Madrid, 1977, páginas 203-204.
232 J. M. Casciaro – J. M. Monfote, *Dios, el mundo y el hombre en el mensaje de la Biblia* cit., páginas 498-503: el Protoevangelio como expresión del designio salvífico universal de Dios hacia los hombres.
233 S. Pié-Ninot, *op. cit.*, páginas 266-270.

concreto de si las tradiciones religiosas contienen elementos de verdad que proceden de Dios, a lo que el magisterio de la Iglesia contesta de manera afirmativa[234]. Obsérvese además que nuestro interés se centra en el valor que pueden tener las tradiciones que llamamos míticas y que explican ciertas semejanzas entre ellas y los acontecimientos salvíficos recogidos en la Biblia. Queda a un lado, pese a su evidente relación, la denominada revelación natural, el hecho, distinto a lo anterior, de que el hombre puede conocer a Dios a través del mundo. Pablo en la Carta a los Romanos 1, 20: *Pues lo invisible de Dios, su eterno poder y su divinidad, son perceptibles para la inteligencia a partir de la creación del mundo a través de sus obras, de modo que son inexcusables.* Esta revelación natural, ofrecida a todos los hombres, es un presupuesto para la recepción de la Gracia sobrenatural, necesaria siempre para alcanzar el fin sobrenatural.

Son palabras de J. Pieper: «Estoy convencido de hecho de que las tradiciones míticas de los pueblos, en su núcleo, no siempre fácilmente identificable, son el eco de una revelación originaria»[235]. Incluso puede defenderse la existencia de una continuidad de tradición que vincula esa revelación originaria a la Revelación de Cristo y que, de forma misteriosa, hace posible la ayuda sobrenatural de Dios y la salvación de quienes no conocieron o no conocen a Cristo. Según santo Tomás: *Muchos gentiles recibieron revelación acerca de Cristo, como consta por las cosas que predijeron sobre Él. Así, en Job se dice: Porque lo sé, mi Redentor vive. La Sibila, según testimonio de San Agustín, predijo algo sobre Cristo. Hallamos también en las historias de los romanos que en tiempo de Constantino y de Irene, su madre, se halló un sepulcro en el que yacía un hombre teniendo en el pecho una lámina de oro con esta inscripción: Cristo nacerá de una virgen y creo en Él. ¡Oh Sol! En tiempos de Constantino y de Irene me verás de nuevo. Mas si algunos a quienes no fue hecha la revelación se salvaron, no lo ha sido sin la fe en el Mediador. Pues, si bien no tuvieron fe explícita,*

---

234 Las fuentes en: F. Ocáriz – A. Blanco, *Teología fundamental* cit., páginas 254-256.

235 J. Pieper, *op. cit.*, páginas 159-160.

la tuvieron implícita en la divina providencia, creyendo ser Dios el liberador de los hombres según su beneplácito y conforme Él mismo lo hubiere a algunos revelado, según las palabras de Job: Él nos da inteligencia mayor que a las bestias de la tierra, Suma Teológica II-II, 2, 7 ad 3.

La aceptación de una revelación originaria, preservada con mayor o menor rigor en las tradiciones religiosas de diversas culturas primitivas explica también por qué la Iglesia, consciente de la Revelación plena y definitiva en Cristo, admite, sin embargo, la posibilidad de revelaciones privadas a las que reconoce en algunos casos un carácter profético[236]. Asimismo, aunque las divergencias en este ámbito son muy intensas, nada impide, como principio general, admitir que el don de profecía se haya ofrecido fuera del ámbito judeocristiano y de acuerdo con esta perspectiva no exclusivista se pronunciaron muchos cristianos cultos de los primeros siglos. Agustín escribió en torno al año 427 su importante tratado *De doctrina christiana* en el que sumó a las Escrituras el conjunto de los grandes autores de la cultura grecorromana. Virgilio, con su *Egloga Cuarta*, escrita en el año 40 a. C., en la que aparece una virgen y un niño[237], fue tenido por profeta, aunque pagano. Lactancio, en sus *Instituciones divinas*, empezada a escribir en torno al 305 d. C. no tiene problema en asumir como fuente a Virgilio (VII, 24). Lo que sí es significativo es que muchos autores cristianos antiguos y medievales subrayaron el carácter providencial de que Jesús naciera precisamente en tiempos de Augusto, incorporando a este emperador dentro de una teología de la his-

---

236 Exhortación Apostólica Postsinodal Verbum Domini del Santo Padre Benedicto XVI, Roma, 2010, n. 14.

237 *Llegan ya los últimos tiempos cantados en los versos de la Sibila de Cumas; ya empieza otra vez una serie de grandes siglos; vuelve ya la virgen Astrea, vuelve el reino de Saturno; desciende ya una nueva raza del alto cielo. Tú, casta Lucina, favorece al niño recién nacido, con el cual la edad de hierro concluirá primero y empezará la edad de oro en todo el mundo, porque ya reina tu Apolo* (versos 4-10), en la versión que aparece en R.E. Brown, *El nacimiento del Mesías. Comentario a los relatos de la infancia*, Ediciones Cristiandad, Madrid, 1982, página 592. También: D. Hernández de la Fuente, *El despertar del alma. Dioniso y Ariadna. Mito y misterio*, Ariel, Barcelona, 2017, página 115.

toria en la que se inauguraba una nueva época para la humanidad, en la que Augusto es considerado un instrumento de Dios[238].

Ni el caso de Virgilio ni otros semejantes excluían la división de opiniones. Jerónimo, a diferencia de Agustín, no aceptaba el valor religioso de la *Egloga Cuarta* del poeta latino, según sabemos por una de sus cartas (53,7), donde la trata con poco respeto. No obstante, el mismo Jerónimo, en su *De viris illustribus*, escrito en torno al 393 d. C., después de la mención de los cuatro evangelistas, introduce los nombres de cuatro autores no cristianos: Filón de Alejandría, de Séneca, de Flavio Josefo y de Justo de Tiberíades: en este caso no en calidad de profetas, pero su inclusión muestra una vez más el propósito universalista que animaba a los autores eclesiásticos.

***

Hay un autor que, pese a que en los últimos tiempos sea menos citado, posee una influencia decisiva en los estudios sobre el Nuevo Testamento, en especial sobre los Evangelios. Su método causó escándalo y repercutió muy negativamente en su propia trayectoria académica; pero luego se fue imponiendo y puede decirse que, en líneas generales, nunca fue abandonado por la corriente crítica mayoritaria en el ámbito protestante y, sucesivamente, ha proyectado su influjo en sectores amplios de los estudiosos católicos. La posición central que en su interpretación desempeña el concepto de mito explica que nos ocupemos de él en este momento de nuestra exposición. Nos referimos a David Friedrich Strauss (1808-1874). Debemos una explicación al paciente lector. Si vamos a detenernos con cierto detalle en la figura de Strauss es porque pensamos que su pensamiento ha sido decisivo en los estudios sobre el Nuevo Testamento y sobre la figura de Jesús de Nazaret. Muchas contribuciones posteriores, lo afirmen explícitamente o

---

238 J. Ratzinger, *Jesús de Nazaret* cit., páginas 45-46; J. M. Ribas Alba, *Constitucionalismo romano*, Tecnos, Madrid, 2019, página 22; 83.

no, son deudoras de su contribución, aunque se presenten muchas veces con una pretensión de novedad.

Su primera vida de Jesús, *Das Leben Jesu kritisch bearbaitet* (*La vida de Jesús críticamente examinada*) en dos volúmenes, se publicó en los años 1835 y 1836. Vino luego la segunda edición, sin modificaciones. La tercera, corregida, entre 1838 y 1839. La cuarta, de 1840, es coetánea de su estudio sobre dogmática, la obra en la que mejor puede conocerse su visión teológico-filosófica general[239]. En 1864 publicó *Das Leben Jesu für das deutsche Volk* (*La vida de Jesús para el pueblo alemán*) en la que mitigó en alguna medida sus puntos de vista más radicales e incluye un generoso elogio a Renan. Antes, en 1862, había publicado un estudio sobre Reimarus. Nunca admitió la inmortalidad personal. En los últimos años de su vida mantuvo su visión panteísta, pero se acercó al darwinismo. Su obra completa (no en sentido estricto), editada por E. Zeller, ocupa doce volúmenes.

Los escritos de Strauss se sitúan en la frontera entre la teología, la filosofía y la historia; en este sentido el título de *vida de Jesús* puede juzgarse como equívoco. En todos estos campos su pensamiento se funda en el de Hegel, bien directamente, bien a través de su maestro, F.C. Baur (1792-1860), fundador de la nueva Escuela de Tubinga. Este, antes de su inmersión en el sistema de Hegel, había publicado una obra cuyo título nos pone en la pista de los futuros estudios de Strauss: *Simbología y Mitología o la Religión natural de la Antigüedad*, 1824-1825). Convertido ya al hegelianismo, Baur sostenía que el cristianismo primitivo se explica según el modelo de tesis-antítesis-síntesis: la tesis viene representada por el partido de Pedro, Juan y Santiago, quienes aún se aferraban al particularismo judeocristiano. La antítesis (oposición) se manifiesta en Pablo de Tarso, defensor de un cristianismo helenista y universalista. La síntesis vio el nacimiento de la Iglesia católica. A pesar del tiempo transcurrido, basta examinar la literatura actual sobre los orígenes del cristianismo y sobre el Nuevo Testamento para constatar que sigue gozando de gran predica-

---

239 D. F. Strauss, *Die christliche Glaubenslehre in ihrer Entwicklung und im Kampf mit der modernen Wissenschaf*, 2 vols., Tübingen, 1840/1841.

mento. Esta teoría, en su formulación inicial, exigía una datación de los Evangelios muy tardía. Proponía Baur para el Evangelio de Mateo (Pedro) una fecha en torno al 130 d. C. El Evangelio de Lucas (Pablo) habría aparecido sobre el 150 d. C. El de Marcos sería posterior. El de Juan, no antes del 170 d. C.

La teología de Strauss es peculiar por varios motivos. Aparte de la exclusión de la inmortalidad del alma, rechazaba la existencia de seres sobrenaturales. Su idea de Dios es problemática, como lo es en Hegel (una filosofía que permite incluso una interpretación atea). En este sistema no cabe, además, el dogma de la Creación, pues esta ha de entenderse como un estadio necesario en el desarrollo de la idea o espíritu absoluto. Aún más problemática es su postura hacia la Encarnación, dado que en su opinión es toda la humanidad la que consta de dos naturalezas, la divina y la humana.

Respecto a la aparición de los Evangelios, Strauss no realizó ninguna aportación original. Aceptó las ideas que predominaban en la crítica protestante. Entendía que el más antiguo de los sinópticos era el de Mateo. Marcos y Lucas serían posteriores a Mateo y surgían de una labor de reajustes de aquél. El Evangelio de Juan, opuesto a Mateo, no se admitía como fuente histórica. Al igual que ocurre en el caso de Baur, defendía que los Evangelios son creaciones del siglo II d. C., y ello por exigencia de sus condicionamientos filosóficos (su teoría del mito). Recuerda G. Ricciotti que el mismo Strauss, confesaba «honradamente que su teoría se derrumbaría si los evangelios se hubiesen compuesto en el siglo I»[240]. He aquí una de las claves que explica la resistencia de un sector influyente de la crítica literaria del Nuevo Testamento a aceptar —también ahora— contra toda evidencia una fecha demasiado pegada a los acontecimientos para la redacción definitiva de los Evangelios. En la época de Strauss, sin embargo, por obra de autores como Weise y Wilke, empezó a abrirse camino la tesis aún predominante según la cual Marcos es el primer Evangelio

---

240   G. Ricciotti, *Vida de Jesucristo*, trad. de J. de Luaces, Editorial Luis Miracle, Barcelona, 1978.

y, con ella, la opinión acerca de unos Evangelios tardíos fue perdiendo terreno.

D. F. Strauss conoce el uso que del mito se hacía en los estudios de filología clásica y del Antiguo Testamento. En el sentido que ya conocemos, es decir, como forma de explicación de realidades que escapan a la comprensión racional inmediata, y no en el sentido vulgar de narración engañosa. Ya desde el siglo XVIII era también habitual —desde fuera de la Iglesia— considerar como narraciones míticas tanto la concepción virginal de Jesús como su Resurrección. Igualmente, desde esa misma época, el racionalismo impugnaba toda acción sobrenatural, por lo que los milagros y cualquier acontecimiento extraordinario fueron también víctimas de esta visión selectiva.

La originalidad de Strauss radica en que con su teoría del mito se apartaba no solo de la doctrina tradicional, la cual aceptaba lo sobrenatural en la vida de Jesús, sino también de las posturas racionalistas, para las que había que depurar en las narraciones evangélicas cuantas referencias no pudieran encajarse en la mentalidad materialista de la época. Nuestro autor considera la historia de las religiones, incluida también la religión cristiana, como la encarnación de ideas. Se da un proceso por medio del cual las ideas religiosas toman forma histórica. El mito del Nuevo Testamento no es sino el resultado de un desarrollo de las primitivas ideas cristianas presentadas *como si* hubieran sucedido[241]. Es evidente que con este planteamiento la figura histórica de Jesús —aunque se admita que ha existido— pasa a un segundo plano: lo decisivo son las creencias que ha originado en el grupo de sus seguidores. La idea (término solemne para los seguidores de Hegel) da origen a la narración. Éste es el tipo de planteamiento que de manera más (Bultmann) o menos explícita ha arraigado en gran parte de la literatura especializada.

La aportación de Strauss no consiste en la utilización del mito como mecanismo explicativo, algo que varios autores habían aplicado ya a los Evangelios, sino en una expansión de este procedi-

---

241 Z. Rosen, *op. cit.*, página 30.

miento tanto en cantidad como en cualidad. En cantidad, porque ahora la explicación mítica se extiende sobre casi todos los textos evangélicos y alcanza a su protagonista. Y en cualidad, porque lo decisivo en Strauss es haber depurado el concepto con precisión y haberlo dotado de un estatuto no ya literario sino filosófico. En *La vida de Jesús para el pueblo alemán* leemos:

«El mito en su forma original, no es la invención consciente y deliberada de un individuo, sino una producción de la consciencia colectiva de un pueblo o de un círculo religioso, que, aunque enunciada primero por una persona individual, responde a la creencia común por la sencilla razón de que esa persona no es sino el portavoz de la convicción de todos. No se trata de un disfraz con el que un individuo inteligente viste una idea surgida de él para uso y provecho de las multitudes ignorantes, sino que solo en simultaneidad con la narración, y además en la misma forma con la que él la narra, se hace consciente de la idea que todavía no se puede aprehender puramente como tal»[242].

Debemos detenernos, por su relevancia, en la función que dentro de este esquema ocupa la comunidad o las comunidades de la primitiva Iglesia. Encontramos aquí la recepción del concepto de «espíritu del pueblo», Volksgeist, tan utilizada en múltiples variantes por los autores alemanes del XIX, la cual no es solo un efecto de las corrientes del Romanticismo, sino que responde a la forma alemana de ver las realidades humanas (a veces en una errónea contraposición a Roma —en todos los sentidos que sugiere esta palabra—). El modelo más elaborado es, una vez, más el de Hegel, cuya filosofía aparece subyugada por los espíritus de variada tipología[243]. En la comunidad como fuente del mito según Strauss no hay sino una expresión concreta de este modelo

242 En Dunn, *Jesús recordado* I cit., página 61.
243 Desde una visión muy crítica, me he ocupado del concepto de «espíritu del pueblo», en un contexto diverso, pero con evidentes puntos de coincidencia respecto a lo que aquí afirmamos en: J. M. Ribas Alba, *Territorio, pueblo, nación, Estado*, Editorial Tecnos, Madrid, 2020, páginas 31-50.

general, despojado por completo de su dimensión propiamente histórica. La comunidad es el sujeto protagonista, una suerte de sujeto colectivo impersonal, dotada de su propio «espíritu», que se impone al propio Jesús de Nazaret.

De forma que en este punto decisivo también la figura de Strauss anticipa y sirve de antecedente directo al método de la historia de las formas. No hay estudio exegético que se precie que no cite cuantas veces sea preciso la expresión alemana «Sitz im Leben», dotada de un curioso poder de atracción para los comentaristas. Aunque suele dejarse en su idioma original, como gesto admirativo de sumisión, su traducción sería «situación vital», «ambientación vital», «circunstancia vital»; pero de la *comunidad*. Pues bien, este concepto remite directamente a la idea de una comunidad creativa o, en el peor de los casos, creadora de los Evangelios. Con ella no se alude solamente a un hecho admitido por todos: que el material contenido en los Evangelios conoció una fase oral, preliteraria, que procede de la predicación apostólica. Hay algo más. Una fragmentación exagerada del contenido de los Evangelios (tratados como conjunto de unidades literarias); y la introducción de una discontinuidad decisiva entre el mensaje de Jesús y lo que nos ha llegado de él: precisamente porque en este modelo explicativo la *comunidad,* las *comunidades,* terminan siendo el factor clave[244].

Según esta concepción, es cada comunidad, según sus circunstancias y necesidades, la que remodela y selecciona el mensaje de Jesús, introduciendo elementos nuevos provenientes de su experiencia de fe, cuando lo cree necesario. Este criterio permite al intérprete separar lo primario y lo secundario en el material que ofrecen los Evangelios y el resto de los escritos del Nuevo Testamento. La cuestión predilecta de los estratos. El concepto de «Sitz im Leben» ha conocido, además, una fuerte expansión y se ha

---

244 La función de la comunidad como sujeto anónimo creador fue puesta en tela de juicio por B. Bauer, el filósofo radical de la «autoconsciencia», pero en un sentido que, contra las apariencias, no se aleja demasiado del de Strauss: porque también para Bauer la comunidad es decisiva y los evangelistas, escritores pragmáticos, no hacen sino escribir en vista de las expectativas que aquélla genera.

convertido en una herramienta interpretativa de primer orden[245], como una brújula que en su momento orientó a los redactores de la Escritura y que ahora permite a los comentaristas decidir qué es genuino, originario, en el mensaje de Jesús y qué es fruto de las necesidades de cada grupo de creyentes. No se apartaría en exceso de su significación traducir «Sitz im Leben», como «ámbito comunitario». Es curioso que a estos efectos se utilice con perfecta normalidad el concepto de «función social». Así, por ejemplo, G. Theissen nos explica a modo de máxima que «especialmente en la tradición se transmite solo lo que ejerce una función social»[246].

En palabras de A. Piñero:

«Estas breves unidades se pueden examinar por sí mismas aislándolas de su marco actual, los Evangelios. Se descubre entonces que están caracterizadas por diversas marcas estilísticas propias del género al que pertenecen. Entre otros, estos géneros fueron disputas sobre el alcance de la Ley, diálogos didácticos, enseñanzas morales, historia de milagros, etc. Cada unidad y su género literario correspondiente tuvo un "contexto vital" preciso (en alemán, como término técnico "Sitz im Leben"): una situación de la comunidad que lo transmite. No se trata del "contexto vital" de la vida de Jesús, sino del de la comunidad, pues ésta deja sus marcas en el fragmento concreto que transmite»[247].

Se pierde así la centralidad histórica de Jesús, de su Persona y de su mensaje. La primera, admitida casi como un presupuesto del segundo; y este, el mensaje, diluido, como un producto comunitario y ni siquiera de una única *comunidad*, porque enseguida surgirá, como mínimo, la contraposición entre la *comunidad* judeocristiana y la *comunidad* abierta al helenismo.

---

245 B. Estrada, *op. cit.*, páginas 118-119: «Para Bultmann es irrelevante quién lo vio o quién lo dijo, porque la individualidad de cada narrador u oyente habría sido absorbida por la identidad colectiva y la memoria común de la comunidad».
246 G. Theissen, en el *Epílogo* de edición de R. Bultmann, *Historia de la tradición sinóptica* cit., página 460.
247 A. Piñero, *Guía para entender el Nuevo Testamento* cit., página 142.

A pesar de todas las carencias que los especialistas descubren en la obra de Strauss, lo cierto es que en algunos puntos decisivos su actualidad nos parece evidente y ello a pesar del tiempo transcurrido desde la publicación de sus obras. Pensamos también que, en la valoración de este autor, ligado en la historiografía posterior a la teoría del mito, no se valora suficientemente la función que en la creación de este desempeña la noción de comunidad o comunidades de creyentes, factor este que nos parece de primera importancia, pues ha marcado gran parte de la exégesis posterior.

Nótese que el propósito último de Strauss, como señala con acierto R. Slenczka[248], no es otro que el de transformar el cristianismo en una religión de la humanidad, una religión de contenido moral. En esto su huella en muchos teólogos alemanes y no alemanes hasta la actualidad es también patente, con su insistencia en adaptar el mensaje al espíritu de los tiempos, dejando en un segundo plano el mensaje de Jesús, que, al fin y al cabo, según este tipo de interpretaciones ya habría sido modificado por los diversos grupos de seguidores del siglo I. Strauss, por su parte, anticipó algunos desarrollos teológicos posteriores en los que se relativiza la tarea evangelizadora de la Iglesia. El Espíritu Absoluto tal como se revela en la historia y no la figura de Cristo, se convierte en el elemento decisivo. Se sustituye la Historia de la Salvación —lo que ha sucedido— por una filosofía historicista (aspecto sobre el cual no podemos ahora profundizar, quizás para alivio del paciente lector).

La teoría del mito de Strauss y la función creativa de la comunidad, implícita en el concepto posterior de «Sitz im Leben», se prolonga de un modo particularmente evidente en R. Bultmann. Este, en la utilización del concepto de mito, es mucho menos cuidadoso que su inspirador, pues mezcla en sus argumentaciones diversos sentidos sin que el lector tenga muy claro cuál de ellos se utiliza en cada momento. Habla con soltura del «Jesús mítico», del mito como lenguaje simbólico o directamente de mitos precris-

---

248 R. Slenczka, *Geschictlichkeit und Personsein Jesu Christi. Studien zur christologischen Problematik der historischen Jesusfrage*, Vanderhoeck & Ruprecht, Göttingen, 1967, página 33.

tianos incorporados a los Evangelios: por ejemplo, en este último punto plantea, respecto a las tentaciones de Jesús, Mc 1, 12-13, un paralelismo respecto a las historias que se cuentan de Buda y, con mucha más convicción hace uso del mismo esquema respecto a la narración de la matanza de los inocentes; el juicio ante el Sanedrín, para poner otro ejemplo significativo, pertenecería al género de la «leyenda de fe», leyenda que brotó, cómo no, «de la fe de la comunidad cristiana en el Mesías»[249].

Lo mismo ocurre con otra noción, propia de la teoría de Bultmann: expresada en uno de esos términos-clave que, tal vez por su oscuridad, ha triunfado entre los especialistas, siempre ávidos de incorporar un lenguaje esotérico fuera del alcance del cristiano no iniciado: la desmitologización; por supuesto, mejor en alemán: «Entmythologisierung»[250]. En nuestra opinión, este concepto genera un problema allí donde no lo hay. Sería discutible su utilización para el Antiguo Testamento. Pero es completamente inadecuado para el Nuevo, donde desde los Padres y a lo largo de una tradición multisecular la Iglesia ha sabido distinguir el sentido literal y el sentido figurado según la naturaleza de los pasajes. Afirmar que todo el Nuevo Testamento está escrito en un lenguaje mítico, propio del mundo antiguo contrapuesto al moderno, es una verdadera necedad. En Bultmann el «hombre moderno», como ocurrirá después en H. Küng, se convierte en un modelo idealizado de interpretación de la Escritura: un «hombre moderno» que parece ser el *alter ego* del teólogo, el cual concibe la modernidad como el reino de la ciencia experimental y de la tecnología, sin espacio para *todo lo demás*. (Este tipo de planteamientos, aplicados ahora al mundo postmoderno llevaría directamente al nihilismo).

Necedad, en primer lugar, porque para tocar los contenidos sobrenaturales el entendimiento debe acudir siempre a la analogía y al símbolo, en el mundo antiguo y en este. En segundo lugar,

---

249 R. Bultmann, *Historia de la tradición sinóptica* cit., páginas 312, 354, 366, 408, 432-433.
250 Una síntesis de su pensamiento en: R. Bultmann, *Jesus Christus und die Mythologie*, Furche-Verlag, Hamburg, 1964.

porque Bultmann no se limita a plantear el problema de las expresiones «mitológicas» utilizadas, que obviamente son las propias del tiempo del Nuevo Testamento, sino que, por medio de este mecanismo, lo que hace es deslegitimar todo el contenido sobrenatural de estas narraciones, es decir, el núcleo esencial de mensaje cristiano, empezando por la misma existencia histórica de Jesús. Para él desmitologizar no es *solo* un método hermenéutico (como se empeña en afirmar de manera contradictoria), salvo que se entienda por ello un procedimiento de transformación radical de lo que afirman los textos.

Esta es la reflexión que sobre tal método proporcionan A. M. Artola y J. M. Sánchez Caro[251]: «En los textos neotestamentarios nos encontramos que la persona y la palabra de Jesús nos son presentadas en un lenguaje cultural mítico. La primera tarea del intérprete es "desmitologizar" el texto, redescubriendo de este modo el kerigma de Jesús, que nos permite un encuentro existencial con su persona, encuentro que lleva a cabo mi transformación por la fe. Para esto no es importante que Jesús mismo y lo que de él se narra hayan existido o no. Eso pertenece al campo de los hechos brutos, neutros, insignificantes de la historia (*Historie*); lo importante es que Jesús sea históricamente significativo para mí, que me encuentre con él en esa historia significativa (*Geschichte*), en la que yo descubro mi nueva forma de ser».

---

251 A. M. Artola – J. M. Sánchez Caro, *op. cit.*, página 368; también: G. Hasenhüttl, *Excursus. La radicalización del problema hermenéutico en Rudolf Bultmann*, en *Mysterium Salutis* I cit., páginas 484-499; B. Estrada, *op. cit.*, página 93.

Capítulo XVII

¿Cuándo nació, murió y resucitó
Jesús de Nazaret?
Desde el censo de Quirino y la Estrella
de Belén hasta el sepulcro vacío

La credibilidad histórica del Nuevo Testamento sale reforzada cuando la información cronológica que ofrece se somete a un análisis minucioso fundado en los datos que conocemos por otras fuentes. Los Evangelios, en particular, muestran una solidez que resiste muy bien la comparación de su esquema temporal con lo que sabemos del marco general de la historia antigua del siglo I d. C. Esta impresión de credibilidad aumenta considerablemente al tener en cuenta que los evangelistas no tuvieron un particular interés en proporcionarnos un estudio detallado de la sucesión temporal de los acontecimientos, al modo de los anales de la literatura profana. La espontaneidad de su información se convierte así en un nuevo indicio de veracidad.

Las fechas de la vida de Jesús de Nazaret. Si este es un personaje histórico y no un ser total o parcialmente mitológico, fruto de la imaginación colectiva, su trayectoria vital puede y debe estudiarse. Su nacimiento, su muerte y resurrección tuvieron efectivamente lugar en el tiempo, en fechas concretas del calendario. Porque, repetimos, no estamos ante una entidad mítica por encima del tiempo, sino ante un Dios encarnado. La realidad corporal de Jesús fue destacada una y otra vez por los primeros escritores cristianos, conscientes de que el olvido o modificación de esta realidad (docetismo en sus varias formas) era el gran riesgo que corría el mensaje de la Iglesia. La insistencia en las referencias temporales, señaladamente en el dato de que Cristo fue crucificado bajo Poncio Pilato[252], en tiempos del emperador Tiberio, coincide con la forma habitual de datar los acontecimientos históricos, vinculándolos al tiempo de permanencia en el cargo de la máxima autoridad del territorio en cuestión. La mención de Pilato aparece en muchas reglas de fe y credos desde los primeros tiempos de la Iglesia. No hubo que esperar al Credo Niceno-Constantinopolitano, ni al llamado Credo de los Apóstoles.

San Pablo, en 1 Tim 6, 13 parece inaugurar el uso de esta referencia, dándole además un sentido particular, pues escribe que fue el mismo Jesús quien dio un testimonio de fe ante Poncio Pilato[253]: *Delante de Dios, que da vida a todas las cosas, y de Cristo Jesús, que proclamó tan noble profesión de fe ante Poncio Pilato.*

Existe, pues, un interés de primer orden por situar la Pasión en un momento histórico determinado: *bajo el poder de Poncio Pilato.* A lo que se añade en algunos autores la mención de una documentación, actas, disponibles sobre el proceso y en general sobre los acontecimientos más relevantes acaecidos en torno a Jesús de Nazaret, documentación oficial por mucho tiempo disponible en los archivos públicos. Justino y Tertuliano ofrecen una información preciosa a este respecto (*Apología I*, 35; *Apologético* 5, 2). Por lo demás, el propio Tertuliano parece conocer y utilizar un antiguo credo empleado en Roma con la mención de Poncio Pilato. Este era su texto[254]:

---

252   J. N. D. Kelly, *Early Christian Creeds* cit., página 149, con mención de las fuentes.

253   Tal vez en el texto de la Neovulgata se conserva mejor el sentido del pensamiento de Pablo: *Praecipio tibi coram Deo, qui vivificat omnia, et Christo Iesu, qui testimonium reddidit sub Poncio Pilato bonam confessionem.*

254   J. N. D. Kelly, *Early Christian Creeds* cit., páginas 100-130.

Creo en Dios Padre todo poderoso;
y en Cristo Jesús su único Hijo,
nuestro Señor,
que nació del Espíritu Santo
y de María Virgen,
que bajo el poder de Poncio Pilato fue crucificado y
sepultado,
al tercer día resucitó de entre los muertos,
subió a los cielos,
está sentado a la derecha del Padre,
de donde vendrá a juzgar a los vivos y a los muertos;
y en el Espíritu Santo,
la Santa Iglesia,
el perdón de los pecados,
la resurrección de la carne.

Pero ocupémonos primero de la fecha del nacimiento de Jesús. Este asunto, se halla mediatizado en gran parte de la literatura especializada por la puesta en cuestión del llamado *Evangelio de la infancia*, recogido en algunos capítulos iniciales de Mateo y de Lucas. En ninguna otra parte de los contenidos del Nuevo Testamento ha hecho mella como en esta el ataque sostenido de la crítica literaria radical. Empezaron los autores escépticos en los siglos XVIII y XIX rechazando el carácter histórico de estas narraciones: era algo lógico dentro de su planteamiento excluyente de cualquier factor sobrenatural dentro o fuera de la Escritura. Luego fueron muchos autores protestantes los que consolidaron este camino de negación. En nombre del método históricocrítico —tomado su nombre en vano— asumieron que estas historias de la infancia no eran sino leyendas piadosas, situadas en el mismo nivel que el de los evangelios apócrifos, como sobre todo el *Protoevangelio de Santiago*. La búsqueda de paralelismos literarios (sobre todo del mundo griego) parecía ofrecer una base segura para tal modo de proceder. Luego vinieron los comentaristas y teólogos bíblicos católicos, con su manifiesto complejo de inferioridad frente a la «investigación alemana». Aparte de los destrozos que este modo de proceder produce en la fe de muchos cristianos, hay que poner en primer lugar el hecho de que esta forma de proceder tiene en realidad una causa directa: la negación de lo sobrenatural.

No estamos ante los resultados de una investigación técnica, sino ante la consecuencia de poner por delante un principio de desconfianza. Por si fuera poco, en los *Evangelios de la infancia* se concentra una parte muy importante de la doctrina de la Iglesia: la Encarnación, la concepción virginal y el nacimiento en Belén como mesías descendiente de David, para citar solamente tres realidades esenciales del dogma. Por lo demás, sobre la evidente existencia de paralelismos reales y verbales, pero ubicados en el Antiguo Testamento, ya dijimos algo más arriba: estamos ante el método deráshico, por analogías, que no compromete la historicidad de las narraciones, pues ocurre solo que estas se hallan construidas bajo la influencia de la literatura veterotestamentaria y con la consciencia de que con la llegada del Mesías éstas alcanzan su pleno sentido[255].

Algunos lectores habrán leído una obra muy conocida de R. E. Brown, *El nacimiento del Mesías. Comentario a los relatos de la infancia* en la traducción española realizada en Ediciones Cristiandad en el año 1982. (La primera edición en inglés es de 1979). Para sintetizar nuestra opinión sobre este libro podemos decir que con estos amigos no hacen falta enemigos. No sería oportuno sumergirnos en el contenido del libro, opción que nos alejaría del esquema que tenemos pensado para este capítulo. Pero sí quisiéramos, antes de proseguir con nuestra exposición, puntualizar que el autor rechaza por completo la posibilidad de armonizar las narraciones de Mateo y de Lucas (por ejemplo, en páginas 188 y 229), aunque haya que decir a su favor que admite la posibilidad de sucesos sobrenaturales.

Respecto a la compatibilidad entre Mateo y Lucas comete un error de planteamiento general, al menos esta es nuestra opinión. Olvida que ninguno de estos evangelistas se propone ofrecer un *desarrollo completo* de los momentos iniciales de la vida de Jesús. Olvida también que existe un fenómeno literario universal que

---

255   A. Díez Macho, *La historicidad de los Evangelios de la Infancia* cit., páginas 19-56; J. Ratzinger, *Jesús de Nazaret* cit., páginas 15-17.

suele designarse como «concentración narrativa»: incluso cuando un autor se propone describir acontecimientos con cierta minuciosidad lleva a cabo una selección de los hechos de una realidad que es inabarcable, irremediablemente hay muchos otros acontecimientos que quedan fuera y los que se narran nunca pueden aparecer descritos en todos sus detalles tal como sucedieron. Estos factores no son específicos de los relatos de la infancia, sino que explican la estructura fragmentaria de los Evangelios en toda su extensión. Este fenómeno manifiesta también las diferencias —no sustanciales— que aparecen en las narraciones evangélicas de la Pasión y de la Resurrección.

Por eso, para escándalo de algún paciente lector que haya llegado hasta aquí, educado en el tipo de exégesis predominante, y que juzgará con cierto aire de superioridad nuestras palabras, diremos que nos parece perfectamente posible armonizar ambas narraciones, la de Mateo y la de Lucas, partiendo de lo que antes hemos señalado: que los evangelistas ofrecen un cuadro fragmentario aquí como en todas las partes de los Evangelios. Cuadros fragmentarios, pero con frecuencia complementarios, como ocurre singularmente y en un ámbito mucho más general con el Evangelio de Juan respecto a los Sinópticos.

Ofrecemos ahora un esquema temporal del desarrollo de los hechos. Posteriormente nos detendremos en algunos puntos controvertidos, como la aparición de la «estrella» (Mt 2, 2; 10) o el del censo de Quirino (Lc 2, 1-3). Desgraciadamente muchos otros aspectos quedarán fuera de nuestra exposición, la cual de otro modo se haría interminable.

Concepción virginal en Nazaret, en Galilea (Mt 1, 18; Lc 1, 26-38). Nacimiento en Belén, en Judea (Mt 2, 1; Lc 2, 7)). Adoración de los pastores (Lc 2, 8-20). Circuncisión a los ocho días (Lc 2, 21). Purificación de la Virgen a los cuarenta días, tal como marca la Ley de Moisés, momento en el que la Sagrada Familia realizó, con una motivación piadosa, la Presentación del Niño en el Templo (Lc 22-38). Esta duplicidad de Purificación y Presentación conservada en el Evangelio de Lucas ha sido objeto de críticas por parte de muchos autores, achacando al evangelista un supuesto error o desconocimiento de las costumbres judías. Nada más lejos de la realidad.

Aprovecharemos sobre este punto las explicaciones de S. Muñoz Iglesias, las cuales nos sitúan en la senda adecuada. Respecto a la Purificación de la Virgen afirma este autor:

«La *purificación de la madre* a la que hace referencia explícita la cita del versículo 2, 24 de Lucas, tomada literalmente de Levítico 12, 8, era una ceremonia ritual que según Lev 12, 1-8, había de celebrarse en el Templo, a la entrada de la Tienda del Encuentro, a los cuarenta días de haber dado a luz un hijo varón. La madre debía ofrecer por medio del sacerdote dos sacrificios (uno en holocausto, consistente en un cordero de un año; otro de expiación por el pecado, consistente en un pichón o en una tórtola). "Mas si a ella no le alcanza para presentar una res menor, tome dos tórtolas o dos pichones, uno como holocausto y otro como sacrificio por el pecado, y el sacerdote hará expiación por ella y quedará pura" (Lev 12, 8). Lc 2, 24 resume la ceremonia diciendo que dieron como ofrenda, según lo previsto en la Ley, "un par de tórtolas o dos pichones". Parecería que con ello se quería indicar que tributaron por pobres. Pero una discusión rabínica del siglo III o IV de nuestra Era, que recoge el *MidrasRabbah* 20, 7 sobre Génesis 3, 13 hace sospechar que había caído en desuso la doble fórmula para la ofrenda y que se hacía siempre la que Lev 12, 8 permitía a los pobres»[256].

Por lo que respecta a los primogénitos humanos la legislación no dice en ninguna parte que tengan que presentarse en el Templo. Existe, eso sí, la necesidad de un rescate, dado que los primogénitos están consagrados a Yahveh. El evangelista sabe que Jesús lo estaba de una forma eminente y extraordinaria. Respecto al rescate, este lo paga el padre a partir del día treinta y uno tras el nacimiento del niño y en cualquier sitio donde pueda recibirlo un

---

256 S. Muñoz Iglesias, *Los Evangelios de la Infancia* III. *Nacimiento e infancia de Juan y de Jesús en Lucas 1-2*, Biblioteca de Autores Cristianos, Madrid, 1987, páginas 161-162.

sacerdote. Lucas no habla del rescate: José pudo haberlo pagado antes en Belén o en otro lugar —o no mencionarlo por parecerle un detalle conocido o menor—.

Respecto a la Presentación:

«Es cierto que tal *presentación* en el Templo no era preceptiva. Pero dado que la Madre tenía que acudir a los cuarenta días para su purificación, podemos dar por supuesto que todos los niños de familias israelitas piadosas entraban en el Templo con sus madres al cumplir éstas su obligación ritual de recién paridas. Y si piadosamente los padres ofrecían sus hijos a Dios con agradecimiento, con mucha más razón —siendo piadosos— lo harían con sus primogénitos, a propósito de los cuales estaba escrito en la Ley (Núm 18, 15) que serían ofrecidos a Yahveh»[257].

Seguimos con el curso de los acontecimientos. Tras la Purificación de María y la Presentación de Jesús en el Templo, la supuesta disparidad de las narraciones evangélicas surge de un modo que a muchos autores parece irresoluble. Se lee en Lc 2, 39: *Y cuando cumplieron todo lo que prescribía la ley del Señor, se volvieron a Galilea, a su ciudad de Nazaret.* Se dice por quienes se empeñan en defender la incompatibilidad de Lucas y Mateo que para el primero la descripción de los hechos termina aquí, con la Sagrada Familia de vuelta a Nazaret, mientras que la versión de Mateo, que no recoge ni la Purificación y Presentación, sigue un derrotero diferente.

Ahora bien, si en vez de un principio de desconfianza hacia la veracidad histórica de los Evangelios procuramos integrar la información que ofrecen, surge una explicación muy sencilla. Hubiera o no un cambio de planes respecto a la decisión inicial, pudo ocurrir que la Sagrada Familia volviera efectivamente a Nazaret, pero que finalmente se instalaran con una intención de permanencia en Belén, al fin y al cabo, el lugar de origen y donde José tendría también oportunidades de trabajo y vínculos familia-

---

257   *Ibidem*, página 170.

res. Allí, en Belén, pasado un tiempo desde el nacimiento, pero ya *en su casa*, fue donde los magos encontraron al Niño Jesús con su Madre: Mt 2, 11: *Entraron en la casa, vieron al niño con María, su madre, y cayendo de rodillas lo adoraron.*

Sigue la huida a Egipto (Mt 2, 14). Tras la muerte de Herodes el Grande (cuya fecha procuraremos fijar a continuación), José pensó inicialmente en volver a Belén. Hubo en este caso un evidente cambio de planes, porque el reinado de Arquelao, que sucedió a su padre inicialmente en el gobierno de Judea, trajo un período de desórdenes y de inestabilidad en todos los ámbitos de la vida social[258]. Parece que Arquelao superó a su padre en crueldad. En los momentos iniciales de su gobierno (antes incluso de la confirmación romana) masacró a tres mil judíos cuando manifestaban su hostilidad en Jerusalén (Flavio Josefo, *Antigüedades Judías* XVIII, 215-218). De forma que no resulta extraño que la Sagrada Familia volviera a Nazaret, en la tetrarquía de Herodes Antipas, cuando Jesús contaba con pocos años. Por eso se dice que fue allí donde se crio (Mc 1, 9; Mt 21, 11; Lc 4, 34; Jn 1, 45-46).

La aceptación de la historicidad del *Evangelio de la infancia* se ha tornado una tarea difícil para quien opta por la ortodoxia, porque a la Tradición de la Iglesia en materia de Teología bíblica parece como si se hubiese superpuesto —anulándola— la tradición de la crítica literaria marcada por autores que, citados o no, como es el caso de D. F. Strauss o R. Bultmann, siguen manteniendo una posición de prestigio. Dentro de esa tradición defender que los relatos de la infancia contienen datos históricos se juzga como una prueba de ingenuidad y de ignorancia, por lo menos de una «fe inmadura» como gustan de decir los iniciados. Bastará un ejemplo. En los últimos años ha tenido mucho éxito el libro de J. A. Pagola, *Jesús. Aproximación histórica*, cuya primera edición es del 2007; tenemos delante la 14ª, del 2018. El autor escribe con alta calidad literaria y desde la Iglesia. Sin embargo, es muy significativo que una *vida de Jesús* de estas características —y al igual que otras antiguas y contemporáneas— prescinda por

---

258   P. Sacchi, *op. cit.*, páginas 316-317.

completo de los relatos de Mateo y Lucas, relatos que juzga como no históricos.

Dejemos que sea el propio Pagola el que explique esta opción:

«Tanto el evangelio de Mateo como el de Lucas ofrecen en sus dos primeros capítulos un conjunto de relatos en torno a la concepción, nacimiento e infancia de Jesús. Son conocidos tradicionalmente como "evangelios de la infancia". Ambos ofrecen notables diferencias entre sí en cuanto al contenido, estructura general, redacción literaria y centros de interés. El análisis de los procedimientos literarios utilizados muestra que más que relatos de carácter biográfico son composiciones cristianas elaboradas a la luz de la fe en Cristo resucitado. Se aproximan mucho a un género literario llamado *midrás hagádico,* que describe el nacimiento de Jesús a la luz de hechos, personajes y textos del Antiguo Testamento. No se redactaron para informar sobre los hechos ocurridos (probablemente se sabía poco), sino para proclamar la Buena Noticia de que Jesús es el Mesías davídico esperado en Israel y el Hijo de Dios nacido para salvar a la humanidad. Así piensan especialistas como Holzmann, Benoit, Trilling, Rigaux, Laurentin, Muñoz Iglesias o Brown. De ahí que la mayoría de los investigadores sobre Jesús comiencen su estudio a partir del bautismo en el Jordán» (página 49 nota 1).

De manera igualmente sintomática de esta forma de interpretación del Nuevo Testamento, el tratamiento de la Resurrección es por lo menos ambiguo, en la línea de ver en ella más una experiencia de fe que un hecho histórico o real (páginas 428-432; en especial, notas 17 y 24). A partir de la edición de 2008 el autor ha suprimido un párrafo en el que señalaba que el judaísmo del tiempo de Jesús entendía la resurrección de diversos modos y que la Resurrección de Jesús no requería «de la sustancia bioquímica del despojo depositado en el sepulcro»[259].

---

259 Tomamos el dato de: R. Aguirre, "En torno al libro *Jesús,* de José Antonio Pagola. La obra y su recepción", en *Estudio Agustiniano* 50 (2015) 471-492; en particular, página 482, nota 15.

***

Volvamos al hilo principal de este capítulo centrado en investigar en primer lugar la fecha del nacimiento de Jesús de Nazaret. Según señalamos al principio, la sola posibilidad de que la narración evangélica permita este tipo de aproximación denota que estamos ante textos escritos con el propósito de ofrecer una información real e histórica de este acontecimiento esencial. Ciertamente los resultados de este estudio no pueden pretender plantear una solución definitiva, pero sí una hipótesis probable, fundada en el conjunto de los datos disponibles, incluyendo los astronómicos. Añadamos que respecto a los resultados tampoco en este punto existe una desviación reseñable respecto a los estudios de historia antigua: en muchísimos casos la información que manejamos solo permite una relativa precisión en la determinación del año de nacimiento de los personajes más relevantes.

Para evitar la proliferación de notas a pie de página, que ya van siendo más de las inicialmente previstas, señalamos que vamos a utilizar la importante aportación de José Agustín Arregui, *Las fechas de la vida de Jesús*, 2ª ed., 2020, tanto para el asunto del nacimiento como para el de la muerte y resurrección. En este último caso, con alguna modificación por nuestra parte que indicaremos en su momento y que no afecta a la hipótesis general que presenta Arregui. La obra, de pequeña extensión, es, sin embargo, de gran trascendencia porque se trata de un estudio que aúna la interpretación de las fuentes literarias disponibles con los datos que ofrece la astronomía, accesibles últimamente por medio de programas que permiten identificar el cielo y los fenómenos celestes asociados de la época de la Palestina de Jesús de Nazaret, de acuerdo con un método iniciado por R. Larson. Frente a los abundantes estudios filológicos, perdidos un poco en inútiles sutilezas, esta obra consigue ofrecer un estudio de carácter estrictamente histórico.

Lucas escribe que cuando el Maestro comenzó su predicación tenía unos treinta años, Lc 3, 23. Afirma igualmente que Juan el Bautista, cuya predicación empezó un poco antes que la de Jesús, inició su tarea en el año decimoquinto del emperador Tiberio. Lc

3, 1-3: *En el año decimoquinto del imperio del emperador Tiberio, siendo Poncio Pilato gobernador de Judea, y Herodes tetrarca de Galilea y su hermano Filipo tetrarca de Iturea y Traconítide y Lisanio*[260] *tetrarca de Abilene, bajo el sumo sacerdocio de Anás y Caifás, vino la palabra de Dios sobre Juan, hijo de Zacarías, en el desierto. Y recorrió toda la comarca del Jordán, predicando un bautismo de conversión para perdón de los pecados.*

Tras la muerte del emperador Augusto, Tiberio comenzó su reinado en septiembre del año 14 d. C.[261] Según la noticia aportada por el evangelista, Juan inició su tarea en algún momento entre septiembre del año 28 y septiembre del 29 d. C. Parece más probable el 29 d.C. Si la vida pública de Jesús hubiera empezado el mismo año que la del Bautista y se tiene en cuenta la información de que contaba treinta años, el nacimiento de Jesús tuvo que ser en los años 2 o 3 a. C. Si hubiera empezado un año después, entonces sería entre los años 1 o 2 a. C.

Antes de seguir, una pequeña explicación. Entiendo que algún lector se haya sentido desconcertado ante la afirmación de que Jesús pudo nacer (como efectivamente ocurrió) en un año situado «antes de Cristo». La razón de este desajuste es debida a la decisión que tomó un monje escita que residía en Roma, Dionisio el Exiguo, en el siglo VI, cuando trasladó la cronología romana («desde la fundación de la Ciudad») a la nueva cronología cristiana. Situó el nacimiento de Jesús y con él también el año 1 de la nueva Era erróneamente en el año 754 de la Era romana. Ocurre que las fuentes evangélicas indican que Jesús nació en tiempos del rey Herodes: Mt 2, 1; Lc 1, 5. Pero este debió de morir —de acuerdo con el nuevo cómputo— en un año situado entre el 4 a. C. y el 1 d. C. (Arregui, como veremos enseguida, se inclina fundadamente por este último año). Este

---

260 Este Lisanio o Lisanias es Lisanias II cuyo territorio, con capital en Abila, actual Suq Wadi Barada, se asignó a Herodes Agripa más tarde, concretamente en el 39 d. C.: J. González Echegaray, *Los Herodes* cit., páginas 195-196.

261 Son siempre fechas probables; respecto al cómputo de los quince años del reinado de Tiberio, cabe la posibilidad de que el cálculo se hiciera desde que aquél se asoció al poder de Augusto, algo que pudo suceder con plenos efectos ya en vida del primer emperador, en el año 13 d. C.

desajuste da como resultado que, dentro de la nueva cronología, la cristiana, haya que situar el nacimiento de Cristo en un año anterior al 1 d. C. contra lo que cabría esperar[262].

Entramos a continuación en el estudio de la cronología del reinado de Herodes el Grande. Pues es este problema, y específicamente el del año de su muerte, el que determina en gran medida cuál pudo ser el año del nacimiento de Jesús de Nazaret.

¿Cuándo comenzó el reinado de Herodes el Grande? Flavio Josefo, en sus *Antigüedades* XIV, 14, 5 afirma que Herodes *recibió el reino en la olimpiada ciento ochenta y cuatro, siendo cónsules Cayo Domicio Calvino por segunda vez y Gayo Asinio Polión*. Ambos lo fueron en el año 40 a. C. Herodes, nombrado rey por el Senado romano, tuvo que hacer valer su título emprendiendo la guerra contra Antígono, el cual, ayudado por los partos, había tomado Jerusalén y había destronado a Hircano II. La Ciudad cayó *después de tres años y tres meses de reinado* (XX, 10, 4; XVII, 8, 1). Herodes conquistó Jerusalén en el año 37 a. C. Josefo nos informa que por esa misma época coincidió un año sabático. Ese año sabático comenzó en el otoño del 38 a. C. y terminó en el otoño del 37 a. C. Sin embargo, el historiador judío añade: *Esta gran calamidad (el asedio y caída de Jerusalén) aconteció siendo cónsules Marco Agripa y Caninio Galo, en la olimpiada de ciento ochenta y cinco, en el mes tercero durante la fiesta del ayuno, en el mismo aniversario de la calamidad que aconteció bajo Pompeyo; pues Jerusalén se tomó en el mismo día después de veinticinco años.* Los cónsules aquí citados lo fueron en el 37 a. C. Sin embargo, la referencia a Pompeyo genera un nuevo desajuste, porque el magistrado romano entró en Jerusalén en el 63 a. C., lo que nos llevaría al 36 a. C.

En la *Guerra de los judíos* I, 19, 3 escribe que, en la época de Herodes, *mientras estaba rechazando a los enemigos (árabes) en el séptimo año de su reinado y cuando arreciaba más la guerra de*

---

262   Pueden consultarse sobre este problema: H. E. W. Turner, *The Chronological Framework of the Ministry*, en la obra colectiva *Historicity and Chronology in the New Testament*, S.P.C.K., London, 1965, páginas 59-65; G. Theissen – A. Merz, *op. cit.*, páginas 179-182; E.P. Sanders, *op. cit.*, páginas 27-31.

Accio le sobrevino otra desgracia de origen sobrehumano: al princi-
pio de la primavera un terremoto hizo perecer una cantidad incal-
culable de ganado y treinta mil personas. El punto para tener en
cuenta es la vinculación entre Accio y el séptimo año de reinado:
esta guerra comenzó en la primavera del año 31 y terminó con la
victoria de Augusto sobre Marco Antonio el 2 de septiembre de
ese año. Esta noticia sitúa el inicio del reinado de Herodes en el 38
a. C. A ese mismo año, el 38 a. C., nos lleva otro pasaje de Josefo
en las *Antigüedades* XX, 10, 5: *Desde el tiempo de Herodes hasta*
que Tito tomó e incendió la ciudad y el Templo hubo en total vein-
tiocho pontífices. El tiempo de estos pontificados alcanza 107 años.
Tito destruyó el Templo en el otoño del 70 d. C.

J. A. Arregui concluye que los pasajes citados no permiten concluir con precisión el año de comienzo del reinado de Herodes, el
cual según Josefo pudo ocurrir en el año 38, en el 37 o incluso en
el 36 a.C.

Llegamos así al problema de datar la fecha de la muerte de
Herodes, la cual, como venimos diciendo, es un elemento determinante para procurar identificar la del nacimiento de Jesús.
Flavio Josefo escribe en la *Guerra* I, 33, 8, que Herodes *murió*
habiendo reinado treinta y cuatro años desde que mató a Antígono
y treinta y siete años desde que los romanos lo nombraron rey. (La
cifra de treinta años que da en *Antigüedades* debe ser considerada
un error del copista). La designación de Herodes como rey fue en
el año 40 a.C. Treinta y siete años nos llevan entre el verano del 3
a.C. y el 2 a.C. Añadamos que, como Herodes murió antes de la
Pascua, a comienzos de la primavera, esta información conduce
al 2 a.C.

Josefo incluye en el pasaje citado que pasaron treinta y cuatro
años desde la muerte de Antígono. De nuevo aparecen las indeter-
minaciones en función del año que se tome como el del comienzo
del reinado: si el 38 a. C., la muerte fue en el 3 a. C.; si el 37, el 2
a. C.; si el 36, el 1 a. C. Sin embargo, el año que suele aparecer en
los libros como el de la muerte de Herodes es el 4 a. C. Esta fecha
se basa en otro pasaje de las *Antigüedades* XVII, 13, 2: *En el año*
décimo del reinado de Arquelao, los príncipes de los judíos... no
pudiendo soportar más su crueldad y su tiranía, lo acusaron ante

el César... que lo envió desterrado a Viena. Fue entonces cuando Augusto decidió convertir Judea (que incorporaba algunos territorios limítrofes) en provincia del tipo de las denominadas procuratorianas —en este caso dependiente de la de Siria— y nombró a tal efecto a Coponio. Quirino y Coponio se pusieron en camino hacia Judea. Este fue también el motivo del mencionado censo de Quirino: *Quirino liquidó los bienes de Arquelao y puso fin al censo, en el año treinta y siete después de la victoria de César en Accio contra Antonio* (XVIII, 1, 1). Esto ocurrió entre septiembre del 6 d. C. y septiembre del 7 d. C. Tal es la información que da como resultado el año 4 a. C. como el de la muerte de Herodes (*año décimo del reinado de Arquelao*).

Sin embargo, Arregui en su minucioso estudio repara en otras dos citas de Flavio Josefo que se refieren a la edad de Herodes. En una se pone en conexión la llegada de Julio César a Siria después de que venciera a Pompeyo. Antes de volver a Roma, César nombró a Herodes gobernador de Galilea, este *tenía solo veinticinco años* (*Antigüedades* XIV, 9, 1-2). César llegó a Siria en el verano del 47 a. C.: esto conduce a una fecha de nacimiento de Herodes situada en el 73-72 a. C. La segunda cita mencionada por Arregui indica que Herodes murió cuando *tenía cerca de setenta años* (*Antigüedades* XIV, 8, 5): si se acepta que nació en el 73-72 a. C., entonces su muerte tuvo lugar en el 3-2 a. C.

El examen detallado de los pasajes de Flavio Josefo examinados no ofrece, pues, un año indiscutible como el de la muerte de Herodes el Grande. Antes de continuar con su exposición, que es la que estamos recogiendo en este capítulo, concluye Arregui (página 27):

> «Vista esta falta de concordancia es difícil saber cuál fue para Flavio Josefo el año de la muerte de Herodes. Y tampoco hay que descartar que todas las fechas obtenidas sean erróneas. Cabe la posibilidad de que Flavio Josefo anduviera equivocado sobre el año del fallecimiento de Herodes, o que los números hayan sido alterados en los procesos de copia a lo largo de los siglos. Y para que se vea que esto no es inverosímil, pretendo mostrar a continuación otros textos ilustrativos de Flavio Josefo».

Arregui trata a continuación las implicaciones cronológicas de lo que sabemos sobre el último testamento de Herodes el Grande. Producida la muerte del rey, sus hijos se trasladaron a Roma para hacer valer sus intereses. Era una práctica habitual que el emperador confirmara o modificara las previsiones sucesorias de los reyes «clientes» del Imperio romano, dado que ocupaban una posición institucional parecida a la de los gobernadores provinciales. La rivalidad entre Herodes Antipas y Arquelao estalló ahora en toda su crudeza: ambos querían obtener el título de rey, cosa que ninguno de ellos consiguió. (Otros hermanos, como Herodes Filipo (hijo de Mariamme II) y Filipo (hijo de Cleopatra de Jerusalén) —personajes distintos, aunque con frecuencia confundidos por los autores— jugaban un papel secundario, aunque Filipo sería incluido en el reparto de los territorios de su padre)[263]. El emperador convocó a su consejo (*consilium*) para escuchar su opinión[264]. Miembro de este consejo era Gayo, hijo de Agripa y de su hija Julia, adoptado por Augusto (*Antigüedades* XVII, 9, 5). Gayo César nació en el 20 a. C. Si se admite la fecha del 4 a. C. como la de la muerte de Herodes, Gayo habría presidido este consejo con quince o dieciséis años: un hecho no imposible pero que parece, en opinión de Arregui, poco probable. Pensamos que este argumento no es decisivo, pero, en todo caso, la trayectoria de Gayo sí parece aportar razones que hacen muy difícil sostener la fecha comúnmente aceptada del 4 a. C. como la de la muerte de Herodes.

Gayo fue nombrado cónsul en el año 1 d. C.; ejerció el cargo durante todo el año, dado que en esa ocasión no hubo nombramiento de ningún *consul suffectus*, contra la costumbre de la

---

263   Sobre la familia de los Herodes existe una obra de primer nivel a la que debemos remitirnos: J. González Echegaray, *Los Herodes, una dinastía real de los tiempos de Jesús*, Verbo Divino, Estella, 2007.

264   La decisión final de Augusto fue ésta: el reino de Judea (el que tuvo como rey a Herodes el Grande) quedó extinguido como entidad política. Arquelao obtuvo el título de etnarca y se le asignó Judea, Samaría e Idumea. Herodes Antipas, como tetrarca, obtuvo Galilea y Perea. Filipo, también como tetrarca, el territorio de Gaulanitis, Batanea, Traconitis y Auranitis. Augusto otorgó a Salomé, la hermana de Herodes el Grande, las ciudades de Jamnia, Ashdod, Ashkelón y Fasael: J. González Echegaray, *Los Herodes* cit., páginas 117-118.

época. Esa fecha parece más probable para datar las deliberaciones sobre el testamento de Herodes. El año anterior, 1 a. C., habiendo muerto el rey parto Fraates IV, su hijo trató de anexionarse Armenia: Augusto reaccionó y puso al frente de las operaciones precisamente a Gayo. Hay, pues, un dato seguro: debemos descartar ese año como el de la muerte de Herodes, dado que Gayo no hubiera podido estar presente en el consejo celebrado en Roma. Al año siguiente, Gayo de vuelta en Roma, fue, como sabemos, el de su consulado. Acabado el año consular, Gayo sería enviado otra vez a Asia para intentar resolver el conflicto de Armenia. Fue entonces cuando murió. Por todo ello, el consejo presidido por el hijo adoptivo de Augusto tuvo que producirse antes de su último viaje en el 2 d. C.

Flavio Josefo nos informa de que Herodes, antes de su muerte, ejecutó a dos doctores de la ley y a otras personas que retiraron de una puerta del Templo una imagen de un águila dorada, representación del poder de Roma. Añade que el día de la ejecución hubo un eclipse de luna. Herodes murió en el período de tiempo entre ese eclipse y la fiesta de la Pascua (*Antigüedades* XVII, 6, 4; 9, 3). Arregui examina a continuación las fuentes astronómicas sobre el particular, eliminando los que no son visibles desde Israel.

El del 13 de marzo del 4 a. C. no parece ser el mencionado por Josefo, pues los días que quedan hasta la Pascua, 11 de abril ese año, no permiten ubicar en ellos la serie de acontecimientos que el mismo historiador refiere: Herodes se trasladó de Jericó, para tomar las aguas termales de Calirroe. Volvió a Jericó. Ejecutó a su hijo Antípatro y después de cinco días encontró la muerte. El eclipse del 10 de enero del 1 a. C. también queda excluido, porque ese año, según hemos señalado, Gayo estaba fuera de Roma y no pudo participar en el consejo sobre el testamento del difunto. La misma razón hace que apartemos el eclipse del 9 de noviembre del 2 d. C.

Escribe Arregui (páginas 32-33):

> «Solo queda el eclipse del 29 de diciembre del 1 a. C. Fue un eclipse del treinta por ciento y ocurrió pocos minutos después de la puesta de Sol. A las 17.12 horas, la Luna, ya eclipsada, aso-

maba por el horizonte. Mucha gente pudo verlo por la hora en que sucedió. (…) Tres días después comenzaba el 1 d. C. y Gayo asumía el consulado. Esto explicaría tanto su presencia en Roma como su posición privilegiada durante las deliberaciones sobre el testamento de Herodes. Por lo que bien pudiera ser que el verdadero eclipse de Luna que menciona Flavio Josefo sea el del 29 de diciembre del año 1 a. C. Lo que significaría que Herodes murió a comienzos del 1 d. C., antes del 27 de marzo, fiesta de la Pascua de ese año».

Y añade en la nota 53 de la página 33:

«Por otra parte, que quinientos años después Dionisio el Exiguo fijara este año como el primero de la era cristiana sugiere que el monje escita se basó en la muerte de Herodes para establecer el año del nacimiento de Jesús, creyendo que ambos acontecimientos sucedieron el mismo año. Es muy posible que Dionisio conociera el año de la muerte de Herodes por la *Historia Romana* de Dion Casio, obra que en el siglo VI se hallaría íntegra, mientras que a nosotros no nos han llegado las partes de la obra que comprenden del 4 a. C. al 2 d. C.».

Propuesta esta fecha de la muerte de Herodes, comienzos del año 1 d. C. y excluida, por tanto, la que comúnmente aparece en las obras que de una forma u otra se ocupan de este problema, la del 4 a. C., Arregui estudia seguidamente cuándo pudo nacer Jesús. Debemos recordar al lector que estamos ante una hipótesis y que en modo alguno se pretende zanjar definitivamente este problema. Nosotros nos adherimos a esta solución porque nos parece la mejor fundada de todas las que conocemos. La importancia del asunto explica que lo estemos tratando de manera minuciosa, procurando no saltarnos ninguno de los pasos intermedios que nuestro autor va siguiendo en su magnífica exposición. Según dijimos a comienzos del capítulo, Arregui con su libro ofrece muchísima más luz sobre estos problemas cronológicos que la mayoría de las obras sobre la vida de Jesús, desconectadas en muchos casos de los intereses históricos y centradas de manera excluyente sobre aspectos filológicos.

Tertuliano en su *Adversus Iudaeos* 8, 11, afirma que Cristo nació en el año 41 del gobierno de Augusto (*imperii Augustii*) y en el 28 de la muerte de Cleopatra; y que Augusto vivió quince años tras el nacimiento de Cristo. Todas estas referencias remiten al 3-2 a. C.

La hipótesis de la muerte de Herodes a comienzos del año 1 d. C. permite integrar las fuentes disponibles dentro de un esquema cronológico muy sólido. Acabamos de mencionar un pasaje de Tertuliano al que habrá que sumar otros datos muy relevantes.

Dentro de esta línea cronológica vamos a ocuparnos ahora de la visita de los Magos, para algunos llegados de Persia, donde estos *magos* integraban una clase aristocrática, una casta sacerdotal, aunque otros autores con más fundamento sitúan su origen en Babilonia, centro de astronomía científica y donde la presencia judía era significativa desde los tiempos de la deportación[265]. Fijar nuestra atención en la llegada de los Magos supone dar un salto temporal respecto a la fecha probable del nacimiento de Jesús, pero, como se comprobará inmediatamente, esta opción resulta ser la que arroja más claridad. Escribe Mateo 2, 1-2: *Habiendo nacido Jesús en Belén de Judea en tiempos del rey Herodes, unos magos de Oriente se presentaron en Jerusalén preguntando: ¿Dónde está el rey de los judíos que ha nacido? Porque hemos visto salir su estrella y venimos a adorarlo.* Hay que descartar la creencia popular del seguimiento continuo de una «estrella», dado que, como todo astro celeste, sale por el Este y se pone por el Oeste debido al movimiento de rotación de la Tierra. Los magos dicen *hemos visto salir su estrella*, es decir, afirman que tal fenómeno ha sucedido en un tiempo anterior al de su llegada. No la vieron durante su viaje ni al llegar a Jerusalén. Solo tras la entrevista con Herodes y puestos en camino hacia Belén vuelven a ver la «estrella». Mt 2, 9: *Ellos, después de oír al rey, se pusieron en camino y, de pronto, la estrella que habían visto salir comenzó a guiarlos hasta que vino a pararse*

---

265   Estas indicaciones se pueden ampliar en: J. Ratzinger, *Jesús de Nazaret* cit., páginas 67-70.

encima de donde estaba el niño. Recordemos incidentalmente que la Sagrada Familia se encuentra en el momento de la visita de los magos instalada de forma permanente en Belén: los magos *entraron en la casa*, Mt 2, 11.

Arregui se ocupa a continuación de examinar cuál pudo ser la naturaleza de esa «estrella». Hay que excluir que se trate de un cometa, un asteroide o el nacimiento de una nueva estrella, puesto que entonces no hubiera habido un período en el que la «estrella» hubiera dejado de estar visible. Hay que tener en cuenta que entre las dos visiones de los Magos transcurrieron algunos meses. Igualmente, no puede tratarse de una explosión o colisión, por los mismos motivos. Debe tratarse de una configuración estelar. Para nosotros son los planetas los que cambian de posición respecto a las estrellas, las cuales conforman la parte «invariable». Por esta razón se llamaban a los planetas estrellas errantes, que en la antigüedad eran cinco: Mercurio, Venus, Marte, Júpiter y Saturno; Urano y Neptuno no eran visibles.

La «estrella» de Belén tuvo que consistir en una conjunción: dos astros que coinciden en una misma región del cielo observada desde la Tierra. Las conjunciones pueden darse entre una estrella y un planeta o entre dos planetas. De todas las conjunciones identificadas en los años en los que pudo nacer Jesús de Nazaret la más extraordinaria es la que se produjo en el 17 de junio del año 2 a. C. entre Júpiter y Venus, en la constelación de Leo. Tal pudo ser la conjunción que los Magos interpretaron como una particular revelación y la que dio lugar a su decisión de ponerse en camino hacia Jerusalén. Según se explicó más arriba, la narración de Mateo señala una segunda aparición de la «estrella», es decir, con arreglo a la argumentación de Arregui, una segunda conjunción. Y, efectivamente, se identifica esta segunda conjunción catorce meses después, el 20 de agosto del año 1 a. C. Lo significativo de esta hipótesis es que los datos aportados desde la astronomía son absolutamente compatibles con la narración evangélica. Pues leemos en Mt 2, 16: *Al verse burlado por los magos, Herodes montó en cólera y mandó matar a todos los niños de dos años para abajo en Belén y en sus alrededores, calculando el tiempo por lo que había averiguado de los magos*.

La crítica radical ha ridiculizado frecuentemente el episodio de la matanza de los inocentes, mostrándolo como una prueba más del carácter legendario del *Evangelio de la infancia*. Si tales autores hubieran prestado más atención a las fuentes históricas sobre la biografía de Herodes el Grande, bien conocida, sabrían que su vida está repleta de actos de crueldad de todo tipo, incluyendo la muerte de una de sus esposas, de tres de sus hijos y otros muchos familiares y amigos. Como colofón de este modo de proceder, cuando se hizo público su testamento se pudo conocer que había previsto una cláusula en virtud de la cual los principales del pueblo debían convocarse en el hipódromo para recibir la noticia de su fallecimiento y allí la guardia herodiana debía dar muerte a todos los reunidos[266].

La llegada a Jerusalén, catorce meses después de la primera conjunción observada, coincide con el cálculo de Herodes en su decisión de matar a los niños nacidos *de dos años para abajo*.

Informados en la corte de Herodes, los Magos salieron de Jerusalén hacia Belén, con mucha probabilidad al atardecer, para evitar los rigores del mes de agosto. Mateo indica que la «estrella» se colocó delante de ellos (*antecedebat eos*, Mt 2, 9). «Nada más ponerse el Sol a las 18.35 horas se hicieron visibles Júpiter y Venus. Y los magos, sorprendidos, se llenaron de gozo observando la nueva conjunción. Los dos planetas, que seguían de cerca al Sol en su declinar, se metían a su vez bajo el horizonte una hora después. Durante esa hora los magos recorrían los ocho kilómetros que separan Jerusalén de Belén. Mientras avanzaban en dirección Suroeste, *delante de ellos*, es decir, en dirección Suroeste, pudieron observar a Júpiter y Venus caer poco a poco desde el Suroeste hacia el Oeste, donde todas las estrellas acaban su recorrido, hasta desaparecer tras las casas justo cuando ellos entraban en Belén por el lado Este de la ciudad, teniendo delante, ahora en dirección Oeste la ciudad y los dos planetas, finalizando su recorrido» (página 50).

Proponer la fecha del 17 de junio del año 2 a. C. —una vez situada la muerte de Herodes en el 1 d. C.— permite ofrecer una

---

266   J. González Echegaray, *Los Herodes* cit., páginas 63-66.

explicación plausible de otro problema vinculado con la información que da Lucas sobre el censo de Quirino, como causa del desplazamiento de la Sagrada Familia desde Nazaret a Belén. Leemos en Lucas 2, 1-7:

> Sucedió en aquellos días que salió un decreto del emperador Augusto, ordenando que se empadronase todo el Imperio. Este primer empadronamiento se hizo siendo Quirino gobernador de Siria. Y todos iban a empadronarse, cada cual a su ciudad. También José, por ser de la casa y familia de David, subió desde la ciudad de Nazaret en Galilea, a la ciudad de David, que se llama Belén, en Judea, para empadronarse con su esposa María, que estaba encinta.

Son muchas las teorías que se han vertido en la literatura exegética sobre el censo de Publio Sulpicio Quirino, *Publius Sulpicius Quirinius*, un personaje relativamente bien conocido de la historia de Roma del siglo I d. C., cónsul en el año 12 a. C. Como suele ser habitual, son abundantes los autores que se apresuran a señalar un error por parte del evangelista, el cual habría confundido las fechas. Afirman que el censo de Quirino tuvo lugar con motivo de la destitución de Arquelao como etnarca de Judea, Idumea y Samaría en el año 6 d. C. y la conversión de su etnarquía en provincia romana. De este censo del 6 d. C. da noticia Flavio Josefo exclusivamente, *Antigüedades* XVII, 13, 5; XVIII, 1, 1.

Ahora bien, Lucas no se refiere al censo del año 6 d. C., sino a uno anterior: *primer empadronamiento*. Se objeta, respecto a esta posibilidad, que el reino de Herodes no pertenecía en sentido estricto al Imperio romano y que, por lo tanto, Augusto no pudo decretar la realización de un censo sobre este territorio. Esta opinión denota escaso conocimiento sobre la estructura política del Imperio y la función de los reyes o príncipes clientes en el sistema de gobierno durante el siglo I d. C. Los *reyes amigos y aliados del pueblo romano* son en realidad clientes de Roma. No es casualidad que reyes como Atalo III de Pérgamo, Nicomedes IV de Bitinia o Tolomeo Apión de Cirene legaran su *reino* a Roma[267]. El rey-cliente debía al emperador, *autocrator*, su propia condición de monarca. Era un *rex datus* que obtenía su posición política gracias al favor romano. Muchos de ellos o sus hijos y familiares se habían educado en Roma en una condición ambigua de rehenes o amigos. Ello ocurrió de manera muy evidente con la familia herodiana. Recibían la ciudadanía romana. La sucesión en el reino, como hemos visto en el caso de Herodes el Grande, requería una decisión del emperador; este disponía de una graduación de cargos disponibles: rey, etnarca, tetrarca. Las decisiones políticas de importancia requerían también de la aprobación de las autoridades romanas: vemos a Herodes consultar al gobernador de Siria. El reino cliente conserva su estructura administrativa, lo mismo ocurría con el sistema judicial, salvo en los casos que podían llevar a una sentencia de muerte. No tenían competencias en asuntos de política exterior. En el caso de Judea y territorios cercanos el gobernador de la provincia de Siria ejercía el control en nombre del emperador. Se pagaba un tributo a Roma y había que proporcionar efectivos para el ejército. Los reinos clientes desaparecieron progresivamente en el último tercio del siglo I d. C.; habían preparado adecuadamente el tránsito hacia la administración directa provincial. En algunos casos la clase dirigente de tales reinos clientes prefería incluso —y así lo manifestaba— su transformación en provincia: fue lo que ocurrió tras la muerte de Herodes el Grande, cuando se presentó en Roma una delegación de notables judíos pidiendo la abolición de la monarquía.

Dentro de esta estructura del Imperio, en la que la ciudad de Roma, Italia, las ciudades dotadas de un régimen privilegiado, las provincias (de diversos tipos) y los reinos clientes formaban un entramado orgánico, es donde debe situarse el censo del que habla Lucas. Este censo, cuya naturaleza exacta desconocemos, no coincide con los censos en sentido estricto que mandó reali-

---

267 Tomamos toda la información de este párrafo de: M. Sartre, *El Oriente romano. Provincias y sociedades provinciales del Mediterráneo oriental. De Augusto a los Severos (31 d. C.-235 d. C.)*, trad. de M. V. García Quintela y M. P. Bouyssou, Akal, Madrid, 1994, páginas 60-66.

zar Augusto de los ciudadanos romanos en los años 28 a. C., 8 a. C. y 14 d. C. —aunque puede tener relación con el del 8 a. C.—. Tampoco con otras operaciones censales que se realizaron en provincias, en territorios como el de las Galias o Hispania. Se sabe que, en Egipto, con un régimen administrativo peculiar, se realizaba un censo cada catorce años.

Algunos autores se inclinan por la hipótesis de que el empadronamiento mencionado por Lucas tenía como finalidad que los habitantes del reino prestaran un juramento de fidelidad al emperador romano y al rey, de acuerdo con una práctica que tenemos atestiguada para otros lugares. Por ejemplo, en el 3 a. C. los habitantes de Pafaglonia (al norte de la actual Turquía) realizaron un juramento con este propósito. De hecho, en los comienzos del régimen imperial, Augusto recibió un juramento de tal tipo[268] *de Italia y de las provincias, coniuratio Italiae et provinciarum*. La naturaleza clientelar del reino de Herodes aconsejaba que este organizara una iniciativa de tal naturaleza para disipar cualquier duda sobre su lealtad y la de sus súbditos a Roma. Pese a que esta teoría cuenta con buenos argumentos[269], pensamos que, en este caso, el primer censo de Quirino, no estamos ante un juramento de fidelidad, el narrado por Flavio Josefo, en *Antigüedades* XVII, 2, 4, porque este tuvo lugar en un momento anterior y se realizó por iniciativa del rey y no del magistrado romano.

Sin embargo, resulta absolutamente plausible que la administración imperial necesitara información censal también en el caso de los reinos clientes, entre otros motivos para poder ajustar lo más posible las exigencias recaudatorias. Tácito, *Anales* 1, 11, nos informa de que a la muerte de Augusto se conoció la existencia de un memorial que contenía *el inventario de los recursos públicos, el número de ciudadanos y de aliados que estaban sobre las armas, la relación de flotas, de reinos y de provincias, los impues-*

---

268   No sabemos cómo se articuló este juramento, pues nada dicen sobre ello las fuentes disponibles, pero sí que desempeñó una función de primer orden para dotar de legitimidad al nuevo régimen de Augusto: F. De Martino, *Storia della Costituzione Romana* IV, parte prima, 2ª ed., Jovene, Napoli, 1974, páginas 108-113.

269   S. Muñoz Iglesias, *Los Evangelios de la infancia* III cit., páginas 59-60.

tos y las rentas, los gastos necesarios y los donativos (trad. de J. L. Moralejo). Suetonio, *Vita Augustii* 101, 4, confirma esta afirmación: nos dice que existía un *Breviarium totius Imperii* que, entre otras cosas, contenía el total de las fuerzas militares disponibles, lo que implica la necesidad de una cuantificación de los contingentes aportados por los socios y aliados, entre ellos lógicamente los reyes clientes. Podrían añadirse también las referencias de otros autores tardíos como Casiodoro o Suidas. Por tanto, la afirmación de Lucas sobre la decisión de Augusto para la realización de un censo general del Imperio debe aceptarse. En su brevedad no tiene por qué recoger los detalles de una tramitación laboriosa que hubo de extenderse en el tiempo y atender a las particularidades de los diversos regímenes jurídicos de los territorios integrados bajo soberanía romana.

Cada cual a su ciudad (de origen). Tal es la causa que invoca Lucas para que la Sagrada Familia se desplazara a Belén. En este punto, la objeción de los escépticos es la siguiente: si el censo se hizo conforme a los procedimientos romanos, no tiene sentido el desplazamiento en cuestión, puesto que el factor determinante sería el del domicilio, que en este caso el propio evangelista sitúa en Nazaret. La réplica, en esta cuestión, va en un sentido semejante a lo que hemos apuntado sobre la estructura administrativa de los reinos clientes, la cual era respetada por Roma, por motivos obvios de pragmatismo político.

En territorios como los de Palestina persistían prácticas de seminomadismo y una identidad social fundada más en criterios de tribu que de territorio, al menos respecto a la población judía. En este ambiente es perfectamente razonable que la administración herodiana respetara este tipo de criterios. Añadamos que el territorio de Galilea era de una relativamente reciente judaización (anexionada al reino hasmoneo por Aristóbulo I, 104-103 a. C.) y que en ella convivían poblaciones judías con poblaciones gentiles en tiempos de Jesús. La idea común de una Galilea de población por completo judía supone un grave error histórico[270]. La impor-

---

270 Puede consultarse: M. A. Chancey, *Greco-Roman Culture and the Galilee of Jesus*, Cambridge University Press, 2005.

tante ciudad de Séforis, muy cerca de Nazaret, por completo helenizada (no se cita en los Evangelios) es un ejemplo claro de esta pluralidad de identidades. Esta circunstancia históricopolítica puede explicar el principio aplicado a las familias judías allí instaladas, las cuales con gran probabilidad perseveraban en la idea de que en realidad se hallaban en un territorio no propiamente judío y mantenían viva en aquellos tiempos la consciencia de sus orígenes en Judea.

Respecto a este asunto disponemos de datos concretos para el caso de Egipto. Una zona que desde el punto de vista social era muy parecida a la de Palestina. Varios investigadores ya dieron cuenta de esta situación, como nos indica S. Muñoz Iglesias[271], de quien tomamos los datos que exponemos a continuación. El hallazgo de la documentación recogida en papiros demuestra que la costumbre egipcia exigía para la realización del censo, la *vuelta al lugar de origen*. Así se recoge en un edicto de Gayo Vibio Máximo, del 104 d.C. Un autor de primerísimo nivel, A. Deissmann, no dudaba en relacionar esta noticia con el pasaje de Lc 2, 3. En todo caso, el caso bien conocido de Egipto demuestra que las prácticas administrativas romanas se adaptaban a las peculiaridades de cada territorio. Por tanto, en este punto, la información de Lucas es verosímil y no puede impugnarse alegando una supuesta norma romana de carácter general, de la que, por otra parte, no tenemos noticias en las fuentes.

Llegamos ahora al asunto de mayor relevancia respecto al censo mencionado por Lucas. Y es aquí donde de manera inesperada el libro de Arregui permite una confirmación de su hipótesis utilizando los datos de otros autores que se han acercado a este problema anteriormente y, por tanto, de forma absolutamente independiente y utilizando otro tipo de fuentes. El punto clave, conforme a lo que ya sabe el lector, radica en la modificación de la fecha tradicional en la que la literatura sitúa la muerte de Herodes, el año 4 a. C., planteando la posibilidad, bien fundada, de que fuera en el 1 d. C.

---

271   S. Muñoz Iglesias, *Los Evangelios de la infancia* III cit., páginas 44-46.

Este *primer* censo de Quirino exige que el magistrado romano hubiese sido legado (o cargo de importancia equivalente) de la provincia de Siria en torno al año de nacimiento de Jesús, es decir, de acuerdo con nuestro planteamiento (que hace suyo la hipótesis de Arregui), sobre el año 2 a. C. Una inscripción descubierta en Tívoli en 1764, conocida con el nombre de *Titulus Tiburtinus* (ILS 918; CIL XIV3613), menciona a un magistrado romano que ejerció *dos veces* el mando sobre la provincia de Siria. Esta inscripción se complementa con otra hallada en Venecia en 1880, un epitafio funerario de Quinto Emilio Segundo, lugarteniente de Quirino, por la que sabemos que este mandó realizar censo de aquella región (no olvidemos que el reino de Herodes estaba subordinado política y administrativamente a la provincia de Siria). La interpretación conjunta de ambas inscripciones permite concluir, siguiendo a autores como Th. Mommsen, que el personaje a que se refiere la primera no es otro que Quirino[272]: del cual se afirma que fue gobernador de Siria dos veces: *legatus pro praetore divi Augusti iterum Syriam*.

¿En qué año o años fue Quirino legado de Siria por primera vez? Escribe Ricciotti:

«Entre los años 9-1 a. C. es necesario incluir como legados de Siria tres personajes mencionados por Flavio Josefo, aunque sin comunicarnos los límites de tiempo que permanecieron en el cargo. Tales legados son: M. Ticio, mencionado hacía el año (10) 9 (o incluso 8) a. C.; Sencio Saturnino, que permaneció del 8 al 6 a. C., y Quintilio Varo, que permaneció del 6 al 5 a. C. En el año 1 a. C. es legado de Siria C. César, sobrino de Augusto; respecto a los demás años de este último decenio anterior a la Era vulgar (3-2 a. C.) carecemos de noticias explícitas, que nos faltan también acerca de la duración de M. Ticio. Así pues, la primera legación de Quirino en Siria puede haber ocurrido en

---

272   El texto de las inscripciones puede leerse en: J. M. García Pérez, *La infancia de Jesús según Lucas*, Ediciones Encuentro, Madrid, 2000, página 60; D.W. Chapman – E. J. Schnabel, *op. cit.*, página 4. Conforme a su estilo habitual plantea dudas sobre esta identificación: R. E. Brown, *El nacimiento del Mesías* cit., página 575.

uno de estos dos intervalos, o en el 3-2 a. C. o bien inmediatamente antes o inmediatamente después de la legación de M. Ticio, es decir, posteriormente al año 12 a. C., en que Quirinio fue cónsul, pero antes del 8 a. C., en que Saturnino fue legado en Siria».

Ricciotti, que acepta la fecha de la muerte de Herodes en el 4 a.C., añade que con la suposición de que Quirino fuera legado en Siria en los años 3-2 a. C., la cuestión del censo no queda resuelta[273]; pero en sentido contrario cabría decir que sí quedaría resuelta si se modifica la fecha de la muerte de Herodes en el 4 a. C. que es la que ha llevado al autor italiano a realizar la afirmación anterior.

Pues bien, el lector atento habrá ya concluido lo que vamos a afirmar a continuación: es precisamente la hipótesis de Arregui la que permite armonizar estas informaciones. Nuestro autor, que no trata en ningún momento estos datos históricos sobre los legados de Siria, ni se ocupa de las inscripciones arriba mencionadas, ha propuesto, por otras vías, la fecha del año 2 a. C. para el nacimiento de Cristo y de esta forma resuelve satisfactoriamente el problema, porque ese año y el anterior fueron, con toda probabilidad, los de la primera legación de Quirino en Siria. De modo que el texto de Lucas ve fortalecida su credibilidad: *Este primer empadronamiento se hizo siendo Quirino gobernador de Siria*, Lc 2, 2.

Queda aún por tratar en relación con el censo en cuestión la noticia que ofrece Tertuliano, una fuente muy fiable, de la que no se debe prescindir. En su obra *Adversus Marcionem* IV, 19, 10, atribuye el censo durante cuya realización se produjo el nacimiento de Jesús, no a Quirino, sino a un legado anterior, Sentio Saturnino, que desempeñó el cargo entre el año 8 y el 6 a. C. ¿Qué explicación podemos dar sobre este dato del jurista-teólogo? La respuesta más razonable, dejando aparte las que se basan en errores de copistas o del propio Tertuliano, es la que ya propuso en su tiempo A. W. Zumpt, citado por S. Muñoz Iglesias: que las operaciones del censo, una tarea lenta y complicada dado los medios de la época, comenzó durante el mandato de Saturnino. Época en la que sabe-

---

273   G. Ricciotti, *op. cit.*, página 191.

mos, por otra parte, que se llevó a cabo un censo de ciudadanos romanos (y en el reino de Herodes el juramento de fidelidad del que antes hablamos). Y se llevó a término por Quirino, es decir, de acuerdo con nuestro planteamiento que difiere en las fechas del de Zumpt, en el 2 a. C.

Concluimos ahora el estudio sobre el nacimiento de Jesús de Nazaret desde el punto de vista cronológico. Según quedó apuntado, es menester subrayar que la hipótesis propuesta, asumiendo la de J. A. Arregui, no pretende resolver el problema de manera definitiva. pero sí que hace posible defender una conclusión muy importante para los estudios sobre el Nuevo Testamento: que los datos históricos que ofrece, lejos de ser el producto de una teología convertida en historia (al gusto de Strauss y de una legión de modernos exégetas) resiste con éxito un análisis fundado en las fuentes disponibles, incluso en el denominado *Evangelio de la infancia*, cuya historicidad suele ser impugnada con una obstinación que, desde puntos de vista como el que aquí se ofrece, resulta muy difícil de comprender (al menos, cuando se realiza por autores que se autodenominan cristianos). La relevancia de tal conclusión es la que nos ha llevado a tratar este asunto con la debida atención, incluso a riesgo de haber incurrido en un grado de prolijidad que nos ha parecido inevitable si queremos dejar fundada con seriedad nuestra postura. Pasaremos ahora, de una manera mucho más breve, a tratar la materia de la posible fecha de la muerte y resurrección de Jesús de Nazaret.

***

Según hemos señalado más arriba en este mismo capítulo, es muy probable que Jesús empezara su vida pública en el año 30 d. C., dato que se obtiene por la vinculación entre los ministerios de Juan el Bautista y del propio Jesús. Las noticias que ofrece Lucas 3, 1-2; 3, 23, permiten pensar que el Precursor comenzó su predicación en el año 29 d. C. Recuérdese que trabajamos sobre la hipótesis de que el nacimiento de Jesús de Nazaret fue en el año 2 a. C.

Jesús fue crucificado el día 15 de Nisán (día de luna llena), viernes (parasceve o preparación del sábado: Mc 15, 42; Lc 23, 54; Jn 19, 31). El jueves 14 ordenó preparar la cena de Pascua. Escribe Lc 22, 14-15: *Y cuando llegó la hora se sentó a la mesa y los apóstoles con él y les dijo: Ardientemente he deseado comer esta Pascua con vosotros, antes de padecer, porque os digo que ya no la volveré a comer hasta que se cumpla en el Reino de Dios.* En sentido estricto el 14, día en que se sacrificaban los corderos (desde el siglo II a.C. la inmolación se realizaba a partir de las dos de la tarde[274]), era el día de la Pascua. Esa noche, Jesús comparte la cena con sus discípulos en Jerusalén[275] (Mc 14, 13; 26; Jn 13, 30; 18, 1; 1 Cor 11, 23). Es preciso destacar como rasgo diferencial que fue una cena nocturna, algo que se explica precisamente por su carácter pascual, que debía empezar después de la puesta de sol y se prolongaba hasta muy entrada la noche.

Según el cómputo judío la cena corresponde ya al día 15 de Nisán. Muere crucificado Jesús hacia el mediodía del 15 de Nisán, en sentido estricto primero de los días de la fiesta de los Ázimos. Tanto en Mc 14, 12 como en Lc 22, 7, se observa una identificación parcial entre Pascua y Ázimos, lo cual se explica porque en el sentir popular ambas festividades formaban un todo unitario. Así pues, para intentar aclarar esta cuestión: la Pascua, 14 de Nisán (mes que corresponde desde mediados de marzo hasta mediados de abril), se engarzaba con la fiesta de los Ázimos, que se celebraba durante los siete días siguientes: del 15 al 21 de Nisán. Por tanto, de manera indistinta los ocho días eran denominados Pascua o Ázimos.

---

274 J. Jeremias, *La última Cena*, 2ª ed., trad. de D. Mínguez, Ediciones Cristiandad, Madrid, 2003, página 24.

275 *Ibidem*, página 70: «Era obligatorio pasar la noche pascual en Jerusalén (así lo prescribía Dt 16, 7 según la exégesis de la época). Para facilitar el cumplimiento de esta prescripción se había establecido que era lícito pasar la noche pascual dentro de un amplio perímetro de la ciudad, el cual llegaba hasta Betfagé. Betania caía fuera de ese límite».

Existe además un detalle sobre el que nos gustaría llamar la atención. En el Evangelio de Juan, que solo en apariencia diverge de la cronología sinóptica, se recoge una información que coincide con el esquema temporal de los sinópticos y es la siguiente. Leemos en Jn 19, 31: *Los judíos entonces, como era el día de la Preparación* (es decir, viernes), *para que no se quedaran los cuerpos en la cruz el sábado, porque aquel sábado era un día grande, pidieron a Pilato que le quebraran las piernas y que los quitaran.* Este «sábado solemne», como defiende J. Jeremias, no era otro que el día de la ofrenda de la «gavilla de Omer», que según la tradición tenía lugar el 16 de Nisán: por tanto, también para Juan, Jesús fue ejecutado en la cruz el 15 de Nisán[276]. Una primera objeción a esta postura podría plantearse alegando Jn 19, 14: *Era el día de la Preparación de la Pascua, hacia el medio día; erat autem Parasceve Paschae, hora erat quasi sexta.* Sin embargo, esta rara expresión[277], *Preparación de la Pascua,* parece indicar sencillamente que era el viernes dentro de los días de la fiesta de la Pascua-Ázimos o, en la solución que ofrece C. A. Franco Martínez, dentro de la tesis de que el texto griego corresponde a una traducción del arameo, que habría de verter como *era el parasceve que era la Pascua.* Una última objeción de peso, derivada del tenor de Jn 18, 28, será objeto de alguna atención más adelante.

Sabemos cuáles fueron los años en los que Poncio Pilato fue prefecto de la provincia de Judea, sucediendo en el cargo a Valerio Grato. Tomando de nuevo la argumentación de J. A. Arregui digamos que Pilato fue gobernador desde el año 27 al 36. Este último año fue destituido y sustituido por L. Vitelio, que actuaba no solo como legado de Siria, sino como enviado de Tiberio para resolver varios problemas políticos de primera magnitud suscitados en esa zona del Imperio: *Pilato, después de pasar diez años en Judea, se dirigió a Roma por orden de Vitelio. Pero antes de llegar a Roma falleció Tiberio,* Flavio Josefo, *Antigüedades* XVIII, 4, 1-2. Tiberio murió el 16 de marzo del año 37; según este cálculo Pilato perma-

---

276   *Ibidem*, página 106.
277   *Ibidem*, página 104; C. A. Franco Martínez, *La Pasión de Jesús según San Juan*, Ediciones Encuentro, Madrid, 2005, página 239.

neció en su cargo desde el año 27 al 36 d. C. —otros autores sitúan el comienzo de su prefectura en el 26 d. C.[278]—.

Se trata, entonces, de determinar dentro de ese período de tiempo, qué años el 15 de Nisán, día de luna llena, en el calendario judío de la época, cayó en viernes, materia que puede determinarse con ayuda de los programas de astronomía cuyos resultados vienen recogidos con solvencia en el libro de Arregui. Pues bien, encontramos dos fechas posibles: la primera es el 15 de Nisán del año 30, que corresponde al 6 de abril de nuestro calendario. Conviene precisar que el ciclo de los días de la semana se mantiene invariable desde esa época hasta ahora y que no quedó afectado por la reforma introducida por el papa Gregorio XIII en 1582.

De acuerdo con el esquema temporal que venimos siguiendo, el año 30 ha de ser excluido, porque ese fue el año preciso en el que Jesús inició su vida pública. Sin embargo, hay otra fecha que se adapta perfectamente al conjunto de datos cronológicos que conocemos: la del 3 de abril del año 33, año en el que el 15 de Nisán volvió a caer en viernes[279], como reconoce Arregui en la página 85 de su libro.

La Resurrección de Jesús de Nazaret fue, por tanto, el 17 de Nisán del año 33 d. C. (que corresponde a nuestro domingo del 5 de abril (tres días con cálculo inclusivo, es decir, contando también el primero: viernes, sábado, domingo). Siguiendo este esquema temporal, Arregui coloca la Ascensión el 16 de mayo (página 73) y Pentecostés el domingo 24 de mayo de ese mismo año 33 (página 74).

---

278 J. P. Lémonon, *Ponce Pilate*, préface de M. Sartre, Les Éditions de l'Atelier, Paris, 2007, página 122.
279 J. A. Arregui, muestra alguna vacilación porque piensa, en este punto concreto en nuestra opinión erróneamente, que la Pascua del año de la muerte de Jesús cayó en sábado (página 58), pero reconoce al mismo tiempo que técnicamente ninguna «pascua» (15 de Nisán) dentro de esos años cayó en sábado: página 85.

Joseph Führich. *Primera estación: Jesús es condenado a muerte.*

Capítulo XVIII

Jesús es condenado a muerte

La dimensión jurídica de la vida de Jesús de Nazaret no supone añadir a estas páginas un dato secundario, ni una cuestión «complementaria» apta solo para especialistas. La Encarnación del Hijo de Dios constituye una realidad muy rica en contenidos y consecuencias. Una de ellas es que Jesús, también hombre verdadero, vivió como todos los seres humanos en un tiempo y espacio determinados, dentro de una sociedad, sometido a normas jurídicas desde su nacimiento hasta su muerte en la Cruz. Solo la Resurrección, primicia de un mundo nuevo, parece haber escapado —afortunadamente— al ámbito del Derecho. Pasión y Resurrección integran, por lo demás, el núcleo del mensaje cristiano que contiene el Nuevo Testamento.

No es propósito de este libro realizar un estudio completo de la vida de Jesús desde la perspectiva del Derecho[280]. Allí aparecería, por citar algunos ejemplos, el censo de Quirino, del que sí nos hemos ocupado (Lc 2, 1), el tributo al Templo (Mt 17, 24-27) y al

---

280 Debe consultarse: J. D. M. Derrett, *Law in the New Testament,* Wipf & Stock Publishers, Eugen (Oregon), 1970; M. Valpuesta Bermúdez, *Jesús de Nazaret frente al Derecho. Estudio de un proceso penal histórico,* Editorial Comares, Granada, 2011.

emperador ((Mt 22, 15-22), el discutido episodio de la mujer adúltera (Jn 8, 1-11)[281]. Lo mismo ocurre en el terreno de las parábolas, cuyo contenido jurídico es en muchos casos evidente: la de los talentos (Mt 25, 14-30 o de las minas (Lc 19, 11-28), la del administrador (Lc 16, 1-13), la del juez inicuo (Lc 18, 1-8) o la del hijo pródigo (Lc 15, 11-32) son suficientemente representativas.

Trataremos solo, en forma resumida, los hechos que integran lo que suele denominarse el proceso a Jesús de Nazaret, aunque, como se verá, sería preferible hablar de procesos, en plural. Nuestro tratamiento se funda en una interpretación histórica de los relatos de los Evangelios sinópticos y Juan, los cuales son la fuente principal —no única— de la Pasión de Cristo. Los cuatro Evangelios canónicos cuentan los mismos acontecimientos. Lo hacen recogiendo testimonios complementarios, no contradictorios. Esta idea es particularmente relevante en la consideración del Evangelio de Juan. Solo desde la habitual perspectiva literaria de muchos comentaristas se concluye con la idea de que cada Evangelio cuenta una historia distinta: es lo que ocurre cuando la historia, que es el fin, cede el primer puesto a la filología, que tendría que ser el medio.

Jesús vivió su vida adulta en los territorios del antiguo reino de Herodes el Grande. Tras la muerte de este, Galilea y Perea se asignaron a Herodes Antipas, con el título de tetrarca. Judea, con Idumea y Samaría[282] —tras haber permanecido algunos años en poder de otro hijo de Herodes, Arquelao, en calidad de etnarca— sería convertida en provincia de las que llamamos procuratorianas. Subordinada a la provincia de Siria. Entre el 27 y el 36 d. C.

---

281 Discutido porque la perícopa no aparece en los papiros P66 y P75; tampoco en códices como el Sinaítico, el Vaticano, y el Washingtoniano; aproximadamente doscientos cincuenta códices mayúsculos, la tradición siríaca y algunos manuscritos de la Vetus Latina no lo contienen. Algunos manuscritos que lo contienen señalan que se trata de un pasaje dudoso; otros lo sitúan al final del Evangelio de Juan, fuera de este Evangelio o con otras versiones: J. Chapa, *La transmisión textual del Nuevo Testamento* cit., páginas 58-59.

282 La hostilidad entre judíos y samaritanos no era un problema menor para el gobierno de estos territorios; de ella dan prueba los Evangelios: Mt 10, 5; Lc 9, 51-56; Jn 4, 4; la predicación de la Iglesia, sin embargo, llegó muy pronto a Samaría: Hch 8, 5.

su gobierno correspondió al prefecto Poncio Pilato. Estos datos aportan una información relevante para entender sobre todo la situación de Judea y, en particular, de Jerusalén, en el momento en que tuvieron lugar los acontecimientos de la Pasión. El punto de partida se sitúa en la consideración de que la Judea de la época de Jesús poseía una estructura jurídicopolítica dual, muy bien reflejada en los Evangelios. La administración romana, con una escasa implantación territorial, se ocupaba exclusivamente de algunas competencias del más alto nivel: asegurar la recaudación de tributos directos e indirectos (estos recaudados por los publicanos), la circulación monetaria, el orden público. En materia penal se reservaba el conocimiento de los casos más graves, castigados con pena capital.

El resto de las materias y competencias, es decir, la gran mayoría de los asuntos cotidianos de la población, permanecían gestionadas por las autoridades judías, tanto en la esfera del Derecho público como en la del privado. En Judea, igual que en todos los territorios del Imperio, la hegemonía romana no suprimía la estructura jurídica preexistente[283], sino que esta se mantenía, incluyendo también los tribunales de justicia. La peculiaridad de Judea estribaba en que en este caso estamos ante una teocracia. Una aristocracia sacerdotal, cuya organización giraba en torno al Templo de Jerusalén, dirigía la vida de la población. Una aristocracia que, además, se sentía cómoda con el régimen romano, puesto que este aseguraba su posición. Dejando aparte consideraciones de índole teológica, el interés por eliminar a Jesús se explica por el propósito de evitar cualquier posibilidad de transformación radical del panorama religiosopolítico del momento, interés que se halla en el trasfondo de las palabras pronunciadas por Caifás en el Sanedrín en una sesión anterior a la del juicio: «Vosotros no entendéis una palabra, no comprendéis que os conviene que uno muera por el pueblo y que no perezca la nación entera», Jn 11, 50; y 18, 14.

Las alusiones de Jesús a la destrucción del Templo adquirirían igualmente este tono inquietante para las autoridades judías:

---

283   R. Martin, *Understanding Local Autonomy in Judaea between 6 and 66 CE.*, The Edwin Mellen Press, Lewiston – Queenston – Lampeter, 2006.

Jn 2, 19; Mt 24, 1-2; 26, 61. Y reaparecieron en el proceso que sufrió Esteban, de cuyos acusadores está escrito en Hch 6, 12-14: *Alborotaron al pueblo, a los ancianos y a los escribas y, viniendo de improviso lo agarraron y lo condujeron al Sanedrín, presentando testigos falsos que decían: «Este individuo no para de hablar contra el Lugar Santo y la Ley, pues le hemos oído decir que ese Jesús el Nazareno destruirá este lugar y cambiará las tradiciones que nos dio Moisés».*

Dentro de este contexto hay que entender el Templo no solo como una edificación colosal, una obra arquitectónica imponente, símbolo de la identidad judía, sino también como el centro institucional efectivo de la vida política y religiosa, con influencia práctica que llegaba hasta las comunidades judías de otras partes de Palestina y de la diáspora dentro y fuera del Imperio. Por eso, su destrucción en el año 70 d. C. supuso una verdadera catástrofe, cuyas consecuencias difícilmente se pueden exagerar. Fue el fin de una época del pueblo judío, la época que no por azar se denomina «del Segundo Templo»[284]. A partir de entonces ya no habrá sumo sacerdote ni Sanedrín en Jerusalén[285]. No solo desapareció la estructura teocrática, sino que el propio judaísmo tuvo que transformarse y rehacerse, pues hasta entonces su centro había sido el culto sacrificial del Templo. El judaísmo posterior, el que llega en sus diversas modalidades hasta nuestros días, es consecuencia directa de estos acontecimientos.

Las consideraciones anteriores son necesarias para explicar por qué Jesús sufrió no un único proceso penal, algo que hubiera podido ocurrir con completa normalidad en una Judea sin presencia romana, sino dos procesos distintos, si bien entrelazados no solo en la inmediata línea temporal, sino también por el tipo de delitos que se le atribuían en uno y otro.

---

284   La destrucción del Segundo Templo en el año 70 d. C. produce unos efectos semejantes en su dimensión histórica a la destrucción del *Primer* Templo acaecida en el 586 a.C.

285   E. Levine, *op. cit.*, páginas 120.121: «Cuando, después del año 70, cesó el Gran Sanedrín y se constituyó el *Bet Din ha-gadol*, el tribunal supremo de justicia, *con funciones exclusivamente religiosas*, éste continuó explicando la ley de manera autoritativa».

Esta forma de actuar en los delitos muy graves se veía en algunos casos incumplida por parte de las autoridades judías. Tratándose de conductas que tenían que ver con la Ley, un sector del judaísmo consideraba legítimo no solo enjuiciar sino también ejecutar al condenado con arreglo al Derecho penal judío y sabemos de casos en los que esto efectivamente sucedió. No con Jesús de Nazaret, pero sí, entre los casos conocidos, con san Esteban, sobre el 34 d. C., y con Santiago el Menor, en el 62 d. C. El primero de ellos bajo el gobierno de Poncio Pilato el cual, por los motivos que fuera, o no tuvo conocimiento del asunto o decidió «mirar para otro lado» con tal de no molestar a las autoridades del Templo. En el caso de Santiago el Menor, aprovechando un período de ausencia de gobernador, por la muerte del anterior (Festo) sin que el sucesor (Albino) hubiera llegado a la provincia. Ambos casos, sin embargo, tuvieron consecuencias para sus protagonistas romanos y judíos: el primero influyó en la destitución de Caifás y de Pilato; el segundo supuso la destitución inmediata del sumo sacerdote Anás II. Obviamente estos procesos eran ilegales desde la perspectiva romana, pero como hemos explicado anteriormente, no son sino expresión del conflicto entre dos legitimidades políticas diversas, en difícil coexistencia: la judía y la romana.

Antes de continuar nos parece oportuno llamar la atención sobre dos puntos frecuentemente desatendidos por los autores que se ocupan de esta materia. El primero de ellos puede quedar formulado de manera muy sencilla: ni Jesús, cuya predicación llamó muy pronto la atención de las autoridades del Templo (Mc 2, 6; 16; Lc 5, 17), ni sus más cercanos seguidores fueron tratados al modo en que lo fueron los integrantes de otros movimientos mesiánicos de carácter violento y, diríamos hoy, netamente revolucionarios. En estos últimos casos, bien conocidos, que llevan hasta la primera Guerra Judía (66-70 d. C.) y se prolongan hasta el siglo II d. C., con la rebelión de Simón Bar Kosiba (132-135 d. C.) no asistimos a la apertura de procesos penales, sino a una represión militar directa y sangrienta, sin ningún tipo de contemplaciones. Al fin y al cabo, el prefecto romano era en sentido estricto un cargo militar[286] y su principal cometido consistía precisamente en preservar la paz y el orden público en una región con fama bien ganada de difícil y levantisca.

Entre los variados episodios registrados en las fuentes —dentro y fuera del Nuevo Testamento— podemos citar el de un cierto *profeta samaritano*, quien prometió mostrar los objetos de culto del Templo en el monte Garizim y congregó una multitud armada. La intervención de las tropas romanas supuso un baño de sangre y la posterior e inmediata ejecución de algunos de los seguidores. Fue la consiguiente protesta de las autoridades locales samaritanas la que llevó finalmente a la deposición de Pilato por Vitelio, gobernador de Siria (Flavio Josefo, *Antigüedades Judías* XVIII, 85-88)[287]. Casos semejantes son los de Teudas[288] y otro personaje conocido como «el Egipcio»[289], en cuyo detalle preferimos no detenernos ahora.

En este ambiente del momento y tal vez de un modo a primera vista paradójico la apertura de un proceso a Jesús y la inacción de las autoridades romanas durante su predicación podrían considerarse como expresión de un cierto respeto hacia la doctrina nueva que formulaba y las particularidades mesiánicas que se atribuía. Una doctrina que se apartaba de los habituales movimientos mesiánicos, determinados prioritariamente por la idea de liberación política de Israel con utilización de medios violentos. Jesús, llegado el momento, se proclamará rey, aunque añadiendo que su reino no es de este mundo (Jn 18, 36). Pero eso será al final. Durante su vida pública rechazó de manera contundente cualquier intento en este sentido. Jn 6, 15: *Jesús, sabiendo que iban a llevárselo para proclamarlo rey, se retiró* otra vez a la montaña

---

286 L. Loreto, *Il comando militare nelle province procuratorie. 30 a. C.- 280 d. C.*, Casa Editrice Dott. Eugenio Jovene, Napoli, 2000, páginas 43-57.

287 H. K. Bond, *Pontius Pilate in History and Interpretation*, Cambridge University Press, 2004, páginas 67-73.

288 Hch 5, 36; sobre los problemas de orden cronológico que genera esta mención en Los Hechos de los Apóstoles: C.J. Hemer, *op. cit.*, páginas 162-163.

289 Hch 21, 38; Flavio Josefo, *La Guerra de los Judíos* II, 261-263. Puede consultarse: R. A. Horsley (with J.S. Hanson), *Bandits, Prophets & Messiahs. Popular Movements in the Time of Jesus*, Trinity Press International, Harrisburg, Pennsylvania, 1999.

él solo[290]. Su insistencia en ocultar durante gran parte de su vida pública la condición de Mesías tiene que ver con esto, Mt 16, 20. En todo caso, en el curso de las hostilidades que sufrió por parte de las autoridades judías Jesús sería tratado como un maestro de la Ley, no como el líder de un movimiento político.

Pasemos al segundo punto de los anunciados. Se trata se subrayar las intensas diferencias que existen entre el Derecho penal y procesal penal antiguos —en este caso el judío y el romano— y los principios que rigen nuestro Derecho moderno. Es el desconocimiento de esta diversidad radical la causa de que muchos estudios sobre el proceso a Jesús resulten inservibles por su anacronismo.

En el Derecho penal judío de la época de Jesús se mantenían restos de un orden punitivo que permitía en casos de delitos muy graves y flagrantes la ejecución extrajudicial, es decir, llevada a cabo sin un juicio previo[291]. Uno de esos supuestos se halla muy bien documentado. Se trata de un caso absolutamente excepcional porque era admitido incluso por la autoridad romana. Nos referimos a la ejecución extrajudicial e inmediata de quien sin derecho a ello traspasara los límites del Atrio de los Gentiles en el Templo de Jerusalén. Testimonio de esta norma son dos inscripciones[292] y la noticia que recoge Flavio Josefo: *¿No os autorizamos nosotros a ejecutar a los que lo atravesaran, aunque fueran romanos los que lo hicieran?* (*La Guerra de los judíos* VI, 124-125). Este fue el contexto en el que tuvo lugar el episodio protagonizado por Pablo de Tarso y sus acompañantes y recogido en Hch 21, 27-31:

> Cuando estaban para cumplirse los siete días, los judíos de Asia, que lo vieron en el Templo, alborotaron al gentío y agarraron a Pablo, gritando: ¡Auxilio israelitas! Este es el hombre que va ense-

---

290 El episodio recogido por Juan se sitúa antes de la segunda de las Pascuas referidas en su Evangelio: R.E. Brown, *El Evangelio según San Juan I-XII*, trad. de J. Valiente, Ediciones Cristiandad, Madrid, 1999, páginas 490-503.

291 G. Alon, *Jews, Judaism and the Classical World. Studies in Jewish History in the Times of the Second Temple and Talmud*, translated from the Hebrew by I. Abrahams, The Hebrew University, Jerusalem, 1977, páginas 111-114.

292 Sobre ellas: J. M. Ribas Alba, *Proceso a Jesús* cit., páginas 118-120. L. Boffo, *op. cit.*, 290: *Que ningún gentil sobrepase la balaustrada del recinto del Templo. Quien la sobrepase será causa él mismo de su propia muerte.*

ñando a todos por todas partes contra nuestro pueblo, contra nuestra ley y contra este lugar; e incluso ha llegado a introducir a unos griegos en el Templo, profanando este lugar santo. Era que antes habían visto con él por la ciudad a Trófimo el de Éfeso, y pensaban que Pablo lo había introducido en el Templo. El revuelo cundió por toda la ciudad y hubo una avalancha de gente; agarraron a Pablo, lo sacaron a rastras fuera del Templo e inmediatamente cerraron las puertas. Y estando ellos a punto de matarlo (…).

El anterior es un caso absolutamente excepcional en el sentido de que era reconocido también por la autoridad romana, aplicable incluso a ciudadanos romanos. Todos los otros supuestos de posible aplicación de una ejecución sin juicio pertenecen al ámbito del Derecho judío. Volvamos a subrayar que tal posibilidad puede resultar por completo ajena a nuestra forma de entender el Derecho. Pero se trata de *nuestro* Derecho. En la mentalidad jurídica de la época antigua las cosas se veían de otra forma. El propio Derecho romano conservaba rasgos de este régimen de justicia comunitaria, por ejemplo, en la figura del *homo sacer* («hombre sagrado», en el sentido de maldito)[293], muy cercana, por lo demás, a la figura del «exterminio» o «consagración a Dios» del Derecho judío.

Este régimen de ejecución inmediata en el caso de delitos gravísimos y flagrantes es el que podemos ver regulado en el muy relevante capítulo 13 del Deuteronomio, un régimen que en época de Jesús se entendía como vigente (aunque sujeto a diversas interpretaciones), como demuestra la literatura de Qumrán[294]. Por razones comprensibles no debemos acometer un estudio de esta normativa, pero sí nos parece oportuno reproducir este capítulo, porque su lectura es suficientemente explicativa:

---

293   Para quienes participaron en la «ejecución» de Julio César, el 15 de marzo del 44 a.C., el acto era perfectamente legítimo, basado precisamente en la condición de *homo sacer* del ejecutado, que había pretendido convertirse en rey incurriendo en el crimen de lesa majestad (*adfectatio regni*), en contra de los principios fundamentales de la constitución romana.

294   J. Vanderkam-P. Flint, *op. cit.*, páginas 418-420.

Si surge en medio de ti un profeta o un visionario soñador y te propone: Vamos en pos de otros dioses —que no conoces— y sirvámoslos, aunque te anuncie una señal o un prodigio y se cumpla la señal o el prodigio, no has de escuchar las palabras de ese profeta o visionario soñador, pues el Señor, vuestro Dios, os pone a prueba para saber si amáis al Señor, vuestro Dios, con todo vuestro corazón y con toda vuestra alma. Debéis ir en pos del Señor vuestro Dios y a él temeréis; observaréis sus preceptos y escucharéis su voz, le serviréis y os adheriréis a él. Y ese profeta o visionario soñador será ejecutado por haber predicado la rebelión contra el Señor vuestro Dios, que os sacó de la tierra de Egipto y os rescató de la casa de esclavitud, y por intentar desviarte del camino que te mandó seguir el Señor, vuestro Dios. Así extirparás el mal de en medio de ti, 1-6.

Se recoge en esta primera parte la figura del falso profeta, vinculada al ilícito penal de la práctica de la magia, Lev 20, 27. Una continuidad que observamos recogida en Hch 13, 6, al narrar la presencia en Chipre de un personaje cercano al gobernador romano, *un mago, un falso profeta judío*. Para sus enemigos, Jesús de Nazaret era un falso profeta. Tras la sentencia del Sanedrín, las burlas que sufre Jesús tienen que ver con esto. Se afirma con claridad en Mc 14, 65, Mt 26, 68; Lc 22, 64: «Haz de profeta, ¿quién te ha pegado?». El falso profeta ha de ser eliminado delante de todo el pueblo, Dt 17, 13. La realización de signos por los falsos profetas, que así pretenden probar la credibilidad de su mensaje, aparece no solo en boca de Jesús, Mt 24, 11, sino también en el Apocalipsis, confirmando que estamos ante una forma de ver las cosas que era habitual en el siglo I d. C. Ap 19, 20: *Fue hecha prisionera la bestia y con ella el falso profeta, el que hacía signos en su presencia, con los que extraviaba a los que llevaban la marca de la bestia y adoraban su imagen* —también Ap 13, 1-14—. En el Apocalipsis el falso profeta es la Segunda Fiera, la Fiera de la Tierra, que adulterará la fe de la Iglesia.

Este mismo régimen expeditivo se aplica al *mesit*, es decir, al inductor a la idolatría entendida esta en sentido amplio, pues incluye todos los supuestos de apostasía. Cuando el *mesit* consigue que una comunidad le siga, se convierte en *maddiah*: en un seductor que debe ser eliminado, incluyendo en este castigo a todos los que se han dejado engañar por él. La conexión directa se produce entre los tipos del *mesit* y el delito de blasfemia. Reproducimos también la última parte del capítulo con objeto de que el lector conozca la normativa en su integridad, aunque en estos últimos versículos lo que se regula pertenece más bien al Derecho de guerra.

Si tu hermano, hijo de tu madre, tu hijo o tu hija, o la mujer que se recuesta en tu seno o tu amigo del alma te incita en secreto diciendo: Vamos y sirvamos a otros dioses —que ni tú ni tus padres conocéis, entre los dioses de los pueblos que os rodean, cercanos a ti o distantes de ti, de un extremo a otro de la tierra— no accederás ni le escucharás; no te apiadarás de él, no te compadecerás de él ni le encubrirás, sino que le darás muerte; tu mano será la primera contra él para hacerlo morir, y después la mano de todo el pueblo. Lo apedrearás hasta que muera, porque intentó apartarte del Señor, tu Dios, que te sacó de la tierra de Egipto, de la casa de esclavitud. Así todo Israel lo oirá y temerá, y no volverá a cometerse un mal como este en medio de ti, 7-12.

Si en alguna de tus ciudades, que el Señor, tu Dios, te da para que habites allí, oyes decir: Han surgido en medio de ti hombres malvados que han pervertido a los habitantes de la ciudad, diciéndoles: Vamos y sirvamos a otros dioses —que no conocéis—, investigarás, indagarás y te informarás bien. Si es verdad y se confirma el hecho de que se ha cometido tal abominación en medio de ti, pasarás a filo de espada a los habitantes de esa ciudad; la consagrarás al exterminio con todo lo que haya en ella, y pasarás a filo de espada al ganado. Amontonarás en el centro de la plaza todo el botín y prenderás fuego a la ciudad y al botín todo entero en honor del Señor, tu Dios. Quedará en ruina para siempre y no será jamás reedificada. No se te pegará a las manos nada de lo consagrado al exterminio, para que el Señor aplaque el furor de su cólera y te conceda misericordia, se apiade de ti y te multiplique, como juró a tus padres, porque escuchaste la voz del Señor, tu Dios, observando todos sus preceptos que yo te mando hoy, haciendo lo recto a los ojos del Señor, tu Dios, 13-19.

La vigencia de este trasfondo recibe una prueba por medio de un texto que nos parece fundamental para entender el proceso judío a Jesús de Nazaret. Este texto, a pesar de su brevedad e imprecisiones en detalles secundarios, confirma la idea que venimos comentando: que según el Derecho penal judío de esta época podía resultar legítima la aplicación de una pena de muerte en casos extremos sin necesidad de un juicio previo. El pasaje en cuestión se halla contenido en el Talmud de Babilonia, tratado Sanhedrin 43 a. Se trata de una *baraita*, es decir, de un *dictum* antiguo no recogido en la Misná. Dice así:

> Es cosa transmitida: Jesús el Nazareno fue colgado en la víspera de la Pascua. Durante cuarenta días el pregonero fue diciendo delante de él: Lo sacarán para ser lapidado, porque ha practicado la magia, ha inducido y seducido a Israel. Todo aquel que tenga algo que decir en su defensa debe comparecer y exponerlo. Pero no se encontró nada en su descargo y por eso fue suspendido en la víspera de la Pascua. Ulla[295] dijo: ¿Piensas que él habría merecido una defensa? ¿No era él un inductor del que dice el que es todo misericordia: tu ojo no tendrá piedad de él, no lo encubrirás? Pero con Jesús la situación fue distinta, porque estaba cercano al gobierno.

Al margen de los problemas que plantea el texto e incluso de la posibilidad de que el Jesús mencionado no sea Jesús de Nazaret, en todo caso el pasaje demuestra la persistencia de la posibilidad de que en algunos casos muy graves fuera posible según el Derecho judío una ejecución extrajudicial por lapidación —y el cadáver colgado posteriormente: Dt 21, 22—. En algunos pasajes evangélicos aparece también esta valoración de Jesús como un impostor: Mt 27, 63; Lc 23, 2-5; Jn 7, 12. En otros, vemos que sus adversarios sostienen que realiza los milagros *con el poder de Belzebú*, Mt 12, 24.

***

---

295   Sobre el rabí Ulla, de la tercera generación de los amoraítas: J. M. Ribas Alba, *El proceso a Jesús de Nazaret* cit., página 182 nota 617.

Pasemos ahora al proceso penal judío sufrido por Jesús. Una lectura apresurada de los textos evangélicos puede transmitir la sensación de que el proceso se inició con la detención en el Huerto de los Olivos. Sin embargo, el lector atento descubre enseguida que la investigación abierta por el Sanedrín empezó mucho antes y que con carácter previo a la detención se había emitido ya una orden de comparecencia. Ello ocurrió al menos unos meses antes. En el Evangelio de Juan 7, 30-32, leemos que en una ocasión se enviaron guardias del Templo para apresarlo, aunque sin éxito. Hay noticias de sesiones del Sanedrín en las que se trató este asunto y debemos entender que se hizo de manera oficial, es decir, de acuerdo con reglas jurídicas: Jn 11, 47-53; Mt 26, 1-5; Jn 12, 9-11.

¿Qué Derecho judío fue el aplicado? Entramos aquí en el problema más debatido de cuantos rodean la valoración jurídica de la Pasión. Es opinión muy extendida, sobre todo desde fuera del ámbito de la investigación históricojurídica, la de quienes piensan que disponemos de acceso a ese Derecho: sería el contenido en la Misná, obra compilada en torno al 200 d. C. Comparando sus disposiciones con la información que ofrecen los Evangelios se obtiene una lista de posibles irregularidades que habrían sido cometidas por las autoridades judías.

Sin embargo, esta no parece ser la solución correcta. La Misná contiene abundantes tradiciones judías de la época del Segundo Templo, pero se aparta también de esas tradiciones en muchos casos. A estos efectos conviene recordar de nuevo la gran fractura del 70 d. C. En cuanto al Derecho penal que allí se recoge puede sostenerse que estamos ante un código ideal, fruto de las doctrinas rabínicas. Es un producto de especulaciones académicas. Recoge una reglamentación basada en numerosos principios de signo humanitario. Por el contrario, en la época de Jesús, es decir, los años anteriores al fatídico 70 d. C., el Sanedrín aplicaba un Derecho penal de impronta saducea, de tipo aristocrático, escasamente garantista y mucho más cercano al Derecho penal del Antiguo Testamento, particularmente al código del Deuteronomio que, como antes quedó apuntado, tenía, por lo que al caso de Jesús respecta, un claro trasfondo en la regulación contenida en el capítulo 13 de aquel libro. A lo que se añade que el tipo penal de la blasfemia aplicado nada tenía que ver con las limitaciones que a tal concepto aplicaba la doctrina rabínica posterior.

Flavio Josefo alude a esta situación cuando escribe (después del 70 d. C.), refiriéndose a los saduceos, que *en sus sentencias se muestran más severos que todos los demás judíos, Antigüedades Judías* XX, 197-203. Es casi superfluo recordar que los sacerdotes de la escuela saducea componían el factor predominante en el Sanedrín que juzgó a Jesús. Como argumento adicional algunos autores han querido ver en una referencia del *Rollo de los Ayunos (Megillat Taanit)*[296] a un *Libro de los Decretos* la prueba de un específico texto normativo penal saduceo vigente en la época de Jesús.

Escribe F. de Mier[297]:

> «Todo intento de precisar las irregularidades de aquel proceso falla por su base, pues no conocemos qué ley jurídica regía cuando Jesús fue juzgado, pues la Misná que conocemos fue redactada mucho más tarde por el rabí Jehuda ha-Nasi hacia el 200; y este código, más que reflejar las condiciones del tiempo de Cristo, refleja la situación que vivía el judaísmo después de la desaparición de su Estado en el año 70, a consecuencia de lo cual el Sanedrín fue remplazado por otro tribunal en Jamnia».

Y J. Trebolle Barrera[298] señala en el mismo sentido: «Se ha podido afirmar que el cuerpo de leyes judías compilado en la Misná no corresponde a la legislación o *halaka* vigente hasta entonces, en la época anterior al Segundo Templo, sino que representa la legislación que habría de entrar en vigor en el momento de la llegada del Mesías, cuando éste viniera a reconstruir el Templo de Jerusalén (Wachholder)».

Así pues, aunque la cuestión debe permanecer abierta, parece que la opinión más segura es la de excluir la Misná como texto legal de referencia en el proceso judío a Jesús. Lo reconocen no

---

296 J. M. Ribas Alba, *El proceso a Jesús de Nazaret* cit., páginas 256-257.
297 F. de Mier, *Sobre la Pasión de Cristo. Síntesis teológica, exegética y pastoral*, BAC., Madrid, 2005, página 172.
298 J. Trebolle Barrera, *op. cit.*, página 647.

solo los autores que, por vía de ejemplo, hemos citado, sino un sector predominante de los especialistas, tanto judíos (J. Neusner o Sh. Cohen) como no judíos (E. P. Sanders, J. P. Meier). Corrobora esta tesis el hecho de que las fuentes históricas disponibles ofrecen un conjunto de casos en los que la pena impuesta en la época anterior al 70 d.C. no coincide con la regulación de la Misná.

La extrema gravedad de las acusaciones explica que la fase del juicio del procedimiento sanedrita pudiera celebrarse de noche y en un día que ya era el 15 de Nisán, primero de los que integraban la fiesta semanal de los Ázimos —recuérdese que en sentido estricto la Pascua corresponde al 14 de Nisán, que ese año cayó en jueves—. El obstáculo principal para fijar la fecha del jueves al viernes como momento de la cena, prendimiento y juicio ante el Sanedrín proviene de Jn 18, 28: *Llevaron a Jesús a casa de Caifás al pretorio. Era el amanecer y ellos no entraron en el pretorio para no incurrir en impureza y poder así comer la pascua.*

Para resolver este problema debemos partir de un dato seguro: la última cena fue una cena pascual. En ello concuerdan los Evangelios sinópticos y el de Juan: Mc 14, 12; Mt 27, 27; Lc 22, 7; Jn 19, 31; 13, 18-30; 18, 1). Tras la cena tuvo lugar el prendimiento y posterior juicio. A ello debe añadirse que de la lectura completa de los Evangelios se deriva también otra conclusión cierta: Jesús aceptaba con naturalidad el ritmo de las fiestas y cultos del Templo. Desde su infancia participa en la comunidad litúrgica del judaísmo de Jerusalén. Respecto a su final, Él mismo tenía asumido que *no cabe que un profeta muera fuera de Jerusalén*; añadiendo: *¡Jerusalén, Jerusalén, que matas a los profetas y apedreas a los que se te envían!* Lc 13, 33-34. Parece claro que estamos ante una alusión directa al mencionado régimen recogido en el capítulo 13 del Deuteronomio y a la previsión de que los castigos impuestos lo fueran en Jerusalén, en presencia del pueblo, requisito que se cumple precisamente con ocasión de las fiestas de peregrinación, como lo es especialmente la Pascua.

Aceptar y participar en las fiestas y cultos significa aceptar el calendario oficial. No hay indicio alguno que apoye la idea de un cierto afán de separación, al modo en que esta se constata en las comunidades esenias, con su uso de un calendario distinto al común de la época[299]. Se observa justamente lo contrario.

Por tanto, la dificultad evidente que presenta Jn 18, 28 debe tener alguna explicación. No cabe recurrir aquí, como tantas veces encontramos entre los comentaristas, a indicar una hipotética incompatibilidad radical entre la cronología sinóptica y la joánica; solución que no hace sino sembrar la duda sobre la credibilidad de ambas. La valoración conjunta de todos los datos ha de llevar a defender que Jesús fue sentenciado en la noche del 14 al 15 de Nisán, es decir, según el cómputo judío, el 15 de Nisán. ¿Cómo resolver la dificultad que entraña el mencionado versículo de Juan? Son varias las hipótesis que se han planteado en este sentido. A nosotros nos parece aceptable la que formula C. A. Franco Martínez[300] —autor ya mencionado— construida a partir de su método general consistente en postular un primitivo texto arameo del que el griego disponible sería una traducción, con los consiguientes desajustes puntuales que toda traducción conlleva. Siguiendo rigurosos criterios filológicos propone esta traducción: *Y ellos no entraron en el pretorio para que no se contaminasen entre los que no comen la pascua.* El pretorio era un lugar que para los judíos tenía una naturaleza idolátrica: allí se realizan ritos propios de la religión oficial romana. En todo caso esta cuestión, como tantas otras, debe quedar abierta.

A pesar de lo extraordinario del caso, los Evangelios dan cuenta de la preocupación del Sanedrín por llevar a cabo un juicio acorde con la legalidad vigente —tan mal conocida por la escasez de fuentes disponibles—. El interrogatorio ante Anás, Jn 18, 19, puede entenderse como un gesto de reconocimiento hacia la autoridad de este personaje, verdadero hombre fuerte de la aristocracia sacerdotal del momento[301]. También como un último intento de buscar la retractación del acusado, figura que conocía

---

299   P. Sacchi, *op. cit.*, páginas 507-514.

300   C. A. Franco Martínez, *La Pasión de Jesús según San Juan*, Ediciones Encuentro, Madrid, 2005, páginas 237-238; J. M. Ribas Alba, *Proceso a Jesús* cit., páginas 140-141.

301   M. Hengel – A. M. Schwemer, *op. cit.*, página 79.

el Derecho judío. En efecto, en la persecución de conductas como la atribuida a Jesús, conductas que tenían que ver con la interpretación de la Ley y que con terminología moderna —desde un punto de vista didáctico— podríamos llamar delitos de opinión, la amonestación previa desempeñaba una función determinante. Con la amonestación previa se dilucidaba la plena intencionalidad del acusado o, por el contrario, si este había actuado por ignorancia. En función del resultado de la amonestación las consecuencias penales variaban de manera drástica, Núm 15, 27-31; también el capítulo 4 del Levítico.

Un episodio este el de la comparecencia ante Anás cuya oportunidad pudo verse favorecida teniendo en cuenta que los miembros del Sanedrín se reunieron en la casa de Caifás, Mt 26, 3; 57; Jn 18, 28, y que esa casa pudo ser la de su suegro Anás, en un lugar cercano a la residencia de Poncio Pilato, quien ocupaba el antiguo palacio de Herodes el Grande[302]. Lucas 22, 66-71, recoge la noticia de una reunión posterior —necesariamente muy breve— en la sede oficial del Sanedrín, muy cercana al Templo, antes de que Jesús fuera conducido ante Pilato. Cabe la posibilidad de que esta última sesión dotara de carácter formal y definitivo a la sentencia ya pronunciada.

En el juicio ante el Sanedrín el hecho de que fueran rechazados los testigos por no ser su testimonio concorde es claro indicio del empeño por cumplimentar las exigencias legales. Se aplicaba la regla de la concordancia plena de al menos dos testigos. Leemos en Dt 19, 15: *Un solo testigo no es válido contra alguien en cualquier falta o delito, sea cual fuere el delito que ha cometido. Solo por la declaración de dos o tres testigos será firme una causa*; también 17, 6; Núm 35, 30. Se entiende así el sentido de Mc 14, 55-59:

Los sumos sacerdotes y el Sanedrín en pleno buscaban un testimonio contra Jesús, para condenarlo a muerte y no lo encontraban. Pues, aunque muchos daban falso testimonio contra él, los testimonios no concordaban.

---

302   J. González-Echegaray, *Arqueología y Evangelios* cit., página 215.

Sabemos por el texto del Talmud de Babilonia antes recogido (en el supuesto de que efectivamente se refiera a Jesús de Nazaret) que nadie se atrevió a testificar a su favor. El episodio de las negaciones de Pedro (Mc 14, 66-72), quizás inicialmente decidido a cumplir este noble y arriesgado propósito, puede interpretarse no solo en clave moral, sino también dentro de este contexto judicial. Al menos él, solo él por lo que sabemos, tuvo esa primera intención: los demás apóstoles habían desaparecido o hacían depender su decisión de la iniciativa de Pedro. Jesús debió de sentir el desamparo más absoluto por parte de los suyos, la más profunda soledad. Empieza ya a escucharse en el trasfondo del relato de la Pasión la voz de Isaías: *Despreciado y evitado de los hombres, acostumbrado a sufrimientos, ante el cual se ocultaban los rostros, despreciado y desestimado*, Is 53, 3. Las negaciones de Pedro contrastan con su confesión cerca de Cesarea de Filipo: Mt 16, 13-20; Mc 8, 27-30; Lc 9, 18-21)[303].

A falta de testigos, el sumo sacerdote busca directamente la confesión de Jesús, Mt 26, 63-66; Lc 22, 66-71; Mc 14, 61-64: *De nuevo le preguntó el sumo sacerdote: ¿Eres tú el Mesías, el Hijo del Bendito? Jesús contestó: Yo soy. Y veréis al Hijo del Hombre sentado a la derecha del Poder y que viene entre las nubes del cielo. El sumo sacerdote, rasgándose las vestiduras dice: ¿Qué necesidad tenemos ya de testigos? Habéis oído la blasfemia. ¿Qué os parece? Y todos lo declararon reo de muerte.*

Ha de concluirse que fue la confesión de Jesús la que provocó su sentencia de muerte. Respecto al delito de incitación a la idolatría incluso el Talmud de Babilonia, Sanhedrin 10, 11 admite que el acusado pueda ser condenado en virtud de su propia confesión; como sabemos, es muy probable que la normativa que se aplicó a Jesús fuera mucho menos respetuosa con la protección de los derechos del acusado; pero la norma citada es un indicio del estado de cosas anterior.

Una sentencia emanada del Sanedrín, en su condición de tribunal supremo de Judea, pronunciada por aclamación. La confe-

---

303   J. Ratzinger, *Jesús de Nazaret* cit., páginas 329-342.

sión misma se entendió como una blasfemia flagrante, pues Jesús se vinculaba directamente a Dios; no solo afirmaba su condición de Mesías. No sabemos qué hubiera ocurrido en el caso de que Jesús hubiera guardado silencio durante todo el juicio. Sabemos por los Evangelios el firme propósito que a esas alturas tenían las autoridades judías sobre la eliminación de Jesús. Habrían buscado otros medios, pero no en ese momento.

El delito que se menciona es el de blasfemia. Recogido específicamente en Éx 22, 27: *No blasfemarás contra Dios y no maldecirás a los jefes de tu pueblo* (esta última parte tiene también su importancia). Dejando aparte el *Yo Soy* pronunciado por Jesús, referencia inequívoca a Éx 3, 14[304], lo cierto es que la proclamación de su filiación divina en sentido real y específico lo apartaba radicalmente de la ortodoxia judía. Solo la fe en su Persona hubiera podido evitar esta conclusión. El delito de blasfemia en el Derecho penal de la época de Jesús poco tenía que ver con el tipo restringido que aparece en la Misná, Sanhedrin 7, 5 (el cual, por otra parte, coexiste en la literatura rabínica con una concepción más amplia)[305]. Estamos ante un delito apropiado para defender el régimen teocrático judío de la época, en el que a la protección de la dignidad de Dios se añadía de manera estrecha la de sus representantes, es decir, básicamente la de quienes integraban el Sanedrín de Jerusalén. No debe extrañar este tipo de delito. En época contemporánea encontramos delitos configurados de un modo semejante: los que aparecen en los códigos penales de los Estados totalitarios de inspiración marxista. El lector interesado puede indagar y buscar información sobre el famoso artículo 58 del código penal soviético, que estuvo en vigor desde 1927, fundado en el concepto

---

304   Por ejemplo, Jn 8, 24 y 28: *Si no creéis que Yo Soy moriréis en vuestro pecado (…). Cuando levantéis en alto al Hijo del Hombre, sabréis que Yo Soy y que no hago nada por mi cuenta, sino que hablo como el Padre me ha enseñado.* Pero el *Yo soy* aparece también en el momento de la detención: Jn 18, 6: *Al decirles Yo soy retrocedieron y cayeron en tierra.*

305   Sobre este importante asunto no podemos sino remitirnos a: D. L. Bock, *Blasphemy and Exaltation in Judaism. The Charge against Jesus in Mark 14: 54-65*, Baker Books, Grand Rapids, 2006. Sobre la concepción farisea de la blasfemia, recogida en la Misná: J. D. M. Derrett, *op. cit.*, páginas 453-455.

de «enemigo del pueblo», completa e intencionalmente indeterminado. Pero hubo y hay otros casos semejantes.

El delito de blasfemia, de acuerdo con lo que podemos llamar la imputación acumulativa de delitos, propia del Derecho judío antiguo, permitía unificar en un único concepto penal un conjunto de tipos delictivos difícilmente separables. Nos referimos a los delitos contenidos en el capítulo 13 del Deuteronomio, a los que se suman el de la práctica de la hechicería o magia y el que puede denominarse de «conducta arrogante» (Dt 17, 12-13). Téngase en cuenta que, en el Derecho penal antiguo, cuando se juzgaba a alguien como infractor de normas básicas de convivencia, el mecanismo procesal —y la prueba— se encaminaba a un examen de la vida completa del acusado. En el caso de Jesús el objeto básico de la acusación era la atribución que hacía de su persona como Hijo de Dios: *Porque tú, siendo hombre, te haces Dios*, Jn 10, 33 y en torno a esta blasfemia giraban y se integraban el resto de los delitos vinculados. La aceptación de esta doctrina por parte de sus seguidores fue la causa de que también a ellos se les imputara el delito de blasfemia dentro del ordenamiento judío, como muestra con claridad el proceso contra Esteban, Hch 6, 11: *Le hemos oído palabras blasfemas contra Moisés y contra Dios* y el desarrollo posterior contenido en el capítulo 7.

En una Judea independiente o con un gobernador romano ausente o desinteresado del asunto la sentencia de muerte se hubiera aplicado de manera inmediata por lapidación. En el caso de Jesús la intervención romana se hacía por lo demás inevitable: era la fiesta de Pascua-Ázimos y Poncio Pilato se había desplazado a Jerusalén desde Cesarea. Roma se reservaba la ejecución de la pena capital. Juan es exacto cuando recoge estas palabras: *No estamos autorizados para dar muerte a nadie*, Jn 18, 31. Y el dato encuentra confirmación en algunos casos conocidos: a modo de ejemplo cabe citar el de Jesús, hijo de Ananías, en el 62 d. C., recogido por Flavio Josefo en *La Guerra de los Judíos* VI, 300-305, del que ya nos hemos ocupado. El proceso a Pablo de Tarso, ciudadano romano, exigía un régimen por completo distinto.

La dignidad de Roma y del prefecto, su máximo representante en el territorio provincial no era compatible con una mera revisión formal de la sentencia del Sanedrín. Esta es la causa de que Jesús fuera sometido a un proceso penal en el pretorio, es decir, en la residencia del gobernador, con arreglo a la legalidad romana y previa acusación[306] —no una simple denuncia— de los representantes del Sanedrín. Ahora bien, en el ámbito provincial el magistrado romano operaba con una completa libertad, al menos en la jurisdicción relativa al Derecho penal público y en una provincia como la de Judea, escasamente romanizada. El *imperium* del magistrado era tendencialmente ilimitado, solo sujeto a las eventuales indicaciones del emperador o del gobernador de la provincia de Siria y a las posibles limitaciones extrajurídicas en su ejercicio, derivadas de razones de oportunidad política. En su *cognitio* respecto a no ciudadanos romanos era inaplicable la *provocatio ad populum* (en aquellos momentos transformada en una apelación al César) ni ninguna otra garantía procesal, fuera de los principios básicos que todo magistrado romano empleaba en el ejercicio de su cargo: entre ellos el de escuchar al acusado y comprobar el fundamento y veracidad de las acusaciones. Vienen a la memoria, a estos efectos, las palabras recogidas en los Hechos de los Apóstoles, puestas en boca del procurador Félix: *Les respondí que no es costumbre romana entregar a un hombre arbitrariamente; primero el acusado tiene que carearse con sus acusadores, para que tenga ocasión de defenderse de la acusación,* Hch 25, 16.

La concurrencia de estos elementos explica igualmente la brevedad del proceso romano y también la flexibilidad con la que vemos operar al prefecto, el cual muestra incluso cambiar de parecer durante el procedimiento, sin vulnerar con ello ninguna regla preestablecida.

El envío a Herodes Antipas, recogido en el Evangelio de Lucas, Lc 23, 6-12, puede ser valorado como una iniciativa oportuna por parte de Pilato para asociarlo[307] a su *consilium*, el grupo de asesores que aconsejaba a todo magistrado romano, incluyendo al emperador, y que eran elegidos libremente por estos. Se entendía que el círculo de Herodes disponía de más información sobre

---

306   J. M. Ribas Alba, *Proceso a Jesús* cit., página 248.
307   El caso guarda relación con lo narrado en Hch 25, 13-27.

Jesús (Mt 14, 1-2), que procedía de Galilea, y cuyo conocimiento de la Ley judía tenía que ser más profundo, una Ley que Pilato muestra desconocer por completo. Igualmente, el recurso a la amnistía pascual, Mt 27, 15-17; Mc 15, 6-9; Lc 23, 18-24; Jn 18, 39-40 —con la elección popular de Barrabás[308]— resulta ser perfectamente compatible con el Derecho romano en esta materia, cuyas medidas de gracia son bien conocidas por los especialistas, y que en forma parecida vemos operar en Egipto.

Todo hace indicar que el tipo penal romano que fue utilizado por Pilato como referencia es el crimen de lesa majestad. Pese a que sabemos, por medio de la extraordinaria información que ofrece el evangelista Juan, que Pilato albergaba serias dudas y que actuó muy presionado por las circunstancias, el caso es que Jesús confesó ser rey. Lo hizo ante un Pilato desorientado[309], contrariado por la situación en la que se vio inmerso. Y con razón, porque parece que esta actuación junto con otras, llevaron pasado poco tiempo a su destitución por Vitelio.

En todo caso, ubicado en su tribunal, sentado en la *sella curulis*, Jn 19, 13, dictó sentencia de muerte. Lo hizo en forma oral, según la práctica acostumbrada, aunque fuera recogida en las actas custodiadas en el archivo oficial. Al afirmar sin ambages su condición de rey, sin consideración alguna a la posición superior del emperador, Jesús incurría en lo que con vocabulario técnico se denomina *adfectatio regni*, aspiración al trono real, siempre dentro de este marco flexible que, como ha quedado indicado, ni siquiera exigía que Pilato se guiará obligadamente por la descripción exacta de los tipos penales del Derecho romano de la Urbe.

Se haya extendido un error en muchos tratamientos jurídicos de la Pasión. Se dice: Hubo un proceso religioso ante el Sanedrín y un proceso político ante Poncio Pilato. Dejando a un lado lo que cada autor pueda entender por proceso en este contexto — algunos sostienen que la actuación del Sanedrín no lo fue propiamente; otros niegan este carácter a la intervención romana— lo

---

308   J. M. Ribas Alba, *Proceso a Jesús* cit., páginas 254-260.
309   Tertuliano, jurista antes que teólogo, escribe que Pilato se convirtió a la fe de Cristo, *Apologético* 21, 24, una opinión muy extendida en la Iglesia antigua.

que debe afirmarse sin sombra de duda es que tanto el delito de blasfemia como el de lesa majestad castigan conductas que eran entendidas a la vez como religiosas y políticas. La diferenciación entre lo político y lo religioso es propia de la cultura occidental y deriva precisamente de la aceptación de la doctrina cristiana. Esta diferenciación no operaba en la antigüedad, ni tampoco ahora en otros ámbitos culturales. En todas partes el poder político tiende y en muchísimos casos consigue identificarse con el poder religioso, que lo legitima.

La blasfemia del Derecho judío se refería a Dios y a la autoridad teocrática; era el delito que protegía la dignidad de ambas partes. Pero para el crimen de lesa majestad ha de tenerse en cuenta que el emperador romano era la máxima autoridad religiosa. Los títulos imperiales desde Augusto, empezando por este mismo término, están repletos de referencias religiosas. El emperador era hijo de un dios, *divi filius*, el anterior emperador divinizado. Su nombre se invocaba en los juramentos. No es para nada anecdótica la información que ofrece Jn 19, 7: *Los judíos le contestaron: Nosotros tenemos una ley y según esa ley tiene que morir, porque se ha hecho Hijo de Dios*. Esta acusación valía tanto para el ámbito judío[310] como para el romano. Hay más puntos de contacto de los que se piensa entre la teología política judía y la teología romana imperial.

El culto imperial, que a nosotros puede parecernos algo exótico y secundario, constituía una realidad omnipresente en la vida cívica del Imperio romano[311]. Rehusar participar en sus ritos fue el motivo de la larga serie de persecuciones que sufrieron muchos cristianos durante los tres primeros siglos de nuestra Era. Basta

---

310   Una introducción muy útil e ilustrativa sobre esta materia en: A. Yarbro Collins – J. J. Collins, *King and Messiah as Son of God. Divine, Human and Angelic Messianic Figures in Biblical and Related Literature*, Wm. B. Eerrmans, Grand Rapids, 2008; imprescindible: M. Hengel, *The Son of God. The Origin of the Christology and the History of Jewish Hellenistic Religion*, Wipf & Stock Publishers, Eugen (Oregon), 1976.

311   Dentro de una bibliografía extensísima nos remitimos a: J. Brodd – J. L. Reed, *Rome and Religion. A Cross-Disciplinary Dialogue on the Imperial Cult*, Society of Biblical Literature, Atlanta, 2011.

leer cualquier colección de actas de los mártires, muchas de ellas auténticas, para tomar consciencia de lo que estamos afirmando.

Jesús, condenado a muerte y tras ser flagelado[312], según la muy cruel práctica romana —la cual podía llevar directamente a la muerte—, fue crucificado[313]. Era la pena habitual para este tipo de delitos graves cuando el reo no gozaba de la condición de ciudadano romano. En el *titulus crucis* figuraba el motivo de la condena desde la perspectiva de Roma: *El rey de los judíos*, Lc 23, 38. A pesar de los matices de su confesión, Jesús lo había admitido ante el prefecto: *Tú lo dices: soy rey. Yo para esto he nacido y para esto he venido al mundo: para dar testimonio de la verdad. Todo el que es de la verdad escucha mi voz*, Jn 18, 37.

---

312 Sobre las dudas que plantean los textos evangélicos en cuanto a la aplicación de la flagelación en el juicio romano de Jesús, como pena accesoria de la crucifixión o como pena autónoma dictada inicialmente por Pilato, puede consultarse: J.M. Ribas Alba, *Proceso a Jesús* cit., páginas 262-264.

313 M. Hengel, *Crucifixion in the Ancient World and the Folly of the Message of the Cross*, Fortress Press, Philadelphia, 1977.

Miguel Vaguer. *La Ascensión del Señor*.

Capítulo XIX

El Evangelio del Reino de Dios.
Pobres y ricos en el mensaje
de Jesús de Nazaret

El Evangelio del Reino: Mt 9, 35; 24, 14.

En el mundo griego, helenístico y romano «evangelio» —y las palabras relacionadas con este término— significa en sentido muy amplio «mensaje de victoria», «buena noticia», «noticia relevante»; también se alude con él a la recompensa obtenida por quien realiza el anuncio. En las obras de referencia en esta materia aparecen citas de Homero, Esquilo, Cicerón o Plutarco, entre otras, las cuales omitimos por mor de la brevedad. Adquiere un sentido más específico en el vocabulario del culto al emperador romano. Recuérdese que la figura del emperador poseía una dimensión religiosa que no debe minusvalorarse.

El emperador, considerado por la teología política romana un ser divino, es quien trae la salvación y la paz. Su vida, declaraciones y acciones son consideradas «evangélicas». Significativa en este sentido es, entre otras, la inscripción de Priene[314], del año 9 a. C., en la que Augusto viene ensalzado como *dios manifestado en la tierra, salvador del género humano y del universo entero*. El día del natalicio de Augusto es la *Buena Nueva* por excelencia y recibe una consideración de máxima relevancia.

Sobre este trasfondo, muchos autores se han adherido a la tesis de que el uso del término «evangelio» y sus derivados en el mundo del Nuevo Testamento posee estos orígenes y pertenece primeramente al lenguaje oficial con el que se expresa el poder político de Roma y su emperador[315]. La realidad no es exactamente así, porque el concepto —en su uso por la primera Iglesia— hunde sus raíces en la teología del Antiguo Testamento. Según nos explica A. Díez Macho[316], en su vida pública Jesús de Nazaret asumió entre otras figuras mesiánicas perfectamente reconocibles por el judaísmo la de *mebasser* o pregonero de buenas noticias (en arameo *besora*). Esta terminología tenía en la Biblia tanto un significado profano (por ejemplo, 2 Sam 18, 20-27) como religioso.

En castellano la palabra *albricias*, derivada del árabe, corresponde exactamente a este origen y significa «dar una buena noticia» y «el regalo que se da por una buena nueva a quien trae la primera noticia de ella»: «"Buena noticia" se dice en griego Evangelio. Evangelio en hebreo se dice "Ha-besorah", palabra cuya correspondiente árabe originó en el español antiguo, (atestiguada) en una poesía del siglo XI, la palabra "al-bixara", que se transformó posteriormente en la voz "albricias". Sí, el tiempo de Cristo es el tiempo del Evangelio, de las buenas noticias, el tiempo de

---

314 S. Perea Yébenes, «Dios manifestado en la tierra, salvador del género humano y del universo entero». *Encomios de Augusto en Priene, Halikarnassos y Myra*, en G. Bravo – R. González Salinero (ed.), *Ideología y religión en el mundo romano*, Signifer Libros, Madrid – Salamanca, 2017, páginas 149-174; B. Estrada, *op. cit.* página 4 nota 2.

315 Un argumento similar se alega para el origen del término «parusía», «venida» o «llegada»; pensamos, sin embargo, que dado el significado genérico del término, el hecho de que se halle incluido dentro del vocabulario de la teología imperial romana no quiere decir que ése sea su significado de origen y que de allí lo hayan extraído los autores neotestamentarios.

316 A. Díez Macho, *La historicidad de los Evangelios de la Infancia* cit., páginas 122-123; cfr. A. Piñero, *Guía para entender el Nuevo Testamento* cit., páginas 120; 309-311.

albricias»[317]. Isaías habla de un *mebasser*-mesías que proclama la buena noticia de parte de Dios, 61, 1: *El Espíritu del Señor, Dios, está sobre mí, porque el Señor me ha ungido. Me ha enviado para dar la buena noticia a los pobres, para curar los corazones desgarrados, proclamar la amnistía a los cautivos, y a los prisioneros la libertad.* Estas palabras de Isaías[318] fueron asumidas explícitamente por Jesús: *Hoy se ha cumplido esta Escritura que acabáis de oír*, Lc 4, 21. La identificación de Jesús con el *mebasser* aparece también en Mt 11, 5: *Los ciegos ven y los cojos andan; los leprosos quedan limpios y los sordos oyen, los muertos resucitan y los pobres son evangelizados* (Lc 7, 22).

También en los escritos de Qumrán encontramos mencionado a este personaje que anuncia la buena noticia y parece identificarse con uno de los dos mesías que esperaba la comunidad esenia y la correspondiente cita de Is 61, 1[319]. En realidad, según ha quedado ya apuntado en páginas anteriores, el conocimiento de la literatura de Qumrán ha tenido como efecto debilitar la pretendida continuidad, grata a la investigación alemana del XIX y primera mitad del XX, entre cristianismo y helenismo. Se cita, como un ejemplo entre otros, el título cristológico de Hijo de Dios, que puede explicarse dentro del propio judaísmo, sin acudir a paralelismos paganos.

En el Antiguo Testamento *evangelizar* significa anunciar el mensaje de salvación que ha de llegar. En este punto se ha observado acertadamente una diferencia entre el «evangelio» en la Biblia del Antiguo Testamento y ese mismo concepto en su uso aplicado al culto del emperador: en el culto imperial la *buena nueva* se dirige al pasado, en el Antiguo Testamento se encamina hacia el futuro inmediato, que hay que preparar, al que se suma un sentido escatológico de tiempo de la salvación. Este es el sentido que se observa en otro pasaje de Isaías 52, 7-10: *¡Qué hermosos son sobre los montes los pies del mensajero que proclama la paz, que anuncia*

---

317   A. Díez Macho, *Historia de la Salvación* cit., página 119.
318   Sobre el uso del verbo *euaggelizesthai* en la versión de los Setenta: B. Estrada, *op. cit.*, páginas 4-5.
319   M. McNamara, *op. cit.*, página 153.

la buena noticia, que pregona la justicia, que dice a Sion: ¡Tu Dios reina! —importante este texto en el que vemos vinculados los conceptos de anuncio y de Reino de Dios—.

En el Nuevo Testamento el *Evangelio* es en sentido estricto el mismo Cristo como Salvador, quien con su Encarnación no solo anuncia, sino que también realiza y lleva a término la Buena Nueva. Opera una identificación semejante a la que encontramos en el concepto de *Logos*. Esto explica que inicialmente *Evangelio* se utilice en singular. Por poner algún ejemplo de un hecho bien conocido: en la Carta a los Romanos 1, 16, escribe Pablo: *Pues no me avergüenzo del Evangelio, que es fuerza de Dios para la salvación de todo el que cree (...)*. También 1 Cor 15, 1: *Os recuerdo, hermanos, el Evangelio que os anuncié y que vosotros aceptasteis, en el que además estáis fundados*. Antes en la Primera Carta a los Tesalonicenses 1, 5: *pues cuando os anuncié nuestro Evangelio, no fue solo de palabra, sino también con la fuerza del Espíritu Santo y con plena convicción*. En la Primera Carta de Pedro 1, 12: *(...) que ahora os anuncian quienes os proclaman el Evangelio con la fuerza del Espíritu santo enviado desde el cielo*. Y el principio del Evangelio de Marcos 1, 1: *Comienzo del Evangelio de Jesucristo, Hijo de Dios*. Por su parte, una obra probablemente anterior al 70 d. C., la *Didaché* XV, 4, habla del *Evangelio de nuestro Señor*.

«Evangelio», como ocurre también según se verá más adelante con el de «Nuevo Testamento», es primeramente un concepto no literario[320]. Alude habitualmente al contenido único de la predicación. En este sentido se sigue empleando en el siglo II, aunque en esa misma época el término empieza a designar también a los libros que la contienen y a los autores que los han escrito. Pero ambas ideas coexistían: de forma que Ireneo, *Contra las herejías* III, 11, 8, puede hablar de un solo Evangelio que tiene cuatro formas, *Evangelio tetramorfo*, y al mismo tiempo utilizar la forma plural de «Evangelios» para referirse a los Evangelios canónicos. La misma idea se manifiesta en la fórmula acostumbrada del

---

320 A. Wikenhauser – J. Schmid, *Introducción al Nuevo Testamento*, edición totalmente renovada, trad. de C. Ruiz Garrido, Barcelona, Editorial Herder, 1978, página 319.

«Evangelio según...»[321]. Puede decirse, en atención a todas estas consideraciones, que el Evangelio es la Buena Nueva encarnada en Jesús, su predicación, prolongada por la de los apóstoles inspirados por el Espíritu Santo y finalmente los libros en los que la Iglesia reconoció esa misma predicación, puesta por escrito para preservarla de los estragos del tiempo y de los errores doctrinales.

Que el término «Evangelio» mantuvo en la literatura cristiana revelada su sentido de anuncio de la Buena Nueva lo prueba un discutido pasaje del Apocalipsis, libro escrito por Juan en torno a los años 95/96[322] en la isla de Patmos. Se lee en Ap 14, 6-7: *Vi otro ángel que volaba por mitad del cielo; llevaba un evangelio eterno para anunciarlo (evangelium aeternum ut evangelizaret) a los habitantes de la tierra, a toda nación, raza, lengua y pueblo. Decía con voz poderosa: Temed a Dios y dadle gloria, porque ha llegado la hora de su juicio; adorad al que hizo el cielo, la tierra, el mar y los manantiales de las aguas.* En este caso, en opinión de Castellani, «Evangelio» designa al mismo Apocalipsis, el cual anuncia la Buena Nueva definitiva, es decir la Parusía. También en el Apocalipsis se constata la vinculación del anuncio con la llegada del Reino de Dios desde el comienzo mismo de la obra: 1, 9: *Yo, Juan, hermano vuestro y compañero en la tribulación, en el reino y en la perseverancia en Jesús, estaba desterrado en la isla llamada Patmos a causa de la palabra de Dios y del testimonio de Jesús.*

¿A quiénes se anuncia el Evangelio? Contesta Isaías 61, 1: *Me ha enviado a evangelizar (dar la buena noticia) a los pobres.* Palabras que, como sabemos, hizo propias Jesús, Lc 4, 16. También en Mt 11,5: *(...) y los pobres son evangelizados.* Entramos aquí en una de esas materias en las que se concentran las diversas posiciones sobre el valor del mensaje de Jesús de Nazaret. Para muchos, desde los primeros siglos de la Iglesia, y sin que hubiera que esperar a la

---

321 El orden que predomina en la presentación de los Evangelios canónicos — Mt, Mc, Lc y Jn— aparece ya en el canon de Muratori y en otros testigos muy antiguos. Pero en los primeros tiempos el orden podía variar y otros manuscritos optan por una sucesión diferente: Mt, Jn, Lc y Mc.

322 Ireneo de Lyon, *Contra las herejías* V, 30, 3; R.E. Brown, *Introducción al Nuevo Testamento* II cit., páginas 1032-1037.

influencia del anarquismo, del marxismo o de la Teología de la Liberación, estos pobres son sin género de duda y de manera precisa y exclusiva quienes lo son desde el punto de vista económico. Esta opinión afecta también de manera más o menos directa al concepto de Reino de Dios. Disponemos incluso de dos textos evangélicos en los que de modo absolutamente concreto se plantea el debate: nos referimos a la primera de las Bienaventuranzas.

En la versión de Lucas, 6, 20: *Bienaventurados los pobres, porque vuestro es el Reino de Dios.* En la versión de Mateo 5, 3: *Bienaventurados los pobres en el espíritu, porque de ellos es el Reino de los cielos.* Para algunos autores, siempre proclives a señalar eventuales diferencias sustanciales entre los Evangelios, Lucas ofrece una versión más auténtica que la de Mateo; éste habría «espiritualizado» el concepto[323]. El lector ya conoce nuestra posición: ha de buscarse una interpretación partiendo del principio de que el mensaje de Jesús recogido por los Evangelios es sustancialmente coincidente. Puede, no obstante, que Lucas piense en la situación específica de los discípulos de Jesús, que padecían pobreza material y persecución por causa de su seguimiento[324].

El propio Evangelio de Lucas, que de forma evidente acentúa los juicios y advertencias contra la riqueza, destaca la amistad de Jesús con individuos ricos (Lc 10, 38-42; 14, 1) y su trato amigable con personas bien situadas económicamente (Lc 19, 1-20;

---

323 Por ejemplo: J. A. Pagola, *op. cit.*, página 112 nota 47; puede consultarse: J. Gnilka, *Jesús de Nazaret. Mensaje e historia*, trad. de C. Ruiz-Garrido, Editorial Herder, Barcelona, 1995, página 220. Resulta curioso que en la interpretación puramente moral y material de la figura de Jesús que ofrece uno de los padres del anarquismo, P. J. Proudhon, *¿Qué es la propiedad? Investigaciones sobre el principio del derecho y del gobierno,* [1840], trad. de A. Gómez Pinilla, Editorial Proyección, Buenos Aires, 2005, páginas 30-31, opte por la expresión *pobres de espíritu*: «Predicaba por todas partes que la sociedad estaba expirante; que el mundo iba a transformarse; que los maestros eran falaces, los jurisconsultos ignorantes, los filósofos hipócritas embusteros; que el señor y el esclavo eran iguales; que la usura y cuanto se le asemeja era un robo; que los propietarios y concupiscentes serían atormentados algún día con fuego eterno, mientras los pobres de espíritu y los virtuosos habitarían en un lugar de descanso». Proudhon remata su argumentación afirmando que la Teología es «la ciencia de lo infinitamente absurdo».

324 J. Jeremias, *Teología del Nuevo Testamento I. La predicación de Jesús,* 7ª ed., trad. de C. Ruiz-Garrido, Ediciones Sígueme, Salamanca, 2001, página 137.

23, 50-54). A ello cabe añadir que la propuesta que Jesús realiza a ciertas personas, empezando por los apóstoles, de seguimiento total (Mt 19, 27-29), responde a una vocación específica y no a una exigencia general para todos sus seguidores. Lázaro, José de Arimatea o Nicodemo, tres ejemplos conocidos, mantuvieron su situación vital y social tras el encuentro con Jesús. Incluso en el caso de sus seguidores más próximos sigue siendo necesaria la provisión de bienes materiales, cuyo cauce habitual son donaciones (obviamente privadas): Lc 8, 1 y 3: *Después de esto iba él caminando de ciudad en ciudad y de pueblo en pueblo, proclamando y anunciando la Buena Noticia del Reino de Dios, acompañado por los Doce. (...) Juana, mujer de Cusa, un administrador de Herodes, Susana y otras muchas que les servían con sus bienes.* Toda la posterior acción caritativa de la Iglesia, incluyendo el mantenimiento de sacerdotes y religiosos, desde los primeros siglos, se apoya en la decisiva colaboración de personas con suficientes bienes materiales[325].

Pero ¿cuál es la pobreza que viene referida en los textos bíblicos? El concepto de *pobres* que emplea Jesús es el común en la literatura judía del Antiguo Testamento (*anawim* y otros términos semejantes) y el que vemos utilizado en Qumrán, donde *pobres de espíritu* y expresiones análogas es la autodenominación de los devotos[326]. En el Antiguo Testamento y, especialmente en los profetas, el concepto de pobreza es muy amplio y tiene que ver más con una actitud consciente de dependencia absoluta hacia Dios, de predisposición del corazón, que con el hecho de la carencia más o menos completa de bienes materiales, aunque también se refiera a la pobreza material y a la exigencia de luchar contra ella. Parece evidente que la pobreza material, por sí misma, no asegura en modo alguno la salvación; pero también lo es que las rique-

---

325 En este sentido puede leerse con provecho: J. L. Murga, *Donaciones y testamentos in bonum animae en el Derecho Romano Tardío*, Ediciones Universidad de Navarra, 1968; P. Brown, *Por el ojo de una aguja. La riqueza, la caída de Roma y la construcción del cristianismo en Occidente (350-550 d. C.)*, trad. de A. Luengo, Acantilado, Barcelona, 2016; A. Di Berardino, *Istituzioni della Chiesa antica*, Marcianum Press, Venezia, 2019, páginas 577-680.

326 J. Ratzinger, *Jesús de Nazaret* cit., página 163.

zas suponen un serio obstáculo para alcanzarla y constituyen expresión de un pecado gravísimo cuando proceden de prácticas injustas, como bien señala la Carta de Santiago 5, 1-5 —también Lc 6, 24— en cuyas fuertes palabras se prolonga la tradición que sobre este problema recoge el Antiguo Testamento (por ejemplo: el profeta Amós 2, 6-7; 4, 1; 8, 4-8; Eclesiastés 31, 1-11, entre otros muchos pasajes)[327]. Pero estamos en todo caso ante una perspectiva de vida moral virtuosa, ante una valoración de tipo religioso, no ante un análisis económico. Culto a la riqueza mundana y pecado son conceptos que terminan por identificarse. Se añade a esto el problema de la indeterminación de los conceptos: riqueza y pobreza no marcan una frontera definida salvo en los casos extremos y su significación varía además en función de los tiempos y los lugares.

Puesto que no podemos entrar ahora en el estudio pormenorizado de esta materia, fijemos nuestra atención en algunos textos. Empecemos por una parábola bien conocida. La del sembrador. En concreto en las siguientes palabras en las que se contiene la explicación de lo sembrado entre abrojos: *Lo sembrado entre abrojos significa el que escucha la palabra; pero los afanes de la vida y la seducción de las riquezas ahogan la palabra y se queda estéril*, Mt 13, 22. Se descubre aquí un cierto paralelismo entre la idolatría y la riqueza. Esta no viene condenada por sí misma, sino en cuanto supone un riesgo de desviar el corazón hacia lo esencial, que es la piedad con Dios y su sustitución por el culto a los bienes materiales. El uso inadecuado de las riquezas lleva al pecado: 1 Pe 4, 3. En el mismo sentido ha de interpretarse la oposición que se establece entre *servir* a Dios o al dinero: Mt 6, 24; Lc 16, 13. Y también en este pasaje de la Carta a los Efesios 5, 5: *Tened entendido que nadie que se dé a la fornicación, a la impureza, o al afán de dinero, que es una idolatría, tendrá herencia en el reino de Cristo y de Dios.*

Se objetará que el Evangelio contiene pasajes mucho más duros. Enseguida recordamos Mt 19, 23-26: *Entonces Jesús dijo a sus discípulos: En verdad os digo que difícilmente entrará un rico*

---

327   A. Fernández, *Teología Moral*. III: *Moral social, económica y política*, Ediciones Aldecoa, Burgos, 1993, páginas 520-535.

en el reino de los cielos. Lo repito: más fácil le es a un camello pasar por el ojo de una aguja que a un rico entrar en el reino de los cielos (Mc 10, 25; Lc 18, 25). Las palabras son impactantes. Y aunque es muy probable que Jesús hiciera uso de una expresión coloquial común, que tiene diversas variantes[328], lo cierto es que el propio Evangelio relata la profunda impresión que causó entre los discípulos. Y es justo en este punto en el que nos gustaría fijar ahora nuestra atención. Porque el pasaje continúa: *Al oírlo, los discípulos dijeron espantados: Entonces, ¿quién puede salvarse?. Jesús se les quedó mirando y les dijo: Es imposible para los hombres, pero Dios lo puede todo.* El «¿Quién puede salvarse?», que resume el estado de ánimo común de los discípulos, expresa que estos se sintieron afectados directa y personalmente por esta doctrina de Jesús: es decir, se sintieron dentro del grupo de los «ricos», cuando es evidente que no lo eran en el sentido estrictamente económico del término. Pese a sus diferentes situaciones personales[329] lo cierto es que ninguno de ellos era rico según los parámetros de la época. Esto indica que la dualidad pobreza y riqueza no puede zanjarse sin más aludiendo a criterios relacionados con el cálculo del patrimonio de cada cual y que la perspectiva moral de cada uno es la prioritaria. Esta interpretación se refuerza cuando reparamos en las implicaciones de la última frase de Jesús: *Es imposible para los hombres, pero Dios lo puede todo.* Aquí se observa ya un planteamiento que se proyecta sobre la condición humana en general. Y en el *Dios lo puede todo* cabe descubrir el enunciado primordial de un verdadero tratado sobre la Gracia.

La reflexión anterior se refuerza cuando leemos este pasaje del Evangelio de Lucas 18, 9-14:

Dijo también esta parábola a algunos que confiaban en sí mismos por considerarse justos y despreciaban a los demás: Dos hombres subieron al templo a orar. Uno era fariseo, el otro publi-

---

328   C. S. Keener, *op. cit.*, página 477.
329   Lo poco que sabemos de los Doce puede consultarse en: J.P. Meier, *Un judío marginal. Nueva visión del Jesús histórico*, tomo III: *Compañeros y competidores*, trad. de S. Fernández, Editorial Verbo Divino, Estella, 2003, páginas 215-300.

cano. El fariseo, erguido, oraba así en su interior: Oh, ¡Dios!, te doy gracias porque no soy como los demás hombres: ladrones, injustos, adúlteros; ni tampoco como ese publicano. Ayuno dos veces por semana y pago el diezmo de todo lo que tengo. El publicano, en cambio, quedándose atrás, no se atrevía ni a levantar los ojos al cielo, sino que se golpeaba el pecho, diciendo: Oh, Dios, ten compasión de este pecador. Os digo que este bajó a su casa justificado, y aquel no. Porque todo el que se enaltece será humillado, y el que se humilla será enaltecido.

Desde parámetros puramente materiales es muy probable que el fariseo tuviera una posición económica inferior respecto a la del publicano, al menos eso es lo que nos muestra la historia social de unos y otros[330]. Pablo de Tarso, un fariseo cuya situación social conocemos con relativa profundidad, trabajaba con sus manos para ganarse el sustento, Hc 18, 1-3; 2 Tes 3, 10. Es la codicia y el fraude que salen del corazón del hombre lo que lo inhabilita para la vida de la Gracia, Mc 7, 22; y esa codicia puede existir con independencia de la situación económica concreta de cada cual.

Un compendio de la teología cristiana sobre el uso de la riqueza material se encuentra en la Primera Carta a Timoteo, dictada antes del 63 d. C., de acuerdo con la cronología que defiende M. Sordi. En ella se observa que el centro de la cuestión no radica en una exclusión de los genéricamente llamados ricos, sino en el mandato de realizar un uso correcto de los bienes materiales, 6, 17-19:

> A los ricos de este mundo ordénales que no sean altaneros ni pongan su esperanza en la incertidumbre de la riqueza, sino en Dios que nos provee de todo en abundancia para que lo disfrutemos; que hagan el bien, sean ricos en buenas obras, generosos y dispuestos a compartir; y así atesorarán un excelente fondo para el porvenir y alcanzarán aquella que es realmente la vida verdadera.

---

330   E. P. Sanders, *Judaism. Practice and Belief. 63 BCE-66 CE*. SCM Press, London, 1992, páginas 404-407.

***

El Señor será rey de todo el mundo.
Et erit Dominum rex super omnem terram.
Zacarías 14, 9

El Evangelio, la Buena Noticia, tiene como contenido central la llegada del Reino de Dios[331], preanunciada por los profetas y por Juan el Bautista: *Convertíos, porque está cerca el reino de los cielos*, Mt 3,2. Ocurre en tantas otras ocasiones: también aquí el mensaje de Jesús de Nazaret supone al mismo tiempo una continuidad y una discontinuidad con la teología judía del Antiguo Testamento[332]. El concepto judío de *Reino de Dios* (en hebreo, *malkut samayim*; en griego, *basileia tou Theou, basileia ton ouranon*), que, según demuestra el Apocalipsis, no se halla tan alejado como pareciera de la teología bíblica cristiana, se establece en este mundo y se establecerá en el mundo futuro, *'olam ha-ba*. El reinado de Dios es un tema recurrente en el Antiguo Testamento, especialmente en los Salmos y en los Profetas[333]. Según su origen hebreo y arameo la mejor traducción sería la de «realeza o reinado de Dios»: en su sentido habitual significa el poder de Dios y su ejercicio.

Un concepto muy próximo al de reinado de Dios en el Antiguo Testamento es el de la gloria (*kabod*, en hebreo; *doxa*, en la versión griega de los Setenta): Dios mismo en cuanto se manifiesta y se revela a los hombres. La gloria de Dios se identifica con el sometimiento de toda la creación a su Creador; en el caso del hombre, contando con su libertad por medio de la cual puede participar en la vida sobrenatural divina. El anuncio de la venida de Jesús, Dios y hombre, explica que en el Nuevo Testamento la gloria de Dios

---

331 Una síntesis de la que podemos denominar «teología alemana sobre el Reino de Dios» en: M. Hengel – A. M. Schwemer, *op. cit.*, páginas 406-430.

332 Pontificia Comisión Bíblica, *El pueblo judío y sus Escrituras Sagradas en la Biblia Cristiana*, Librería Editrice Vaticana, 2002, en especial, páginas 17-18; L. F. Ladaria, *op. cit.*, página 167.

333 J. M. Casciaro – J. M. Monforte, *Dios, el mundo y el hombre en el mensaje de la Biblia* cit., páginas 609-617.

se atribuya en algunos pasajes de los sinópticos a Dios Padre (Mt 16, 27; Lc 9, 26; Mc 8, 38). En el Evangelio de Juan la gloria se vincula a Cristo, Jn 1, 14. San Pablo escribe de la *Gloria de Dios reflejada en el rostro de Cristo*, 2 Cor 4, 6; por citar solo algunos textos representativos. El cristiano está llamado a participar en la gloria, Jn 17, 22; plenamente en la vida futura, en el Cielo. Esto explica que el Reino de Dios pueda ser designado en los Evangelios como *vida* o *vida eterna*: Mt 18, 8; 19, 29; y en el Evangelio de Juan como *vida eterna*, Jn 17, 3; también en 1 Jn 1, 2; 5, 20. En síntesis podría afirmarse que «dar gloria a Dios» y «querer el Reino de Dios», «aspirar a la vida eterna» son expresiones de un mismo concepto.

Un punto diferencial radica en que el judaísmo es por completo ajeno a una segunda venida del Mesías[334]; y que para la Iglesia el Reino de Dios se realiza a través del Reino de Cristo. Pero, sobre todo, a diferencia de la concepción judía y de algunas otras posiciones modernas, la Iglesia no puede sino defender una concepción cristocéntrica, no una general concepción teocéntrica, del Reino de Dios, Mt 28, 18; Ef 5, 5.

Sin embargo, el Mesías, para judíos y cristianos —aunque de formas cualitativamente muy distintas— es quien trae consigo la victoria final de Dios y el triunfo de su soberanía, conforme se expresa de manera diáfana en el Salmo 2. Por lo general, en los Salmos o, al menos en algunos de ellos, se mezclan consideraciones sobre la monarquía davídica y las expectativas mesiánicas universales[335]. Desde la perspectiva cristiana la aparición y juicio de Dios en los últimos días descrita con una fuerza particular en el llamado *Apocalipsis* de Isaías, capítulos 24 a 27, o en la profecía de Joel resultan perfectamente coherente con la Parusía, la vuelta de Cristo glorificado, verdadero Dios y hombre verdadero; y la plenitud del Reino de Dios por la mediación de Cristo y de su Iglesia (militante y triunfante).

Cabe distinguir dentro del judaísmo una corriente farisaica, que podemos llamar también popular, continuada en el rabi-

---

334   E. Levine, *op. cit.*, páginas 99-103.
335   W. Horbury, *Jewish Messianism and the Cult of Christ*, SCM Press, London, 1998, páginas 22-25.

nismo posterior, por una parte; y por otra, un tipo de judaísmo que se suele denominar apocalíptico, encarnado en obras como la del profeta Daniel o Sofonías, pero muy presente en los apócrifos del Antiguo Testamento, y en formas muy diversas[336]. Cabría añadir que no faltaron en el judaísmo corrientes, como la saducea, en las que falta por completo la esperanza mesiánica o esta se halla muy debilitada.

Es de especial interés la doctrina contenida en Daniel —por su aparición en un momento decisivo del Evangelio: Mt 26, 64; Mc 14, 62; Lc 22, 69; junto al Salmo 110 (109)—. Nos parece que la mejor manera de describir su contenido es reproduciendo un párrafo de la excelente obra de F. J. Pueyo Velasco[337]:

«Por último debemos destacar también el libro del profeta Daniel, que desarrolla la doctrina de otros textos anteriores del género apocalíptico. El texto profético espera una futura acción divina, sin intervención humana, que inaugurará un "Reino" —enlazando así con la esperanza que hemos visto en los libros anteriores— que nunca será destruido, aniquilará y sustituirá a los demás reinos paganos, representados por las cuatro partes de la estatua (Dan 2, 31-45) o las cuatro bestias (Dan 7, 1-8) y subsistirá eternamente (Dan 2, 44-45). El mediador de la intervención divina es un ser celestial que desciende del cielo y al que se le llama "hijo del hombre" (Dan 7, 13-14); por tanto, es un mesianismo que supera el mesianismo real o sacerdotal, es un Mesías venido directamente del cielo. También los muertos resucitarán para que los justos de toda la historia participen de los bienes del reino inaugurado por Dios (Dan 12, 2). Sin embargo, el profeta cuenta mil doscientos noventa días de duración hasta la destrucción de los enemigos de Dios, y habla de mil trescientos treinta y cinco días para el cumplimiento de la esperanza. De esta manera, parece que deja un margen de cuarenta y cinco días que, como veremos a lo largo del trabajo, se interpretará de diversas mane-

---

336   P. Sacchi, *op. cit.*, páginas 537-538.
337   F. J. Pueyo Velasco, *La plenitud terrena del Reino de Dios en la Historia de la Teología*, dos tomos, Ediciones Cor Iesu, Toledo, 2020; la cita es del tomo I, páginas 41-42.

ras entre los exégetas cristianos, como un tiempo intermedio entre la destrucción del Anticristo y la Parusía final de Cristo».

Podemos añadir que el título *hijo del hombre* aparece en el llamado *libro de las parábolas* de 1 Henoc, designa a un ser trascendente, anterior a la creación, al que Dios le da el imperio o reinado sobre todo[338].

Volviendo al hilo de nuestra argumentación, para la primera de las corrientes mencionadas, que hemos denominado farisaica, existe una expectativa acerca del reino terrestre de Dios; tal es la mentalidad que se observa entre los discípulos de Jesús (Mc 10, 35-45), que no hacen sino manifestar el estado de ánimo popular común de la época. Aparece igualmente en los movimientos mesiánicos de signo político y en obras como los *Salmos de Salomón* (Salmos 17 y 18). Esta creencia del judaísmo rabínico en el reino del Mesías en la tierra llega a convertirse en uno de los trece artículos del credo judío escrito por Maimónides, aunque no llegó a ser una cuestión pacífica y tampoco lo es ahora. Por el contrario, el judaísmo apocalíptico confía en algunos casos solo en un reino ultramundano, futuro. El ejemplo más claro sería el del *Libro de la Asunción de Moisés*, llamado también *Testamento de Moisés*, cuya última versión es de principios del siglo I d. C.: no hay mención del Mesías ni del reinado temporal de Dios[339]. Otras veces, como en el *Apocalipsis siríaco de Baruc*, se admite un reino de Dios en este mundo y un Reino de Dios en el más allá, pero subrayando la mayor importancia de este último. No faltaron desde el ámbito cristiano posiciones heterodoxas en esta materia, como la de Cerinto, en torno al 100 d. C., que defiende un Reino de Dios terrestre y centrado en lo material.

No describe este mismo panorama Daniel, para quien el reino de Dios exige, como hemos visto, la resurrección corporal y la implantación de aquél en este mundo; un sentido parecido, con un reino de Dios en la tierra, pero sin resurrección corporal, es la idea que contiene el *Libro de los Jubileos*. Por su parte, en la con-

---

338   A. Díez Macho, *Apócrifos del Antiguo Testamento* I cit. páginas 234-235.
339   *Ibidem*, página 389.

cepción neotestamentaria el reino de Dios en su plenitud es del futuro, pero ya ha venido en Cristo[340]; se refiere a la vida eterna, incoada ya por la Gracia y mediada por la Iglesia; pero también a la resurrección de los muertos y a una transfiguración[341] final de *este mundo.*

340   *Ibidem*, páginas 351-389.
341   L. Castellani, *El Apokalipsys de San Juan* cit., página 103.

Giuseppe Craffonara. *Asunción.*

Capítulo XX

Venga a nosotros tu Reino

Elementos de continuidad entre el concepto judío y cristiano del reino de Dios se observan con claridad en el estudio comparativo del Padrenuestro y del Qaddis. Este último se remonta a época precristiana y para algunos autores presenta vestigios de la mística esenia. Pensamos que muy probablemente recoja una tradición aún más antigua, al igual que ocurre con otras oraciones judías, como la principal bendición, el Shema. La parte que nos interesa, y en la versión que ofrece E. Levine —en la obra que estamos utilizando, *Un judío lee el Nuevo Testamento*, páginas 247-248— dice así:

> Glorificado y santificado sea el gran nombre de Dios a través del mundo que él ha creado según su voluntad. Establezca su reino durante vuestra vida y durante vuestros días y en la vida de toda la casa de Israel, rápidamente y pronto; (y dígase) Amén.
> Revele la gloria y santidad de su Santo Nombre en el mundo que él renueva, y en el cual vivifica a los muertos (y los resucita para la vida eterna), reconstruya la ciudad de Jerusalén, el (santo) templo, (en medio de ella), destruya el culto falso de (su tierra) (el mundo) y restaure el sagrado culto de (su nombre) (él, Dios verdadero) [en su lugar (en) (para su hermosura, esplendor y gloria], y (el Santo, alabado sea) revele su soberanía (y gloria), nos redima

y apresure (la consumación del reino de) su Mesías (y redima a su pueblo) durante vuestra vida y durante vuestros días y en vida de toda la casa de Israel, (ahora) rápidamente y pronto; (y dígase) Amén.

El Padrenuestro —en las versiones de Lucas 11, 2-4 y de Mateo, más extensa que la lucana, pues contiene siete peticiones, 6, 9-13— es resumen de todo el Evangelio (Tertuliano, *De oratione* 1) y modelo de oración comunitaria y litúrgica. El Padrenuestro brota de la propia oración de Jesús y, por nuestra incorporación a él, nos introduce en la medida muy limitada de nuestra capacidad en la vida interior de la Trinidad[342]. La oración fue originariamente pronunciada en arameo (utiliza el término *deudas*, en vez de *pecados*, como en arameo); después traducida al hebreo (lengua sagrada), griego y otras lenguas. Según nos explica E. Levine (página 251), las dos versiones evangélicas, la de Mateo y la de Lucas, se ajustan a las formas generales de la oración judía; resuenan en el Padrenuestro pasajes del Antiguo Testamento, en particular del profeta Ezequiel.

Así pues, hay un terreno en parte común judío y cristiano en la petición del Padrenuestro *Venga a nosotros tu reino*. El Reino de Dios es una categoría parcialmente compartida. Según nos explica y recuerda J. Neusner en su obra *Un rabino habla con Jesús*[343], la Torá describe a Israel como un reino de sacerdotes y santos *bajo el dominio de Dios*. Dt 6, 4-5: *Escucha Israel: El Señor es nuestro Dios, el Señor es uno solo. Amarás, pues, al Señor, tu Dios, con todo tu corazón, con toda tu alma y con todas tus fuerzas.* Conforme a lo que afirman los maestros de la Torá: «aceptamos el yugo del reino de los cielos». Esto quiere decir aceptar los mandamientos que Dios dio en el Sinaí. Esa actitud de humilde aceptación de la voluntad de Dios es la de los pobres de espíritu: de ellos es el reino de los cielos, Mt 5, 3. En palabras de E. Levine[344]: «Reino de Dios y Reino de los cielos aparecen con

---

342 J. Ratzinger, *Jesús de Nazaret* cit., páginas 208-209.
343 En Ediciones Encuentro, trad. de J. Padilla, Madrid, 2008.
344 E. Levine, *op. cit.*, página 118.

frecuencia en la literatura rabínica con el significado de reinado de Dios eterno, soberano universal. Los rabinos hablaban de la ley como aceptación del yugo del reino de los cielos. Y probablemente en este sentido dijo Jesús: *Buscad primero el reino de Dios* (Mt 6, 33; Lc 12, 31). La triple expresión del Padrenuestro, "santificado sea tu nombre", "venga tu reino" y "hágase tu voluntad", no es otra cosa que la expresión de un único y principal deseo: el reinado de Dios».

Desde la perspectiva de la Iglesia un punto de partida —dentro de la Historia de la Salvación— lo proporciona el modelo de Abraham. La obediencia de Abraham a los mandatos divinos es expresión de la fe teologal, resultado de la correspondencia a la Gracia[345]: pertenecemos al Reino de Dios por la «obediencia de la fe», expresión esta última acuñada por san Pablo, Carta a los Romanos 1, 5: *Por él hemos recibido la gracia del apostolado, para suscitar la obediencia de la fe entre todos los gentiles, para gloria de su nombre* (también 16, 26; y 1 Pe 1, 14, entre otros lugares[346]). Puede observarse que la teología de san Pablo enlaza, desde una aproximación original, con el principio judío del reino como voluntad de Dios al que debemos someter nuestra vida entera, rechazando el pecado. Rom 6, 12: *Que el pecado no siga reinando en vuestro cuerpo mortal, sometiéndoos a sus deseos.* Pero es la fe en la persona de Cristo.

Suele destacarse que en las Cartas de San Pablo la expresión «Reino de Dios», aunque se utilice, no ocupa un lugar preeminente. Y como en tantas otras ocasiones un sector significativo de comentaristas extrae de este dato filológico eventuales consecuencias sobre las peculiaridades de la teología paulina y su hipotética contraposición a los Evangelios sinópticos y a Juan. Ocupémonos brevemente de esta dificultad. A cuanto hemos señalado en el párrafo anterior debe añadirse que Pablo aborda la misma mate-

---

345 F. Ocáriz – A. Blanco, *op. cit.*, páginas 142-143.
346 R. Penna, *Lettera ai Romani* I. *Rm 1-5, Introduzione, versione, commento*, Edizioni Dehoniane, Bologna, 2007, página 102. También: J. D. G. Dunn, *The Theology of Paul the Apostle*, William B. Eerdmans Publishing Company, Grand Rapids, Michigan / Cambridge, U.K., 1998, páginas 634-642.

ria desde una opción nominalmente diferente pero idéntica en cuanto a su contenido. Nos referimos al título de Señor, *Kyrios*, que en las Cartas denominadas «auténticas» aparece 184 veces[347]. Un título que pertenece a la tradición judía y que, también contra una opinión en el pasado muy extendida, no proviene del mundo helenístico-pagano. Basta la lectura del Salmo 110 (109), citado por Jesús, Mt 26, 64; 22, 41-46, Mc 12, 35-36; Lc 20, 41-44, para comprender que el título de *Kyrios* se inserta en el ámbito del Reino. A estos efectos, conviene llamar la atención sobre un pasaje de la Carta a los Colosenses 1, 13: *Él nos ha sacado del dominio de las tinieblas y nos ha trasladado al reino del Hijo de su Amor*. Según se verá más adelante esta dualidad entre el reino de las tinieblas y el Reino de Dios se presenta como una de las claves que explica el significado de este último en la doctrina de Jesús y su vinculación con el dogma de la Redención. En el carácter expiatorio de la muerte de Cristo se toca el gran misterio de la Cruz[348], prefigurado en la figura del Siervo de Yahvé del Deuteroisaías (Is 42, 1-7; 49, 1-9; 50, 4-11; 52, 13-53).

Se pregunta santo Tomás de Aquino[349] que, puesto que el reino de Dios, esto es, su soberanía sobre todo lo creado, siempre ha existido y Jesucristo es el rey de toda la creación, ¿qué razones hay para que pidamos que venga? En efecto, Dios, por su naturaleza, es Señor de todo y Cristo, en cuanto Dios y también en cuanto hombre, ha recibido de Dios ser el Señor de todas las cosas. Dan 7, 14: *A él le dio poder, honor y reino. Y todos los pueblos, naciones y lenguas lo sirvieron. Su poder es un poder eterno, no cesará. Su reino no acabará*. Pero la Historia de la Salvación está todavía inacabada. Todo se cumplirá al fin. 1 Cor 15, 25: *Pues Cristo tiene que reinar hasta que ponga a todos sus enemigos bajo sus pies. El último enemigo en ser destruido será la muerte*. Entonces será la

---

347 A. Grillmeier, *op. cit.*, página 115.
348 R. Garrigou-Lagrange, *El Salvador y su amor por nosotros*, trad. de J. A. Millán, Ediciones Rialp, Madrid, 1977, página 298; F. Ocáriz - L. F. Mateo-Seco - J. A. Riestra, *op. cit.*, páginas 433-434.
349 En su *Exposición sobre la oración dominical, el Padrenuestro*, que consultamos en *Opúsculos y Cuestiones Selectas* IV, edición coordinada por A. Osuna Fernández-Largo, BAC, 2007, páginas 1029-1065.

completa libertad, en la gloria del paraíso, por la ausencia absoluta de pecado; a diferencia de lo que ocurre en este mundo donde aún permanece el pecado. En otro lugar, Tomás de Aquino identifica el Reino de Dios con la Iglesia: en su doble condición de Iglesia militante, de los que caminan bajo la fe; y de Iglesia triunfante, la formada por la congregación de quienes ya gozan de la contemplación beatífica[350].

Frecuentemente se afirma en los estudios de exégesis y de teología bíblica en general que el concepto de Reino de Dios predicado por Jesús de Nazaret es de difícil entendimiento por su complejidad; la amplia bibliografía que se ocupa del asunto así lo corrobora. No negamos que ésta, como cualquier realidad sobrenatural estudiada por la teología, ofrece y contiene innumerables matices; que su plena comprensión escapa a las limitaciones de la razón humana. Sin embargo, por otra parte, el Evangelio se propone como un mensaje para los sencillos, no para los iniciados, de forma que el contenido central evangélico, es decir, el reinado de Dios no puede contenerse en una teoría esotérica, sino que debe ser una palabra clara de salvación al alcance de quien quiera libremente aceptarlo. *Te doy gracias, Padre, Señor del cielo y de la tierra, porque has escondido estas cosas a los sabios y entendidos, y se las has revelado a los pequeños*, Mt 11, 25. Pensamos que la oscuridad que se predica sobre el significado del Reino de Dios responde más a que este ha quedado sepultado bajo una montaña enorme de disquisiciones eruditas, las cuales no solo han terminado por oscurecer sus perfiles, sino que también, y esto nos parece igualmente grave, por excluir su carácter «épico» para convertirlo en una realidad más propia de la poesía lírica. Es una forma de hablar, así que nos explicaremos.

Desde los días de Juan el Bautista hasta ahora el reino de los cielos sufre violencia y los violentos lo arrebatan, Mt 11, 12. *No penséis que he venido a la tierra a sembrar paz; no he venido a sembrar paz, sino espada*, Mt 10, 34, que alude —entre otras cosas— a las persecuciones que en todas las épocas sufre la

---

350   Santo Tomás de Aquino, *In IV Sent.*, d. 49, q. 1, a. 2, qla. 5, c.

Iglesia y a las incomprensiones que experimentan los cristianos incluso en sus ámbitos más cercanos (por ejemplo: Jn 16, 1-3). La exégesis bíblica, al gusto moderno, ha ido dulcificando por vía interpretativa las principales realidades de la vida espiritual —algunas muy molestas— tal como las propone Jesús y la doctrina tradicional de la Iglesia, realidades sublimes de la caridad, de la filiación divina y de confianza en la Providencia, pero también exigentes, que exigen una lucha interior ascética contra las pasiones desordenadas y la contemplación de los novísimos. Situar en un segundo plano afirmaciones como las que abren este párrafo no hace sino desvirtuar el Evangelio. *Esforzaos por entrar por la puerta estrecha, pues os digo que muchos intentarán entrar y no podrán*, Lc 12, 24 (Mt 7, 13). La advertencia sobre la senda estrecha —1 Pe 4, 18— ha ido desapareciendo y en su lugar se ha instalado en algunos casos algo muy parecido a un ancho relativismo teológico teñido de sentimentalismo. No se trata solo de los estragos causados y que causa aún la denominada teología liberal, con sus «vidas de Jesús», descrito como modelo humano de vida moral. La «reacción escatológica», encarnada en autores como J. Weiss y A. Schweitzer, entre muchos otros, tampoco ayudó ni ayuda demasiado, con su empeño en presentar a Jesús reductivamente como un profeta del fin del mundo, defensor de una ética provisional, relativizando de esta manera el presente de la Historia de la Salvación y derivando en muchas ocasiones hacia interpretaciones materialistas de la propia historia y de la función de la Iglesia.

Jesús de Nazaret anunció y realizó la salvación. En este sentido Orígenes escribió que Jesús mismo es el reino[351]. Pero eligió la Cruz como camino anterior al de la Resurrección. Opuso a la realidad del pecado, el único mal absoluto, la realidad sobrenatural de la Gracia, cuyo ofrecimiento prolongó en su Iglesia por medio de los Sacramentos. Se ha repetido muchas veces que la negación de la existencia del pecado —de la *esclavitud del pecado* Jn 8, 34— es el drama de nuestro tiempo y ese drama ha afectado

---

351   J. Ratzinger, *Jesús de Nazaret* cit., página 143.

también en ocasiones a la teología, pues sin la consciencia de la realidad del pecado carece de valor la salvación ofrecida por Jesús y se derrumba todo el edificio espiritual.

Así pues, la venida, el anuncio del Reino de Dios significa la posibilidad de participar en la vida divina por medio de la Gracia, Jn 1, 16-17. La iniciativa es de Dios, pero la correspondencia es el resultado de la libertad humana. Esa conjunción solo es plena en el Cielo, donde reina la eterna bienaventuranza. En esta vida se requiere una conversión, un apartarse del pecado: *En verdad, en verdad te digo: el que no nazca de nuevo no puede ver el reino de Dios*, Jn 3, 3. Lo que a su vez necesita del esfuerzo y la lucha interior de que antes hablábamos: es justo en este sentido en el que se dice que los *violentos lo arrebatan*. En este orden de ideas señala Tomás de Aquino que la venida del Reino, hablando estrictamente, solo es una buena noticia para quienes se hallen en Gracia, no para los pecadores (*op. cit.*, página 1042).

Desde el punto de vista de la vida del cristiano, que es el punto de vista de Jesús de Nazaret, existe una hostilidad real —aunque se explique por medio de metáforas— entre el Reino de Dios y el reino del maligno, entendido este como un ser personal. A eso nos referíamos con anterioridad al mencionar que es preciso recuperar una perspectiva «épica» en la interpretación del Reino de Dios, Lc 11, 14-20 (Mt 12, 22-28; Mc 3, 22-27):

> Estaba Jesús echando un demonio que era mudo. Sucedió que, apenas salió el demonio, empezó a hablar el mudo. La multitud se quedó admirada, pero algunos de ellos dijeron: Por arte de Belzebú, el príncipe de los demonios, echa los demonios. Otros, para ponerlo a prueba, le pedían un signo del cielo. Él, conociendo sus pensamientos, les dijo: Todo reino dividido contra sí mismo va a la ruina y cae casa sobre casa. Si, pues, Satanás se ha dividido contra sí mismo, ¿cómo se mantendrá su reino? Pues vosotros decís que yo echo los demonios con el poder de Belzebú. Pero, si yo echo los demonios con el poder de Belzebú, vuestros hijos, ¿Por arte de quién los echan? Por eso, ellos mismos serán vuestros jueces. Pero, si yo echo los demonios con el dedo de Dios, entonces es que el reino de Dios ha llegado a vosotros.

Así pues, es el propio Jesús quien plantea su tarea de salvación como una lucha victoriosa contra el príncipe de este mundo, Jn 16, 11; experimentada por él mismo en las tentaciones que sufrió en el desierto, Mt 4, 1-11; Lc 4, 1-13; Mc 1, 12-13. Y proclama: Jn 12, 31-32: *Ahora va a juzgarse el mundo, ahora el príncipe de este mundo va a ser echado fuera. Y cuando yo sea elevado sobre la tierra, atraeré a todos hacia mí.* El Reino de Dios que trae Jesús conduce para el hombre —si es aceptado— hacia la visión beatífica de Dios, liberándonos por completo del pecado.

Tal vez el pasaje más claro de todo el Nuevo Testamento sobre esta materia, el que ilustra esta idea de forma más sintética, sea este texto de la Carta a los Colosenses 1, 13-14: *Él (Dios Padre) nos ha sacado del dominio de las tinieblas y nos ha trasladado al Reino del Hijo de su Amor.* Entrar en el Reino de los cielos exige una conversión, pero es también una tarea gradual que Jesús explica en muchas de sus parábolas, como la del grano de mostaza (Mt 13, 31-32) y otras semejantes, bien conocidas. Exige una actitud de fondo, lo contrario de lo que en la Escritura se denomina «dureza de corazón». De ahí la importancia que tiene este pasaje contenido en Mt 18, 1-5:

> En aquel momento, se acercaron los discípulos a Jesús y le preguntaron: ¿Quién es el mayor en el reino de los cielos? Él llamó a un niño, lo puso en medio y dijo: En verdad os digo que, si no os convertís y os hacéis como niños, no entraréis en el reino de los cielos. Por tanto, el que se haga pequeño como este niño, ese es el más grande en el reino de los cielos.

Se explica igualmente, dentro de este contexto de realidades sobrenaturales, la respuesta que recibió Poncio Pilato, 18, 37: *Tú lo dices, soy rey. Yo para esto he nacido y para esto he venido al mundo.*

Capítulo XXI

Esperando al Anticristo. El Apocalipsis

Ya hemos aludido más arriba al hecho de que según algunas corrientes —que aparecen casi desde el mismo nacimiento del cristianismo—, revalorizadas en tiempos más recientes por teólogos de diversa procedencia, Jesús habría anunciado la llegada *inminente* del Reino. Esta posición, entendida como certeza absoluta y en cuanto a las consecuencias doctrinales que de ella pueden derivarse, queda fuera de la ortodoxia de la Iglesia, para la cual el Reino ya ha irrumpido en la historia con la Encarnación de Cristo y el envío del Espíritu Santo a su Iglesia. En este sentido, la teología de la historia cristiana señala que vivimos en los «últimos tiempos» que se identifican con el tiempo de la Iglesia, Cuerpo místico de Cristo. Entre los primeros cristianos el fin de los tiempos y la segunda venida de Cristo pudieron dar lugar a diversas interpretaciones. Pero el caso es que el mismo Jesús se negó a revelar ese término, Mc 13, 32: *En cuanto al día y a la hora, nadie lo conoce ni los ángeles del cielo ni el Hijo, solo el Padre* (2 Pe 3, 8-9).

San Pablo, en un primer momento pudiera dar la sensación de inclinarse por una Parusía muy cercana (1 Tes 4, 13-18), pero enseguida, en la Segunda Carta a los Tesalonicenses, en su capítulo 2, rectifica o explica esta primera posición. A ello se añade que incluso en la Primera Carta a los Tesalonicenses, en su capítulo

5, Pablo se halla lejos de transmitir una completa certeza y manifiesta no saber si estará vivo o muerto en ese momento final[352]. En todo caso, no estamos ante una cuestión de tipo dogmático, si se nos permite la expresión hoy poco utilizada: precisamente por ello estuvo desde el principio abierta a una diversidad de opiniones y aún hoy la realidad y los tiempos de una plenitud intrahistórica del Reino de Dios vinculada a la Parusía no ha sido objeto de una afirmación magisterial definitiva por parte de la Iglesia, menos aún la determinación de plazos temporales[353]. El propio Apocalipsis mantiene una prudente cautela en cuanto a los tiempos de la Parusía. Las opiniones que a lo largo de la historia han ido planteando muchos de sus comentaristas no tienen más valor que el de ser meras hipótesis, parte de ellas, por qué no decirlo, bastante disparatadas.

Esta es la opinión de A. Díez Macho sobre este problema interpretativo suscitado no por el Apocalipsis, sino por la posición de san Pablo: «En esto Pablo y la Iglesia primitiva no transmiten una revelación de Dios, que precisamente se negó en tal punto, sino la opinión corriente entre los judíos, que el fin de Jerusalén coincidiría con el fin del mundo. Jesús había asegurado que no pasaría aquella generación (generación, cuarenta años) sin que viniesen la destrucción de Jerusalén y del Templo; los cristianos, por propia cuenta, sacaron la consecuencia: el fin del mundo, la *parusía*, es inminente»[354].

Ofrece una solución diferente L. Castellani. Toda profecía describe sucesos que ocurrirán, pero en un doble plano. Un futuro próximo, llamado *typo*, y otro alejado en el tiempo, *antitypo*. Se

---

352   Como era de esperar un sector de la exégesis ha exagerado las diferencias doctrinales entre la Primera y la Segunda Carta a los Tesalonicenses y no ha dudado en postular un período de tiempo amplio entre la escritura de ambas y en asignar la segunda a un discípulo de Pablo: en este sentido: A. Piñero, *Guía para entender el Nuevo Testamento* cit., páginas 407-417. Parece mejor solución aceptar una continuidad temporal casi inmediata entre ambas: A. Fuentes Mendiola, *Qué dice la Biblia. Historia y mensaje de los libros sagrados*, Eunsa, Pamplona, 1983, página 282: «escrita pocos meses después, como prolongación natural de la primera».

353   F. J. Pueyo Velasco, *op. cit.* I, página 30.

354   A. Diez Macho, *Historia de la Salvación* cit., página 14; también, 85.

describen acontecimientos muy lejanos que se proyectan analógicamente sobre la base de realidades históricas más cercanas. Cuando leemos en el Evangelio de Marcos 13, 30-31: *En verdad os digo que no pasará esta generación sin que todo esto suceda. El cielo y la tierra pasarán, pero mis palabras no pasarán.* Jesús, asumiendo su función profética, pudo anunciar el fin próximo de Jerusalén, que efectivamente sucedió en el año 70 d. C. y, al mismo tiempo, analógicamente, el fin del mundo, pero dejando claro que los tiempos de este final definitivo están ocultos por designio de Dios Padre. Se explicaría de esta forma la dificultad, entre otros, del capítulo 13 del Evangelio de Marcos, calificado a veces de «apocalipsis», donde se combinan ambas perspectivas.

Es dentro de este clima de expectación por el destino de la Iglesia, la tensión provocada por las continuas persecuciones y el hecho de fe indudable de la segunda venida de Cristo donde se sitúa el mensaje del Apocalipsis, verdadero Evangelio de las realidades últimas[355]. Hay que señalar que el nombre griego del libro, tomado de su primera palabra, *Apokalypsis*, «revelación», «acto de desvelar», mantenido en el latino *Apocalypsis*, da nombre a todo un género literario y ha alcanzado una notoriedad universal: 1, 1-2: *Revelación de Jesucristo, que Dios le encargó mostrar a sus siervos acerca de lo que tiene que suceder pronto. La dio a conocer enviando su ángel a su siervo Juan, el cual fue testigo de la palabra de Dios y del testimonio de Jesucristo.*

El Apocalipsis es el único libro (íntegramente) profético del Nuevo Testamento; no sin algunas vacilaciones quedó finalmente fuera del canon el *Pastor* de Hermas (nombre del autor que se identificaba con el Hermas citado en la Carta a los Romanos 16, 14). Ireneo de Lyon y Clemente de Alejandría, entre otros, lo tuvieron por Escritura, pero san Atanasio no lo admite entre los libros canónicos e igual hace el Decreto Gelasiano. Sin embargo, se recoge fragmentariamente en el Código Sinaítico, del siglo IV d. C., descubierto por Tischendorf en 1859. Fue un libro muy estimado en los siglos II y III d. C. y podríamos añadir que su exhor-

355   J. M. de Prada, *Una biblioteca en el oasis* cit., página 120.

tación a la penitencia es especialmente oportuna en los tiempos que corren.

El Apocalipsis de San Juan posee numerosos antecedentes en el Antiguo Testamento. El capítulo 24 de Isaías es un buen ejemplo de este estado de cosas, que llega hasta Ezequiel y Daniel, no sin recorrer algunos pasajes de otros libros veterotestamentarios. Conforme a lo que ha quedado mencionado en ocasiones anteriores, en la literatura apócrifa judía de los siglos II y I a. C., predomina el género apocalíptico. De todas formas, es una tarea muy difícil la de determinar los que serían rasgos propios de este género. Y su propia existencia podría someterse a discusión. Quizá más que ante un género literario con rasgos propios y exclusivos estaríamos ante una forma de expresión religiosa referida a las realidades últimas que de un modo u otro puede aparecer en obras de muy diversa consideración. Confesemos con sinceridad que, como el lector sagaz ha podido intuir a lo largo de esta obra, no somos muy partidarios de poner el énfasis en lo literario cuando se trata de exponer el contenido del Nuevo Testamento. Pensamos que lo filológico ha de mantener un papel de instrumento preliminar frente a lo histórico y lo teológico. Desde hace demasiado tiempo la teología bíblica se ha convertido en una rama de la crítica literaria con evidente perjuicio para el depósito de la fe. El medio se ha convertido en fin[356].

Los perjuicios de esta manera de acercarse al estudio del Nuevo Testamento se incrementan en el caso del Apocalipsis. El tratamiento literario ha terminado por relativizar su contenido esencial, que no es otro que el de las realidades últimas, el de la escatología. Por un lado, el Apocalipsis, reconvertido en un libro marginal y esotérico, apto solo para especialistas. Por otro, desde el siglo II y hasta la actualidad, el Apocalipsis como pretexto para las más extravagantes teorías teológicas e incluso políticas. En tal sentido no debe extrañar las dudas que generó

---

356 Un ejemplo entre muchos de esta deriva literario-retórica que se observa en el campo de la exégesis: L. Pedroli, «The Symbolism of the Apocalypse: the Original Contribution of Stylistic and Rhetorical Devices», en *Estudios Bíblicos* 78 (2020) 469-491.

su inclusión en el canon del Nuevo Testamento, sobre todo en Oriente, fruto más bien de los riesgos que, como se vio enseguida, podría provocar su interpretación[357] por personas desvinculadas del mensaje *completo* de las Sagradas Escrituras. En todo caso, en la *Carta Pascual* 39 de san Atanasio del 367 d. C. aparece como uno de los veintisiete escritos que componen el Nuevo Testamento. Entre los padres apostólicos, el primero que lo menciona, a mediados del siglo II d. C. es san Justino (a quien debemos el primer comentario); san Ireneo lo considera sin dudas como libro sagrado. En ambos casos se atribuye expresamente al apóstol Juan[358]; también Clemente de Alejandría, Tertuliano y el Canon de Muratori.

Estas palabras de J. Vázquez Allegre[359] son en sí mismas un ejemplo bienintencionado de cuanto venimos diciendo: «Los misterios que encierra el Apocalipsis de Juan dieron lugar a lo largo de la historia a todo tipo de lecturas fantásticas, corrientes y movimientos de carácter apocalíptico y milenarista. La lectura errónea de la obra llevó a muchos cristianos hasta el extremo de interpretar sus palabras como profecías escatológicas, anuncio del fin del mundo, descripciones de catástrofes naturales y guerras mundiales. Algunos han identificado las figuras del Apocalipsis —las bestias, el dragón, la prostituta— con personajes de la historia. Otros han querido identificar la simbología de los números con fechas de acontecimientos destacados de la historia, como advertencias proféticas y anuncios de catástrofes». De acuerdo con el autor en la denuncia de los excesos, pero en completo desacuerdo cuando dice que el libro «ha llevado a muchos cristianos a interpretar sus palabras como profecías escatológicas». ¡Es que son profecías escatológicas! ¿Qué otra cosa puede ser? Añádase que este contenido escatológico es compatible con la necesidad de evitar una interpretación puramente literal, como ya advirtió san Agustín.

---

357   J. Trebolle Barrera, *op. cit.*, página 670.
358   A. Wickenhäuser – J. Schmid, *op. cit.*, páginas 956-957.
359   J. Vázquez Allegre, *Guía de la Biblia. Introducción general a la Sagrada Escritura*, Editorial Verbo Divino, Estella, 2019, página 290.

Este contenido profético y enigmático del Apocalipsis ha sido precisamente la causa de que estemos ante el libro del Nuevo Testamento preferido por un número significativo de herejías a lo largo de la historia de la Iglesia. De hecho, entre los primeros herejes, contemporáneo de los apóstoles, tenemos noticias de Cerinto, quien realizó una burda interpretación literal y materialista de la obra: defiende un reinado final de Cristo sobre la tierra, lleno de placeres carnales a disposición de los resucitados. Los llamados ebionitas sostenían una postura parecida. En ambos casos se sustituía el mensaje del Nuevo Testamento por una mezcla de elementos judíos escasamente cristianizados.

A estos efectos destaca también la figura de Montano, personaje que aparece en Frigia entre los años 155-160 d. C. Se presentaba como una especie de encarnación del Paráclito (Jn 14, 26), el profeta del Espíritu Santo que iba a revelar la plenitud de la verdad. Sus escritos y los de las dos profetisas más importantes de su movimiento, Priscila y Maximila, se han perdido, pero sabemos por fuentes indirectas que su doctrina se fundaba en una peculiar interpretación literal del Apocalipsis[360] y la consabida opinión de que el fin del mundo era inminente —Maximila lo pronosticó para un tiempo inmediatamente posterior al de su muerte[361]—. En el montanismo se observa igualmente un desprecio por la jerarquía eclesiástica y un intenso rigorismo moral. La interpretación de Montano sobre el Apocalipsis fue uno de los factores que propició las dudas sobre su canonicidad.

El montanismo no era la única corriente que vaticinaba la llegada del fin del mundo durante el reinado del emperador Marco Aurelio (161-180 d. C.), época llena de calamidades, de guerras y epidemias. De hecho, sabemos de un extraño episodio sucedido bajo su mandato que nos narra la *Historia Augusta* (*Marco Aurelio* XIII, 6):

---

360 A. Álvarez Valdés – S. del Estero, «El libro del Apocalipsis: historia de su interpretación», en *Estudios Bíblicos* 63 (2005) 284.
361 D. Ramos-Lissón, *op. cit.*, página 117.

(…) y perdonó a un cierto embaucador que arrestaron y confesó en su presencia la tramoya que había montado, con el fin de saquear la ciudad con algunos cómplices: en efecto, este falsario, encaramado en el cabrahigo (caprificus) del Campo de Marte, se dedicaba a predicar que descendería fuego del cielo y se precipitaría el fin del mundo, si él se caía del árbol y se convertía en cigüeña. Y claro está, en el momento oportuno cayó del árbol y una cigüeña cayó de su seno.

El episodio, en cierta medida, recuerda el final de Peregrino Proteo, el personaje que aparece en la ya referida narración de Luciano. Un pasaje del Digesto da cuenta de un rescripto de Marco Aurelio castigando a quienes aterrorizaban al pueblo con falsas predicciones: D. 48,19,30 (Modestino, 1 de poenis) y puede estar relacionado con el citado personaje[362].

Los estudiosos de las religiones y de la filosofía de la historia se han ocupado con detenimiento del Apocalipsis. Existe una diferencia radical entre las concepciones antiguas paganas y la judeocristiana[363]. El factor clave deriva de un hecho ya comentado en estas páginas: el judeocristianismo introduce una concepción verdaderamente histórica. Lo que suele denominarse una historia «lineal», que abre un ámbito de libertad frente a la fatalidad. A la filosofía del tiempo cíclico, la cual predomina claramente en el mundo primitivo y arcaico, opone el principio de que existen verdaderos acontecimientos históricos, es decir, únicos e irrepetibles, efectos de la libertad humana; y la certeza de un auténtico final[364]. De hecho, el autor del comentario al pasaje de la *Historia Augusta* arriba referido, lo pone en conexión con la doctrina estoica en

---

362 Tomamos toda la información de: S. Montero, *El fin del mundo en época de Marco Aurelio*, en J. Mangas – S. Montero (coordinadores), *El milenarismo. La percepción del tiempo en las culturas antiguas*, Editorial Complutense, Madrid, 2001, páginas 147-152.

363 Pensamos que desde esos presupuestos puede leerse: N. Cohn, *El cosmos, el caos y el mundo venidero. Las antiguas raíces de la fe apocalíptica*, trad. de B. Blanch, Crítica, Barcelona, 1995.

364 L. Castellani, *El Apokalipsys de San Juan* cit., página 73; puede consultarse: Tertuliano, *Apologético* 48, 12, que contiene una reflexión sobre la duración temporal y limitada de este mundo antes de la resurrección de los muertos.

virtud de la cual el mundo será destruido por el fuego (*ekpyrosis*) y posteriormente renovado. Griegos y romanos conocían esta visión cíclica del mundo, como sucesión de diversos períodos que volvían una y otra vez al inicio de la *edad de oro*.

La imagen del fuego como instrumento destructor vinculado al Juicio Final se utiliza en el Nuevo Testamento: véase, por ejemplo, 2 Pe 3,7 o Ap 20, 9-15. Como con acierto advierte L. Castellani, no se debe prestar una atención determinante al examen comparativo de las numerosas obras apocalípticas en su vocabulario. Todas utilizan un catálogo más o menos común de símbolos e imágenes —por ejemplo, el del fuego o la presencia de animales—. Lo decisivo es el uso que le da cada autor, no su proveniencia[365]. En el caso del Apocalipsis, advierte Castellani con sentido del humor, las metáforas que aparecen son tan desmesuradas (no extravagantes) «que uno se pregunta al leerlas si Dios no será andaluz».

Recuérdese, además, cuanto dijimos sobre la existencia de una Revelación primordial cuyos restos más o menos deformados han podido llegar a diversos ámbitos culturales. Precisemos, sin embargo, que el término «Anticristo» fue inventado por san Juan (véase, por ejemplo, la Primera Carta de San Juan 2, 18; la Segunda 7, junto a los conocidos textos del Apocalipsis). Jesús parece referirse a él como *el Otro*: Jn 5, 6. San Pablo se refiere a él con otro nombre: Á-nomos (el sin ley), *el impío, iniquus*: 2 Tes 2, 8. Precisemos también, que el uso de metáforas e imágenes no convierte al Apocalipsis, al menos en una valoración general, como bloque, en una alegoría o en un poema —al estilo del *Paraíso Perdido* de J. Milton— sino que es una profecía[366], una profecía condicionada en su desarrollo, porque en el Apocalipsis, como en toda la obra profética del Antiguo Testamento, hay que contar con

---

365   L. Castellani, *El Apokalypsis de San Juan* cit., página 77.
366   *Ibidem*, páginas 30; 61, sobre los peligros de un excesivo «alegorismo», que deja de ser exégesis bíblica; sin que ello suponga entrar en los delirios de la pura interpretación literal.

el libre albedrío del hombre[367]. Pero incondicionada en lo relativo a la victoria final de Cristo en la Parusía.

Muchos autores han destacado acertadamente la singular relación que existe entre el primer libro de la Biblia, el Génesis, y el último, el Apocalipsis. Si el primero narra la situación primordial de nuestros primeros padres en el Paraíso, el pecado original, el anuncio de una lucha permanente entre el linaje de la mujer (la Virgen Santísima, Ap 12, 1; y el demonio; y la promesa mesiánica de un Salvador (Gén 3, 15); el segundo pone fin a la Historia de la Salvación, con la victoria definitiva de Cristo contra el dragón, es decir, el demonio. No ha de extrañar, por tanto, que el lenguaje simbólico utilizado coincida en parte, y que, en ambos casos, según escribimos más arriba, aparezcan símbolos e imágenes presentes en otras tradiciones: repitamos que lo decisivo no es el origen de esas imágenes, sino el sentido propio que le da el autor inspirado. Ello ocurre con el árbol de la vida (Gén 2, 9), descripción metafórica de una realidad teológica, símbolo del ansia de inmortalidad que aparece en la tradición mesopotámica, en el *Poema de Guilgamesh*, reutilizado por el hagiógrafo, dándole su sentido pleno: la indicación del estado de Gracia e inmortalidad que Dios otorgó gratuitamente[368].

De hecho, en la interpretación de los Padres de la Iglesia se hace común trazar un paralelismo entre la imagen de los siete días de la Creación y los siete milenios de la historia del mundo. Así se pronuncia, por ejemplo, Ireneo de Lyon. Para no extendernos demasiado sobre esta materia indiquemos solamente la posición de san Agustín. Reproducimos la síntesis que de este asunto realiza A. Sánz, S. J.[369]:

---

367   *Ibidem*, página 237; 238: «Esa es la "política" de Dios, que vemos en el Antiguo Testamento. Dios amenaza a su pueblo descarriado por medio de los Profetas que predicen tremendas calamidades con una imaginería tremenda; y al mismo tiempo prometen el perdón y la restauración si se arrepienten, aunque sea una parte, los "residuos". Y predicen siempre la gran Restauración final».

368   El Apocalipsis describe al Demonio, a Satanás, como el Dragón, *la antigua serpiente* de Gén 3, 1: Ap 20, 2.

369   A. Sáenz, *El Apocalipsis según Leonardo Castellani*, Fundación Gratis Date, Pamplona, 2005, página 33.

«El primer (período) es el que va de Adán hasta Noé, el segundo de Noé hasta Abraham, el tercero de Abraham hasta David, el cuarto de David a la deportación de Babilonia, el quinto de la deportación de Babilonia hasta la llegada de Cristo nuestro Señor. Con la venida de Cristo comienza el sexto período, que es aquel en que estamos. Y así como el hombre fue hecho a imagen de Dios en el sexto día (cf. Gén 1, 26), de manera semejante en este tiempo, que es el sexto del gran ciclo histórico, nos regeneraremos por el bautismo, recibiendo la semejanza de nuestro Modelador. Cuando pasare el sexto día, vendrá el descanso sabático para los santos y justos de Dios. Después del séptimo, iremos al reposo final, retornando al origen: pues, así como pasados los siete días se llega al octavo que es a la vez el primero, así terminadas y cumplidas las siete edades de este ciclo fugitivo, volvemos a aquella felicidad inmortal de la cual decayó el hombre (Sermo 259; PL 38, 1197). Obsérvese que en esta doctrina de san Agustín se adopta una posición moderada que, sin embargo, asume y cristianiza le idea de ciclo histórico tomada de la filosofía de la historia precristiana. No se acepta el ciclo como un permanente y eterno retorno, pero sí una vuelta a la situación originaria del ser humano en el Paraíso».

Por su parte, el Apocalipsis contiene primordialmente un mensaje de esperanza, el de la recuperación de la *vida eterna*, el del triunfo *completo* del Reino de Dios sobre el Maligno y el pecado; pese a que se anuncie también tiempos de grandes persecuciones contra la Iglesia. *Bienaventurados los que lavan sus vestiduras para tener acceso al árbol de la vida y entrar por las puertas en la ciudad*, Ap 22, 14. En una línea paralela —aunque falte en lo anterior, al menos explícitamente, la mención a la realidad sacramental de la Eucaristía— Jesús se revela a sí mismo como el *pan de vida*, Jn 6, 25-59. En este modo de decir, la *vida* y el Reino de Dios son expresiones prácticamente idénticas. Junto al árbol de la vida el autor del Apocalipsis ve también un *libro de la vida*: Ap 3, 5; 17, 8; 20, 12. El *trono*, símbolo de la soberanía de Dios, se halla presente en todo el Apocalipsis.

Existe una clara continuidad teológica entre el Evangelio de Juan y el Apocalipsis, una continuidad de sustancia compatible con que el estilo sea distinto en ambas obras, al igual que parecen serlo los redactores de los textos (no el autor de ambos, que es san Juan). Y una continuidad que sin temor a equívocos podemos llamar mística, pues es en la contemplación mística de las realidades sobrenaturales donde se encuentran ambos escritos. En el Apocalipsis Jesús es también el *Verbo de Dios* (Ap, 19, 13; 20, 4[370]). Jesús, como *Cordero de Dios*, en Jn 1, 29 y 36, es la forma predominante en la que aparece a lo largo del Apocalipsis. Jesús se define en el Apocalipsis, 3, 7; 3, 14; 6, 10; 19, 11, como *Santo y Verdadero (Veraz)* y también juez. Esta atribución remite directamente al Evangelio de Juan, en el diálogo que conserva entre Jesús y Pilato: *Tú lo dices, soy rey. Yo para esto he nacido y para esto he venido al mundo: para dar testimonio de la verdad. Todo el que es de la verdad escucha mi voz*, Jn 18, 37. Y en Jn 8, 31-32: *Si permanecéis en mi palabra, seréis de verdad discípulos míos; conoceréis la verdad y la verdad os hará libres* (Jn 1, 14; 17).

***

No solo ha de estudiarse el Apocalipsis sobre el trasfondo de las obras proféticas del Antiguo Testamento —Daniel en primer lugar—, la literatura intertestamentaria[371], los pasajes «apocalípticos» de los Evangelios: Mt 24-25; Mc 13; Lc 17, 20-37; 21, 5-38)[372] y el resto de las obras de san Juan. La publicación de la biblioteca de Qumrán ha reforzado la idea de que durante los siglos II y I a. C. el judaísmo vivió un florecimiento de este tipo de obras «apocalípticas» y ofrece datos adicionales sobre esta situación

---

370 En Ap 20, 4 la traducción de la Conferencia Episcopal Española es deficiente, pues el texto hace referencia al Verbo.

371 Se denomina así a los escritos religiosos judíos que se escribieron en la época de transición entre el Antiguo y el Nuevo Testamento; una síntesis excelente en: J. Vázquez Allegre, *op. cit.*, páginas 295-308.

372 F. J. Pueyo Velasco, *op. cit.*, I, páginas 77-78.

histórico-teológica, datos que pasamos a describir brevemente. En Qumrán aparecen dos tipos de obras de este signo apocalíptico: las allí encontradas pero que provienen de fuera de la comunidad esenia, y las que podemos llamar de producción propia[373].

La propia comunidad esenia de Qumrán suele ser definida por sus rasgos escatológicos. Se veían a sí mismos como situados al final de los tiempos y preveían un fin del mundo inminente que pondría fin al tiempo actual, en el que reina el mal, *el tiempo de Belial*, según se describe en el *Documento de Damasco* (CD) o en la *Regla de la Comunidad* (1QS). Entre los libros apocalípticos conocidos que allí aparecen figuran contenidos de cuatro de las cinco partes[374] que componen el denominado *Libro Etiópico de Henoc* (1 Henoc), fragmentos de Daniel, *Jubileos* y el *Documento arameo de Leví*.

Algunos libros desconocidos hasta Qumrán poseen rasgos apocalípticos, aunque su naturaleza es discutida. Entre ellos: *Cuatro Reinos* (4Q552-553), el *Apócrifo de Daniel* ((4Q246), *Pseudo-Jeremías y Ezequiel* (4Q483-490), la *Visión de Amram* (4Q543-548) y el *Apocalipsis Mesiánico* (4Q521), en este último encontramos la descripción de un futuro idílico y de la resurrección de los muertos.

Es obra original de la comunidad de Qumrán la *Regla de la Guerra* o *Rollo de la Guerra*, una obra cuyo carácter apocalíptico sería indiscutible: describe las batallas finales (siete en total) entre los Hijos de la Luz y los ángeles santos y los Hijos de la Oscuridad dirigidos por Belial. Autores hay, sin embargo, que discuten su

---

373 Tomamos casi todos los datos sobre Qumrán aportados en estas líneas de: J. Vanderkam – P. Flint, *op. cit.*, páginas 231-233; 249; 371-385.

374 Estas partes reciben los nombres de *libro de los vigilantes, de las parábolas, de la astronomía, de los sueños* y el *de las semanas* y *carta de Henoc*. Sobre el ciclo de Henoc (que incorpora otros libros y versiones además de los mencionados) debe consultarse: A. Diez Macho, *Apócrifos del Antiguo Testamento* I cit., páginas 95-107; 227-249; P. Sacchi, *op. cit.*, páginas 258-260; 412-432. Conviene recordar que la Carta de Judas 14-15 cita 1 Henoc 1, 9: *Mirad, viene el Señor con sus miríadas de ángeles para dar sentencia contra todos y dejar convictos a todos los vivientes de todas las obras impías que cometieron y de todas las insolencias que los impíos pecadores profirieron contra él.* En algunas Iglesias, como la abisinia, 1 Henoc y Jubileos fueron considerados por algún tiempo como canónicos.

carácter apocalíptico alegando que se parece más a un manual de táctica militar de la literatura griega y romana. El *Texto de la Nueva Jerusalén* se halla inspirado en Ezequiel 40-48. Ofrece una descripción detallada de la Jerusalén del final de los tiempos y del Templo definitivo.

Todos estos antecedentes ayudan a interpretar el contenido del Apocalipsis, pero no dan cuenta de su significado específico, solo comprensible a la luz de la realidad de la Encarnación del Hijo de Dios y de su venida al fin de los tiempos, es decir, solo comprensible dentro de la Historia de la Salvación: *Y de nuevo vendrá con gloria para juzgar a vivos y muertos y su reino*[375] *no tendrá fin.* Solo en el Apocalipsis encontramos la plenitud de la Revelación sobre el Juicio Final, *la resurrección de los muertos y la vida del mundo futuro.*

***

> *Yo no supe dónde estaba,*
> *pero cuando allí me vi,*
> *sin saber dónde me estaba,*
> *grandes cosas entendí;*
> *no diré lo que sentí,*
> *que me quedé no sabiendo,*
> *toda ciencia trascendiendo*[376].

Vi también un ángel que bajaba del cielo con la llave del abismo y una cadena grande en la mano. Sujetó al dragón, la antigua serpiente, o sea, el Diablo o Satanás, y lo encadenó por mil años; lo

---

375 En el Credo aprobado en el llamado Concilio de la Dedicación celebrado en Antioquía en el 341 d.C. se afirma: *volverá a juzgar a vivos y muertos, permaneciendo rey y Dios por los siglos;* J. N. D. Kelly, *Early Christian Creeds* cit., página 265.

376 San Juan de la Cruz, *Coplas hechas sobre un éxtasis de harta contemplación*, en *Obras Completas*, Editorial Monte Carmelo, Burgos, 1982, página 24.

arrojó al abismo y puso un sello encima, para que no extraviase a las naciones antes de que se cumplan los mil años.

Después tiene que ser desatado por poco tiempo. Vi unos tronos y se sentaron sobre ellos, y se les dio el poder de juzgar; vi también las almas de los decapitados por el testimonio de Jesús y la palabra (Verbo) de Dios, los que no habían adorado a la bestia ni a su imagen y no habían recibido su marca en la frente ni en la mano. Estos volvieron a la vida y reinaron con Cristo mil años.

Los demás muertos no volvieron a la vida hasta pasados los mil años. Esta es la primera resurrección. Bienaventurado y santo quien tiene parte en la primera resurrección; sobre ellos no tiene poder la muerte segunda, sino que serán sacerdotes de Dios y de Cristo y reinarán con él mil años.

Y cuando se cumplan los mil años, Satanás será soltado de la prisión. Y saldrá para engañar a las naciones de los cuatro lados de la tierra, a Gog y Magog, y congregarlos para la batalla; serán innumerables como las arenas del mar. Avanzarán sobre la anchura de la tierra y cercarán el campamento de los santos y la ciudad predilecta, pero bajó fuego del cielo y los devoró. El diablo que los había engañado fue arrojado al lago de fuego y azufre con la bestia y el falso profeta, y serán atormentados día y noche por los siglos de los siglos. Vi otro blanco y grande y al que estaba sentado en él. De su presencia huyeron cielo y tierra y no dejaron rastro. Vi a los muertos, pequeños y grandes, de pie ante el trono. Se abrieron los libros y se abrió otro libro, el de la vida. Los muertos fueron juzgados según sus obras escritas en los libros. El mar devolvió a sus muertos, Muerte y Abismo devolvieron a sus muertos, y todos fueron juzgados según sus obras. Después, Muerte y Abismo fueron arrojados al lago de fuego —el lago de fuego es la muerte segunda—. Y si alguien no estaba escrito en el libro de la vida fue arrojado al lago de fuego.

Y vi un cielo nuevo y una tierra nueva, pues el primer cielo y la primera tierra desaparecieron, y el mar ya no existe. Y vi la ciudad santa, la nueva Jerusalén que descendía del cielo, de parte de Dios, preparada como una esposa se ha adornado para su esposo. Y oí una gran voz desde el trono que decía: He aquí la morada de Dios entre los hombres, y morará entre ellos, y ellos serán su pueblo, y el

Dios con ellos será su Dios. Y enjugará toda lágrima de sus ojos, y ya no habrá muerte, ni duelo, ni llanto ni dolor, porque lo primero ha desaparecido. Y dijo el que está sentado en el trono: Mira, hago nuevas todas las cosas.

Hemos reproducido el mensaje central del Apocalipsis (capítulos 20 y 21, 1-5), quizá uno de los más citados en la literatura universal, religiosa o profana. Pensamos que la distinción habitual que suele aplicarse a esta materia, la que divide a los partidarios de una interpretación literal y a los partidarios de una interpretación alegórica no da cuenta del problema de fondo. El punto de partida ha de ser este: no tiene sentido defender una interpretación puramente literal ni del Apocalipsis en general, ni de esta parte que ahora consideramos. Solo algunas herejías como la mencionada de Cerinto y las que propician una lectura literal de toda la Biblia incurren en este tipo de error.

El autor inspirado, elevado a una visión mística, no puede sino expresarse con metáforas, símbolos e imágenes, porque está *viendo* una realidad que es inefable, que se sitúa fuera del alcance de la razón y lenguaje humanos y a la que llega solo por la concesión de una específica Gracia divina de carácter extraordinario[377]. Todos los místicos, y el autor del Apocalipsis lo es en grado sumo, se han quejado de la pobreza del lenguaje humano a la hora de intentar describir lo *que han visto*. El conocimiento profético, la *luz profética*, es conocimiento sobrenatural, divino, revelado, pero distinto del conocimiento perfecto de los bienaventurados[378]. Estas reflexiones, que de una u otra manera han de tenerse presente en la interpretación de todos los escritos que forman parte de la Sagrada Escritura, se hacen específicamente necesarias cuando estamos ante una obra profética, como es el Apocalipsis. Una revelación, una inspiración sobrenatural, pero vertida en moldes humanos que, en realidad, requiere de dos Gracias: la recepción del mensaje y la asistencia para que pueda trasmitirlo al lenguaje humano; a la que podríamos añadir una tercera: el don de saberlo

---

377   R. Garrigou-Lagrange, *Las tres edades de la vida interior* II, trad. de L. de Sesma, Ediciones Palabra, Madrid, 2002, páginas 1167-1169.

378   Santo Tomás, *Suma Teológica* II-II, cuestión 173, artículo 1, solución.

leer adecuadamente, según se lee dentro de la Iglesia. En palabras de B. Jiménez Duque[379]: «Dios ha hablado en lenguaje humano. Nuestras palabras humildes, nuestras comparaciones y metáforas, nuestros géneros literarios, nuestros símbolos y mitos, nuestros balbuceos filosóficos están ahí sirviendo de envoltura al contenido revelado».

Así pues, el problema de fondo se halla planteado en otro plano distinto al de la admisión o no de la literalidad, dado que nadie medianamente formado defiende hoy una interpretación puramente literal *de los textos proféticos* del Antiguo o Nuevo Testamento, textos que, según hemos repetido, necesariamente han de acudir a un lenguaje de símbolos e imágenes. El asunto se plantea más bien de la siguiente forma. La visión del fin que describe Juan (tras un período de triunfo generalizado del mal y de la presencia histórica del Anticristo y del Falso profeta, como instrumentos del Dragón, es decir, de Satanás —también Mc 13 19-20—), ¿se refiere a una plenitud intrahistórica en el último período de la historia humana continuada en la vida futura, o indica más bien directamente un mundo futuro situado ya fuera de la Historia?

Después de un estudio muy detallado de la materia, ésta es una de las conclusiones de F. J. Pueyo Velasco, quien tras analizar la doctrina de los Padres de la Iglesia, la tradición medieval y los desarrollos posteriores, señala que «aunque a falta de una declaración magisterial definitiva esta afirmación no puede ser definitiva, está contenida en la Revelación la promesa de que dentro de la historia misma, antes de la resurrección de la carne y la inauguración del Reino celestial futuro y definitivo, habrá una mayor realización histórica del Reino, se producirá la conversión de Israel y la destrucción definitiva del Anticristo. Esta mayor realización del Reino en la historia, al menos en algunos aspectos, como son la conversión moral y la unidad religiosa de la humanidad, deberá estar siempre dentro de los límites que nos impone la actual economía de la salvación, y como señala acertadamente Ratzinger,

---

379   B. Jiménez Duque, *Teología de la Mística*, BAC, Madrid, 1963, página 88.

este acercamiento parcial a la utopía no se realizará por medios humanos o de planificación política, sino por un descenso de los dones del Espíritu Santo sobre la Iglesia»[380]. Será, en todo caso, un período de plenitud espiritual de la Iglesia.

No obstante, el Apocalipsis habla también de una realidad incómoda, sobre todo para los modernos exégetas: la de que al comienzo de ese «milenio» se producirá una *primera resurrección*, la de los justos que fueron fieles. Como es obvio, los partidarios de la interpretación alegórica —que a veces coinciden con quienes no consideran el peso de la realidad sobrenatural de la Revelación— no se toman muy en serio este contenido, pero el caso es que está ahí (Ap 20, 4-5: *estos volvieron a la vida y reinaron con Cristo mil años. Los demás muertos no volvieron a la vida hasta pasado los mil años. Esta es la primera resurrección*). Y es también para reflexionar que esta doctrina coincide con la de san Pablo, en 1 Cor 15, 22-26: *Pues lo mismo que en Adán mueren todos, así en Cristo todos serán vivificados. Pero cada uno en su puesto: primero Cristo, como primicia, después todos los que son de Cristo, en su venida; después el final, cuando Cristo entregue el reino a Dios Padre, cuando haya aniquilado todo principado, poder y fuerza. Pues Cristo tiene que reinar hasta que ponga a todos sus enemigos bajo sus pies. El último enemigo en ser destruido será la muerte.*

Aunque oscurecida su exposición por la potencia expresiva del Apocalipsis, san Pablo no descuidó la «materia apocalíptica», si se nos permite la expresión. En la Segunda Carta a los Tesalonicenses 2, 7-12, escribe que la manifestación del Anticristo se halla retardada por la presencia de un *Obstáculo*. Quién sea ese Obstáculo ha sido un asunto debatido a lo largo de la historia y en ese debate no podemos ahora entrar. En los primeros tiempos, tras la conversión de Constantino, algunos lo identificaron con el Imperio Romano. Otros, como Tomás de Aquino, lo vieron en la Cristiandad, prolongación de Roma. No falta quien afirma que se

---

380   F. J. Pueyo Velasco, *op. cit.* II, página 255.

trata de la misma Iglesia mientras dure su influencia espiritual en el mundo.

Estas reflexiones se acercan en sus líneas generales a la de L. Castellani. El autor se pregunta si la segunda venida de Cristo, el Reino de Dios, el Juicio y el Fin del Mundo son cosas simultáneas; o si Cristo ha de *reinar* antes, vencer al Anticristo y ejercer su dominio (espiritual) sobre la tierra antes de la consumación definitiva, situada ya fuera de la historia. Quiere decirse que, en este segundo caso, por el que se inclina el jesuita argentino, la venida de Cristo (Lc 18, 8) y el Juicio no son cosas simultáneas —no simultaneidad que parece derivarse del pasaje arriba citado de Ap 20, 4-5—. En todo caso, es un misterio la naturaleza exacta de este Reinado de Cristo previo al Final, pero no que éste se dará *dentro de la historia*. Un Reinado en el que la Iglesia no cambiará «ni en su régimen, ni en su doctrina, ni en los sacramentos, si bien alcanzará en todo ello sublime perfección»[381]. Un reinado de Cristo que ni siquiera se puede considerar absolutamente completo, dado que san Juan relata que trascurridos los mil años *Satanás será soltado de la prisión* y tendrá lugar la batalla final, Ap 20, 7-11, lo cual implica la persistencia de ámbitos ajenos al Reino de Cristo sobre la tierra.

Dicho todo esto podemos admitir —desde la perspectiva de la fe— la futura existencia de un «milenio» en su sentido espiritual; queremos decir, un reinado no en el significado político que se atribuye al término en el lenguaje corriente. No un «milenio»[382] en el sentido literal de «mil años», sino de un tiempo prolongado pero cuya duración desconocemos. En un uso lingüístico semejante al de los «siete días» que aparecen en el Génesis. Ni que decir tiene que las «batallas», «combates»,

---

381   A. Sáenz, *op. cit.*, página 36.

382   Esta realidad teológica de los «mil años», aunque no en el sentido del Apocalipsis, se encuentra también en la literatura intertestamentaria: así, por ejemplo, en el *Libro de los Jubileos* y, en un sentido más próximo al de la obra de san Juan, en el *Henoc eslavo* o *Libro de los secretos de Henoc*, donde leemos que el Reino de Dios en este mundo durará mil años; y se produce igualmente una vinculación entre los «siete días» del Génesis y la historia futura de la humanidad dividida en siete milenios: A. Diez Macho, *Apócrifos del Antiguo Testamento* I cit., páginas 357 y 387.

«lagos de fuego» y términos de este tipo hacen referencia a realidades de tipo espiritual cuyo significado preciso el autor del Apocalipsis no alcanza a describir sino acudiendo a esta clase de lenguaje metafórico.

Jacopo Robusti (Tintoretto). Detalle de *El juicio final*.

Capítulo XXII

Apocalipsis: Reflexiones en torno a una película de José Luis Cuerda. Variaciones sobre el Milenio. ¿Una nueva Iglesia y un tercer Testamento?

A la vista de cómo va el mundo, Dios Padre, en medio de algunas discusiones y controversias con su Hijo —y dado que otras soluciones parecen aún más complicadas— aconsejado e inducido por este, decide activar el Apocalipsis. La iniciativa termina en un absoluto desastre. Este es, en brevísima síntesis, el argumento de una película de José Luis Cuerda (1947-2020), *Así en el cielo como en la tierra* (1994), una comedia al estilo español, no tan irreverente como pudiera parecer. Una obra que denota un profundo conocimiento teológico, desplegado en un clima de misericordia en el tratamiento de sus personajes que está en la mejor tradición de la cultura española, en la línea que va de Velázquez a Galdós, para citar dos cimas de esta tradición. En tal sentido, la genial interpretación de Fernando Fernán Gómez, en el papel de Dios Padre, logra transmitir la imagen viva de este trato paciente y misericordioso de Dios con los hombres.

Es solo un ejemplo —entre una multitud de los posibles— que sirve para reflexionar sobre la *actualidad* del Apocalipsis en nuestra cultura occidental. No terminaríamos nunca si se pretendiera una enumeración de las obras literarias, cinematográficas y de las más diversas artes que de una forma u otra se inspiran o utilizan algunas de las imágenes, símbolos o personajes del Apocalipsis de san Juan. Y ello desde los tiempos de la primera Edad Media: basta recordar aquí el *Comentario al Apocalipsis* de Beato de Liébana (aproximadamente 730-798), que tuvo una influencia muy intensa en muy diversos campos fuera de la Teología. O los pasajes de la *Divina Comedia* de Dante, en los que el autor interpreta algunas figuras del libro de san Juan. También el libro VI del *Paraíso Perdido* de John Milton, otra obra cumbre de la literatura. Las citas, como decimos, serían innumerables. Séanos permitida una única referencia pictórica: la *Visión del Apocalipsis*, cuadro pintado por el Greco, que impresionó a Rainer Maria Rilke y también a Pablo Picasso.

Por todo ello, resulta en cierto modo paradójico que la precaución y recelo que un sector de la Teología tradicional, ya al menos desde los tiempos de Clemente de Alejandría y Orígenes en el siglo III d.C. fue mostrando sobre el Apocalipsis (incluyendo en algunos casos su completa exclusión) —y en concreto sobre el Milenio— haya coexistido siempre con la popularidad de este asunto en todas las épocas hasta el tiempo presente. Sabemos que la Iglesia tuvo sus razones para comportarse con prudencia, pero también lo es que quizá de manera involuntaria tal actitud ha propiciado que este vacío haya sido llenado por multitud de doctrinas esotéricas e incluso políticas, progresivamente cada vez más alejadas de la doctrina de la Iglesia.

Más llamativo aún es que las visiones del Apocalipsis hayan tenido su continuación en el difícil ámbito de las Revelaciones privadas, por lo general no admitidas por la Iglesia. Sin embargo, hay excepciones, y aunque no pertenecen al depósito de la fe, la Iglesia acepta la veracidad *general* de algunas de ellas. Para poner solo un ejemplo muy conocido que atañe a nuestro asunto: en las apariciones de Fátima encontramos el controvertido *tercer secreto*, sobre el cual se han vertido innumerables interpretaciones. Ocurre que, según los indicios disponibles, ni siquiera se ha publicado en su integridad y el testimonio escrito completo se guarda en el Vaticano. En lo que es conocido, su contenido posee estrecha relación con la época de persecución intensísima de la Iglesia descrita en el Apocalipsis, como antesala de la Parusía. En el caso de Fátima, con un Papa subiendo una montaña en medio de cadáveres, un Papa que, al final, muere tiroteado en una atmósfera absolutamente «apocalíptica».

Antes y después de Fátima se han sucedido visiones cuyo contenido no puede sino describirse como una suerte de comentario al propio Apocalipsis. Entre ellas, también a modo de ejemplo, destacan las de Ana Catalina Emmerick (1774-1824), mística beatificada por san Juan Pablo II el 3 de octubre de 2004, aunque esta beatificación se refiere expresamente a su vida de santidad y no supone que la Iglesia acepte la autenticidad de sus revelaciones. A las cautelas habituales se añade en este caso que las visiones de Ana Catalina fueron recogidas por el poeta Clemente Brentano (entre 1819 y 1824), con lo cual existe un margen de incertidumbre sobre si el escritor en algunos casos al menos pudo modificar el tenor de las palabras de la beata, aunque fuera sin intencionalidad alguna. Se añade que Brentano murió en 1842, antes de la publicación de todas las revelaciones. El contenido íntegro fue publicado posteriormente por K. Schmöger entre 1858 y 1880.

Para que el paciente lector se haga cargo de esta continuidad con el Apocalipsis pensamos que lo mejor es reproducir este texto sobre el Anticristo (bestia del mar) y el Cordero de Dios[383], que hay que valorar comparándolo con el pasaje del Apocalipsis contenido en su capítulo 13, en el que se describen las dos bestias, la del mar (el Anticristo) y la de la tierra (el Falso Profeta) y con los numerosos textos que hablan del Cordero de Dios:

> Veo a nuevos mártires, no de ahora sino de tiempos futuros. Veo su aflicción y veo que se precipitan los hechos. He visto a las sociedades secretas trabajar y combatir cada vez con mayor intensidad para destruir a la Gran Iglesia; y he visto entre esta

---

383 Estos pasajes en su integridad (y otros semejantes) pueden consultarse en: Beata Ana Catalina Emmerick, *Visiones y Revelaciones completas*, volumen II, Ciudadela Libros, Madrid, 2012, páginas 173-183.

gente a un espantoso animal salido del mar. El monstruo tenía cola como de pez, melena como de león y muchas cabezas alrededor de una mayor que las otras, erizada, formando una corona. Sus fauces eran grandes y rojas. Estaba manchado como un tigre y andaba confiadamente entre aquellos destructores. Muchas veces estaba en medio de ellos, mientras trabajaban, y también ellos iban a buscarlo en la caverna donde solía esconderse.

Sigue la descripción de la lucha contra la Iglesia y finalmente la victoria del Cordero:

> Vi que la Iglesia había sido del todo restaurada y sobre ella el Cordero de Dios, encima del monte, y en torno a Él, un círculo de vírgenes con palmas en las manos, y los cinco círculos de las escuadras celestes, como los de la Tierra. Los círculos celestes habían avanzado juntamente con los terrestres y obraban de común acuerdo. En torno del Cordero estaban las cuatro imágenes apocalípticas de los animales sagrados.

Más adelante la Beata habla expresamente del Apocalipsis:

> Y yo he visto en medio de la Iglesia un gran libro abierto, de cuyo lado más largo pendían tres sellos; de cada uno de los lados más estrechos, dos solos. Estaba abierto hacia la parte anterior de la iglesia, que en el centro de la misma. He visto también encima al Evangelista Juan y supe que eran las revelaciones que tuvo en la isla de Patmos. Aquel libro estaba apoyado sobre un atril en el coro. Alguna cosa había tenido lugar antes de que este libro hubiese sido abierto, pero he olvidado lo que fue. El Papa no estaba en la Iglesia. Estaba escondido. Creo que aquellas gentes que había en la iglesia no sabían dónde estaba. No sé si estaba en oración o había muerto.

Finalmente, Ana Catalina se refiere a la llegada del Reino de Dios, que se sitúa, en las visiones recogidas, aunque no contengan una explícita mención del Milenio, primeramente sobre la tierra, identificado con una Iglesia plena de espiritualidad y sin temor alguno a las persecuciones:

Vi a la Iglesia después del anterior combate, resplandeciente como el sol. En ella se celebraba una gran solemnidad y vi que entraban muchas procesiones. Vi un nuevo Papa muy severo y riguroso. Antes de empezar la fiesta había despedido a muchos obispos y pastores, porque eran malos. Vi que concurrieron a la celebración de esta fiesta los santos apóstoles especialmente. Entonces vi muy próximo el cumplimiento de estas palabras: Señor, venga a nos tu reino. Me parecía ver descender de lo alto luminosos jardines celestiales y unirse con lugares inflamados de la Tierra y todo allí sumergirse en la luz primitiva. Los enemigos, que habían huido del combate, no fueron perseguidos, pero se dispersaron.

Hasta aquí lo que nos ha parecido conveniente recoger sobre las revelaciones de Ana Catalina. Sencillamente para ilustrar nuestro argumento sobre la paradoja de la falta de atención de la Iglesia «oficial» acerca del Apocalipsis y, por el contrario, su pervivencia en la esfera de la mística ortodoxa y no solo en los círculos extraños a la Iglesia.

***

Y a mí Dios me atormenta. Eso es lo único que me atormenta. ¿Y si resulta que no existe? ¿Y si Rakitin tiene razón en afirmar que se trata de una idea artificial de la humanidad? En este caso, si Dios no existe, el hombre es el señor de la tierra, del universo. ¡Magnífico! Pero ¿cómo será virtuoso sin Dios? Esa es la cuestión, siempre vuelvo a lo mismo. Pues, ¿a quién amará, en este caso, el hombre? ¿A quién manifestará su agradecimiento, a quién elevará un himno? [384]

Quisiéramos ahora volver sobre nuestros pasos y añadir nuevas consideraciones en torno a este misterioso Milenio, tema pri-

---

384   F. M. Dostoievski, *Los hermanos Karamazov*, ed. de N. Ujánova, Cátedra, Madrid, 2005, página 866.

vilegiado de numerosísimas interpretaciones sobre el Apocalipsis, que llegan —según antes quedó señalado— hasta los terrenos de la política, más o menos mezclada con la teología.

Topamos de nuevo con la herejía más antigua y persistente de la Historia de la Iglesia: el gnosticismo, del que ya nos hemos ocupado recurrentemente en este libro y que ahora comparece bajo la perspectiva del Apocalipsis. Pues bien, en plena sintonía con su rechazo del dogma de la Encarnación, de la Resurrección de la carne, de los Sacramentos y del Antiguo Testamento, no es extraño que, según destaca F.J. Pueyo, «la oposición más radical a la esperanza intrahistórica cristiana (sea) la herejía gnóstica»[385]. El pensamiento gnóstico tiene como uno de sus principios centrales la negación radical de la bondad del mundo y del orden de la Creación. El principio fundamental del cristianismo formulado en estas palabras de Jesús: *El Reino de Dios está en medio de vosotros* (Lc 17, 21) le es por completo ajeno. En sus variantes más antiguas las doctrinas gnósticas distinguen entre un Dios de este mundo (el demiurgo o el Dios del Antiguo Testamento) y un Dios superior que de una forma u otra se identifican con Cristo. Por ello no es de extrañar que el gnosticismo rechace por completo la posibilidad de un tiempo de plenitud situado en la historia.

En algunas de sus variantes las corrientes gnósticas se desentienden incluso de las normas morales, frecuentemente de las que afectan en concreto a la esfera sexual y a la familia, por este mismo motivo: porque todo lo que tiene que ver con el mundo material carece de verdadero valor y carece de sentido procurar dentro de él un camino exigente de rectitud ni una ascesis que procure la salvación. Esta senda inaugurada por el gnosticismo da lugar como una de sus posibles derivaciones a un nihilismo descarnado. Algunos autores no dudan en trazar un vínculo de influencias entre esta doctrina y el pensamiento de filósofos como Nietzsche, ese cristiano anticristiano, el cual, a su vez es uno de los autores determinantes del pensamiento contemporáneo. En otros casos, conforme veremos más abajo en este capítulo, el gnos-

---

385 F. J. Pueyo, *op. cit.*, I, páginas 149-156, de donde tomamos gran parte de las consideraciones vertidas en el texto.

ticismo desemboca en corrientes políticas de tipo revolucionario; al menos, puede valorarse como un claro antecedente de estas, en particular del anarquismo.

El gnosticismo era y es muy partidario de la interpretación alegórica de la Escritura y específicamente de la interpretación alegórica de cuanto tenga que ver con el Reino de Dios tal como lo formula la doctrina de la Iglesia, es decir, no solo en el plano estrictamente espiritual sino también en su consumación en un *cielo nuevo,* pero también en una *tierra nueva,* Ap. 21, 1 (también Rom 8, 19). Lo mismo cabe decir de la peculiar interpretación gnóstica de la Resurrección de Jesús: en este punto la vigencia de tal postura se halla hoy muy presente en un sector de la teología de «dentro» de la Iglesia, al considerar esta Resurrección como una *experiencia de fe,* como una *llamada a la propia transformación,* prescindiendo de su realidad histórica.

Sin embargo, atendiendo a criterios de influencia práctica, la postura predominante es la que ha buscado en el Milenio —tomado el término de manera más o menos simbólica— la expectativa de un nuevo tiempo histórico, de una nueva *edad de oro* que se instaurará en este mundo. Como siempre ha ocurrido, si adoptamos una visión de conjunto que alcance a toda la historia del pensamiento occidental, la tendencia empieza dentro del ámbito de la Teología y va luego desplazándose hacia terrenos que lindan o entran de lleno en el pensamiento y en la realidad de la política —sin excluir una «vuelta» de esta versión secularizada al seno de la Teología moderna y contemporánea—. De modo que este nuevo tiempo se identifica primeramente con una nueva Iglesia para, en sucesivas interpretaciones, dibujarse como una época de plenitud puramente material, ajena a la vida espiritual de la Gracia en la que la Iglesia, en el mejor de los casos, debe transformar su mensaje originario, al que se reprocha que ha quedado superado, que tiene que adaptarse a los nuevos tiempos.

Joaquín de Fiore (1135-1202)[386] es reconocido como un autor que marca el tránsito entre estos dos mundos. Entre sus obras

---

386 *Ibidem,* I, páginas 243-292.

se encuentra, como no podía ser de otro modo, una *Expositio in Apocalypsim*. No es el momento de intentar desentrañar los arduos problemas que suscitan la evolución de su pensamiento ni los límites de su ortodoxia. Diremos tan solo que su particular doctrina sobre la Trinidad[387] le lleva directamente a una visión de la historia en la que se distinguen tres períodos: el del Padre, el del Hijo y el del Espíritu Santo. No hay en Joaquín una explícita aceptación del Milenio, pero sí la defensa de una plenitud histórica del Reino de Dios. La edad del Padre es el Antiguo Testamento. La del Hijo, es el tiempo de Gracia del Nuevo Testamento. Y esperamos una tercera edad de plenitud, la del Espíritu Santo, en la que —según muchos comentaristas del abad— este defiende que se modificará la estructura actual de la Iglesia y no subsistirán ni el papado, ni el sacerdocio ni los Sacramentos.

En su *Tractatus super quattuor Evangelia*, obra inconclusa escrita hacia el final de su vida, su planteamiento se hace más radical. El Evangelio de Cristo aparece casi como una preparación para el Evangelio del Espíritu Santo. Algunos de sus seguidores profundizarán más en esta separación entre las diversas edades y llegarán a afirmar la existencia de un «tercer testamento», propio de la edad del Espíritu Santo, que se identifica con los escritos del propio Joaquín. Esta búsqueda de una *nueva* Iglesia se extenderá en las corrientes milenaristas de la Baja Edad Media, en la Reforma, en algunos movimientos anabaptistas y, pasado algún tiempo, en las doctrinas que buscan una salvación de la humanidad solo por vías políticas; y antes todavía, en la influyente filosofía de Hegel. Un Reino de Dios que termina convertido en el reino de los hombres, es decir, una vuelta a la concepción mesiánica originaria, puramente materialista.

Una figura muy posterior ilustra con especial nitidez esta tendencia tantas veces repetida de abandonar la Esperanza cristiana en una plenitud de Cristo en su Iglesia para transformarla en una expectativa de perfección política en este mundo. Nos referimos

---

387   Afirma H. de Lubac, *op. cit.*, páginas 73; 85-86 nota 27, que en Joaquín de Fiore encontramos una estructura eclesial de la Trinidad, lo inverso de la estructura trinitaria de la Iglesia, que es también *Corpus Christi*.

a Felicité de Lamennais (1782-1854)[388], que pasó de una postura que suele calificarse como contrarrevolucionaria a otra radicalmente opuesta. Anunciaba la llegada del paraíso a la tierra. En su concepción, el cristianismo se debía identificar reductivamente con la lucha por la justicia social y el amor al prójimo. En un primer momento —presa de la ofuscación— pretendió que la Iglesia Católica se pusiera al frente de este ideal (abandonando su finalidad esencial): su postura se rechazaría en las encíclicas *Mirari vos* (1832) y *Singulari Nos* (1834). Dentro de un movimiento parecido o paralelo a lo que pudo ocurrir con los seguidores de Joaquín de Fiore se observa que, pese a que Lamennais se centraba más bien en la necesidad de una renovación moral, sus seguidores[389] fueron más lejos.

En particular, W. Weitling (1808-1871), el teórico más destacado del primer movimiento socialista alemán reivindicaba la Biblia como un libro revolucionario y defendía el uso de la violencia física para instaurar el comunismo. Entre sus libros destaca por el título uno: *El Evangelio de los pobres pecadores* (salvo error, no traducido al español). Esta mezcla de elementos religiosos y políticos era ya un fenómeno habitual en la época. Podemos citar el libro de M. Hess, *Historia santa de la humanidad*, de 1837, en el que aparece una división de la historia en tres épocas, una mezcla de consideraciones teológicas y la crítica de la propiedad privada y la herencia. También debe recordarse a estos efectos Giuseppe Mazzini (1805-1872): argüía que Cristo fue el primer profeta de la libertad y que la Iglesia Católica había traicionado su mensaje. Una opinión idéntica a esta sostenía Proudhon, en su influyente libro *¿Qué es la propiedad?*, aparecido en 1840, señalando que el mensaje original de Jesús llegó solo hasta los tiempos apostólicos.

---

388 F. J. Pueyo, *op. cit.* II, páginas 34-40; G.S. Jones, *Karl Marx and Friedrich Engels. The Communist Manifesto*, Penguin Books, London, 2002, páginas 41-42.

389 Fenómeno semejante se había dado entre los seguidores de Saint-Simon (1760-1825), en especial con B. P. Enfantin (1796-1864), fundadores de una Iglesia de signo socialista (no revolucionaria) que se proclamaba sucesora de la Iglesia Católica. Las ideas religiosas de Saint-Simon aparecen en su obra, *El nuevo cristianismo* (1825).

Sin que sea ahora el momento de entrar de lleno en este tipo de derivaciones que van desde la teología a la política en el sentido más amplio, no podemos dejar de citar al menos a Augusto Comte (1798-1857), inicialmente unido a Saint-Simon (ver nota más abajo), fundador de la sociología, pero quien, para desolación de una gran parte de sus seguidores, terminó anunciando la Religión de la Humanidad, una religión «positiva» y «final» como cierre de todo su sistema de los tres estados (teológico, metafísico y positivo). Esta religión es una copia del catolicismo, suprimiendo todos sus elementos sobrenaturales y proponiendo como mandato esencial el altruismo (palabra creada por Comte). Dios es sustituido por la Humanidad: un Gran Ser del que forman parte todos los seres humanos. Comte mantiene nominalmente los Sacramentos, pero dotándolos de un sentido contrario al de la Iglesia (aunque prohíbe el divorcio). Crea incluso un sacerdocio y un tipo específico de templo. También un nuevo calendario. Las nuevas «Sagradas Escrituras» son en este caso (como en tantos otros) los escritos del fundador[390].

El propio pensamiento de K. Marx, basado en un materialismo poco elaborado, no deja de parecerse —como tantas veces se ha escrito— a un tipo bien conocido de mesianismo judío, que fundaba las expectativas políticas en un futuro reinado en la tierra del pueblo elegido, en este caso, del proletariado. Hay en el pensamiento marxista, y más aún en el anarquismo, un fondo nihilista que recuerda el desprecio por el mundo del que hace gala el gnosticismo antiguo. Incluso su rechazo del matrimonio debe interpretarse como un elemento común de estas concepciones. No en vano, esta corriente ha propiciado en muchas de sus variantes posturas destructoras del orden social y político. Esta concepción del mundo fue, mezcla de nihilismo y revolución sangrienta, la propia de los terroristas rusos desde sus inicios. Son muy ilustrativas estas palabras contenidas en una obra de gran impacto y

---

390   Puede consultarse: A. N. Conde, «La Religión de la Humanidad: ¿Culminación del sistema positivo? Estudio sobre el sentido de la religión positivista en el sistema de Comte»: http://serbal.pntic.mec.es/-cmunoz11/index.html (consultado el 15 de noviembre de 2021).

profunda influencia, *El catecismo del revolucionario*, de Necháiev (libro conocido públicamente a partir de 1871):

«El revolucionario es un hombre perdido de antemano. No tiene intereses ni asuntos privados, ni sentimientos, ni vínculos personales, ni propiedades, ni siquiera nombre. Todo en él va encaminado a un solo fin, un solo pensamiento, una sola pasión: la Revolución. En lo más profundo de su ser el revolucionario ha roto —no solo de palabra, sino de hecho— toda relación con el orden establecido y el mundo civilizado, con todas las leyes, convenciones sociales y normas morales de este mundo. El revolucionario es un enemigo implacable y si continúa viviendo en él, es solo para destruirlo mejor».

Necháiev y algunos de sus seguidores asesinaron a un estudiante, Iván Ivánov, que había decidido salirse del grupo. Fue el 21 de noviembre de 1869. La repercusión de este acontecimiento explica el interés por el caso de F. Dostoievski. Publicó, inspirado en este suceso, una novela por entregas, entre 1870 y 1871, *Los demonios*, la cual, a estos efectos, hay que leer junto a *Los hermanos Karamazov*, 1879-1880.

Mucho más tarde, otro terrorista ruso, que terminó perdiendo la fe en la lucha revolucionaria, Boris Savinkov, publicó en 1909 su novela autobiográfica *El caballo amarillo. Diario de un terrorista*, la cual llama también nuestra atención. En esta obra autobiográfica, el personaje de Venia, encarna al terrorista «místico», el cual fundamenta sus actos de terror con la invocación del Apocalipsis y, en particular, el caballo amarillo: *Y vi un caballo amarillento, el jinete se llamaba Muerte, y el Abismo lo seguía*, Ap 6, 8. Y también Ap 14, 15: *Salió otro ángel del santuario clamando con gran voz al que estaba sentado sobre la nube: Mete tu hoz y siega; ha llegado la hora de la siega, pues ya está seca la mies de la tierra.* Leemos:

«Me parece que solo hay dos vías, solo dos. Una es el "todo está permitido" (…) Todo. Como para Smerdiakov. Si uno se atreve, por supuesto, si se está dispuesto a todo. Porque si Dios y Cristo hecho hombre no existen, no hay amor, y por tanto no hay nada… Y la otra vía es la de Cristo… Escucha: de hecho, si amas mucho —de verdad, entonces es posible matar. (…) Matar es un pecado grave. Pero recuérdalo: no hay amor más grande que el de entregar tu alma por tus amigos. No tu vida, tu alma. Lo entiendes: hay que cargar con el suplicio de la cruz, hay que estar decidido a todo por amor, por el amor»[391].

Marx se desentendió pronto de la literatura teológica, la cual vivía un período de esplendor en la Alemania (aún por unificar) de su tiempo. Dio por cerrado el asunto. Se entiende su opción dado que el presupuesto básico de su pensamiento es precisamente la crítica y negación de la religión y de la propiedad privada. De esto ya hemos dicho alguna cosa en páginas anteriores. No ocurrió lo mismo en el caso de F. Engels. Este mantuvo una continuada relación con B. Bauer y, dentro de los límites que marcaban las enormes carencias de su formación intelectual, se interesó a lo largo de toda su vida por los estudios sobre el Nuevo Testamento. Llama la atención, el interés que prestó a los estudios sobre el Apocalipsis[392], libro que consideraba el más antiguo y auténtico de todo el Nuevo Testamento y que entendía escrito entre el 67 y el 68 d. C. Para Engels el libro de san Juan era, además, el más fácil y comprensible de todos. Lo interpretaba, claro está, en clave política, subrayando las supuestas similitudes entre el primer cristianismo y el movimiento socialista. Una vez más vemos esta extraña popularidad del Apocalipsis utilizado por personas absolutamente ajenas, cuando no hostiles, a la doctrina de la Iglesia[393].

En el marxismo, que se reviste de una capa de cientifismo, cabe detectar una clara despreocupación por los resultados materiales de la revolución. Es decir, según la línea de argumentación que

---

391 Tomamos la información contenida en estos párrafos y las citas literales de las obras de Necháiev y de Savinkov de: S. Courtois, *Lenin. El inventor del totalitarismo*, trad. de J. Escobar, La esfera de los Libros, Madrid, 2021; páginas 99-103; 286-288.

392 F. Engels, «The Book of Revelation», en *Marx and Engels on Religion*, Progress Publishers, 1957; «On the History of Early Christianity», publicado originariamente en *Die Neue Zeit*, 1894-1895, y traducido por el Institute of the Marxism-Leninism, 1957. Ambas obras están disponibles y las hemos localizado en Internet, sin que podamos recordar ahora la fecha de las consultas.

393 V. Messori, *Dicen que ha resucitado* cit., página 183.

estamos explicando, elementos de una filosofía de tipo gnóstico, en la que se parte de la idea de que este mundo es radicalmente malo, en el que «todo está permitido». Como muy bien ha sabido indicar P. Fraile Balbín —en un artículo publicado en el periódico *Abc* de 29 de octubre de 2021— en el fondo, «el marxismo desprecia la economía». En la tradición marxista-leninista, en contra de lo que piensan la legión de incautos que la aceptan, la economía ocupó siempre un segundo lugar. Lo esencial es la demolición del orden existente. En *La ideología alemana*, escrita por Marx y Engels entre 1845 y 1847 leemos: «Llamamos comunismo al movimiento *real* que suprime el presente estado de cosas»[394]. Este es el elemento decisivo. No es casual que en todos los casos en que se ha aplicado, la visión marxista de la economía haya llevado a la ruina más estrepitosa y haya incrementado hasta niveles inimaginables la pobreza material. El revisionismo socialdemócrata «no es una simple desviación, sino la refutación de la falacia marxista en su totalidad». Se sacrifican los procedimientos que rigen la vida social y económica, en particular la función del libre mercado, en nombre de una utopía terrenal (que nunca llega, salvo para el partido dirigente).

Lo mismo cabe afirmar de la versión eclesiástica del marxismo, la Teología de la Liberación, que ejerce su encanto fáustico en un medio como el de los clérigos, ayuno por lo general de elementales conocimientos económicos. Sustituye o relativiza la Esperanza en el Reino de Dios, ya comenzado en la Iglesia. Pone en su lugar una esperanza predominantemente terrena. En la Biblia busca, sobre todo, modelos prácticos de acción política. En Jesús de Nazaret ve a un revolucionario (con todos los matices que se quieran añadir a esta calificación). Busca romper el orden de la Creación. Piensa ingenuamente que modificando radicalmente las condiciones materiales los seres humanos se harán moralmente buenos y dará comienzo un mundo nuevo.

En estos planteamientos faltan o se oscurecen las realidades éticas y espirituales, que necesariamente afectan en primer lugar

---

394   En G. S. Jones, *op. cit.*, página 142.

a la vida de cada uno, y no a la sociedad como un grupo, más o menos identificada con el «pueblo». Lo personal cede el puesto a lo social. El pecado es prioritariamente un pecado social. La conversión y la vida de la Gracia dan paso al despersonalizado activismo solidario. El camino es siempre el mismo: en nombre de una futura libertad (material) se instaura un régimen en el que se planifica coactivamente la «felicidad». Se clama contra la opresión y la dominación —palabras claves—, se descarta la vía de las reformas, y se termina en una opresión peor, la del totalitarismo político, cerrado necesariamente a la transcendencia, porque en el fondo estamos ante un sustitutivo de la verdadera religión.

La Teología de la Liberación no es sino una variante concreta de un fenómeno general que amenaza a la Teología contemporánea. Nos referimos al riesgo de adoptar una reinterpretación secularista de la idea de Reino de Dios[395], en la que en primer lugar se empieza por relativizar la naturaleza y función de la Iglesia, negando su íntima realidad que no es otra que la de ser el Cuerpo de Cristo en la historia, vehículo de la Gracia, equiparándola a otras organizaciones religiosas. Por ese camino se concluye en ocasiones por reducir también el mensaje de Cristo, único Salvador. Estamos una vez más ante el intento de sustituir la doctrina primordialmente sobrenatural del cristianismo por una filosofía del progreso meramente humano, que busca nuevos «dogmas» de aceptación general[396].

En la encíclica *Redemptoris misio* (1990) se advierte sobre estas concepciones «reinocéntricas», que promueven reductivamente valores como la paz, la fraternidad, la justicia, la liberación socioeconómica, pero dentro de un horizonte ajeno a lo trascendente y a la vida sobrenatural. No es extraño que para advertir de la posibilidad de esta realidad *postcristiana* dentro de la propia Iglesia se recuerde la tercera tentación de Cristo: *De nuevo el diablo lo llevó a un monte altísimo y le mostró los reinos del mundo y su gloria,*

---

395 J. Ratzinger, *Jesús de Nazaret* cit., página 146.
396 Sobre la denominada hermenéutica histórico-política y otras corrientes semejantes, con el elemento común de su lectura reductiva del Nuevo Testamento: A.M. Artola – J.M. Sánchez Caro, *op. cit.*, páginas 373-399.

*y le dijo: **Todo esto te daré si te postras y me adoras**. Entonces le dijo Jesús: **Vete, Satanás, porque está escrito: Al Señor, tu Dios, adorarás y al él solo darás culto***», Mt 4, 8-10, como lo hizo en su momento Dostoievski[397] en el relato de *El Gran Inquisidor*, dentro de la novela *Los hermanos Karamazov*: «¿Por qué rechazaste este último don? Si hubieras aceptado este último consejo del espíritu poderoso, habrías proporcionado al hombre cuanto busca en la tierra, es decir, un ser ante el que inclinarse, un ser al que confiar la conciencia, y también la manera de que todos se unan, al fin, en un hormiguero indiscutible, común y bien ordenado, pues la necesidad de una unión universal constituye el tercero y último tormento de la gente».

Una vez más, porque como hemos visto estamos ante una tendencia siempre latente en la historia de la Iglesia, se convierte a Cristo en una suerte de precursor del mundo nuevo, de una *edad de oro* que está por venir (aunque distinta de la Parusía). A la espera de un Milenio terrenal de progreso, se modifica la exégesis bíblica y se rechaza por anacrónica la estructura actual de la Iglesia. Se pretende modificar la Teología moral, «para adaptarla a los tiempos», flexibilizando su supuesta rigidez. Dogmas esenciales como el de la Resurrección de Cristo se reescriben por medio del uso de la alegoría; lo mismo ocurre con los Sacramentos y particularmente con la Eucaristía. Todo esto recuerda la visión profética de Vladimir Soloviev en su *Relato del Anticristo*, del que parece oportuno reproducir este párrafo[398]:

> Justificaba la orgullosa preferencia de sí mismo sobre Cristo en base a este razonamiento: Cristo, que ha predicado y realizado en su vida el bien, ha sido el reformador de la humanidad, mientras que yo estoy llamado a ser el bienhechor de esta humanidad en parte enmendada, en parte incorregible. Yo daré a todos los hom-

---

397   F. M. Dostoievski, *op. cit.*, páginas 414-415.
398   V. Soloviev, *op. cit.*, página 189. Por razones de oportunidad y de espacio no nos ocupamos en este momento del *Discurso sobre la dictadura* pronunciado por Donoso Cortés el 4 de enero de 1849, en el que anuncia una futura tiranía universal, que ahora parece abrirse paso en la ideología y en la praxis del globalismo. Por cierto, con el preocupante alborozo de muchos eclesiásticos.

bres aquello que necesitan. Cristo fue un moralista que dividió a los hombres según el bien y el mal, pero yo los uniré con beneficios que son necesarios tanto para los buenos como para los malos. Yo seré el verdadero representante de aquel Dios que hace resplandecer el sol sobre los buenos y los malos, que hace caer la lluvia sobre los justos y los injustos. Cristo ha traído la espada, yo, en cambio, traeré la paz. Él amenazó al mundo con el terrible juicio universal, yo, por el contrario, seré el último juez y mi juicio no será solo de justicia sino también de clemencia. Habrá justicia en mi juicio, pero una justicia distributiva. Distinguiré entre todos, pero a cada uno le daré aquello que necesite.

Capítulo XXIII

San Juan: Logos y Encarnación

Habernos ocupado del Apocalipsis en las páginas inmediatamente anteriores aconseja que centremos ahora nuestra atención sobre el Evangelio de San Juan. Dado que, como ya sabe el paciente lector, no nos hemos propuesto escribir una introducción al Nuevo Testamento en el sentido habitual de esta expresión, el hecho de trastocar el orden habitual basado en la cronología —primero los Evangelios sinópticos, después el de Juan— puede ser aceptado sin grave inconveniente. A favor de nuestra opción puede esgrimirse al menos el hecho de que el Apocalipsis se escribió antes[399] que el Evangelio, obras ambas del mismo autor (pese a la opinión contraria del influyente sector escéptico de los comentaristas bíblicos, empeñados en poner sistemáticamente en duda la autoría[400] y las fechas aproximadas tradicionales, casi siempre con argumentos muy poco sólidos).

---

399   A. Fuentes Mendiola, *op. cit.*, página 258.
400   R. E. Brown, *Introducción al Nuevo Testamento* I cit., páginas 485-489 es un ejemplo característico.

Tiene también una cierta y enigmática aceptación[401] la hipótesis de que el apóstol evangelista Juan murió a la vez que su hermano Santiago el Mayor, es decir, antes del año 44 d. C. Es un modo rápido y expeditivo de destrozar la autoría de Juan respecto a los escritos que llevan su nombre. Este tipo de opiniones se extiende por los libros que explican el Nuevo Testamento, sin mucho fundamento; pero sirven para dar una nota de erudición que suelen admitir sin mayor problema muchos lectores, de los cuales algunos terminan a su vez convertidos en autores. Se crea así una «opinión mayoritaria» entre los especialistas y este resultado, finalmente, se utiliza como argumento de autoridad. Ahora bien, si Juan murió antes del 44 d. C., ¿cómo es que Pablo de Tarso se reunió con él en el 49 d. C. en Jerusalén, según resulta expresamente de la Carta a los Gálatas 2, 9?[402]

Gran parte de la crítica escéptica de los siglos XIX y primer tercio del XX se inclinaba por una datación muy tardía del cuarto Evangelio, fundando esta opinión en consideraciones de orden teórico (por lo demás, un procedimiento que se ensayó también con los Evangelios sinópticos). Las opiniones de F. Ch. Baur y del ya mencionado Bruno Bauer son muy representativas de este modo de proceder, el de una crítica literaria independizada de la historia y de la teología. En 1903 Loisy describía el cuarto Evangelio como «teorema que apenas guarda los caracteres de la Historia» y lo había valorado como una «meditación teológica». Se decía y aún se dice que estamos ante una reconstrucción teológica «muy evolucionada», carente de valor histórico muy influida por el gnosticismo, que *necesariamente* había al menos un siglo después de los hechos narrados. Sin embargo, esta postura no se ajusta a los datos de la tradición de la Iglesia.

Una noticia de la *Historia Eclesiástica* (III, 39) de Eusebio de Cesarea (fallecido en torno al año 338) nos informa sobre la obra de Papías de Hierápolis (muerto sobre el año 120). Papías con-

---

401 Por ejemplo: A. Piñero, *Guía para entender el Nuevo Testamento* cit., página 396.

402 Sobre el dato que ofrece un códice de la *Historia cristiana* de Filipo Sidete sobre *Juan el Teólogo*, véase la crítica de G. Ricciotti, op. cit., página 160.

fiesa que las palabras de los Apóstoles las ha recibido por medio de los discípulos de estos; cita expresamente a Juan el Presbítero, distinto de Juan el Evangelista, pero vinculado estrechamente a este en la redacción de su Evangelio y de sus Cartas. Ireneo de Lyon, hacia el año 180, demuestra conocer y admitir el cuarto Evangelio y lo atribuye al discípulo Juan, recogiendo igualmente la noticia de los *presbíteros que estaban reunidos con Juan* (III, 1, 1). Vinculados también con Juan el Apóstol se hallan Policarpo y, probablemente, Ignacio de Antioquía. Policarpo, en torno al año 115 d. C., cita la primera Carta de san Juan. Justino, años más tarde, utiliza su Evangelio. Concuerda con estas noticias el Fragmento de Muratori, hacia el año 170 d. C.: según esta fuente los obispos y condiscípulos de Juan le pedían que compusiera su Evangelio (cosa que finalmente hizo al final de su vida). En este mismo sentido se pronuncia san Jerónimo.

Esta tradición, de la que solo hemos recogido los elementos que nos parecen más decisivos, se vio confirmada por un descubrimiento acaecido en 1920 pero no dado a conocer hasta 1934. Aquel año se encontró en papiro (P52) un pequeño fragmento del Evangelio, concretamente Jn 18, 31-33; 37-38. El papiro en cuestión (depositado en la biblioteca Rylands, de Manchester) fue escrito según los especialistas en torno al 125-130 d. C.[403] El fragmento demuestra el uso del Evangelio a mediados del siglo II d. C. en una ciudad provincial de Egipto[404] y consolida la información que ya teníamos por las fuentes cristianas del siglo II d. C. Se puede defender con alta probabilidad que Juan escribió primero el Apocalipsis en la isla de Patmos, hacia el 95-96 d. C. Tertuliano, solo él, recoge la noticia de que el apóstol, antes de ser relegado a la isla (*in insulam relegatur*) fue sometido a tortura, echado en aceite hirviendo, pero que no sufrió daño, noticia tenida normalmente por legendaria, pero que puede contener en todo caso un núcleo

---

403   A. Piñero, *Guía para entender el Nuevo Testamento* cit., página 328.
404   B. M. Metzger - B. D. Eherman, *The Text of the New Testament. Its Transmission, Corruption, and Restoration*, 4ª ed., Oxford University Press, New York – Oxford, 2005, páginas 55-56.

de verdad, *Prescripciones contra todas las herejías* XXXVI, 3[405].
A la vuelta del destierro impuesto por el emperador Domiciano,
Juan vive en Éfeso, donde muere bajo el reinado del emperador
Trajano, hacia el año 104 d. C.

¿Quién fue el autor del Evangelio? En las líneas precedentes
han quedado apuntadas algunas noticias sobre las que debemos
ahora volver para intentar descubrir cuál fue la génesis de la obra.
Hemos hablado de Juan el Evangelista, pero también de la existencia de un Juan el Presbítero, discípulo del primero. ¿Qué intervención pudo tener este otro Juan? Debemos partir de un dato
seguro: la tradición de la Iglesia atribuye el Evangelio a Juan, el
discípulo del Señor, el hijo menor de Zebedeo y de Salomé. El estudio interno de su texto revela que el cuarto Evangelio «se apoya en
conocimientos topográficos y cronológicos extraordinariamente
precisos, de suerte que solo pueden proceder de alguien que realmente conocía bien la Palestina de la época de Jesús. Además,
ha quedado claro que este Evangelio piensa y argumenta a partir del Antiguo Testamento —a partir de la Torá— (R. Pesch) y
que todo su modo de argumentar está profundamente arraigado
en el judaísmo de la época de Jesús»[406]. Así pues, desde la perspectiva de su contenido la obra remite a un testigo directo de la
vida de Jesús de Nazaret, desde el bautismo en el Jordán hasta la
Resurrección.

Se ha opuesto a este planteamiento una objeción: ¿pudo un
pescador del lago de Genesaret ser el autor de una obra en la que
junto a los datos históricos se añade a menudo una profunda
reflexión teológica, como muestra de modo eminente el Prólogo
del Evangelio? Responde atinadamente Daniel-Rops (Henri
Petiot)[407]:

---

405 M. Sordi, *I cristiani e l'impero romano* cit., página 81, otorga credibilidad
histórica al episodio (prescindiendo quizá de la exactitud con la que Tertuliano
lo refiere) y lo sitúa en el contexto de la persecución contra los cristianos llevada
a cabo por el último emperador Flavio, la cual afectó a personajes relevantes
de Roma, incluso de la familia imperial, en el 95 d. C., por *impietas* y ateísmo,
como Flavio Clemente, Acilio Glabrión o Flavia Domitila.

406 J. Ratzinger, *Jesús de Nazaret* cit., página 277.

407 Daniel-Rops, *Jesús en su tiempo*, trad. de L. Horno Liria, Ediciones Palabra,
Madrid, 1990, página 57.

«Primero, que Zebedeo y sus hijos (Santiago y Juan) parecen haber sido unos armadores de pesca y navegación, más bien que unos sencillos pescadores; luego, que estaba dentro de la más sólida tradición judía el que los rabinos tuviesen un oficio manual, como el de zapatero, cocinero o carpintero; y así, también Rabbi Aquiba, Rabbi-Meir, Rabbi Johanan (podemos añadir a Pablo de Tarso) trabajaban con sus manos; que la verdadera ciencia, fundada sobre la Biblia, estaba extendidísima en Israel y que las discusiones referidas en el Evangelio tienen un color rabínico cierto; y, en fin, que entre el momento en que san Juan, quizá de veinte años de edad, acompañaba a Jesús, y aquel en que redactó su libro, había transcurrido una vida de setenta años, rica en múltiples contactos y en abundantes experiencias. Sin duda que el pescador Juan no hubiera escrito el IV Evangelio, pero el viejo canoso de Éfeso podía hacerlo».

Una hipótesis parecida a la anterior se ha ido abriendo camino en los últimos tiempos. Defiende la posibilidad de que Juan, hijo de Zebedeo, se hallara vinculado con la aristocracia sacerdotal del Templo, como sugiere Jn 18, 15-16:

Simón Pedro y otro discípulo seguían a Jesús. Este discípulo era conocido del sumo sacerdote y entró con Jesús al palacio del sumo sacerdote, mientras Pedro se quedó fuera a la puerta. Salió el otro discípulo, el conocido del sumo sacerdote, habló a la portera e hizo entrar a Pedro. (También el padre de Juan el Bautista pertenecía al cuerpo sacerdotal: Lc 1, 5).

El argumento se desarrolla de la siguiente manera: los sacerdotes cumplían su servicio por turnos de una semana, dos veces al año. Cumplida su función, cada sacerdote regresaba a su lugar de origen. Tampoco era raro que algunos desarrollaran alguna profesión. Zebedeo pudo ser uno de esos sacerdotes, con domicilio habitual en Galilea. Y Juan, uno de sus hijos, hubiera podido recibir una educación que hiciera posible, pasados los años, la escritura de obras como el Apocalipsis y el Evangelio que lleva su nombre[408]. Según veremos más abajo, la doctrina sobre el Logos contiene la impronta de toda la tradición sapiencial judía.

Ahora bien, la autoría de Juan el Apóstol, como ocurre en otros escritos del Nuevo Testamento (por ejemplo, en las cartas de Pablo de Tarso) es un dato compatible con que el Evangelio fuera redactado por otra persona de su más completa confianza, la cual le diera la forma final. Es perfectamente aceptable que se formara en Éfeso, lugar de residencia de Juan, una «escuela joánica», de la que formaran parte sus discípulos más cercanos, los cuales preservaron su memoria y la tradición derivada de la experiencia vital del evangelista. Es aquí cuando adquiere sentido la mención del otro Juan: el Presbítero. Este Presbítero se halla presente en el comienzo de las Cartas de Juan segunda y tercera, y este dato demuestra su estrecha vinculación con el Apóstol. Por ello, no sería sorprendente que Juan el Presbítero jugara un papel en la configuración del Evangelio tal como nos ha llegado. Y que incluso dejara su testimonio personal en el mismo Evangelio. Jn 18, 24: *Este es el discípulo que da testimonio de todo esto y lo ha escrito; y nosotros sabemos que su testimonio es verdadero.* Confluye en este versículo tanto el protagonismo del Presbítero como la importancia de la comunidad que rodea a Juan, expresada en el *nosotros* que es también el *nosotros* de la Iglesia primera (1 Jn 1, 1-4).

La hipótesis anterior puede compaginarse con la idea de que el texto primero del Evangelio de Juan fuera escrito en arameo y posteriormente traducido —incluso bajo su supervisión—. Ya mencionamos esta cuestión cuando tratamos algunos problemas textuales que se plantean en el relato de la Pasión. Allí nos remitimos a los estudios de C. A. Franco Martínez, uno de los representantes entre nosotros de una teoría que tiene ya un siglo a sus espaldas, y que puede aplicarse a otros escritos del Nuevo Testamento. Teoría muy controvertida pero que resuelve algunos problemas gramaticales del Evangelio en griego, que es el que nos ha llegado. Conviene volver a recordar, por si este tipo de afirmaciones generara algún desconcierto en el lector, que la canoniza-

---

408   J. Ratzinger, *Jesús de Nazaret* cit., páginas 279-280; Sobre Juan el Presbítero (postura que recogemos en el texto): 280-282.

ción que declara la Iglesia no se refiere a textos concretos, sino a los libros: en este caso el Evangelio de Juan. Desde el comienzo, la Iglesia fue consciente de que las Escrituras llegaban en una multiplicidad de textos, no por completo coincidentes, y este dato nunca ha provocado problemas desde la perspectiva de la ortodoxia doctrinal. Como argumento complementario podemos añadir un dato conocido: sabemos por Papías (en la *Historia Eclesiástica* de Eusebio de Cesarea, III, 39, 6) que el Evangelio de Mateo tuvo una primera versión en hebreo o arameo, versión de la que nada nos ha llegado.

Juan, autor del cuarto Evangelio, conoce la tradición de los Evangelios sinópticos y con gran probabilidad el texto de estos Evangelios. Da por supuesta esta información, de forma que lo que escribe ha de entenderse como un complemento de aquéllos. Esto explica que siga un esquema distinto y que omita algunos contenidos de los sinópticos. Explica, además, como señala san Jerónimo, una finalidad específica: la de haber escrito su Evangelio —finales del siglo I— como refutación de algunas herejías: en especial la de los ebionitas, los cuales defendían que Cristo no había existido antes de María; por este motivo insistió en el origen divino de Jesús (*De viris illustribus* IX).

El «esfuerzo de la impiedad», palabras de L. Catellani[409], que la erudición escéptica alemana dirigió desde muy pronto contra este Evangelio se centró en destacar su carácter gnóstico y con él, su dualismo y las influencias de la religión griega. Otras veces se insiste, sin entrar en mucho detalle, en las influencias helenísticas. Se trataría, más que de un Evangelio propiamente dicho, de una obra filosófico-teológica, el producto de un «místico» en un sentido en el que lo místico se aproxima preferentemente a la mitología. Señalan que fue un gnóstico, Heracleón, quien escribió el primer comentario. Bultmann, en especial, defendió como una de las fuentes de este Evangelio una colección de discursos gnósticos de revelación y resaltó —erróneamente— su carácter extraño, ajeno a la tradición judía. Por lo demás, no está nada claro que el

---

409   L. Castellani, *El Evangelio de Jesucristo*, Ediciones Cristiandad, Madrid, 2011, página 44.

gnosticismo estuviera ya construido a finales del siglo I y menos aún que pueda hablarse de un gnosticismo precristiano. El mito de un salvador divino que desciende al mundo inferior para procurar la salvación de los elegidos es una deformación del cristianismo[410]: quiere decirse, primero fue la Iglesia, luego los gnósticos, no al revés.

Frente a estas opiniones, ya ha quedado indicado que la precisión de los datos históricos y geográficos que suministra este Evangelio debilitan enormemente una postura que ve en el Evangelio de Juan un escrito teórico y simbólico, una alegoría situada fuera del tiempo y del espacio. Hemos ya señalado en páginas anteriores que la literatura de Qumrán ha demostrado que muchas de las expresiones de Juan y, en especial, su supuesto (y muy relativo) dualismo, forman parte de los modos de expresión de la literatura judía del siglo I y han de entenderse dentro de este marco cultural común. Juan, además, demuestra una gran familiaridad con el Antiguo Testamento.

Así pues, no hay que darle gran valor a la apropiación de este Evangelio por parte de autores gnósticos: lo mismo cabría decir de muchos otros escritos del Nuevo Testamento, leídos en clave puramente alegórica por una multiplicidad de autores a lo largo de la historia. Llama la atención, por el contrario, que un evangelio esta vez sí gnóstico, como el de Tomás, utilice paralelos con los textos sinópticos, pero no quede huella alguna del empleo del Evangelio de Juan. En todo caso, la tergiversación y modificación de los textos canónicos por parte de la herejía es fenómeno constante de la historia de la Iglesia. Algunas particularidades del cuarto Evangelio favorecían estos intentos de apropiación, hechos en nombre de una difusa espiritualidad.

El debate se ha centrado en la utilización del término-concepto de Logos por parte de Juan, tanto en el Apocalipsis (19, 13) como en la primera de las Cartas (1, 1) y en el Prólogo del Evangelio. Expresión solo utilizada por Juan. Lo hace, además, sin explicación alguna, de manera que los comentaristas entienden que en

---

410   F. J. Pueyo Velasco, *op. cit.* I, página 152.

esa época y dentro de los círculos en los que se movía el evangelista, era de uso común. Este título se empleará a partir de ahora muy frecuentemente en toda la tradición teológica primero griega y luego también latina.

No es nuestro cometido explicar ahora la trayectoria del Logos en la filosofía griega. Es un concepto cuyo curso empieza en Heráclito (hasta lo que sabemos), llega a Platón y Aristóteles. Se hace central en el estoicismo y en el neoplatonismo. Llega también a la filosofía judía en su contacto con el pensamiento helénico. Ahora bien, el hecho de que Juan utilice esta palabra griega (suponiendo que el griego sea la lengua original de la primera versión de su Evangelio) no significa que se acepten también estos contenidos —muy variados— que el término tenía en el lenguaje filosófico de la época. Es un caso parecido, solo parecido, al del filósofo neoplatónico judío Filón de Alejandría. El dato es relevante porque en muchos libros se da por descontado, además, que el Evangelio de Juan recibe en este punto la influencia de Filón. También este utiliza el término, pero en un sentido particular en el que confluyen la Sabiduría del Antiguo Testamento, interpretada alegóricamente al modo platónico, como nexo intermedio entre Dios y el mundo material: En Filón, el Logos es como un «segundo dios» que crea este mundo. Influido por Platón no acepta que Dios pueda tener una relación directa con la creación, pues si esto fuera así, dentro de este esquema de pensamiento, se comprometería la absoluta trascendencia divina.

Podríamos decir que el Evangelio de Juan —al igual que respecto a algunos puntos de la filosofía estoica hizo Pablo de Tarso— recurre al lenguaje común de cultura que en su época se empleaba para describir estas zonas del pensamiento que van más allá de la experiencia inmediata. Desde el principio la Iglesia procuró hacerse entender. Obedecía también en esto el mandado de evangelizar a todos los hombres. Ello presupone una cierta —solo una cierta— continuidad entre algunos esquemas filosóficos y teológicos precristianos y el cristianismo mismo. Por tanto, es inexacto, por demasiado superficial, el tradicional argumento de la *influencia* de tal o cual escuela filosófica sobre Juan y sobre Pablo.

A lo cual sumamos dos reflexiones. La primera, que conforme a lo que se intentó explicar páginas más arriba, desde la perspectiva de la fe, existe lo que podríamos llamar fragmentos de una Revelación primordial, es decir, fragmentos de verdad identificables en todas las tradiciones de sabiduría. Hay una dignidad natural de lo creado, y esta dignidad tiene un carácter universal. La segunda, que la razón humana por sus solos medios —antes de la Gracia sobrenatural— no es inhábil para llegar a algunas verdades trascendentes, como la existencia de Dios, la inmortalidad del alma y ciertos principios de Derecho natural. Este telón de fondo explica, por ejemplo, el discurso de san Pablo en Atenas en el Areópago, Hch 17, 16-34 (Rom 1, 18-23).

Con trazos gruesos hemos presentado estos antecedentes de la doctrina del Logos, pero falta aún por tratar el más sólido punto de partida del Prólogo del Evangelio de Juan. Este no es otro que la teología de la Palabra en el Antiguo Testamento. Ya en el Génesis encontramos que Dios crea todas las cosas por medio de su Palabra: *Dijo Dios...*, Gn 1, 3 y versículos semejantes. En los profetas se repite la idea de que Dios solo tiene que hablar para que algo sea creado de la nada, Is 48, 12-13; Salmos 33 y 148. La Palabra de Dios es medio de Revelación, de Promesa y de Ley. Solo en un segundo momento la Palabra se hace Escritura. La Palabra va adquiriendo a lo largo del Antiguo Testamento una consideración y una fisonomía personales[411]. En el profeta Isaías 55, 10-11 leemos:

> Como bajan la lluvia y la nieve desde el cielo y no vuelven allá, sino después de empapar la tierra, de fecundarla y de hacerla germinar, para que dé semilla al sembrador y pan al que come,
> Así será la Palabra que sale de mi boca: no volverá a mí vacía, sino que cumplirá mi deseo y llevará a cabo mi encargo.

En la literatura sapiencial judía, en los Proverbios, Eclesiastés y Sabiduría. Es de particular relevancia el capítulo 8 de Proverbios. En los versículos 22 y 23 se lee: *El Señor me creó al principio de*

---

411   L. Bouyer, *op. cit.*, página 54.

sus tareas, al comienzo de sus obras antiquísimas. En un tiempo remoto fui formada, antes de que la tierra existiera. El judaísmo rabínico y otras tradiciones concebían la Palabra divina revelada en la Torá como una entidad preexistente y anterior al mundo creado. «Fuera de los límites de la Sagrada Escritura, hallamos la palabra en los *Tagumim* bajo el nombre arameo de *Memra*. Esta *Memra*, a la cual los rabinos conceden tanta importancia, parece marcar un penúltimo estadio de la revelación. Después de ello, un último progreso, que es el Nuevo Testamento, podrá descubrir la Palabra plenamente personal encarnada en la humanidad de Jesús»[412].

Trebolle Barrera indica que el inicio del Evangelio de Juan, *En el principio existía el Verbo*, Jn 1, 1, se plantea como una réplica del inicio del Génesis: *al principio* (*bereshit*, en hebreo; *en arche*, en griego: Gn 1,1) y continúa: «En una típica asociación de términos y de pasajes bíblicos, la tradición judía interpretaba el hebreo *bereshit* («Al principio») en referencia a la Sabiduría (*hokma*), basándose para ello en Proverbios, donde la Sabiduría es llamada *arche*, «Principio» (8, 2). También el targum *Yerushalmi* refiere *bereshit* a la Sabiduría preexistente y, en ocasiones, al Logos o *Memra* («Palabra» en arameo). Otros textos de la tradición judía identifican el «Principio» con la Torá, la Ley preexistente. De este modo la tradición judía equiparaba la Ley o Torá preexistente con el Principio, la Sabiduría, la Palabra, Logos. Más llamativa es todavía la especulación de la *haggadá* judía sobre la primera letra del Génesis, que no es la primera letra del alfabeto hebreo, *Alef*, sino la segunda, *Bet*. La exégesis haggádica interpretaba este hecho en el sentido de que Dios creó en *Ben*, «en el hijo». De este modo la Torá preexistente es también Hijo o Primer Nacido. (…). De este modo, el culto del Logos-Principio-Sabiduría preexistente

---

412 *Ibidem*, página 55; pero las reflexiones sobre el término *Memra* se extienden a lo largo de las páginas 55 a 58; también: A. Diez Macho, *Historia de la Salvación* cit., página 107; J. M. Casciaro – J. M. Monforte, *Dios, el mundo y el hombre en el mensaje de la Biblia* cit., páginas 228-229.

en Jesús el Cristo-Palabra constituye un *novum* cristiano, pero no deja de estar basado en concepciones bíblicas y judías»[413].

Por todo ello, y fundándose no solo en el Evangelio de Juan sino igualmente en la Carta a los Hebreos 1, 1-2, entre otros lugares, la Teología de la Iglesia ha procurado profundizar en esta realidad de Cristo como plenitud de la Revelación de Dios, plenitud de la Palabra creadora, como Palabra de Dios hecha carne, de forma que la Humanidad de Cristo es también plenitud de la Creación[414] y su Persona es divina: *Dios de Dios y Luz de Luz, Deum de Deo, lumen de lumine*, conforme a lo que enseña el Concilio de Nicea con el antecedente de unas palabras de Tertuliano en el Apologético 21, autor que basa toda su argumentación en un concepto modificado del Logos precristiano, es decir, en el Logos tal como lo trata san Juan. En el Evangelio de Juan se subraya repetidas veces que Jesús se equipara al Padre. Así, por ejemplo, Jn 10,37: *el Padre está en mí y yo en el Padre*; Jn 10, 30: *Yo y el Padre somos uno*. Esta línea de reflexión ha encontrado muy pronto un comentarista idóneo en san Justino: puede consultarse su *Diálogo con Trifón* y sus *Apologías*. La negación de esta igualdad entre el Padre y el Hijo será el rasgo distintivo del arrianismo y de muchas otras corrientes que se apartan de la recta doctrina de la Iglesia.

En torno al 100 d. C., la utilización del Logos en el Evangelio de Juan para referirse a Jesús de Nazaret tenía que sonar como algo sorprendente e inaudito[415]. No por el término mismo, sino por su transformación al ser aplicado a Jesús y por la insistencia en su carácter *carnal*. Logos y carne, *logos* y *sarx*. Jn 1, 14: *Y el Verbo se hizo carne y habitó entre nosotros*. Antes del cristianismo no podía imaginarse un contraste mayor. Sin embargo, en la Teología cristiana fue la llave que abrió la reflexión sobre el carácter real, histórico, de la Encarnación del Hijo de Dios.

Específico de la tradición de la Iglesia, pero explicable por los antecedentes de la literatura judía que antes hemos comentado, es el hecho de que el *logos* griego fuera vertido en latín como Palabra

---

413 J. Trebolle Barrera, *op. cit.*, páginas 664-665.
414 F. Ocáriz – A. Blanco, *op. cit.*, páginas 47-64.
415 A. Grillmeier, *op. cit.*, página 154.

o Verbo, apartando la posibilidad de que se acudiera también a Razón, dado que *logos* hace referencia a ambos aspectos. Dejemos que sea Santo Tomás[416] quien explique esta opción:

> Respondo. Hay que decir que razón nombra propiamente una noción de la mente, según que esté en la mente aunque nada se haga exterior a través de ella; en cambio mediante palabra se significa lo relativo al exterior; y porque el evangelista mediante esto que dijo logos pretendía significar no solo lo relativo a la existencia del Hijo en el Padre sino también la «potencia operativa del Hijo», con la cual todo fue hecho por Él, los antiguos tradujeron palabra, que comporta relativo a lo exterior, más que razón, que tan solo insinúa concepto de la mente.

---

416   Santo Tomás de Aquino, *Comentario al Evangelio según San Juan*. Capítulo 1, tomo I, edición a cargo de P. Caballero y N. Baisi, Agape - Edibesa, Buenos Aires – Madrid, 2006, página 51.

Lorenzo D'Alessandro. *San Juan el Apóstol.*

Capítulo XXIV

Los Evangelios sinópticos: un aire de familia

Desde los primeros tiempos llamó la atención de sus lectores las numerosas coincidencias de los Evangelios de Mateo, Marcos y Lucas[417]. Un autor hostil al cristianismo contemporáneo de Tertuliano, Celso, en su *Discurso de la verdad*, utilizó tal argumento para impugnar la veracidad de estos escritos. San Agustín se ocupó de este asunto, proponiendo una solución, en su *De consensu Evangelistarum*. Al menos desde la publicación en 1776 del libro de J. J. Griesbach (1745-1812), titulado *Synopsis*, a los tres primeros Evangelios se les llama sinópticos, por su afinidad tanto por el orden de su contenido como por el tenor de sus textos. Sinopsis significa mirada simultánea o conjunta. La visión comparada de estos Evangelios, incluso en columnas paralelas, permite observar las coincidencias evidentes que se producen entre ellos.

Por otra parte, junto a estos elementos comunes, los Sinópticos presentan también clarísimas diferencias entre sí. Mateo (1068

---

417 Para evitar la proliferación de notas conviene señalar que utilizamos como material para este capítulo: A. Wikenhauser – J. Schmid, *op. cit.*, páginas 414-439; L. Castellani, *El Evangelio de Jesucristo* cit., páginas 48-54; R.E. Brown, *Introducción al Nuevo Testamento* I cit., páginas 173-191; L. Sánchez Navarro, *Testimonios del Reino. Evangelios sinópticos y Hechos de los Apóstoles*, Ediciones Palabra, Madrid, 2010.

versículos) y Lucas (1149) son más extensos que el Evangelio de Marcos (661). La riqueza de vocabulario de Lucas es muy superior a la de los otros dos. Lucas presenta otras peculiaridades: la más llamativa de ellas es que su Evangelio es la primera parte de una obra que abarca también los Hechos de los Apóstoles. Su relato de la Pasión se aparta en parte de los de Mateo y Marcos. Mateo y Lucas contienen un *evangelio de la infancia* que no está presente en Marcos. La explicación de todo ello supuso para la Iglesia el reconocimiento de una dificultad, para la que se proponían y proponen diversas soluciones. A partir del siglo XIX, si no antes, la crítica escéptica vio, por el contrario, una ocasión para consolidar su posición contraria a la veracidad de los textos evangélicos.

Desde estos presupuestos fundados en la sospecha, el camino ya había sido trazado desde que se optó por una separación radical entre los Sinópticos y el Evangelio de Juan, un hecho que se impuso entre muchos comentaristas protestantes desde finales del siglo XVIII. A pesar de que en este ambiente durante mucho tiempo el Evangelio de Juan fue reconocido como «superior» a los Sinópticos —esto ocurre todavía en Schleiermacher—, la influencia también aquí de D. F. Strauss reubicó el Evangelio de Juan como una fuente histórica muy inferior, pues se entendía que sus intereses eran de tipo teológico-mitológico. Esta forma de ver las cosas ha influido en un sector de la crítica católica, proclive a desentenderse de la historicidad real de los sucesos narrados en los *cuatro* Evangelios canónicos para estudiarlos de forma separada y reductivamente con métodos propios de la literatura.

Para superar la dificultad de la *cuestión sinóptica* se han propuesto múltiples hipótesis (si contamos sus variantes). Vaya por delante que, aunque en nuestros tiempos parece imponerse una de ellas, el asunto no está ni muchos menos resuelto en su totalidad. Además, algunas de estas soluciones no son contradictorias entre sí, de manera que pueden combinarse. San Agustín, en la obra citada, propuso una primera solución, amparada en el orden con el que aparecen los Evangelios en el canon. Mateo es el primer Evangelio, resumido luego por Marcos. Finalmente aparece el Evangelio de Lucas. Esta sería la primera propuesta dentro del grupo de las «hipótesis de utilización de unos Evangelios por otros».

Otra variante del anterior modelo propone que Mateo es el primer Evangelio, seguido por Lucas y Marcos. En este sentido se pronunció el ya citado J. J. Griesbach. Señaló que Mateo es efectivamente el primer Evangelio. Luego se habría escrito Lucas y finalmente Marcos, el cual habría empleado los dos anteriores. Otro autor muy influyente, F.C. Baur, aceptó esta teoría, vinculándola con una supuesta evolución del primer cristianismo interpretado a la luz de las ideas de Hegel (entendido como un profeta alemán de la Providencia). Mateo representa la primera tendencia, la judeocristiana. Lucas, sigue a Pablo, y es el portavoz del cristianismo influido por el pensamiento griego. Marcos sería una síntesis de ambas posiciones. Esta forma de ver las cosas se aplica a las Cartas de Pablo: se distinguen así las que serían auténticamente paulinas y las demás, que pertenecerían al momento posterior de la «síntesis». E incluso a los Hechos de los Apóstoles, en los que la pesadísima «dialéctica de Hegel» reaparece de nuevo para decirnos que en este caso la obra representa un compromiso entre la teología de Pedro y la de Pablo, para llevarnos a la manida conclusión que ya no nos sorprende: no es una obra histórica, sino una creación teológica guiada por intereses muy precisos (casi de tipo político, en el sentido amplio del término).

Algunos autores defienden otro orden: Marcos, Lucas, Mateo. Es la posición de M. Hengel. Mateo tiene como fuentes a Marcos y Lucas, Evangelios que utilizó en la forma que ha llegado hasta nosotros. Mateo habría empleado a Marcos como fuente primaria y de manera complementaría se habría valido de Lucas. Finalmente, otro sector defiende el siguiente orden: Marcos, Mateo, Lucas. Según podemos observar, la multiplicidad de teorías, que llegan hasta la actualidad, demuestra que no hay una solución fácil para el problema de las concordancias y diferencias de los Evangelios sinópticos. Por lo demás, no terminan aquí las teorías propuestas. De modo que el paciente lector tendrá que asistir ahora a la presentación de otras soluciones, incluyendo la que goza de mayor aceptación.

Dentro de este grupo podría situarse la teoría de B. H. Streeter, formulada en su libro *The Four Gospel. A Study of Origins*, de 1924, discutible y difícil, pero bien fundamentada[418]. La presentamos al lector con el único objeto de ilustrar el grado de complejidad que pueden alcanzar este tipo de estudios. En opinión de este autor habría cuatro fuentes independientes. Q (Quelle), de donde provienen los versículos comunes de Mateo y Lucas. L, la fuente originaria del Evangelio de Lucas. M, que es la fuente originaria de Mateo. Utilizando Q y L, se habría redactado un «proto-Lucas». A este hipotético proto-Lucas se le habría añadido Marcos y un escrito inicialmente independiente contenido ahora en los dos primeros capítulos del Evangelio de Lucas. Posteriormente de la combinación de M, más Q, más Marcos habría surgido el Evangelio de Mateo.

Un segundo grupo de hipótesis. Veamos la elaborada por J. G. Eichhorn (1752-1827), aunque con partidarios anteriores (G.E. Lessing) y posteriores a este autor. Plantea esta solución: cada evangelista hizo uso de forma independiente de un escrito compuesto en torno al año 35 d. C. en arameo. Contenía una vida completa de Jesús de Nazaret. Este «protoevangelio» habría sido después traducido al griego y sometido a varias modificaciones. A esta opinión se puede reconducir la noticia que aporta Papías (ya mencionada en páginas anteriores), en virtud de la cual el Evangelio de Mateo conoció una primera versión en arameo o hebreo. La posibilidad de versiones anteriores en arameo de los Evangelios (incluyendo al de Juan) podrían situarse parcialmente también aquí, siempre que se admita igualmente alguna conexión entre ellas, pese a que esta distinción entre formas originarias (en arameo) y formas definitivas (en griego) es ingrediente común a diversas teorías. Existen variantes modernas de esta hipótesis: por ejemplo, las que sostienen que algunos de los evangelios apócrifos serían la fuente de los actuales Evangelios canónicos. En contra de esta última posibilidad está el hecho de que los apócrifos pre-

---

418   Tomamos la información de J.L. Caballero, *Las metodologías*, en V. Balaguer (ed.), *Comprender los Evangelios*, Eunsa, Pamplona, 2005, páginas 76-77.

sentan abundantes rasgos que permiten sostener que su escritura presupone la de los cuatro Evangelios canónicos.

Un tercer grupo de soluciones tiene a F. Schleiermacher como su valedor más señalado, con diversas obras publicadas entre 1817 y 1836. Procuró resolver nuestro problema explicando que en la primera Iglesia circulaban una multitud de apuntes de pequeñas dimensiones (*diegesis*), fragmentos inicialmente independientes. Cada uno de ellos contenía una materia o episodio específico: relacionados con milagros, discursos, la historia de la Pasión, etc. La noticia de Papías (sobre Mateo) fue alegada para sostener esta hipótesis, pues se defendía que Papías hacía referencia a una colección de frases de Jesús escrita por Mateo en lengua hebrea y que este material primario, tras diversas modificaciones, traducido al griego, habría terminado siendo el Evangelio de Mateo tal como lo conocemos. Esta opinión no carece de interés, al menos en la historia de la investigación, porque aparece aquí por primera vez, la *fuente de logia de Jesús*, es decir el documento Q (Quelle en alemán significa «fuente») que ahora es aceptado por la opinión mayoritaria. Por otro lado, puede considerarse el antecedente del método de la «historia de las formas».

Un cuarto grupo de teorías tiene en común la defensa de una tradición oral como fuente anterior, exclusiva y común de los Evangelios sinópticos. Nadie niega la existencia de esa tradición oral previa a los Evangelios. El matiz radica en que para estos autores cada evangelista, *con independencia de los otros*, tomó de la tradición oral los contenidos de los Evangelios respectivos. Se suele mencionar a J.G. Herder como el «precursor» de esta idea. Las concordancias de los Evangelios se explican por la existencia de esquemas fijos en la predicación de los Apóstoles. Y ese esquema es muy próximo a los sucesos de la vida de Jesús de Nazaret, pues se estima que debió de surgir ya en torno al año 35 d. C. Es precisamente en este sentido en el que se habla desde los orígenes de un único Evangelio, predicado inicialmente en arameo y luego también en griego. La fidelidad de este Evangelio se explica por la función de la memoria oral en las sociedades de aquel tiempo y, en concreto, en el ámbito judío, pues el fenómeno es también aplicable al Antiguo Testamento. El oficio de los recitadores es la clave de la transmisión. Nada pues de mezcla entre una tradición oral y uso de documentos. La sola transmisión oral es la base común de los Evangelios. Esta predicación apostólica coincide en su sustancia con la doctrina predicada por Jesús de Nazaret, hecho que conviene subrayar porque también aquí la crítica escéptica ha procurado frecuentemente defender la discontinuidad entre una y otra[419].

Afirma L. Castellani[420], firme defensor de esta doctrina: «Una multitud de hechos convergentes prueban que los libros del Viejo y del Nuevo Testamento son un puro ejemplo de "estilo oral". Para estudiarlos, pues, hay que reponerlos y bañarlos en su propia atmósfera, y no en los ácidos de nuestros métodos de "hipercrítica gráfica". Los tres sinópticos no son "syn-ópticos" sino "syn-acústicos": los ojos no tienen nada que ver con ellos; la boca y los oídos —pero especialmente entrenados—, fueron quienes los crearon».

Tal vez en su versión más extrema esta teoría merezca las críticas que se le suelen dirigir. Es cierto que los Evangelios experimentaron una labor de redacción por parte de personas concretas y que estas incorporaron matices y opciones propios. También lo es que el prólogo del Evangelio de Lucas (Lc 1, 1) afirma expresamente la existencia de muchos escritos evangélicos. En el estado en que fueron aceptados por la Iglesia los Evangelios no son solo el producto de una actividad *preliteraria*, como demuestran también las discrepancias entre las versiones de los textos: valga como ejemplo la oración del Padrenuestro o el tenor de las Bienaventuranzas. Todas estas dificultades no deben llevar a la rápida conclusión de que esta hipótesis haya que darla por superada. Pues resulta también evidente que, frente a quienes gustan de subrayar el alcance de tales discrepancias y sumergirse en una argumentación de tipo evolucionista, con diversas fases de desarrollo, el mensaje evangélico se nos muestra como único en los puntos esenciales. La doctrina de la tradición posee la ventaja de reconducir o relativizar el andamiaje teórico que ha ido desplegando a lo largo del tiempo la crítica literaria aplicada al Nuevo Testamento. Un andamiaje que

---

419   B. Estrada, *op. cit.*, páginas 132-145.
420   L. Castellani, *El Evangelio de Jesucristo* cit., página 55.

progresivamente ha extraído estos libros del contexto real de la predicación de Jesús y de los Apóstoles de donde surgieron y los ha convertido en objeto de disputas filológicas con escaso respeto a la Fe y a la Historia.

Reservamos para el quinto y último lugar la teoría que goza en la actualidad de más apoyo entre los expertos en la materia. Nos referimos a la llamada teoría de las dos fuentes, pese a que, en realidad esta posición distingue tres tipos de materiales, según se verá a continuación.

Siguiendo las investigaciones de autores anteriores, Ch. H. Weisse y Ch. G. Wilke, de forma independiente, pero en obras que se publicaron el mismo año, 1838, sostuvieron que las coincidencias de Mateo y de Lucas dependen del uso de Marcos y de otra fuente (Q), compuesta por dichos o frases de Jesús de Nazaret. Tal es en su esencia la teoría de las dos fuentes, la cual tiene a su favor el rasgo de la sencillez con la que procura explicar las relaciones de los Sinópticos. A los autores mencionados hay que añadir el nombre de J. Weiss. Su difusión generalizada en los estudios tuvo que esperar, tanto en el ámbito protestante como en el católico. En el primero, por la inmensa influencia —que ya conocemos suficientemente— de la obra de David Friedrich Strauss, quien, desde su escepticismo defendía en esta materia una postura mezcla de las opiniones de Griesbach (carácter secundario de Marcos), y de Schleiermacher, con su *Diegesentheorie* (de fragmentos inicialmente independientes)[421]. En el segundo, por las reticencias de la Pontificia Comisión Bíblica, que insistía en afirmar la sustancial identidad del Evangelio actual de Mateo con el original en lengua aramea o hebrea.

Adivinará ya el lector que esta teoría presenta una multiplicidad de variedades. También que no sería adecuado entrar de lleno en este asunto. Las personas interesadas disponen de una amplísima bibliografía específica sobre esta ardua materia, en la que podrán consultar las diversas modalidades que se presentan en la literatura especializada. En muchas de estas modalidades se

---

421   A. Schweitzer, *Investigaciones sobre la vida de Jesús* I cit., páginas 151-152.

defiende una forma originaria del Evangelio de Marcos que no es la que conocemos. Lo mismo ocurre con el documento Q: para un sector de autores la forma primitiva de esta colección de dichos se escribió en arameo, pese a que Mateo y Lucas utilizaran ya un texto en griego.

En una presentación breve podría describirse esta teoría de las dos fuentes de la manera siguiente[422]. Existe un material común a los tres Evangelios sinópticos. Destaca especialmente el relato de la Pasión (aunque Lucas posee en este asunto rasgos propios); pero el fenómeno se comprueba igualmente en episodios concretos, como el milagro de la tempestad calmada. En segundo lugar, se identifica un material común de Lucas y de Mateo, material que no está en Marcos. Estos contenidos provienen según esta hipótesis de la mencionada fuente Q; por ejemplo, el discurso de las Bienaventuranzas o el Padrenuestro. Finalmente, en tercer lugar, hay un material propio de cada Evangelio. Sobre todo, se constata esto en Lucas, Evangelio que reúne cincuenta perícopas o unidades textuales (entre ellas las parábolas del buen samaritano o del hijo pródigo). En Mateo encontramos unas treinta. Por último, Marcos, donde este sector de contenidos es muy reducido: por ejemplo, la curación del sordomudo en Mc 7, 2-37.

A lo dicho en el párrafo anterior hay que añadir —siguiendo de nuevo a J. L. Caballero— que se da también una diferencia en la sucesión de los distintos pasajes evangélicos y en cuanto a la formulación textual de estos. La teoría de las dos fuentes encontró un argumento de refuerzo —no definitivo— con el descubrimiento del apócrifo *Evangelio de Tomás*, del que ya se conocían algunos fragmentos, pero del que apareció una copia completa en Nag Hammadi, pues en él aparecen unos cuarenta dichos de Jesús que coinciden con los recogidos en Mateo y Lucas. Tales fragmentos procederían de Q.

---

422   J. L. Caballero, *op. cit.*, páginas 74-75.

Capítulo XXV

Quo vadis, Domine?
De Jerusalén a Roma.
Los Hechos de los Apóstoles y la
primera Historia de la Iglesia

Dirijamos ahora nuestra atención a la segunda parte de la obra de Lucas, es decir, al libro conocido como los Hechos de los Apóstoles, este compuesto en Roma después del 58 pero antes del 64 a. C.[423] (pues no da cuenta del incendio de Roma, empezado el 19 de julio del 64, de la terrible persecución[424] ni de la muerte de Pedro y Pablo)[425]. Somos conscientes de que no es esta la postura mayoritaria, que en el mejor de los casos admite que la obra

---

423 Inmediatamente anterior al verano del 64 d. C., es la Primera Carta de Pedro, en la que la persecución aparece como inminente. Añádase que la Segunda Carta a Timoteo muestra a Pablo esperando la finalización de un proceso capital, anterior al 64 d. C.

424 El prefecto de Roma en el 64 d. C., magistrado que dirigió los procesos contra los cristianos, era Tito Flavio Sabino, hermano del futuro emperador Vespasiano. Un hijo de aquél, T. Flavio Clemente, fue ejecutado por ser cristiano en el 95, en época de Domiciano.

425 M. Sordi, *Il Cristianesimo e Roma*, Licinio Capelli Editore, Bologna, 1965, página 71.

pudo escribirse en los años 80 del primer siglo[426]. En épocas pasadas se situaba su redacción en el siglo II d. C. Era una consecuencia de la conocida postura crítica de la (sobrevalorada) teología liberal alemana, la cual necesitaba posponer exageradamente las fechas de publicación de todos los escritos del Nuevo Testamento, para dar espacio a sus teorías evolucionistas, con sus inevitables estratos y tendencias sucesivas (casi siempre fruto de la imaginación del erudito en cuestión). En la actualidad han quedado superadas estas deformaciones de la crítica literaria, pero permanece la idea de una fecha relativamente tardía para la confección de los Evangelios, como consecuencia de un complejo de inferioridad mal gestionado por muchos especialistas. Solo con el tiempo irá cambiando este modo general de proceder. Nosotros partimos de un principio distinto: los Evangelios sinópticos fueron escritos muy pronto, el de Lucas hacia el año 60 d. C., de modo que no tenemos por este lado los prejuicios de gran parte de la literatura especializada.

En ambos libros, el Evangelio y los Hechos, el argumento sigue una línea de continuidad. En el primero se proclama por Jesús de Nazaret el mensaje de Salvación desde Galilea a Jerusalén. En el segundo, la proclamación de la Buena Nueva por parte de la Iglesia se extiende desde Jerusalén hasta Roma. La muerte de Esteban en el año 34 d. C. marca la inmediata transición hacia esa nueva época de expansión del Evangelio.

Enseguida tenemos noticias de varios acontecimientos en los que se manifiesta la toma de consciencia de la Iglesia acerca del mandato de predicar el Evangelio *a todos los pueblos* (Mt 28, 19; 8, 5-11). La conversión (vocación) de Pablo de Tarso ese mismo año. Su vuelta a Jerusalén en el año 36 d. C. [427] para dar cuenta

---

426 Valga a modo de ejemplo, entre las obras de divulgación, que recogen el sentir más extendido: J. Vázquez Allegre, *op. cit.*, página 260; D. Álvarez Cineira, *Qué se sabe de la Formación del Nuevo Testamento*, Editorial Verbo Divino, Estella, 2015, página 88.

427 Esta cronología se funda en Gál 1, 15-24; 2, 1: que sitúa en el 36 d. C. el primer encuentro de Pablo con los Apóstoles (catorce años antes del 49 d. C. con cálculo inclusivo), encuentro tres años después de la muerte de Esteban y la conversión de Pablo: M. Sordi, *I cristiani e l'Impero Romano* cit., página 21, 17.

de que se le había elegido para anunciar al Hijo de Dios a los gentiles, Gál 1, 16. La visión de Pedro y la conversión del centurión Cornelio, episodio inmediatamente posterior: Hch 10, y la dispersión de parte de la primera comunidad de la Iglesia, tras la persecución que llevó a Esteban a la muerte. Se establecieron en Fenicia, Chipre y Antioquía, donde algunos predicaron también a los no judíos ya antes de la llegada de Pablo desde Tarso, Hch 11, 19-30. Desde Antioquía parte también Pablo en su primer viaje apostólico, anterior al Concilio de Jerusalén, que tuvo lugar en el 49 d.C. Ningún otro libro del Nuevo Testamento prueba mejor que este —prolongación del Evangelio— la natural continuidad entre la predicación de Jesús y la de la Iglesia.

Antes de continuar volvamos de nuevo y solo por un momento sobre los Hechos de los Apóstoles excluidos del canon, un conjunto de textos apócrifos[428], por completo distinto del escrito canónico. Detengámonos concretamente en los *Hechos de Pedro*. Cabe decir que, debido al papel central de este en la primera Iglesia, la obra que conocemos por este nombre no es sino una dentro de un conjunto más amplio, y eso dando por descontado que muy posiblemente gran parte de este «ciclo de Pedro» se ha perdido. Los escritos centrados en su figura que conservamos, dentro de la literatura apócrifa son: un fragmento del *Evangelio de Pedro*, pasajes de un *Apocalipsis* y de una *Predicación*. En Nag Hammadi aparecen unos *Hechos de Pedro y de los Doce Apóstoles*, otro *Apocalipsis de Pedro* y una *Carta de Pedro* dirigida a Felipe[429]. En opinión de M. Sordi los *Hechos de Pedro*, junto a un abundante material legendario, recogerían algunos datos secundarios de gran valor histórico: la predicación de Pedro dirigida no solo a la comunidad judía de Roma sino también hacia miembros de la clase senatorial y en particular a un cierto Marcelo, el cual podría coincidir con el Marcelo ayudante de Vitelio, cuando este fue enviado a Jerusalén

---

428 J. Trebolle Barrera, *op. cit.*, páginas 275-276.

429 A. Piñero y G. del Cerro, *Hechos apócrifos de los Apóstoles I. Hechos de Andrés, Juan y Pedro* cit., páginas 485-486. Remitimos, para conocer la reconstrucción del texto y las diversas versiones a esta excelente edición.

en el 36-37 d. C., misión que terminó con la destitución de Poncio Pilato y de Caifás[430].

Todos recordamos la frase contenida en los *Hechos de Pedro*: *Quo vadis Domine*, ¿Adónde vas, Señor?, a la que sigue la contestación de Jesús: *Romam vado iterum crucifigi* (en la versión latina), *Voy a Roma para ser crucificado de nuevo*. Esta escena se halla recogida en la memorable novela del polaco H. Sienkiewicz, a la que da título: *Quo vadis?* (1895-1896)[431], popularizada ante el gran público por la película del mismo nombre de 1951, aunque ha habido al menos cuatro versiones cinematográficas más. Novela y películas no hacen sino actualizar una larguísima serie de tradiciones sobre el primer Papa, que han dejado su testimonio no solo en el ámbito de la literatura, sino también en el del arte y la arquitectura. En la ciudad de Roma existe una iglesia del *Domine Quo vadis* construida en el lugar donde ocurrió la visión de Pedro, en la vía Apia. En la citada iglesia se custodiaba una losa que según la leyenda conserva las huellas de Jesús de Nazaret. Ahora el visitante ve una réplica, porque la original se trasladó a la basílica de San Sebastián Extramuros. Este hecho explica el título de esta pequeña iglesia, Santa María in Palmis (Santa María de las Plantas). Más sorprendente aún es la existencia de otra iglesia, la basílica de San Nereo y Aquileo, del siglo IV, situada en el lugar donde se afirmaba que Pedro tomó la primera y comprensible decisión, luego revocada, de emprender la fuga; allí perdió la pequeña venda (*fasciola*) que cubría la herida causada por las cadenas mientras estuvo encarcelado (*titulus Fascionale*).

Las tradiciones y leyendas sobre el apóstol Pedro, como muchas otras, se recogieron en *La Leyenda Dorada* o *Leyenda Aurea*, escrita en latín por el dominico Santiago de la Vorágine en 1264[432]. *Legenda* significa aquí de acuerdo con su sentido latino «obra para leerse». El libro conoció un éxito inmediato, múltiples edi-

---

430 M. Sordi, *I cristiani e l'Impero romano* cit., página 35, con indicación de las fuentes.
431 Existe una modélica y muy recomendable edición española a cargo de E. Fernández y M. Armiño, Anaya, Madrid, 1993.
432 Santiago de la Vorágine, *La Leyenda Dorada* I-II, trad. de J.M. Macías, Alianza Editorial, Madrid, 1990.

ciones y traducciones; su influencia llega hasta el tiempo presente. Contiene una detallada narración de los diversos episodios de la vida de Pedro hasta su ejecución y se detiene como era de esperar en la escena del *Quo vadis?* El autor añade una reflexión que posee profundidad teológica: *En aquel preciso momento el Señor subió al cielo ante la mirada atónita de san Pedro que comenzó a llorar de emoción, porque repentinamente se dio cuenta de que la crucifixión de que Cristo había hablado era la que a él lo aguardaba, es decir, la que el Señor iba nuevamente a padecer a través de su propia crucifixión.*

***

Centrándonos en la obra de Lucas, conviene explicar que el título exacto del libro varía según los manuscritos. «Hechos de los apóstoles» es el que presenta una tradición más sólida. Pero aparecen otros títulos parecidos: «Hechos», «Hechos de los santos Apóstoles», «De Lucas Evangelista Hechos de los santos Apóstoles». El término «hecho», *praxis*, solo aparece una vez en el texto, Hch 19, 18, y curiosamente con un significado secundario, pues se refiere a las prácticas mágicas difundidas entre algunos efesios. En todo caso los *Hechos*, *praxeis* (en griego) o *res gestae* (en latín), son expresiones que se adaptan ajustadamente a la intención de Lucas, empeñado en realizar una obra de tipo histórico según las exigencias de la historiografía del momento. El propósito declarado de Lucas es escribir la historia manejando metódicamente los datos escritos y orales disponibles, según manifiesta en el comienzo de su Evangelio 1, 1-4:

> Puesto que muchos han emprendido la tarea de componer un relato de los hechos que se han cumplido entre nosotros, como nos los transmitieron los que fueron desde el principio testigos oculares y servidores de la palabra, también yo he resuelto escribírtelos por su orden, ilustre Teófilo, después de investigarlo todo diligentemente desde el principio, para que conozcas la solidez de las enseñanzas que has recibido.

Y en el comienzo de los Hechos 1, 1: *En mi primer libro, Teófilo, escribí de todo lo que Jesús hizo y enseñó desde el comienzo.*

Respecto a la cuestión de quién pudiera ser este desconocido Teófilo al que se dedican ambos libros, recordemos en primer lugar que los Hechos fueron escritos en la ciudad de Roma y que fue también en Roma, donde los «oyentes» de Pedro le pidieron a Marcos —en tiempos de Claudio (41-54 d. C.)— que pusiera por escrito la predicación del Apóstol, el cual había llegado a Roma debido a la persecución de Agripa en Jerusalén (41-44 d. C.). Sabemos que en la composición de la comunidad cristiana de Roma había miembros de la clase alta del momento, vinculados con la corte del emperador, como demuestran, por ejemplo, entre otros muchos datos, los saludos que aparecen en la Carta a los Romanos, capítulo 16, y en la Carta a los Filipenses, capítulo 4[433]. El título de «ilustre» asignado a Teófilo, lejos de ser una mera salutación de cortesía, indica exactamente el rango del destinatario: se trata de un caballero, es decir de un miembro de la clase ecuestre, algo así como la aristocracia de segundo nivel tras la de los senadores. Teófilo tenía, pues, el mismo rango que otro personaje que conocemos: Poncio Pilato. Como ya se ha comentado, en las persecuciones de Domiciano de finales del siglo I d. C. se acusaron a aristócratas romanos convertidos al cristianismo, incluso familiares del emperador.

En la formación del canon del Nuevo Testamento[434], centrado en los cuatro Evangelios canónicos, se produjo una discontinuidad entre el Evangelio de Lucas y sus Hechos. L. Sánchez Navarro explica atinadamente que esta separación produjo un efecto muy beneficioso: los Hechos «aparecen como el punto de unión» entre los cuatro Evangelios y las Cartas de Pablo, en defensa de la ortodoxia de la Iglesia frente a posturas como la de Marción, la cual, según quedó explicado, había inventado un canon reducido a la medida de sus personales ideas. Asimismo, en los Hechos aparecen también los autores a los que se atribuyen las otras Cartas distintas de las de Pablo contenidas en el Nuevo Testamento:

---

433   M. Sordi, *I cristinai e l'Impero romano* cit., páginas 45-46.
434   L. Sánchez Navarro, *op. cit.*, página 243.

Santiago, Hch 12, 17; 15, 13; Pedro, Hch 1-12; Juan, Hch 1-4; 8, 14; incluso Judas: Hch 15, 22; 27; 32.

Son también conocidas las peculiaridades de los Hechos de los Apóstoles en el terreno de la crítica textual. Aparte de las variantes menores que presentan los manuscritos, fenómeno común en la transmisión de las obras antiguas, en los Hechos casi cabe hablar de dos versiones o «al menos, de una segunda edición»[435].

Para explicar este asunto, siquiera sea de una forma muy breve, debemos recordar que el contenido del Nuevo Testamento llega a las ediciones actuales a través de una larga historia de transmisión y edición, que parte de los manuscritos más antiguos conservados. Entre estos se distinguen los textos conservados en papiros —hemos mencionado ya el P52, que contiene el fragmento más antiguo de todo el NT, del Evangelio de Juan— y los conservados en pergamino (en un tipo de letra mayúscula denominada *uncial*; se conservan 268 manuscritos de esta clase). Pues bien, entre estos últimos destaca el códice *Beza*, representativo del llamado tipo occidental. Es un códice grecolatino, y el más antiguo de los códices bilingües conservados. Se fecha entre los siglos V y VI. Su nombre procede de quien fue su propietario, Teodoro de Beza, quien sucedió a Calvino en el gobierno de la ciudad de Ginebra.

El códice *Beza* «contiene los Evangelios y los Hechos, los primeros en el llamado orden occidental: Mateo-Juan-Lucas-Marcos. Tenía quinientos diez o más hojas, el texto griego en la página izquierda y el latín en la derecha»[436]. A juicio de algunos autores, siguiendo la tesis de E. Epp, se debe subrayar la tendencia antijudía del códice, que se muestra en las variantes que incorpora su redactor o en el modelo que haya utilizado[437]. El dato que centra nuestra atención es este: en el códice *Beza* la versión de los Hechos es aproximadamente un ocho por ciento más extensa que la que conservamos en los demás manuscritos. Por cierto, que esta

435 C. J. Hemer, op. *cit.*, páginas 53-57; A. Piñero, *Guía para entender el Nuevo Testamento* cit., páginas 372-373; J. Chapa, *La transmisión textual del Nuevo Testamento* cit., página 121.
436 J. Trebolle Barrera, *op. cit.*, página 380.
437 B. M. Metzger – B. D. Eherman, *op. cit.*, páginas 283-287.

última opción es la que se utiliza en las traducciones de las Biblias modernas, aunque no falta quien prefiere el «texto occidental», que en ciertos puntos corrige (mejora) el denominado «texto alejandrino» (códice Vaticano), utilizado de manera mayoritaria. En todo caso, también en este supuesto extremo no puede hablarse de sustanciales diferencias en cuanto a su contenido, por eso, parece razonable hablar de una primera y una segunda edición del libro. Recuérdese una vez más que la Iglesia declara canónicos los libros, no las diversas versiones que han llegado hasta nosotros.

Llegados a este punto y para poner de relieve el tipo de discrepancias entre las dos versiones de los Hechos de los Apóstoles resulta oportuno proporcionar algún ejemplo. En Hch 15, 20 y 29, en el contexto de las decisiones tomadas en el Concilio de Jerusalén (49 d.C.), el texto habitual dice: *Abstenerse de lo sacrificado a los ídolos, de la sangre, los animales estrangulados y de la fornicación*; el códice *Beza* no cita los animales estrangulados, pero incluye al final: *y cualquier cosa que no quieres que te suceda a ti, no se la hagas a otro*, palabras que sugieren que estamos ante un comentario añadido. Otro ejemplo. En el pasaje del discurso de Pablo en el Areópago de Atenas, Hch 17, 22-31, en el versículo 26 leemos *de uno solo* y en el 28, *pues en él vivimos, nos movemos y existimos;* en el códice de *Beza*, se añade en el primer versículo citado: *de una sola sangre;* y en el segundo *cada día.*

El discurso ante el Areópago es una muestra eminente del propósito y esfuerzo de la primera Iglesia por hacerse entender y, al mismo tiempo, de los límites inevitables que tal cometido entrañaba si se quería ser fiel al mensaje cristiano e impedir su desvirtuación. Por un lado, Pablo no tiene inconveniente en citar al poeta griego estoico Arato de Solos (310-240 a. C.)[438], cuando afirma *somos estirpe suya*, es decir, de Dios, interpretando estas palabras en el sentido de la filiación divina que la Iglesia predica de los bautizados y, en sentido más general, de toda la humanidad. No se oculta que la formación filosófica de Pablo de Tarso posibilitaba este procedimiento, en el que con

---

438   L. Sánchez Navarro, *op. cit.*, pagina 255. El verso se encuentra también en el himno a Zeus de Cleonte el Estoico.

naturalidad el apóstol recoge todo lo que resulta compatible con el Evangelio —como hará en todos los tiempos el pensamiento cristiano—. Pero, por otro lado, Pablo predica la resurrección de los cuerpos empezando por la de Jesús, generando en la mayoría del auditorio (no en todos) un rechazo completo e incluso previsible. Unos años más tarde, cuando escribe la Primera Carta a los Corintios, Pablo habla desde su propia experiencia de predicación, en este caso, refiriéndose a Cristo en la Cruz. Otro asunto que generaba incomprensión entre muchos oyentes: *Pues los judíos exigen signos, los griegos buscan sabiduría, pero nosotros predicamos a Cristo crucificado: escándalo para los judíos, necedad para los gentiles* 1, 22-23.

En los Hechos de los Apóstoles Jerusalén es el término final en el que culmina la historia de Jesús y, al mismo tiempo, el punto de partida para la misión universal encomendada a la Iglesia, Hch 1, 8[439]. Jerusalén y su Templo constituyen el escenario donde se desarrolla la vida de la primera comunidad de cristianos, sin que ello excluya la presencia de bautizados en otros lugares de la geografía judía. Es el lugar donde recibieron el día de Pentecostés la confirmación en la Fe por el Espíritu Santo, Hch 2, 1-11, y una primera manifestación de la universalidad de la Iglesia. Posee especial relevancia el primer discurso de Pedro contenido en Hch 2, 14-36[440]. Pero muy pronto la persecución de las autoridades judías, según demuestra el trágico final de Esteban, Hch 7, produjo una primera diáspora cristiana. El fugaz reinado de Herodes Agripa, entre los años 41 y 44 d.C., trajo consigo otro momento de angustia para la primera Iglesia, Hch 12, 1-4: Santiago el Mayor, junto con otros, fue ejecutado y Pedro, tras su salida de prisión, partió para Roma, Hch 12, 7[441], donde fundó una comunidad llamada a

---

439 Tomamos las ideas y contenidos recogidos en este apartado de: J. González Echegaray, *Los hechos de los Apóstoles y el mundo romano*, segunda edición revisada y actualizada, Editorial Verbo Divino, Estella, 2010, páginas 14-23; la obra constituye una excelente exposición del ámbito histórico contenido en los Hechos.

440 J. M. Casciaro – J. M. Monforte, *Jesucristo Salvador de la Humanidad. Panorama bíblico de la Salvación*, Eunsa, Pamplona 1997, páginas 391-394.

441 M. Sordi, *I cristiani e l'Impero romano* cit., páginas 31-32.

desempeñar una función determinante en la futura Historia de la Iglesia. Una comunidad que perseveró y que fue, por tanto, muy antigua y previa a la posterior llegada de Pablo en torno al 56 d.C.

Es probable que el regreso de Pedro a Jerusalén se halle vinculado con una expulsión que sufrieron los judíos en Roma en el año 49 d. C. —conocida por Suetonio, *Vida de Claudio* 25, 4— y que afectó igualmente a los cristianos, pues el motivo del conflicto fue provocado por las divisiones que en aquella comunidad produjo la predicación de la nueva Fe (*impulsore Chresto*, escribe Suetonio). Pedro está en Jerusalén ese año, donde preside el Concilio celebrado en aquella ciudad, Hch 15, 7; Gál 2.

En todo caso, a partir del capítulo 13, los Hechos de los Apóstoles recogen prácticamente de manera exclusiva la predicación de Pablo, de sus ayudantes y colaboradores fuera de Palestina. Antes de la Asamblea de Jerusalén Pablo realiza su Primer Viaje de Misión. En él se incluye Chipre y los territorios de Panfilia y de Pisidia, de acuerdo con la información de los capítulos 13 y 14 de Hch. En el curso de ese viaje tuvo lugar el encuentro de Pablo con el procónsul de Chipre, Sergio Paulo —en torno al 48 d. C.—, sobre el cual volveremos en el siguiente capítulo.

Dentro de los variados episodios narrados por los Hechos durante este primer viaje, quisiéramos reparar en uno en concreto, porque ilustra el mundo religioso en el que tuvo lugar la predicación de Pablo y, en general, de la primera Iglesia dirigida a los gentiles. Nos referimos a lo sucedido en la ciudad de Listra, colonia romana, en la provincia de Galacia, tras una curación, Hch 14, 11-13:

> Al ver lo que Pablo había hecho, el gentío exclamó en la lengua de Licaonia: Los dioses en figura de hombres han llegado a visitarnos. A Bernabé lo llamaban Zeus, y a Pablo Hermes, porque se encargaba de hablar. El sacerdote del templo de Zeus que estaba a la entrada de la ciudad trajo a las puertas toros y guirnaldas y, con la gente, quería ofrecerle un sacrificio.

La particular reacción de los habitantes de Listra tiene una explicación. Sabemos por Ovidio (*Metamorfosis* VIII, 611-724) de la existencia de una historia legendaria en la que se contaba que Zeus y Hermes descendieron del Olimpo adquiriendo forma humana; ello ocurría en el territorio de Frigia cercano a Listra. De hecho, en la zona de Listra han aparecido algunas inscripciones dedicadas a estos dos dioses[442]. Más interesante aún es el discurso de Pablo, modelo de la argumentación cristiana frente a las creencias y prácticas de la época, Hch 14, 15-17:

> Hombres, ¿qué hacéis? También nosotros somos humanos de vuestra misma condición; os anunciamos esta Buena Noticia: que dejéis los ídolos vanos y os convirtáis al Dios vivo que hizo el cielo y la tierra y el mar y todo lo que contienen. En las generaciones pasadas permitió que cada pueblo anduviera por su camino; aunque no ha dejado de dar testimonio de sí mismo con sus beneficios, mandándoos desde el cielo la lluvia y las cosechas a sus tiempos, dándoos comida y alegría en abundancia.

Las palabras de Pablo contienen una preparación previa para el anuncio del Evangelio, en un mundo que desconocía el concepto de Creación y el de la trascendencia divina. Tampoco eran adecuadas las concepciones precristianas en las que la distancia entre los dioses y los hombres se reducían y aquéllos pueden aparecer en forma humana. El misterio de la Encarnación es algo por completo diferente. Como ocurrirá en otras ocasiones, tampoco en este caso la predicación tuvo un éxito inmediato. Pablo fue lapidado y dado por muerto, sin embargo, pasado un corto período de tiempo, volvió a Listra.

El Segundo Viaje, comenzado en el 50 d. C., Pablo recorre Siria, Cilicia, Pisidia, Galacia, entre otros lugares. Pasó luego a Macedonia y Grecia: llega a Atenas y a Corintio, donde residió año y medio. Allí, en el 51, escribió las dos Cartas a los

---

442 Tomamos la información de: J. González Echegaray, *Los Hechos de los Apóstoles y el mundo romano* cit., página 261.

Tesalonicenses[443], no solo la primera, de acuerdo con lo que señalamos más arriba. Fue en Corintio donde conoció al procónsul de Acaya, Galión, un nuevo encuentro con otro magistrado romano, Hch 18, 11-12. A su vuelta estuvo en Éfeso, hasta el año 53.

En el Tercer viaje, sobre el que tenemos menos datos precisos, vemos partir de nuevo a Pablo de Antioquía, Hch 18, 23. De acuerdo con la cronología que nos parece mejor fundada este último viaje se desarrolló entre los años 53 y 54[444]. En el tiempo de la fiesta de Pentecostés del año 54 Pablo fue detenido en Jerusalén. Antes de esa detención, cuando estaba en Éfeso, escribió la Primera Carta a los Corintios. Desde Macedonia, la Segunda Carta a esa misma comunidad. En los meses sucesivos, las Cartas a los Romanos y a los Gálatas, durante el período de tres meses en que estuvo otra vez en Grecia, Hch 20, 2.

En el año 54 d. C. fue detenido en Jerusalén. En el 55 es trasladado a Roma, donde es juzgado en el que sería su primer proceso penal ante el tribunal del emperador. Según todos los indicios salió absuelto: estaríamos en el 58 d. C. Su segundo proceso, el que le llevaría a la muerte, debió de iniciarse en el año 62 d. C., coincidiendo con el cambio de política de Roma sobre el cristianismo. Más abajo volvemos sobre esta cronología, la que nos parece más cercana a la realidad de los acontecimientos.

El propósito de viajar a Hispania es mencionado por Pablo en la Carta a los Romanos 15, 24-28. Un propósito que no pudo cumplirse tal como lo tenía inicialmente previsto el Apóstol. Sin embargo, dado que es muy probable la hipótesis de que fuera absuelto en el primer juicio celebrado en Roma (en la cronología acogida por nosotros, terminado en el 58) y que el segundo juicio tuviera su final en el 63, queda un período de tiempo suficiente para que Pablo pudiera al fin cumplir su plan de viajar a Hispania. De hecho, algunos autores antiguos así lo afirman. Una hipótesis

---

443   Los escritos más antiguos del Apóstol: A. Fuentes Mendiola, *op. cit.*, página 279; no es seguro que sean, como se repite a menudo en relación con la primera de estas Cartas, el escrito más antiguo del Nuevo Testamento.

444   No es ésta la opinión mayoritaria, que se inclina por un tercer viaje más prolongado, entre los años 53 y 58 d. C.: en tal sentido, por ejemplo: A. Fuentes Mendiola, *op. cit.*, página 278.

similar es la que afirma que en el primer proceso Pablo fue condenado a un tipo de exilio, conocido como *relegatio* y que muy bien pudo cumplir esta pena en Hispania[445].

En los capítulos finales —del cap. 21 al 28— los Hechos de los Apóstoles describen la detención de Pablo en Jerusalén, sus comparecencias en Jerusalén y luego en Cesarea ante los gobernadores Félix y Festo, su apelación al César y su consiguiente viaje a Roma para ser juzgado ante un tribunal imperial. Según escribimos al comienzo de este capítulo, los Hechos se interrumpen de modo enigmático en el momento en que Pablo se halla a la espera del final de su proceso, en el transcurso de dos años en los que gozó de cierta libertad, en una suerte de arresto domiciliario (*custodia libera*), Hch 28, 30. Pablo fue absuelto en este primer juicio, quizá por la ausencia de sus acusadores, sugerida por un pasaje de Hech 28, 21-22 y la mención del plazo de los dos años[446] al que acabamos de hacer referencia. Pero Pablo fue nuevamente detenido. Tal es la situación que aparece en la Segunda Carta a Timoteo, en la que vemos a Pablo con cadenas, abandonado de gran parte de los suyos y a la espera de un proceso capital, cuyas circunstancias relativamente benignas parecen apuntar a que no estamos aún en los juicios del año 64, de carácter sumario y que llevaron a la muerte inmediata a un gran número de cristianos, sino en un momento inmediatamente anterior: con bastante probabilidad, en el año 63. Estas son las razones que fundamentan la opinión de que la ejecución de Pablo en Roma, sentenciado por un tribunal imperial, fue previa a los acontecimientos desencadenados por el incendio de julio del 64, sin que se pueda precisar más.

El estudio de los complejos trámites procesales que sufrió Pablo en Jerusalén, en Cesarea y en Roma es un asunto que no podemos abordar en estas páginas. Para hacerlo con un mínimo de rigor necesitaríamos prolongar excesivamente nuestra exposi-

---

445 De la misma opinión, aunque con una cronología diversa: A. Fuentes Mendiola, *op. cit.*, página 278.

446 El abandono de la acusación tras dos años fue ratificado por el senadoconsulto (decisión del Senado de Roma) Turpiliano del 61 d.C., pero antes existían ya normas que regulaban los efectos de la ausencia de los acusadores, tanto durante el reinado de Claudio como de Nerón.

ción. El lector interesado puede acudir a la modélica investigación realizada no hace mucho por Anna Maria Mandas[447].

Antes de cerrar este capítulo es preciso comentar, aunque sea brevísimamente, el asunto de la tan citada comunidad de bienes de la Iglesia primitiva. Algo ya se dijo en páginas anteriores. Este punto ha sido con mucha frecuencia mal interpretado por un sector de pensadores en la línea de defender que esta situación de comunidad de bienes materiales (a veces se habla sin más y de forma conscientemente anacrónica de «comunismo») correspondería a la verdadera esencia del cristianismo, luego desvirtuada y corrompida por la Iglesia. Estamos ante el consabido eslogan de «Jesús, el primer comunista» —así es como llegan estas cuestiones ante parte de la opinión pública desde hace siglos—. No hay nada de verdad en este aserto.

En primer lugar, es un hecho evidente que tanto Jesús de Nazaret como los primeros cristianos jamás impugnaron la legitimidad de la propiedad privada individual: ahí están los casos conocidos de Lázaro, Nicodemo, José de Arimatea, Zaqueo, personas de buena posición social que fueron fieles a su vocación sin necesidad de modificar la situación previa al encuentro con Jesús. Sabemos, porque lo dice el Evangelio, que un grupo de mujeres le servían *con sus bienes*: Lc 8, 3. En segundo lugar, la comunidad de bienes de la iglesia de Jerusalén descrita en Hch 4, 32-37 —la que centra el debate— respondió a una circunstancia muy especial. Se trataba de un grupo acosado muy pronto por las autoridades judías, como reveló la ejecución de Esteban en el 34 d. C. y ya antes las comparecencias de Pedro y Juan ante el Sanedrín (Hch 4, 1-22; 17-33). Este tipo de comunidad no tenía mucho que ver con la practicada en los grupos esenios[448]. Las condiciones de

---

447   A. M. Mandas, *Il processo contro Paolo di Tarso. Una lettura giuridica degli Atti degli Apostoli (21.27 - 28.31)*, Jovene Editore, Napoli, 2017, donde se plantea igualmente la hipótesis de los dos procesos, con la absolución de Pablo en el primero de ellos: páginas 268-294. El lector puede consultar también: H. Omerzu, *Der Prozess des Paulus. Eine exegetische und rechtshistorische Untersuchung der Apostelgeschichte*, Walter de Gruyter, Berlin – New York, 2002; C. Holz, *Die juristischen Aspekte des Paulusprozesses (Apg 21,18 - 28,31)*, Johann Wolfgang-Goethe-Universität, Frankfurt am Main, 2008.

448   J. Vanderkam – P. Flint, *op. cit.*, página 356.

extrema vulnerabilidad de esta Iglesia quedan confirmadas por la iniciativa del apóstol Pablo —años 50 del primer siglo— sobre una colecta para *los santos* de Jerusalén (no para los pobres en general) descrita en la Segunda Carta a los Corintios, capítulos 8 y 9. Además, el posterior clima de violencia social previo al estallido de la Guerra Judía (66-70 d. C.) condujo igualmente a una decisión extraordinaria: la de salir de Jerusalén para trasladarse a Pella en los tiempos inmediatamente anteriores al comienzo de la guerra[449].

Como conclusión más general cabe afirmar que la primera Iglesia no denunció el sistema económico vigente como tal[450], sino el mal uso de la riqueza, la soberbia y egoísmo de muchos ricos, en clave moral, favoreciendo la ayuda mutua y el ejercicio de la solidaridad y otras virtudes. En sus primeras formas de organización se basó sobre todo en la familia y en la creación de asociaciones privadas[451], los *collegia* en la terminología del Derecho romano. El monaquismo cristiano es un fenómeno posterior, a partir del siglo IV d. C. y fue siempre entendido como una vocación particular[452]. Para ilustrar la situación de los primeros cristianos resulta muy sugerente este pasaje del *Discurso a Diogneto* V, 1-2:

> Los cristianos, en efecto, no se distinguen de los demás hombres ni por su tierra ni por su habla ni por sus costumbres. Porque ni habitan ciudades exclusivas suyas, ni hablan una lengua extraña, ni llevan un género de vida aparte de los demás.

---

449 M. M. Mitchell – F.M. Young (edited by), *op. cit.*, páginas 99-102.
450 A. Fuentes Mendiola, *op. cit.*, página 272.
451 Puede consultarse: Tertuliano, *Apologético* 39, 5-13.
452 A. Di Berardino, *op. cit.*, páginas 277-316.

Iglesia de San Ildefonso (Toledo). *El Apóstol San Pablo.*

Capítulo XXVI

Pablo de Tarso. Judío, griego y romano. Sus Cartas. La hipótesis de una relación epistolar con Séneca el Filósofo

Francisco de Quevedo y Villegas, quizás el escritor más completo que ha dado la lengua española dedicó su última obra al apóstol Pablo. La escribió en 1643 y la dio a la imprenta el año siguiente. Eran los tiempos posteriores a su más dura prisión. Quevedo murió el 8 de septiembre de 1645. La obra, como no podía ser de otro modo en aquellos tiempos, llevaba un título del siguiente tenor: *La caída para levantarse, el ciego para dar vista, el montante de la Iglesia en la vida de san Pablo Apóstol. Obra teológica, ética y política.* Su autor demuestra una vez más la extensión de sus conocimientos filológicos y teológicos. La citamos aquí porque dentro de la extensa producción de Quevedo quizá haya llegado la hora de reparar en esta biografía de Pablo de Tarso, en la que utiliza una cantidad ingente de fuentes cristianas y no cristianas. Escrita —además, es superfluo decirlo— en una prosa excelsa.

Véase solo a modo de ejemplo el comentario que hace Quevedo al discurso de Pablo en Listra, el que hemos mencionado en el capítulo anterior:

«Muchos vasallos y ministros hay que no solicitan para sí las prerrogativas y regalías de sus príncipes; pocos que, si los tientan con ellas, no las admitan, agradeciéndolas a la lisonja. El que se las da a los más presumidos, los granjea con hacerles delincuentes. El que la recibe se muestra reconocido al que le puede acusar cuando quisiere, mal confiando en no reparé y no lo supe. Esto que se ve muchas veces y siempre se castiga en criados con sus señores, más veces sucede a los miserables hombres con Dios. No son pocas las cosas que debiéndose decir y hacer con Dios solo, mandan los hombres que se hagan con ellos y se les digan. Uno de los defectos más comunes de los hombres es el endiosarse tanto, que proverbialmente se dice por vituperio. Este frenesí es del amor propio, primer artífice de la idolatría. Los desórdenes de este amor propio previnieron el primer precepto, mandando amar a Dios sobre todas las cosas; y hay quien por sí mismo ama una cosa sola más que a Dios. Llaman semejantes a los dioses a san Pablo y a san Bernabé; dicen que el uno es Júpiter y el otro Mercurio: como estos eran demonios y el compararlos con ellos oprobio, despreciáronle; mas, cuando vieron al sacerdote venir a su puerta con víctima a ofrecerles sacrificio y adoración (regalía de solo el Dios verdadero que predicaban), entonces se rasgan las túnicas y gritan su mortalidad, y pregonan la sola majestad soberana, a quien solo se debe lición que siendo tan sacrosanta, no se desdeña de ser política».

Hasta aquí Quevedo[453].

Nuestro propósito en este capítulo ha de ser mucho menos elevado. Ofrecer una rápida panorámica de los orígenes y formación de Pablo de Tarso. Acometeremos un asunto que en los últimos tiempos viene siendo soslayado en los estudios paulinos: su posible vinculación con Séneca, según podría demostrar el epistolario entre ambos personajes, comúnmente tenido por apócrifo. Finalmente realizaremos una reseña de sus Cartas —algunos aspectos de las cuales ya han sido objeto de comentario en este libro—. Una grandísima cantidad de materias quedará

---

453   En *Obras Completas. Obras en prosa*, volumen II, edición de F. Buendía, Aguilar, Madrid, 1979, páginas 1652-1653.

fuera de estas páginas: no solo todo lo que tiene que ver con sus procesos penales y otros incidentes previos ante varios tipos de autoridades, sino algo mucho más relevante, la exposición de su Teología, asunto que rebasa por completo el cometido de esta obra.

Yo soy judío, de Tarso de Cilicia, ciudadano de una ciudad ilustre, Hch 21, 39 (9, 11; 22, 3). Pablo pertenecía a la categoría de los judíos de la diáspora, muy numerosa, sobre todo en Egipto, pero que se extendía por muchas zonas del Imperio, incluyendo la ciudad de Roma. Desde el siglo II a. C. el territorio de Cilicia —en la zona sur de Anatolia lindante con Siria— había sido objeto de acciones militares romanas. Es probable que fuera ordenado como provincia romana ya desde el 102 a. C. Desde entonces Roma llevó a cabo diversas modificaciones en la ordenación de este territorio en cuya exposición no conviene detenernos ahora[454]. Tarso, con una larga historia a sus espaldas, era la capital provincial. En su condición de gobernador, allí residió durante algún tiempo Cicerón, pero antes y después por allí habían pasado muchos personajes históricos de primera fila, desde Jenofonte a Cleopatra.

Dentro de las diversas categorías en las que Roma distribuía las ciudades, Tarso formaba parte del grupo de las *ciudades libres* y se le concedió la inmunidad. La ciudad, famosa no solo por ser el centro de una intensa vida política y económica, sino también por su peso cultural, sobre todo en el campo de la retórica y de la filosofía. Antípatro de Tarso (murió en el 129 a. C.) sucedió a Diógenes de Babilonia como líder de la escuela estoica. Otros filósofos de Tarso fueron Zenón, Heráclides, Néstor o Atenodoro. Este último tuvo como discípulo al emperador Augusto. La conexión de Tarso con el estoicismo es relevante, porque influyó notablemente en el pensamiento de Pablo, aunque no podamos determinar la forma concreta y el origen de tal influencia. Más abajo comentaremos el asunto de su posible vinculación con el filósofo estoico Séneca.

---

454   Acerca de esta materia se puede consultar: M. Sartre, *op. cit.*, páginas 275-330.

Pablo (*ca.* 5 d. C. - *ca.* 63 d. C.) era ciudadano de Tarso; gozaba también de la ciudadanía romana, Hch 16, 37; 22, 25, 27. El fenómeno de la doble ciudadanía es habitual en esta época. Sabemos que Pablo era ciudadano romano por nacimiento, Hch 22, 28. Cuando el tribuno le dice que él, por el contrario, había adquirido la ciudanía por un gran precio, alude a un mecanismo que conocemos por otras fuentes fuera de los Hechos de los Apóstoles: por ejemplo, está atestiguada en Atenas[455] hasta su prohibición por Augusto en el 21 d.C. En el caso de Pablo, sus ascendientes paternos —no sabemos desde qué generación ni la causa— gozaban ya de la ciudadanía romana[456].

De los tres nombres de todo ciudadano romano, solo conocemos su *cognomen, Paulus.* Su nombre judío era Saúl (Saulo). Conforme a la hipótesis que defiende M. Sordi, el asunto guarda relación con el encuentro en torno al 48 d. C. de Pablo con el procónsul de Chipre, Sergio Paulo, por iniciativa del gobernante romano. Antes de ese momento, los Hechos de los Apóstoles utilizan siempre el nombre de Saulo. Pudo haber un nexo entre la conversión del procónsul, Hch 13, 12, y el cambio de nombre del Apóstol, pese a que la falta de más datos impida una conclusión más precisa y mucho menos hablar de una adopción. Lo que sí es seguro es que la familia senatorial de los Sergio Paulo aparece posteriormente como cristiana: el hijo del procónsul, Lucio, y la hija de este, Sergia Paulina, mujer del cónsul del 112 d. C., Cn. Cornelio Severo. Una hija de Sergia Paulina contrajo matrimonio con M. Acilio Glabrión, cónsul en el 124 d. C., hijo del Acilio Glabrión ejecutado por ser cristiano en época de Domiciano[457].

Circuncidado a los ocho días, del linaje de Israel, de la tribu de Benjamín, hebreo hijo de hebreos; en cuanto a la Ley, fariseo, Flp 3,

---

455 *Ibidem*, página 133.
456 Sobre la ciudadanía romana en los Hechos de los Apóstoles: A.N. Sherwin-White, *op. cit.*, páginas 144-171.
457 M. Sordi, *I cristiani e l'Impero romano* cit., página 222, donde se ofrecen también datos derivados de la epigrafía acerca de un *collegium* romano situado en la casa de miembros de esta familia. El *collegium* era la forma asociativa que utilizó la Iglesia en los primeros tiempos, forma jurídica de lo que podemos llamar «iglesias domésticas».

5. Pablo es ciudadano de Tarso (griego), ciudadano de Roma, pero su más íntima identidad es judía —del linaje de Abraham, 2 Cor 11, 22—. Sabemos también que Pablo se formó en Jerusalén en la escuela de Gamaliel el Viejo, Hch 5, 34-39; 22, 3, nieto de Hillel[458], quien desarrolló su magisterio aproximadamente entre los años 25 y 50 d. C. Es interesante esta conexión, porque Hillel dentro del judaísmo encabezó en su momento una tendencia teológica más flexible que la de Sammai, el otro gran rabino de su época.

Puede darse por seguro un buen conocimiento de la retórica y de la filosofía estoica por parte de Paulo[459], la cual es utilizada y cristianizada de forma clara en su Teología de la Iglesia como Cuerpo de Cristo[460] —también que el Apóstol conocía en cierta medida el Derecho Romano—. El concepto de *cuerpo* es un elemento central de esta escuela filosófica, la cual se valía de él para la determinación y clasificación de todo lo que existe. Corporeidad y existencia son términos sinónimos. Con frecuencia no se ha entendido bien este planteamiento filosófico y se ha pretendido derivar del uso de esta categoría una visión necesariamente materialista. Esta influencia estoica pero adaptada a la ortodoxia de la Iglesia llega con una fuerza especial hasta Tertuliano[461], a pesar de algunas expresiones de rechazo. En Pablo el elemento determinante son los textos bíblicos interpretados a la luz del Evangelio; sin embargo, se valió de algunos elementos de la filosofía estoica para dar expresión a su propio pensamiento y abrió de este modo una vía fecunda de diálogo entre Teología y filosofía, que «competirá» con el platonismo. En todo caso, el uso de la categoría de «cuerpo» aplicada a la Iglesia, corresponde a un profundo planteamiento filosófico-teológico que va más allá del de una mera

---

458   C. J. Hemer, *op. cit.*, página 162. Un nieto de este Gamaliel, el rabino Gamaliel II, fue uno de los dirigentes del judaísmo tras la destrucción del Templo.

459   D. Ramos-Lissón, *op. cit.*, página 44.

460   Tratamos estas cuestiones en: J. M. Ribas Alba, *Persona. Desde el Derecho Romano a la Teología Cristiana*, segunda edición, Editorial Comares, Granada, 2012, páginas 259-279. Puede consultarse: T. Engberg-Pedersen, *Paul and the Stoics*, Westminster John Knox Press, Louisville (Kentucky), 2000; M.V. Lee, *Paul, the Stoics, and the Body of Christ*, Cambridge University Press, 2008.

461   J. Daniélou, *Los orígenes del cristianismo latino*, Ediciones Cristiandad, Madrid, 2006, páginas 180-198.

metáfora. Lo mismo cabe decir de la doctrina de Pablo sobre los dos Adán —Carta a los Romanos 5, 12-21 y Primera Carta a los Corintios 15, 45-49—.

La interconexión entre el método de interpretación de las Escrituras que emplea san Pablo en sus Cartas, el denominado *derash* que, como sabemos, es una forma de acercamiento a los escritos bíblicos propia del judaísmo, por una parte; y, por otra, su utilización de conceptos tomados de las corrientes filosóficas de su época, singularmente del estoicismo, es un planteamiento propio del Apóstol, que demuestra así su altísimo nivel intelectual. El *derash*, considerado en general, persigue sacar a la luz algunos sentidos de la Biblia, partiendo de la base de que las Escrituras permiten una permanente actualización (no modificación), pues, siendo Palabra de Dios, tiene abundancia de sentidos para todos los tiempos. Pablo lleva a cabo un *derash* cristiano, partiendo de la idea del contenido inagotable del Antiguo Testamento, de la unidad de ambos Testamentos, pero también de la novedad de Cristo, que *murió por nuestros pecados según las Escrituras*, 1 Cor 15, 3.

La Ley antigua queda superada, llevada a su cumplimiento. Por eso proclama que con la llegada del Mesías, las «obras de la Ley» (Gál 2, 16; Rom 3, 19, no las «obras» en general) han dado paso a una nueva realidad de Salvación fundada en la Fe en Cristo, la cual confirma la Ley (Rom 3, 31), que era preparación antes de su venida. *Pues el fin de la Ley es Cristo*, Rom 10, 4. Y a la iglesia le ha tocado vivir *en la última de las edades*, 1 Cor 10, 11. La profundidad de su pensamiento y la genial síntesis con la que unifica los modos de argumentar propios de su formación como fariseo y de la filosofía griega con la novedad del Evangelio explican en buena medida la dificultad que el lector puede encontrar en ocasiones cuando se enfrenta a sus escritos. Súmese el dato —porque puede servir para explicar el presupuesto de esta síntesis— que la Biblia que Pablo utiliza, demuestra conocer a la perfección y que cita abundantemente es la versión griega de los Setenta.

La confluencia entre el concepto bíblico de *basar* y el estoico *soma* («cuerpo» en ambos casos) constituye uno de los puntos centrales de una Teología de la Iglesia[462] y del hombre[463] en Pablo. Antes hemos mencionado el discurso de Pablo en el Areópago en el que el Apóstol citó a un poeta estoico, Arato de Solos, Hch 17, 28. Es solo muestra de un procedimiento que debió de utilizar en otros momentos de su predicación. Esta recepción (parcial) de la filosofía estoica por parte de Pablo es con toda certeza la raíz primera de la confluencia entre el pensamiento cristiano y el estoico en una línea que va desde Tertuliano, san Jerónimo y san Agustín hasta Justo Lipsio y los clásicos de nuestro Siglo de Oro, tanto en la literatura eclesiástica como en la profana (con inclusión de Quevedo), en un movimiento dado en llamar neoestoicismo.

La aproximación de Pablo al estoicismo se realizó sobre todo en lo que podemos llamar la vertiente romana de este movimiento filosófico. En el 51 d. C., en el transcurso de su segundo viaje, en Corinto conoció a Galión, procónsul de Acaya, Hch 18, 11-16, quien le otorgó un trato favorable. Galión parece conocer al menos parcialmente el cristianismo. El procónsul, de orden senatorio como Sergio Paulo, no es otro que L. Junio Novato Galión, hermano de L. Anneo Séneca, el Filósofo. El hermano mayor del filósofo cordobés se llamaba originariamente *L. Annaeus Novatus*, pero fue adoptado por el rétor Junio Galión y como era norma modificó desde entonces su nombre, pasando a llamarse *L. Iunius Gallio Annaeanus*. Fue, como decimos, procónsul de la provincia senatorial de Acaya entre los años 51 y 52 d. C. Como en tantas otras ocasiones, la información que suministran los Hechos de los Apóstoles sobre personajes, fechas y lugares quedan refrendada por fuentes externas: en este caso especialmente por una inscripción que recoge una carta del emperador Claudio a Galión como procónsul de Acaya[464].

La tradición cristiana mantiene un recuerdo favorable de alguno de estos filósofos estoicos latinos. Ya quedó mencionado

---

462   E. Mersch, S. I., *Le Corps Mystique du Christ. Études de theologie historique*, tome I. *Doctrine de la l'Ecriture et de la tradition grecque*, Museum Lessianum, Louvain, 1933.

463   J. A. Fitzmyer, *Teología de San Pablo*, Ediciones Cristiandad, Madrid, 2008, páginas 156-160.

464   L. Boffo, *op. cit.*, páginas 247-256.

en repetidas ocasiones el discurso de Pablo en el Areópago de Atenas: allí citó a un poeta estoico, Arato. Recuérdese la expresión de Tertuliano sobre Séneca en *De anima*, 20: *Seneca saepe noster*. Podrían añadirse otros nombres, como los de Musonio Rufo o Persio. Cristianismo y estoicismo, al menos en su versión latina, compartían algunos principios morales fundamentales: la dignidad del ser humano, la *pietas*, la *fortitudo*, la lealtad (*fides*), por citar solo algunos. No es casual que la hostilidad y persecución de los emperadores Nerón y Domiciano afectara por igual a cristianos y a estoicos. Por otro lado, se ha defendido por parte de algunos autores que, en la traducción al griego de la Biblia hebrea, la conocida versión de los Setenta, en alguna ocasión se observa la influencia del estoicismo sobre el traductor: esto ocurre en el libro de los Proverbios[465].

En este contexto general es donde debe ser valorado el epistolario conservado, compuesto por catorce cartas, entre Séneca y Pablo, que comienza y se concentra en los años 58 y 59 d. C., en la época de máxima influencia política del filósofo —Séneca cayó en desgracia en el año 62 d. C.—. De ellas, dos con completa seguridad no son auténticas, pero las otras doce bien pudieran serlo[466], pese al rechazo casi generalizado o el olvido de este asunto en la literatura especializada sobre ambos autores. En nuestra opinión existe un argumento muy poderoso a favor de su autenticidad. Es este: que un filólogo de altísimo nivel y preparación, muy cercano a los hechos (al menos en comparación con los eruditos modernos) como Jerónimo, el más docto en estas materias de los Padres de la Iglesia[467], las admite sin mostrar ningún tipo de reservas. Precisamente alega este motivo para incluir a Séneca entre los autores de su *De viris illustribus*, escrito en el 392-393 d. C.): su relación epistolar con san Pablo: *non ponerem in catalogo nisi me illae Epistulae provocarent*; este motivo le basta para situar al filósofo cordobés de manera excepcional entre el número selecto de

---

465   J. Trebolle Barrera, *op. cit.*, página 137.
466   Seguimos en este apartado a M. Sordi, *I cristiani e l'Impero romano* cit., páginas 50-56., que deberá consultar el lector especialmente interesado en este asunto.
467   L. Canfora, *op. cit.*, páginas 7-8.

sus escritores eclesiásticos. La obra la escribió para demostrar a los paganos que la Iglesia contaba con una sólida tradición intelectual y la inclusión de Séneca, autor no cristiano, no pudo tomarse a la ligera. San Agustín conoce las cartas (*Epistula* 153, del 413 d.C.).

Las cartas que podrían considerarse auténticas (excluidas dos de ellas) se presentan como un intercambio de opiniones entre dos amigos, escritas en latín vulgar, sin pretensiones de tipo literario. Séneca demuestra conocer algunos escritos de Pablo e incluso le da algunos consejos para que el Apóstol mejore su latín (*ep.* III y XIII), pero no se expresa como cristiano en ningún momento. En las cartas de Pablo se observan algunas expresiones provenientes del griego (*sophista, aporía*). No así en las de Séneca. El filósofo, en la carta VII, citando las Cartas de Pablo a los Gálatas, a los Corintios y a los *Achaeis*, traduce la expresión de Pablo en griego, «temor de Dios», por *horrore divino*, no según el uso cristiano, *timor Dei*. Hay también una alusión al proyectado viaje de Pablo a Hispania (*ep.* V). Y la noticia del matrimonio de Nerón con Poppea, en el 62 d. C. Es sugerente que en la carta VII Séneca saluda no solo a Pablo, sino también a Teófilo, quien podría ser el miembro del orden ecuestre al que Lucas dedica su obra.

***

Pasemos ahora a realizar algunas consideraciones sobre las Cartas de Pablo contenidas en el Nuevo Testamento. De los veintisiete escritos que lo forman, veintiuno tienen la forma de Carta. Trece llevan el nombre de Pablo. Dentro de otros libros del Nuevo Testamento encontramos también incorporadas cartas o fragmentos de cartas: Hch 15, 23-29; 23, 26-30; y las siete «cartas» del Apocalipsis dirigidas a las siete Iglesias de Asia, Ap 2-3[468].

Incidentalmente, como en un paréntesis, puede ser de interés informar al lector de que también en el género epistolar, al igual que ya sabemos que ocurre con los Evangelios y los Hechos de los

---

468   D. Álvarez Cineira, *op. cit.*, página 95.

Apóstoles, hubo una literatura apócrifa. Dejando aparte el epistolario de Pablo y Séneca, sobre el que la hipótesis de su autenticidad
no puede excluirse a la ligera, las cartas atribuidas a Pablo[469] son: la
Tercera Carta a los Corintios, la *Carta a los Laodicenses*. Respecto
al apóstol Pedro: la *Predicación de Pedro* y los *Kerigmata Petrou*. Se
cita también la *Carta de los Apóstoles* o *Testamento de Nuestro Señor
de Galilea*. Respecto a la *Carta de Bernabé*, ha de excluirse la calificación de apócrifa, pues es un tratado teológico de principios del
siglo II d. C.

Una reflexión que ayudará a comprender los fundamentos de
la posición defendida en estas páginas acerca de la autoría real del
Apóstol (dejando aparte el caso especial de la Carta a los Hebreos)
ha de empezar por señalar los diversos tipos de cartas que conoció el mundo antiguo. En la vida cultural de griegos y romanos
se identifican cuatro modelos. En primer lugar, las escritas directamente por su autor. En segundo, las dictadas de forma literal.
En tercero, las redactadas por un ayudante sobre la base de un
esquema o borrador que le facilita el autor. En cuarto y último
lugar, aquellas en las que se encarga al ayudante su redacción pro-
porcionándole solo algunas ideas básicas[470]. Así, por ejemplo, en la
Carta a los Romanos 16, 22, se afirma que quien escribió material-
mente la Carta fue Tecio. Sabemos que entre los colaboradores de
Pablo se contaban personas de excelente formación literaria, como
Lucas o Apolo. En otras ocasiones es el propio Pablo el que parece
haber escrito o al menos haber dictado el texto palabra por palabra: ocurre esto en la Carta a los Gálatas o en la Segunda Carta a
los Corintios. Incluso en este último caso, la Carta empieza: *Pablo,
apóstol de Cristo Jesús por la voluntad de Dios, y Timoteo (...)*, 2
Cor 1,1 (1 Tes 1, 1; 2 Tes 1, 1; Fil 1, 1; Col 1, 1).) La breve Carta a

---

469 Tomado de: J. Trebolle Barrera, *op. cit.*, página 276; debe advertirse que el autor
      considera apócrifa la correspondencia entre Pablo y Séneca.

470 J. M. Casciaro – J. M. Monforte, *Jesucristo, Salvador de la humanidad* cit.,
      página 415. La clasificación se encuentra ya en: A. Dalbesio, *Paolo di Tarso. La
      personalità e l'opera*, en *Il Messagio della Salvezza. Lettere di San Paolo e Lettera
      agli Ebrei*, Elle Di Ci, Torino – Leumann, 1976, páginas 63-70, donde se aborda
      la materia de las posibles Cartas perdidas de Pablo. También en: J. Vázquez
      Allegre, *op. cit.*, páginas 271-272.

Filemón parece escrita de puño y letra del Apóstol. En otras cartas Pablo añade que ha agregado él mismo el saludo final: Primera a los Corintios, Colosenses y Segunda a los Tesalonicenses.

Consideraciones parecidas pudieran añadirse sobre la Primera Carta de Pedro, en la que aparece Silvano como redactor, 1 Pe 5, 12.

La clasificación más arriba presentada se nos muestra como mucho más certera que la que habitualmente aparece en los libros sobre esta materia. La distinción entre *cartas* (escritos privados) y *epístolas* (escritos literarios dirigidos en última instancia a un público amplio) resulta ser demasiado rígida y, al menos, en el caso de las Cartas del Nuevo Testamento tales delimitaciones nunca se tuvieron en cuenta, dado el carácter comunitario de la primera Iglesia. Asoma también en esta última clasificación la sombra de la crítica escéptica, que vincula el supuesto carácter literario de las epístolas cristianas —de nuevo esto era de esperar— con la ficción, que llegaría también al autor: pues situados ya dentro de esta atmósfera literaria se fingiría también el nombre del autor (es el fenómeno tan querido por este sector de comentaristas de los escritos pseudónimos). Desde estos presupuestos —en nuestra opinión imaginarios— se pasa a consideraciones de tipo sustancial: la existencia —también poco fundada— de una evolución, de una continua «reinterpretación», en la teología de la escuela paulina. Fragmentación que se añade a la también muy extendida opinión de que Pablo y no Jesús de Nazaret sería el verdadero fundador de la Iglesia. Una afirmación esta última que gusta mucho a los «iniciados».

Esta forma de proceder —a menudo, pero no siempre, en su versión moderada— ha irrumpido con éxito dentro de los comentaristas que se dicen cristianos, llenos de buena fe, pero desprovistos de sentido crítico ante la crítica (si se nos permite el juego de palabras que ya en otro contexto utilizó Marx en uno de sus libros). Un estado de la opinión mayoritaria podría ser este. Se dividen las Cartas de San Pablo en tres grupos. En el primero se sitúan las cartas que serían auténticas. 1 Tesalonicenses, Gálatas, 1 y 2 Corintios, Romanos, Filipenses y la Carta a Filemón. El resto de las Cartas son consideradas «pseudopaulinas» y, dentro de este grupo se distingue a su vez en algunos casos entre escritos *deute-*

ropaulinos (2 Tesalonicenses, Colosenses y Efesios) y escritos «no auténticos»: 1 y 2 Timoteo y Tito. Como antes indicamos la Carta a los Hebreos presenta problemas específicos[471].

En particular, el hecho de considerar como no paulinas en sentido estricto las denominadas Cartas Pastorales (Primera y Segunda a Timoteo, Carta a Tito) supone una enorme falta de respeto a la tradición de la Iglesia primitiva, algo muy característico de la filología alemana desde el siglo XVIII, que cree saber más de los textos que sus propios autores y de quienes los conservaron y consideraron auténticos. Aquí se mezclan además prejuicios surgidos desde la época de la Reforma sobre la estructura jerárquica de la Iglesia católica. Hemos tratado ya el caso de la Segunda Epístola a Timoteo, cuyo contenido coincide exactamente con la situación de Pablo en la época anterior a su muerte en torno al año 63 d. C., y que ofrece detalles muy concretos de su vida y estado de ánimo en esos momentos. En modo alguno puede ser considerada como una especie de creación literaria compuesta una o dos generaciones después de la del Apóstol, en un contexto de «lucha por el poder» dentro de la Iglesia[472]. Se constata una vez más la tendencia, en este libro nuestro muchas veces advertida, de convertir el contenido histórico de los escritos del Nuevo Testamento, en una pura manifestación literaria a gusto de los comentaristas (que en muchos casos demuestran claras lagunas de formación histórica).

De lo que sí puede hablarse es de etapas en el desarrollo de los escritos de Pablo, algo que es natural en la trayectoria de cualquier escritor, cuente o no con el don de la inspiración, pero siempre que se subraye que estamos ante un desarrollo homogéneo, el cual preserva la unidad en todos los puntos doctrinales tratados: el anuncio es de un Evangelio único, indisponible: *Pues bien, aunque nosotros mismos o un ángel del cielo os predicara un Evangelio*

471 D. Álvarez Cineira, *op. cit.*, páginas 96-98; J. Vázquez Allegre, *op. cit.*, páginas 268-269, en el ámbito de la divulgación, pueden servir de ejemplo; véase también: A. Wikenhauser – J. Schmid, *op. cit.*, páginas 573-596; A. Piñero, *Guía para entender el Nuevo Testamento* cit., páginas 253-255; 407-414.

472 *Ibidem*, páginas 443 y 457. Mucho más convincente: A. Fuentes Mendiola, *op. cit.*, páginas 303 y 304. Es normal que a la vista de su próximo fin Pablo resalte los aspectos institucionales que aseguren la continuidad de la Iglesia.

distinto del que os hemos predicado, ¡sea anatema! Lo he dicho y lo repito: Si alguien os anuncia un Evangelio diferente del que recibisteis, ¡sea anatema! Cuando digo esto, ¿busco la aprobación de los hombres o la de Dios?, Gál 1, 8-10 (1 Cor 1, 12; 2 Tim 1, 11; 4, 3). Sobre la base de este principio rector, presentamos a continuación una síntesis de la posición que adoptan J. M. Casciaro y J.M. Monforte[473], siguiendo a L. Cerfaux, aproximación que nos parece certera (pese a que discrepemos en parte de la cronología que estos autores admiten).

Etapa escatológica (la venida del Mesías al fin de los tiempos). Son las Cartas escritas durante el segundo viaje de san Pablo. En ellas se manifiesta su formación farisea, modificada por la novedad del Evangelio. En las dos Cartas a los Tesalonicenses, que en nuestra opinión pertenecen a esta misma época: probablemente al año 50 d.C., Pablo se ocupa de la segunda venida del Mesías (aclarando en la segunda Carta algunos puntos que habían sido mal interpretados). Muerte y Resurrección de Cristo, como primer acto de la Parusía.

Etapa soteriológica (salvación, justificación[474], Gracia de Dios[475]). Este segundo grupo de cartas se escribió en el período de su segundo viaje de misión. Pertenecen a ella la Carta a los Gálatas, las dos a los Corintios y la Carta a los Romanos, la más extensa de todas. Pablo contesta a sus adversarios y se dirige al presente de la Iglesia, preocupado por las desviaciones doctrinales que se introducían en las distintas comunidades y por el riesgo de la desunión. Particularmente, en la Carta a los Romanos, Pablo desarrolla una Teología de la universalidad del Evangelio, fundado en la Fe en Cristo, por la que nos hacemos hijos de Dios (Rom 8, 14-17).

---

473 J. M. Casciaro – J.M. Monforte, *Jesucristo Salvador de la humanidad* cit., páginas 422-427: nuestro texto en este apartado es un resumen, con algunas adiciones, de lo que se expone en el libro de estos autores.

474 Justificación (*dikaiosyne*) es palabra frecuente en san Pablo, sobre todo en la Carta a los Romanos.

475 También Gracia (*charis*) es un término central en las Cartas de Pablo, sobre todo en la Carta a los Romanos, con 24 testimonios, 10 en I Cor y 18 en 2 Cor.

La Fe como don gratuito, Gracia[476], de Dios, por medio de nuestro Señor Jesucristo (Rom 5, 1). También la ya citada anteriormente doctrina de los dos Adán (Rom 5, 12-21; 1 Cor 15, 45-49)[477], en la que madura la idea de la Iglesia como comunidad abierta a toda la humanidad, en un sentido (modificado) que se encuentra en la doctrina de Séneca y otros estoicos[478].

Lo mismo cabe afirmar de la Teología de la Iglesia como Cuerpo de Cristo, en I Cor 12 (Rom 12, 4; Gál 3, 28; Ef 4, 1-16). Ya advertimos que esta vinculación va mucho más allá del uso de una metáfora como recurso literario. Pues describe por analogía la unidad sobrenatural de la Iglesia, pero también la unidad del género humano[479]. Supone y desarrolla la noción primordial de Reinado de Cristo[480] y dota de un fundamento racional al mandamiento del amor (*agape, caritas*) expuesto en el capítulo 13 de la Primera Carta a los Corintios, de un modo que, una vez más, sugiere un cierto parecido con las ideas de Séneca[481], pese a que hay una diferencia radical de planteamiento, porque el Dios de los estoicos no es personal y Pablo mantiene siempre abierto el vínculo con el Antiguo Testamento: la caridad es la plenitud de la Ley (Rom 13, 10), la esencia de la santidad, participación en la santidad de Dios por la Gracia. La novedad radical reside en la propuesta de la identificación con Cristo: *en Cristo Jesús*, Gál 3,28; Rom 6, 11[482].

Etapa Cristológica. Se reúnen aquí las Cartas que en otras clasificaciones se denominan Cartas de la cautividad, que se suelen

---

476   Como sabemos, la Carta a los Romanos fue el texto clave en el que apoyó Lutero su idea de la justificación por la sola Fe, dado que la naturaleza humana estaría absolutamente dañada por el pecado. Su interpretación se fundada en una interpretación muy reductiva de las palabras de san Pablo. Puede consultarse: J. L. Lorda, *La Gracia de Dios*, Palabra, Madrid, 2004, páginas 141-171.

477   J. Ratzinger, *La unidad de las naciones*, Ediciones Cristiandad, Madrid, 2011, páginas 30-33.

478   M. V. Lee, *op. cit.*, páginas 13-18; 150, que remite a la Epístola 92 de Séneca.

479   H. de Lubac, *op. cit.*, páginas 19; 236.

480   Reino de Cristo es expresión que también utiliza san Pablo: Gál 5, 21; 1 Cor 6, 9-10; 15, 50.

481   M. V. Lee, *op. cit.*, páginas 184-185.

482   F. Ocáriz, *Naturaleza, Gracia y Gloria*, segunda edición, Eunsa, Pamplona, 2011, páginas 343-345.

separar de las llamadas Cartas Pastorales (Primera y Segunda a Timoteo, Carta Tito), pese a que entre estas, según la tesis que aquí defendemos, la Segunda a Timoteo pertenece al último período de la vida del Apóstol, en espera de la sentencia que lo condenaría a muerte. Las Cartas que se sitúan en este apartado son: las dirigidas a los Efesios, a los de Colosas, a los de Filipos; más la dirigida a Filemón (cristiano de Colosas). Para un sector de los especialistas la Carta a los Filipenses pudo escribirla en Éfeso, durante el corto período en que Pablo permaneció en prisión. En Flp 1, 13, la expresión *gente del pretorio* puede referirse tanto a Roma como a cualquier residencia de un gobernador provincial. El nombre de Cartas de la Cautividad procede del testimonio del propio Pablo, que afirma que se escribieron estando él preso: Ef 3,1; 4,1; 6, 20; Col 1, 24; 4, 3; 10, 18, Flp 1, 7; Flm 1, 1, pero sin aportar más información sobre el asunto.

Destacan en estos escritos los grandes himnos cristológicos: Flp 2, 6-11; Ef 1, 3-14; Col 1, 15-20. Éstos suponen una profundización de Pablo en esta materia central del Evangelio. Y en otras decisivas como la naturaleza de la Iglesia, la preeminencia de la caridad, la presentación más precisa de los principios de la moral y de la ascética cristianas: *hijos de Dios sin tacha, en medio de una generación perversa y depravada, entre la cual brilláis como lumbreras del mundo*, Flp 2, 15. En la misma Carta a los Filipenses compara el ejercicio de las virtudes con las exigencias de la competición deportiva; subraya varias veces la relevancia de la alegría cristiana. Una profundización que continuará en la Teología de los Padres y se plasmará en los grandes Concilios de los primeros siglos de la Iglesia. No está de más señalar que últimamente parece no tenerse en cuenta en los estudios de exégesis del Nuevo Testamento todo este contenido de la Tradición de la Iglesia: rara vez se citan la doctrina de tales Concilios y menos aún las obras de comentarios de los grandes teólogos medievales. Ni que decir tiene que en las populares *vidas de Jesús* que se venden en las librerías «de tema religioso» todo este rico material teológico, que al fin y al cabo está muy cerca de los acontecimientos, al menos más cerca que los autores del siglo XVIII y XIX, ha sido repudiado por completo: en su lugar, aunque no se diga, aparece una Cristología alternativa, poco consistente, pero más al gusto de los menos doctos.

Entre las Cartas de este grupo se incluye, como ha quedado apuntado, la brevísima Carta a Filemón, un amigo de san Pablo, que debía a este la Fe, persona de buena posición económica en Colosas. Su esclavo Onésimo, fugado, llega a Roma donde se encuentra con san Pablo. Se convierte al cristianismo y el Apóstol escribe esta Carta para que con ella vuelva a Colosas al lado de su amo, solicitando su perdón. Aún en este caso, donde la autoría de Pablo —incluso material— es tan evidente, no faltaron en la escuela alemana — F. C. Baur o R. Steck, por ejemplo— quienes defendieron que se trataba de una falsificación del siglo II, fundando esta opinión en la interpretación simbólica (alegórica) que habría que dar al nombre de Onésimo[483].

Etapa pastoral. Ya nos hemos referido en varias ocasiones a este grupo de Cartas y en particular hemos defendido, basándonos en la Tradición de la Iglesia y en criterios de tipo histórico, la especial importancia de la Segunda Carta a Timoteo. El nombre de Cartas Pastorales, asumido con cierta ingenuidad, no es neutral. Utilizado desde el siglo XVIII, en primer lugar, por B. N. Berdot y P. Anton[484], prepara el camino para intentar defender una fractura entre la Iglesia inicial y una Iglesia ya organizada institucionalmente con la presencia de una jerarquía. En su época —verdadero precursor de muchos errores luego retomados adánicamente por los modernos— Marción rechazó estas tres Cartas. Sin embargo, los presbíteros-obispos existían casi desde el principio. En Jerusalén los encontramos ya en torno al 45 d. C., Hch 11, 30. La crítica escéptica, invocando también razones de estilo y de léxico, alega que son tardías y ni siquiera redactadas por un discípulo inmediato de Pablo. Estamos ante un argumento idéntico al presentado en su momento respecto a los Evangelios. Por el contrario, hay que subrayar que los datos que proporcionan el texto de las Cartas Pastorales indican que fueron escritas por el Apóstol en la época final de su vida. Ello es especialmente evidente en la

---

483   A. Wikenhauser – J. Schmid, *op. cit.*, página 715.
484   *Ibidem*, página 762.

Segunda Carta a Timoteo. Las diferencias de estilo literario respecto a las Cartas anteriores se explican acudiendo a los diversos tipos de composición epistolar que conocía el mundo antiguo, como ya sabe el atento lector. El uso de los términos «piedad» e «impiedad» (*eusebeia, asebeia*) característicos en estas Cartas —1 Tim 3, 16; 2, 2; 2 Tim 3, 5; Tit 2, 12, entre otros lugares— enlaza también con el vocabulario de los estoicos romanos, grato a san Pablo.

***

Sobre la Carta a los Hebreos se abrió desde antiguo un debate acerca de su atribución a Pablo e incluso sobre su canonicidad. La Iglesia en Occidente no aceptó la autoría de Pablo sino en el siglo IV (aunque la cita Clemente Romano, a finales del siglo I). El canon de Muratori no la menciona. En la tradición oriental se admitió sin mayores problemas; incluso aparece aludida en el *Evangelio de la verdad* (gnóstico), de mediados del siglo II, lo cual es prueba de que se consideraba auténtica. Es obvio que tiene rasgos peculiares. Desde el punto de vista formal no contiene saludos iniciales, pero sí una despedida. El estilo que utiliza es muy cuidado, lejos del de san Pablo, a menudo vehemente e incluso desordenado en ocasiones. Ni siquiera el Concilio de Trento (8-IV-1546), que aceptó su canonicidad, definió la autenticidad paulina de la Carta[485]. San Pablo puede ser considerado inspirador de este escrito. Algunos autores defienden que más que de carta debe hablarse de una prédica o sermón; o de un pequeño tratado teológico, con un final de estilo epistolar. Sin embargo, la Carta se dirige a una comunidad particular, aunque no sepamos cuál.

De su nombre, «a los Hebreos» (que se impone en el siglo II) y de su específico contenido, se concluye que fue escrita para un grupo de judeocristianos, quizá sacerdotes judíos convertidos al

---

485   A. Fuentes Mendiola, *op. cit.*, página 308.

cristianismo[486] aunque también en este punto las opiniones están divididas. En ella se utiliza la versión bíblica de los Setenta y de tal manera e intensidad, que algún autor ha definido esta Carta como un midrash (una interpretación) del Salmo 110, el que empieza: *Oráculo del Señor a mi Señor: Siéntate a mi derecha y haré de tus enemigos estrado de tus pies,* citado por Jesús en Mt 22, 44[487]. Presenta el Evangelio como plenitud de la Antigua Alianza y declara la Antigua como ya superada; sin embargo, respecto a la Antigua Alianza solo cita normas de carácter ritual: estas son las únicas que se declaran ya derogadas, por el Sacrificio de Cristo, Sumo Sacerdote —según el orden de Melquisedec[488]— y autor de la Salvación, Heb 5, 7-10[489].

---

486   J. M. Casciaro – J. M. Monforte, *Jesucristo Salvador de la humanidad* cit., página 511 nota 10.

487   A. Diez-Macho, *La historicidad de los Evangelios de la infancia* cit., página 15.

488   Personaje que aparece en la literatura de Qumrán (11QMelk), como figura escatológica y Mesías sacerdotal: E. Levine, *op. cit.*, página 27, con una interpretación de la Carta a los Hebreos.

489   Debe consultarse: F. Ocáriz – L. F. Mateo-Seco – J. A. Riestra, *El misterio de Jesucristo* cit., páginas 384-393.

Capítulo XXVII

La mala fama de las Cartas Católicas

Después de las catorce Cartas de Pablo —si se incluye la de Hebreos— aparecen en el Nuevo Testamento otras siete Cartas (una de Santiago, dos de san Pedro, tres de san Juan y una de san Judas) que desde época antigua, en autores como Orígenes, Eusebio y san Jerónimo, se conocen como Cartas Católicas, por ser universales y no ir dirigidas a una comunidad particular (con excepción de la Segunda y Tercera de Juan)[490]. Dentro del canon no siempre han ocupado la misma posición: desde san Jerónimo se sitúan después de las Cartas paulinas y antes del Apocalipsis. En la tradición griega figuraban antes que las Cartas de San Pablo. Su orden interno también ha variado a lo largo de los tiempos. En cuanto a su transmisión textual, sin pretender entrar en esta materia a fondo, podemos citar el Papiro Bodmer VII-IX, P72, escrito por un copista en el siglo III, que contiene tres de las Cartas Católicas: las dos de Pedro y la de Judas, junto al Salmo 33 y 34, una Oda de Salomón y otros dos textos. Otro Papiro Bodmer, XVII, P74, de los siglos VI y VII recogió en su origen los Hechos de los Apóstoles y las Cartas Católicas[491]. Eusebio de Cesarea las

---

490   A. Fuentes Mendiola, *op. cit.*, página 312.
491   A. Wikenhauser – J. Schmid, *op. cit.*, páginas 148-149.

cita, pero no de forma completamente positiva, pues cataloga la mayor parte de ellas en la categoría de libros discutidos[492]. En las Iglesias de Occidente se utilizó para ellas la expresión de Cartas Canónicas. A partir del siglo IV, los grandes códices (Vaticano, Sinaítico y Alejandrino) contienen las siete Cartas.

La Carta a Santiago —la Carta que no le gustaba a Lutero (véase el capítulo X de este libro)— se atribuye a Santiago, hijo de Cleofás (o Alfeo) y de María, hermana (en sentido estricto o amplio) de la Virgen, Jn 19, 25, uno de los Doce, Mt 10, 3, llamado por tal motivo el *hermano del Señor*, Gál 1, 19. Existe una opinión distinta, según la cual se trataría de otro Santiago, un «tercer Santiago», otro pariente del Señor (Jn 7, 5; 2, 12; Mc 6, 3; Mt 27, 56), puesto que el primero es Santiago el Mayor, el de Zebedeo, hermano de Juan el Evangelista.

Advirtamos que la cuestión debe de quedar abierta. Suele aducirse para apoyar la última opinión citada arriba que la Carta de Santiago presupone la doctrina de Pablo —sobre la Fe y las obras— y una errónea interpretación de ella por parte de algunos miembros de la Iglesia, Sant 2, 14-26, asunto que exigiría el transcurso de un cierto período de tiempo para que pudiera dar lugar a la controversia. Es cierto que hasta mediados del siglo III no hay noticias de esta Carta en las fuentes disponibles: se alega este dato para rechazar que se trate de un autor apóstol, al igual que se dice que la perfección del griego utilizado casa mal con las circunstancias vitales de Santiago el de Alfeo u otro individuo de raíces estrictamente judías. Esto último tampoco es decisivo, puesto que nada sabemos de la formación de Santiago; ni de la posibilidad de que, como en otros supuestos conocidos, pudiera ayudarse de alguien que fuera experto conocedor de la lengua griega, conforme al modo de escribir en el mundo antiguo. Un ayudante que demuestra incluso conocimientos de retórica y de filosofía, pero que en la composición del escrito no excluye los semitismos[493]. Para mayor complicación, la Carta de Santiago se parece a la literatura sapiencial del Antiguo Testamento, con

---

492   D. Álvarez Cineira, *op. cit.*, página 149.
493   A. Wikenhauser – J. Schmid, *op. cit.*, páginas 859-860.

su conjunto de exhortaciones morales y su tono admonitorio. En todo caso, el año 62 d. C., cuando murió Santiago *el hermano del Señor*, sea este como parece el Apóstol u otro Santiago, puede servirnos como fecha límite para su redacción, frente a quienes esgrimen la solución de posponer la composición de este escrito hasta una fecha postapostólica, alegando la solución tan sugestiva para muchos de una ficción pseudoepigráfica[494], la cual pensamos que debe excluirse.

Santiago ofrece un conjunto de indicaciones, principios y preceptos, para vivir las virtudes cristianas con exigencia heroica. En este sentido podría decirse que su discurso se sitúa en el ámbito de la Teología moral. Destaca la necesidad de atender a los más desfavorecidos de la comunidad; nos gusta destacar esta frase, porque resplandece en ella la forma cristiana de entender las relaciones humanas: *Que el hermano de condición humilde se sienta orgulloso de su alta dignidad*, 1, 9. Es dentro de este contexto, en relación con el mandato de vivir la caridad con el prójimo en toda circunstancia, sin acepción de personas, donde se sitúa la tantas veces citada parte de la Carta en la que se explica que una Fe sin obras es una Fe muerta, 2, 17. Amonesta de modo especial a los ricos (no los condena irremisiblemente), en un estilo recio y directo que recuerda no solo obras como los Proverbios (que cita), sino también a los profetas del Antiguo Testamento, 5, 1-6.

La Primera Carta de Pedro es coetánea de la Segunda Carta a Timoteo de Pablo. Con arreglo a criterios históricos, puede asignarse a la misma época: tras el cambio de política imperial sobre los cristianos, cosa que ocurrió en el 62 d. C., pero antes del 64[495], año en el que se produjo una persecución sangrienta contra la comunidad cristiana de Roma. La Carta de Pedro se hace eco de este ambiente en el que los cristianos son ya objeto de calumnias y amenazas públicas: 1, 6; 2, 12; 3, 16; 4, 1, 4, 12-16; y prepara a las comunidades para el inminente período de prueba y martirio que se viene encima en otras zonas del Imperio. Sabemos de la existencia de esa atmósfera de odio hacia la Iglesia por Tácito. Este

---

494   D. Álvarez Cineira, *op. cit.*, página 150.
495   M. Sordi, *Il Cristianesimo e Roma* cit., página 86.

autor ofrece también noticias sobre un hecho ya mencionado: que la persecución neroniana afectó igualmente a los estoicos de la clase dirigente (*Annales* XVI, 21-28). Tras el incendio de Roma de julio del año 64, se detuvieron a muchos cristianos. El martirio de Pedro tuvo lugar en el 64 d. C.; algún autor llega a proponer una fecha concreta: el 13 de octubre de ese año[496]. La Carta menciona a Marcos, 5, 13, la persona que recogió por escrito la predicación oral de Pedro en Roma y a Silvano (Silas en Hch), como redactor material de la epístola. Una vez más, el argumento contra la autoría de Pedro, basado en el buen griego del escrito, se desvanece: Pedro es *auctor* (en sentido latino, inspirador) de una Carta cuya redacción final es obra de sus ayudantes, buenos conocedores del griego.

La Segunda Carta de Pedro plantea más problemas en cuanto a su datación y autoría real[497]: se propone la hipótesis de que el autor fuera un discípulo anónimo de san Pedro en torno a los años 80-90 d. C. No faltan quienes la atribuyen a san Pedro como su autor real[498]. Al fin y al cabo, las referencias del texto van en ese sentido: Pedro afirma que su muerte está próxima, 1, 14, y se presenta como testigo inmediato de acontecimientos de la vida de Jesús de Nazaret, 1, 18. Conoce y cita la Carta de Judas Tadeo de una forma tal que se puede hablar de dependencia respecto a esta. Sabe igualmente de las Cartas de Pablo, 3, 15. En la Carta se aborda la materia de la Parusía, la segunda venida de Cristo, negado por los «falsos profetas», los cuales pretenden transformar el mensaje del Evangelio en una sabiduría de tipo mitológico (*fábulas fantasiosas*, 1, 16). Reaparece el asunto de cuándo será ese momento final de la Historia. No lo sabemos: *pero el Día del Señor llegará como un ladrón*, 3, 10.

Las tres Cartas de Juan, de finales del siglo I, suelen estudiarse actualmente formando parte de los otros escritos del Apóstol, Apocalipsis y Evangelio. La segunda Carta es el escrito más breve

---

496   M. Sordi, *I Cristiani e l'Impero romano* cit., página 69 nota 36.
497   J. M. Casciaro – J.M. Monforte, *Jesucristo Salvador de la humanidad* cit., páginas 613-614.
498   A. Fuentes Mendiola, *op. cit.*, página 317.

de todo el Nuevo Testamento: trece versículos. También nosotros hicimos más arriba alguna referencia conjunta a esta unidad de contenido y a la probable intervención de un discípulo del Apóstol en la redacción final de los escritos joánicos. Desde el siglo II la Tradición atribuye estas epístolas a Juan Evangelista. Por lo demás, basta leer la primera de las Cartas para descubrir, más allá de diferencias de detalle, al autor del Apocalipsis y del cuarto Evangelio: *Lo que existía desde el principio, lo que hemos oído, lo que hemos visto con nuestros propios ojos, lo que contemplamos y palparon nuestras manos, acerca del Verbo de la vida,* 1 Jn 1, 1. También es significativa la mención del Anticristo en 2, 22. La Carta contiene la afirmación esencial de que Dios es amor, 4, 7-8, desarrollada posteriormente en la Teología de la Iglesia. En la tercera de las Cartas se recupera un estilo coloquial. Va dirigida a un tal Gayo, utilizando un tono cordial que incluye algunas indicaciones morales.

Finalmente, la Carta de San Judas (Tadeo), hermano de Santiago[499]. El texto advierte de la presencia de cristianos que han perdido la sana doctrina de la Iglesia, a los que llama libertinos, por su conducta depravada, en especial, por el pecado de lujuria, 8. 23. Da la impresión de que el autor se dirige contra las primeras manifestaciones del gnosticismo, de una manera análoga a lo que leemos en el Apocalipsis contra los nicolaítas. En cuanto a la tradición textual de esta Carta, el panorama que se observa es diverso: el canon de Muratori la acepta (la cita junto a dos Cartas

---

[499] Mt 13, 55. Recuérdese a estos efectos una noticia recogida por Hegesipo. Dos nietos de este Judas, hermano del Señor, fueron acusados en tiempos del emperador Domiciano (según parece de aspirar a la monarquía en Israel): *De la familia del Señor vivían todavía los nietos de Judas, llamado hermano suyo según la carne, a los cuales delataron por ser de la familia de David (...) Ellos lo admitieron. Entonces les preguntó cuántas propiedades tenían o de cuánto dinero disponían, y ellos dijeron que entre los dos no poseían más que nueve mil denarios, la mitad de cada uno (...) Preguntados acerca de Cristo y de su reino: qué reino era éste y dónde y cuándo se manifestaría, dieron la explicación de que no era de este mundo ni terrenal, sino celeste y angélico y que se dará al final de los tiempos; entonces vendrá Él con toda su gloria y juzgará a vivos y muertos y dará a cada uno según sus obras. Ante estas respuestas, Domiciano no los condenó a nada, sino que incluso los despreció como a gente vulgar:* Eusebio de Cesarea, *Historia Eclesiástica* III, 20.

de Juan). También Tertuliano, Clemente de Alejandría, Orígenes y san Atanasio. No la menciona san Ireneo. Eusebio de Cesarea la ubica entre los escritos discutidos, opinión que sigue Jerónimo, sobre todo porque Judas recoge algún pasaje de libros apócrifos (*La Ascensión de Moisés* y *1 Henoc*).

La mala fama de que estas Cartas gozarían entre muchos estudiosos del Nuevo Testamento parece misteriosamente inscrita y preanunciada en el nombre de «Católicas» con el que fueron conocidas desde antiguo. El fenómeno afecta también a las Cartas Pastorales[500]. Nos referimos a una valoración negativa que empezó en los círculos protestantes —recuérdese la animadversión que Lutero expresaba sobre la Carta a Santiago—, se consolidó en estos ámbitos a lo largo de los siglos, se sistematizó por obra de los eruditos alemanes (cuyas fobias ya conocemos) y, según es norma, penetró en el ámbito de los estudios sobre el Nuevo Testamento realizado por autores *católicos* siempre proclives a la admiración de lo que viene de fuera. Este tránsito de lo protestante a lo católico ya ha sido objeto de atención en estas páginas en más de una ocasión, de modo que no conviene volver con demasiada insistencia sobre esta clase de argumentos.

La idea de fondo consiste en proponer que, frente a una Iglesia abierta a los carismas, flexible y plural, que es la propia de las Cartas auténticas de Pablo, se va abriendo camino una Iglesia «desviada», «petrificada» (en todos los sentidos de la palabra), sacramental. De la apertura inicial, a una clausura que progresivamente convertiría a la Iglesia en una institución ajena (más o menos, según las diversas interpretaciones) al Evangelio. Esta tendencia es la que se dice detectar en las Cartas Católicas —y en todas las que no son de Pablo, sino más bien de la «escuela paulina»—.

Varios problemas de fondo plantean esta forma de ver las cosas. En nuestra opinión el obstáculo principal que aconseja desechar estas teorías consiste en que ellas no son otra cosa que

---

500 No en vano Marción, que redujo el Nuevo Testamento al Evangelio de Lucas (modificado por él, dejando fuera el Evangelio de la infancia) y a las Cartas de Pablo, excluyó de su número a las Pastorales, inaugurando en cierta medida métodos posteriores que ahora tienen plena actualidad.

el fruto de un prejuicio. Prejuicio eclesiológico disfrazado con los ropajes de la exégesis «crítica». La Reforma produjo un cisma, al rechazar la configuración institucional de la Iglesia Católica. Ese fue el punto de partida real para todo lo que viene después, como se nota inmediatamente en los escritos de Lutero y otros herejes semejantes, partidarios desde el comienzo de rechazar todo cuanto en el Nuevo Testamento molestara sus ansias de renovación radical. La exégesis protestante, gran parte de toda su crítica literaria, se ha construido sobre esta piedra angular. Se ha valido de métodos filológicos —presentados como neutrales— para ir acomodando sus nuevos dogmas. Aunque suene un poco fuerte alguien tendrá que decirlo: han hecho de la filología un arma contra la Tradición de la Iglesia. En la medida de lo posible, a veces con hipótesis puramente imaginativas, han procurado siempre buscar fechas lo más tardías posibles para la redacción de los libros que componen el Nuevo Testamento. Y han abusado del recurso de la falsa atribución de las obras, en especial de algunas Cartas (pseudonimia), algo que no deja de ser una falsificación. Posponer las fechas posibles de la redacción de las obras: se hizo con los Evangelios y los Hechos de los Apóstoles. Y se hace con las Cartas, exceptuando las que se adaptan mejor a las ideas de la Reforma. Es propio de la herejía excluir más que armonizar. Se ha creado un *canon dentro del canon*. Y como decimos, en nombre de una filología servil.

Todo lo que aluda a los Sacramentos, a la organización eclesial, a cargos, a estructura jerárquica —según estas sesgadas e interesadas corrientes— no pudo ser originario. Se convierten en sospechosas «adiciones» al mensaje originario (el prefijo alemán «Ur-», tan socorrido). De hecho, estas posturas no constituyen el punto de partida en la investigación de tales autores. El verdadero punto de partida se sitúa en la hipótesis de que entre la predicación de Jesús de Nazaret y la predicación de la Iglesia primera existe un abismo. Como lo hay entre los Sinópticos y Juan. Y entre todos ellos y Pablo. Finamente es el mismo Pablo el que queda fragmentando en varios autores que llevan su mismo nombre. Son «las aciagas divisiones del protestantismo», a las que se refirió en su momento Louis Bouyer.

Es casi cómico que investigadores muy serios del ámbito de la Reforma hablen con completa normalidad del *proto-catolicismo* de algunas Cartas de Nuevo Testamento. Del protocatolicismo de los Hechos de los Apóstoles incluso. Y no cómico, sino triste, que algunos autores católicos se sumen a estas reflexiones. La institucionalización de la Iglesia, particularmente en los momentos en que iba desapareciendo la generación de los Apóstoles, es un fenómeno jurídico propio de cualquier comunidad humana situada en ese trance de dar continuidad temporal a los propios fines. Si en algunas Cartas aparecen rasgos «católicos» es sencillamente porque son documentos de la única Iglesia, la católica.

Capítulo XXVIII

¿Nuevo Testamento o Nueva Alianza?

Habitualmente llamamos Nuevo Testamento al conjunto de escritos inspirados y canónicos que la Iglesia apostólica añadió a la Biblia hebrea. Desde la perspectiva cristiana la Biblia judía es denominada por este motivo Antiguo Testamento ya desde los escritos de san Pablo, 2 Cor 3, 14. A pesar de los repetidos intentos que se han producido en su larga historia, la Iglesia nunca ha caído en el error de menospreciar o de excluir (es el caso de Marción, entre otros muchos) el Antiguo Testamento, porque sabe de la unidad del plan divino, del que dan testimonio ambas partes de las Sagradas Escrituras. Desde Abraham y los profetas se llega a Cristo, Heb 1, 1. Los cristianos leen el Antiguo Testamento a la luz de la Fe en Jesús, muerto y resucitado. Lo interpretan, cuando es necesario, según las reglas de los géneros literarios (por ejemplo, el comienzo del Génesis), pero partiendo de que la esencia del mensaje de Salvación que contiene es la Revelación de Dios en la Historia. Frente a la mitología y al politeísmo, a las fábulas y las alegorías, judíos y cristianos son los testigos y «guardianes» del único Dios creador, que libremente se ha revelado a los hombres con su Palabra. El mismo san Pablo, que insiste y da por derogada la antigua Ley por la llegada del Mesías, lo hace en cuanto a las normas rituales y venera el Antiguo Testamento como Palabra de Dios. Ocurre que el fin de la Ley es Cristo (Rom 10, 4) y la Salvación llega por medio de Él, de su Gracia, no por las «obras de la Ley».

Los escritos del Nuevo Testamento no se presentan como una absoluta novedad. Describen la venida del Mesías en numerosísimas ocasiones como el cumplimiento de las Escrituras: 1 Cor 15, 3. Leemos, por ejemplo, en el Evangelio de Lucas 24, 44-47: *Y les dijo: Esto es lo que os dije mientras estaba con vosotros, que era necesario que se cumpliera todo lo escrito en la Ley de Moisés y en los Profetas y Salmos acerca de mí. Entonces les abrió el entendimiento para comprender las Escrituras. Y les dijo: Así está escrito: el Mesías padecerá, resucitará de entre los muertos al tercer día y en su nombre se proclamará la conversión para el perdón de los pecados a todos los pueblos, comenzando por Jerusalén.* Jesús, el Mesías, da cumplimiento perfecto a la Ley y a los Profetas: Mt 5, 17.

Por todo ello, en su sentido más profundo el Nuevo Testamento constituye una realidad anterior a los textos. Esta es una de las causas de por qué debe considerarse errónea la extendida afirmación según la cual el cristianismo es la *religión del libro*. Como si un libro hubiese fundado la Iglesia. Ella es previa al Nuevo Testamento escrito. Puede decirse que la iglesia fue la autora —bajo la inspiración del Espíritu Santo— de los libros sagrados, que nacieron dentro de su Tradición. San Pablo hablaba de las dos Alianzas o de los dos Testamentos antes de que fuese escrito nuestro «Nuevo Testamento». Y cuando lo fue, los cristianos se inclinan ante él primariamente para recordar o descubrir una Historia, más que para comentar sus textos. Textos cuyo contenido, por otra parte, procedían de la predicación oral anterior. El Nuevo Testamento es la forma de designar la nueva etapa de la Historia de la Salvación. La denominación —sobre la cual diremos algo más abajo— tiene su origen inmediato en las palabras del mismo Jesús. En la última Cena, en el momento de instituir el Sacramento de la Eucaristía, llamó Nueva Alianza a su sangre: Mt 26, 28; Mc 14, 24; Lc 22, 20; 1 Cor 11, 25. Denominaba de este modo a su único sacrificio en la Cruz, sacramentalmente actualizado e instituido en la última Cena. Nueva Alianza que se superpone a las Antiguas de Dios con su Pueblo, especialmente por medio de Abraham, Gén 17, y de Moisés, Éx 24.

El término hebreo, el que sirve de base a toda la terminología posterior, es el de *berit*, que se traduce por «alianza». ¿Por qué, entonces, hablamos de Nuevo Testamento y de Antiguo Testamento? ¿Se trata de un error de traducción, como a veces puede leerse en escritos de autores poco cultivados?

En realidad, para designar a las Sagradas Escrituras de la Iglesia se utilizó desde el principio una pluralidad de expresiones, incluyendo también este término, el de «Escrituras», que aparece en la Segunda Carta de Pedro 3, 16, para referirse a las epístolas de san Pablo. Escrito en griego, la expresión que se utiliza para designarlo es *Kaine Diatheke, Novum Testamentum.* Por el contrario, para designar la Escrituras judías: *Palaia Diatheke, Vetus Testamentum.* El término *Diatheke* entra en el vocabulario bíblico antes de la llegada del cristianismo. Los traductores de la versión de los Setenta eligieron esta palabra para traducir la *berit* (pacto, alianza) hebrea, concepto central del Antiguo Testamento. Al tomar esta opción los autores judíos de la versión griega de la Biblia ajustaron —pero solo en cierta medida— el que podemos considerar el sentido más común de *diatheke* en griego profano, el de testamento. Para explicar este uso lingüístico conviene señalar que en los Derechos de la Antigüedad las categorías de «testamento» y de «pacto», en algunos contextos, se encontraban mucho más cercanas de lo que es habitual en los Derechos modernos.

Según los Setenta, la *berit* (alianza, pacto) del Sinaí —Éxodo 19— fue una *diatheke* o «testamento», porque se entendía la relación de Yahvé con su pueblo, por analogía, como la de un *pacto de adopción*, el cual lleva consigo efectos respecto a la nueva condición y la herencia del adoptado, en este caso el pueblo de Israel. Pactos sucesorios, adopciones y testamentos son instrumentos que poseen efectos muy parecidos. Estas figuras jurídicas, como decimos, son muy comunes en los Derechos antiguos. Llegan incluso hasta el Derecho romano. Algunos Derechos modernos conocen la figura del pacto sucesorio. Antes de la Alianza del Sinaí, leemos en el Éxodo 4, 22-23 lo que el Señor le dijo a

Moisés: *Y dirás al faraón: Así dice el Señor: Israel es mi hijo primogénito. Yo te digo: Deja salir a mi hijo para que me dé culto* *(...)*. Y si se puede hablar de una *Nueva Alianza* es sencillamente porque así la denomina en su profecía Jeremías 31, 31-34. Una Alianza en la que Dios lleva la iniciativa, contiene una Promesa, pero que requiere la correspondencia, la obediencia humana. Jesús, en la última Cena, al instituir la Eucaristía, dentro de esta Tradición, habla de su sangre, de su muerte en la Cruz, como el fundamento de esta Nueva Alianza (Mt 26, 28; Mc 14, 24; Lc 22, 20). En explícita conexión con el pasaje del Éxodo en el que se narra la ratificación de la Alianza por medio de sacrificios, según era práctica habitual que llegaba hasta la liturgia del Templo de Jerusalén. Leemos: *Entonces Moisés tomó la sangre y roció al pueblo diciendo: Esta es la sangre de la alianza que el Señor ha concertado con vosotros, de acuerdo con todas estas palabras*, Éx 24, 8.

El sentido sacrificial de la muerte de Cristo-sacerdote, que trae la Salvación, es el asunto central de la Carta a los Hebreos. Por ello no es extraño que sea en este escrito donde más se utilice el término *diatheke* en comparación con otras obras del Nuevo Testamento. Y que, en esta Carta, aprovechando la riqueza de sentidos del término en cuestión, se realice una transición desde la idea de Alianza hasta la de Testamento en sentido estricto, perfectamente conocido en esa época:

> Por esa razón, es mediador de una alianza nueva: en ella ha habido una muerte que ha redimido de los pecados cometidos durante la primera alianza; y así los llamados pueden recibir la promesa de la herencia eterna. Donde hay testamento tiene que darse la muerte del testador; pues el testamento entra en vigor cuando se produce la defunción; mientras vive el testador no tiene vigencia. De ahí que tampoco faltase sangre en la inauguración de la primera alianza; y cita a continuación el pasaje del Éxodo arriba mencionado, Heb 9, 15-18.

Estos antecedentes explican que terminara imponiéndose, desde finales del siglo II d. C., la expresión «Nuevo Testamento», la cual coexistía con otras expresiones semejantes que se encuentran en los primeros escritores cristianos. Así, Tertuliano, buen testigo para estos asuntos emplea: *scriptura, litterae, libri, digesta, commentarii, instrumentum,* entre otras varias. Estas oscilaciones aparecen también en san Jerónimo: cuando traduce el texto hebreo, *berit* lo vierte al latín como *foedus* o *pactum* (alianza, pacto, tratado). Pero cuando utiliza la versión griega, *diatheke* se traduce como *testamentum.*

Lactancio, en sus *Instituciones Divinas,* de comienzos del siglo IV d. C., no duda en escoger la palabra «Testamento», insistiendo en la posición central que ocupa la muerte de Cristo en la doctrina de la Iglesia. Escribe:

> Moisés y los propios profetas llaman testamento a la ley entregada a los judíos, y la llaman testamento porque hasta que no muere el testador, no puede confirmarse el testamento, ni puede saberse qué hay escrito en él, ya que está sellado y cerrado; y si Cristo no hubiese aceptado la muerte, no se habría podido abrir el testamento y entender el misterio de Dios. Ahora bien, las Escrituras están divididas en dos Testamentos: el que antecede a la venida y pasión de Cristo, es decir, la ley y los profetas, que se llama antiguo; y el que fue escrito después de la resurrección de Cristo, que se llama nuevo (…), Cristo, el cual, tras aceptar la muerte por nosotros, nos hizo herederos del reino eterno, IV, 20 (trad. de E. Sánchez Salor).

Es la muerte redentora en la Cruz la que explica la preferencia por el término «Testamento», término que, por otra parte, había sido utilizado ampliamente en muchas obras de las que denominamos apócrifas: *Testamentos de los Doce Patriarcas, Testamento de Moisés, Testamento de Adán,* por citar solo algunos ejemplos.

Los libros que contienen el Nuevo Testamento fueron reconocidos por la Iglesia dentro de un grupo mucho más amplio de escritos. La determinación de los libros considerados como Sagrada Escritura se produjo dentro de la Tradición apostólica de la Iglesia, guiada por el Espíritu Santo. Ya sabe el lector que el «canon» propuesto por Marción a mediados del siglo II d. C. tuvo que influir necesariamente sobre este asunto, pues exigió una toma de postura de la Iglesia que preservara el depósito de la Escritura a ella confiada. En Occidente el llamado canon de Muratori (conservado en la Biblioteca Ambrosiana de Milán), de la segunda mitad del siglo II y difícil interpretación, contiene una lista de libros tenidos como canónicos. Reconoce todo el Nuevo Testamento excepto la Carta a los Hebreos, las Cartas de Pedro, Santiago y la tercera de Juan. Añade el Apocalipsis de Pedro. Acepta como útil la lectura del *Pastor* de Hermas, pero rechaza por completo las obras de contenido apócrifo o gnóstico. Una lista con los veintisiete libros es reconocida en varios sínodos africanos: el de Hipona, en el 393 d. C. y Cartago, en el 397 y 419 d. C., con la aprobación añadida de la autoridad de san Jerónimo. Muy controvertido es el llamado Decreto Gelasiano, atribuido al papa Gelasio I, aunque según la opinión de los especialistas parece ser más bien un escrito privado, redactado en la Galia a finales del siglo V.

En las Iglesias orientales en torno al 325 d. C. Eusebio de Cesarea propuso una clasificación de la literatura cristiana en tres grupos: reconocidos, disputados y heréticos, solución que no prosperó. Hubo que esperar a la *Carta Pascual 39* de san Atanasio de Alejandría, del 367 d. C., la cual contiene la lista completa de los veintisiete libros del Nuevo Testamento; pero en otras Iglesias orientales la aceptación de algunos libros fue posterior. Esto afecta especialmente al Apocalipsis. En estas Iglesias no se llegó a la unanimidad sino hasta el siglo VII. El asunto de los libros que debían integrar el Nuevo Testamento fue puesto en primer plano por el revisionismo de Lutero y de las diversas confesiones reformadas y protestantes. La Iglesia Católica, en el Concilio de Trento (IV sesión, del 8 de abril de 1546), promulgó un decreto con la lista de los libros que se consideran inspirados y canónicos. Con respecto al Nuevo Testamento, son los veintisiete libros que se contienen en las ediciones reconocidas por la Iglesia, de acuerdo con la Tradición.

El concilio de Trento fue muy cauto en la declaración arriba citada por lo que respecta a la versión oficial de los libros bíblicos. Para empezar, la versión de la Biblia a la que concedió el rango de «texto autoritativo», la Vulgata, es exclusiva para la Iglesia Católica latina. Posee naturaleza disciplinar, no dogmática[501]. Su finalidad es aprobar el uso público y litúrgico de la Vulgata (de los libros que contiene) en las Iglesias latinas. No prohíbe ni rechaza la versión de los Setenta (para el Antiguo Testamento) ni otras ediciones de la Biblia. No prohibió tampoco el estudio de los textos más antiguos ni las traducciones a las lenguas distintas del latín. De hecho, la Iglesia aprobó una nueva edición de la Vulgata (Neovulgata) en 1979, proponiendo una versión mejorada de la anterior. Es bueno recordar estos matices pues con frecuencia se tiene una visión falsa de la posición de la Iglesia en estas materias.

En todo caso hay que recordar, más allá de estas cuestiones que tienen que ver con la determinación de los textos y libros que lo forman, que el Nuevo Testamento es esencialmente una nueva etapa de la Historia de la Salvación. Que su realidad más profunda es previa a los escritos. Su mensaje esencial aparece exactamente formulado en esta oración litúrgica que se lee en la Santa Misa del sábado de la primera semana de Adviento:

> Oh, Dios, que para liberar a la humanidad de la antigua esclavitud del pecado enviaste a tu Unigénito a este mundo, concede a los que esperamos con fe el don de tu amor, alcanzar la recompensa de la libertad verdadera. Por nuestro Señor Jesucristo.

---

501 Estamos siguiendo a: J. Chapa, *La transmisión textual del Nuevo Testamento* cit., páginas 188-194.

ÍNDICE DE AUTORES

Hemos optado por incluir en este Índice también los autores no modernos, de modo que sirva para la localización, en su caso, de los textos y referencias que de estos autores aparecen en el libro. Por otra parte, las referencias o citas de la literatura intertestamentaria, apócrifos, textos de Qumrán, Misná y literatura rabínica citados (no muy numerosos) pueden identificarse fácilmente en los capítulos o apartados correspondientes.

ÍNDICE DE REFERENCIAS BÍBLICAS

Antiguo Testamento

Este libro se terminó de imprimir en su primera edición, por encargo de la editorial Almuzara, el 13 de junio de 2022. Tal día del año 313, se promulga el Edicto de Milán, un acuerdo entre Constantino el Grande y Licinio para establecer la libertad religiosa en el Imperio romano.